云南民大民族社会学丛书

跨境民族乡村社会安全问题和转变维稳方式研究

张金鹏 保跃平 ◎ 著

中国社会科学出版社

图书在版编目(CIP)数据

跨境民族乡村社会安全问题和转变维稳方式研究 / 张金鹏，保跃平著.
—北京：中国社会科学出版社，2015.5
ISBN 978 – 7 – 5161 – 6105 – 0

Ⅰ.①跨⋯ Ⅱ.①张⋯②保⋯ Ⅲ.①农村 – 治安管理 – 研究 – 云南省 Ⅳ.①D631.4

中国版本图书馆 CIP 数据核字(2015)第 094956 号

出 版 人	赵剑英
责任编辑	任　明
特约编辑	芮　信
责任校对	刘　娟
责任印制	何　艳

出　　版	中国社会科学出版社
社　　址	北京鼓楼西大街甲 158 号
邮　　编	100720
网　　址	http：//www.csspw.cn
发 行 部	010 – 84083685
门 市 部	010 – 84029450
经　　销	新华书店及其他书店

印刷装订	北京市兴怀印刷厂
版　　次	2015 年 5 月第 1 版
印　　次	2015 年 5 月第 1 次印刷

开　　本	710×1000　1/16
印　　张	19.25
插　　页	3
字　　数	334 千字
定　　价	78.00 元

凡购买中国社会科学出版社图书，如有质量问题请与本社营销中心联系调换
电话：010 – 84083683
版权所有　侵权必究

与云南省接壤和相邻的国家分布图

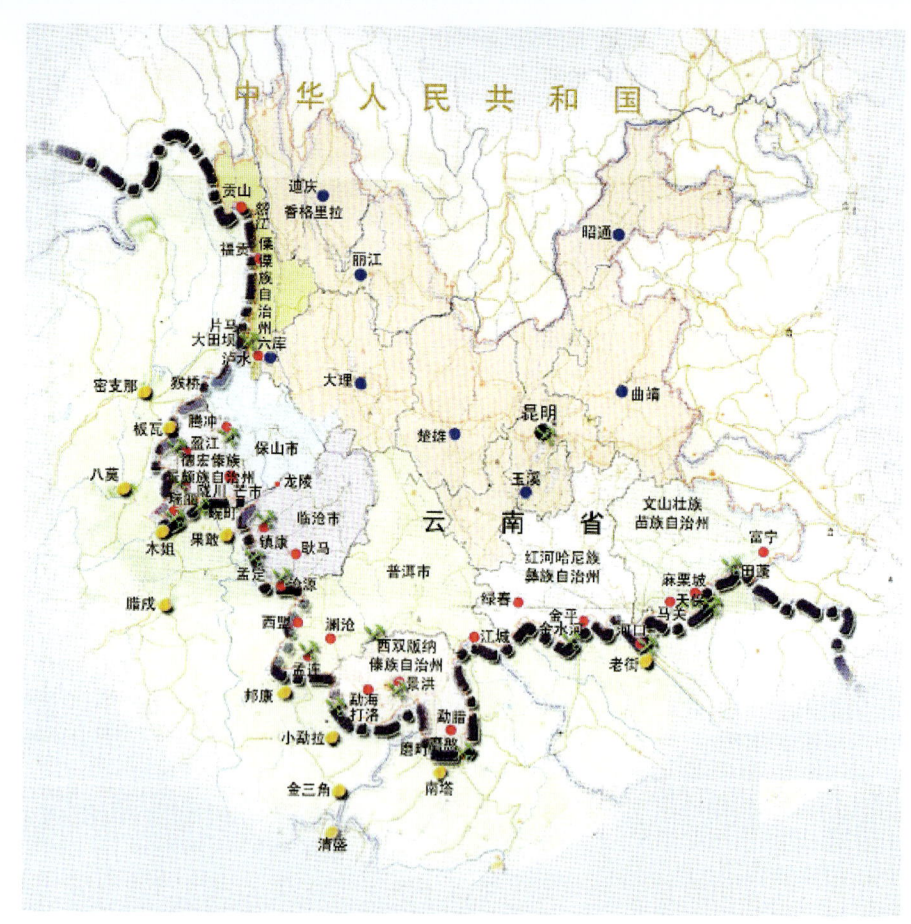

云南跨境民族地区示意图

前　言

一

云南边疆跨境民族地区边境线长4061公里，生活着16个跨境少数民族。20世纪80年代以来，随着非传统安全问题的凸显，形成了传统安全问题与非传统安全问题交叉重叠的复杂局面，演变成这一地区重大的社会问题，并在某些层面产生了全国性影响。本书是在国家社科基金项目研究报告《云南跨境民族地区社会安全问题和转变维稳方式研究》的基础上修改补充而成的，书稿分七个部分。

导论部分分别对研究的社会背景、研究意义、主要内容、基本思路、研究设计及相关概念进行了阐述。

第一章首先系统地梳理了现阶段国内外关于社会安全与维稳问题的研究现状，一方面从横向的角度集中考察与社会安全问题相关的社会秩序、风险社会、集体行动研究的成果和进展；另一方面从纵向维度考察安全研究的演进与发展。国内安全研究部分将我国学者的安全研究划分为五大研究类别，尤其强调了综合安全观的时代价值。国内维稳研究部分较为详细地梳理了维稳研究的理论视角（府际治理视角、社会安全阀视角、犯罪学视角）、研究主题（群体性事件、国家公共危机、边疆稳定）、问题及对策建议等。其目的在于：一是总体研判和把握现阶段国内外这一领域的研究成果和现状；二是结合调研实际梳理出关于边疆跨境民族地区社会安全问题和维稳方式转变的研究路径；三是将边疆跨境民族地区应对社会安全问题的丰富经验与现有研究成果进行比较、分析，提炼具有边疆特点的社会安全问题应对模式和维稳机制。

其次提出了课题研究的理论视野。基于和谐社会建设的根本要求，以及跨境民族地区社会安全状况和维稳实际,本书重点介绍了协作性公共管理理论和社会动员理论,这两大理论既是本书的理论基础,也是对边疆跨境民族地区应对社会安全问题、实现维稳方式转变与机制重构经验理性升华的理论工具。协作性公共管理是西方社会政府治理理念的最新成果。随着全球化、信息化、网络化的到来,各国政府治理面临严峻形势:其一,非传统安全问题日益凸显,各种跨界公共问题层出不穷,西方社会进入新一轮政府治理体制的改革,协作性公共管理正是这次改革的产物;其二,随着公民社会的发展,社会治理面临利益主体的多元化和利益诉求的复杂化,单一主体治理的模式受到严峻挑战,也为协作性公共管理带来了发展空间。进入21世纪以来,中国社会进入改革深水区和矛盾多发期,社会治理也经历了深刻变革,创新社会管理被提到突出地位,中国共产党在借鉴国际经验的同时,结合我国的具体实践,实现了具有中国特色的社会管理创新。同时,边疆跨境民族社会维稳方式的转变以及良好的社会稳定环境的形成,是伴随着一场深刻的社会动员而逐步实现的。因而,本研究从社会动员理论的视角,对我国公共管理中社会动员思想的形成和发展,以及新时期社会动员思想的创新进行了必要的梳理和阐述。

第二章较为系统地对云南跨境民族地区地缘特征、自然生态环境、民族人口构成、宗教生态以及改革开放以来社会经济的发展状况进行了简要介绍和分析。考虑到云南边疆跨境民族地区的特殊的地缘环境,同时对与其接壤的缅甸、老挝和越南三国的概况及社会环境特别是社会安全问题进行了必要的梳理。本章对基本情况的论述,意在为之后各章涉及的对突出社会问题的分析提供一个清晰的背景资料。

第三章和第四章分别对边疆跨境民族地区的突出社会安全问题和突发性群体事件进行了论述和分析。考虑到云南边疆民族地区现阶段一些突出社会问题形成的历史特征,本章的第一部分从历史与现实相结合的角度对中华人民共和国成立初期的边患问题、疾病问题进行了简要阐述。在此基础上,重点对改革开放以来,云南跨境民族地区影响程度深,持续时间长,波及面广,并在全国同类社会问题中居于突出地位的毒品、艾滋病、宗教渗透等问题,从发展现状、特点、危害和发展趋势等方面进行了较为详细的论述和分析。

毒品问题在云南历史上是一个历史弥留的突出的社会问题。中华人民共和国成立后,在全国范围内开展了禁毒斗争,云南毒品问题得到基本解决。20世纪80年代以来，国际毒品生产完成从鸦片到海洛因的"白色化"过程，毒品产量剧增。境外贩毒势力利用我国边疆地区开放之机，把云南作为毒品走私通道，走私贩毒活动日渐猖獗，不仅使云南成为毒品进入我国的最主要通道，而且使边疆跨境民族地区成为毒品侵害的重灾区，毒品的危害还向省内和其他省区扩散。党和国家高度重视毒品在云南边疆地区以及在全国造成的危害，在全国范围内开展了打击毒品走私、制贩的禁毒人民战争，云南省21世纪以来已开展三轮禁毒防艾人民战争。目前云南省的禁毒人民战争已取得显著成效，边疆民族地区禁毒防艾的良好的社会环境已基本形成，境内毒品制、种已全部铲除；吸食毒品人员数量持续下降，并创造了以雨露社区为代表的多个社区禁毒、康复和回归社会的戒毒模式；境外的替代种植、境内外联合缉毒行动深入开展。但是，云南境外的走私、制贩毒品也出现了一系列新动向，特别是冰毒、K粉等新型合成毒品呈迅速上升态势。

艾滋病问题也是云南边疆跨境民族地区的突出社会问题。20世纪80年代，云南边境某地区一次性大规模发现146例静脉注射吸毒人群感染艾滋病的病例，揭开了云南省防治艾滋病斗争的序幕。此后公布的检测数据显示，云南省成为艾滋病蔓延的重灾区，而边疆跨境民族地区尤为严重。20多年来，云南省艾滋病感染者数量每年都在持续增加，并一直处于全国首位。2011年，云南省的艾滋病感染者和病人累计达到93567例，如果加上未经检出者，远超过10万人。值得欣慰的是，经过20多年特别是已开展的三轮禁毒防艾人民战争，云南省艾滋病疫情快速上升的总体势头已经得到有效遏制。2009—2011年云南省共减少艾滋病新发感染者近万人，在一些艾滋病流行严重的边境州市，出现了"两降一升"（新发艾滋病病毒感染人数减少、艾滋病病死率降低、艾滋病病毒感染者和病人生存质量提高）的良好势头，并且边疆跨境民族地区在长期实践的基础上已成功总结出一套科学有效的艾滋病防治模式。但是从总的形势来评估，艾滋病防治的形势仍然严峻，在因静脉注射吸毒导致艾滋病感染的趋势受到有效控制的同时，性传播上升为主要的感染途径。艾滋病感染途径的变化极大地增加了艾滋病防治的难度，一些地区艾滋病流行的新因素（如跨境婚姻中的艾滋病交叉感染）加剧了这一难度。

多民族、多宗教的边疆跨境民族社会是境外宗教渗透的重点地区。近年来，边疆民族地区的宗教渗透主要体现在两方面：其一是西方敌对势力利用基督教、天主教进行的宗教渗透呈现一些新的趋势和特征，诸如利用我国扩大对外开放之机，以慈善事业、捐资助学、扶贫开发、投资办企业等为平台进行宗教渗透，以及利用现代传媒进行所谓的"空中传教"。值得注意的是，近年来僧人大量入境住持寺院在南传佛教地区成为宗教渗透的新形式，由此带来的社会安全风险应引起高度重视。

此外本书还对边疆跨境民族地区具有明显"边境"特点且对边疆社会稳定具有较大影响的社会问题诸如赌博、跨境婚姻、难民等问题也进行了相应讨论。

第四章对边境跨境民族地区的突发性群体事件进行了梳理和分析。进入21世纪以来，边疆跨境民族社会同全国一样进入了社会转型加速期和矛盾凸显期，边疆民族社会的群体性事件虽然从显著上升转向相对稳定，但仍处于高位运行态势，边境地区的群体性事件既有国内其他群体性事件共同的特征，又显现出独特的"边疆"特点，研究报告中对此作了专门论述。

第五章在对边疆跨境民族地区突出社会问题研究的基础上，紧密结合边疆跨境民族地区应对突出社会问题实践，经过深入广泛调查，对收集的丰富资料进行归纳、分析和提升，最终将边疆跨境民族地区应对突出社会问题、转变维稳方式的基本经验概括为"一个转变、两个前移、三个构建"。其中，一个转变是关键；两个前移是方向；三个构建是实践和结果。课题组运用跨境民族地区丰富的实践经验和大量鲜活的事例与数据，对上述概括进行了理论阐释和论证。

第六章对边疆跨境民族地区应对突出社会问题、维护社会稳定的运作机制进行提炼、概括。课题组在认真调研和理性分析的基础上归纳出两个运作机制，即边疆跨境民族乡村社会维稳运作机制和重大社会问题（毒品与艾滋病）防治运行机制。在社会维稳运作机制中，社会动员机制是社会维稳机制运行的基础，信息反馈机制是社会维稳机制运行的重要前提和条件，安全防控机制是维稳机制得以实现的保障，矛盾疏导和化解机制是基层社会稳定得以实现的关键。

重大社会问题（毒品与艾滋病）防治运行机制，即以地方政府为中心的多层次网络行政运行机制，以打击毒品制贩为主的禁种、禁制、禁贩、禁吸戒毒康复机制，以防控为主的艾滋病预防与治疗救助机制，以发展生产为中心的民生改善机制，以精神建设为中心的道德约束机制。五个机制共同构成一个相互协调、相互支撑的有效应对毒品与艾滋病防控的长效机制。两个运行机制是边疆跨境民族地区在维护社会稳定过程中实现社会治理创新的重要成果。

同时本章用大量篇幅和充分论据对上述两个机制的运作进行了详细解读。

二

通过多年的艰苦实践，边疆民族社会应对突出社会问题、维护稳定的整体社会环境已经发生了重大的变化。一是政府主导、社会和广大少数民族群众参与的共同应对突出社会问题的社会环境基本形成，广大少数民族村寨已经形成一种相对自觉的维稳意识。二是边疆民族社会应对毒品、艾滋病等突出社会问题的斗争已取得显著成效。在禁毒领域，随着禁毒国际合作的深入发展，以及国内持续而强有力的禁毒斗争实施，境外毒源基地受到沉重打击，境内毒品走私得到有效遏制，特大毒品走私案呈下降趋势。境内的毒品种植和制造已经禁绝，对吸食毒品人员的戒断工作成效显著，并创造了多种戒毒模式在全国推广。艾滋病在云南边境一线的蔓延势头得到有效遏制，而且出现"两降一升"的良好势头，云南跨境民族地区的艾滋病防治模式受到国际社会的高度认可。此外，曾经猖獗一时的跨境赌博问题也得到有效控制。三是随着国家"富民兴边""桥头堡建设""连片扶贫"等一系列发展战略的实施，整个边疆跨境民族地区总体上呈现各民族和谐共处、经济持续发展、边境贸易繁荣、社会稳定和谐的大好形势。

作为一个问题的两面，在调查中，我们也发现，边疆民族社会所面临的非传统安全形势依然严峻，要实现可持续发展仍需付出更加艰苦的努力，主要表现在以下三个方面。

其一，边疆民族社会应对毒品的斗争虽然取得重大成就，但禁毒斗争不是一蹴而就的，特别是近年来，国际毒品制贩出现了一些新动向：一是毒源威胁更加突出，传统毒品种植出现反弹，传统毒品基地"金三角"的毒品制贩贸易仍然猖獗，阿富汗"金新月"地区的毒品南下，对我国西南边境地区形成包围之势；二是境外新型毒品加工合成转变为多、散、小型，地点更加隐秘，抗打击能力不断增强。三是贩毒方式更加诡异、多变，在云南边境地区全线渗入，陆路、水路、空路、邮路、物流多途并进。贩运手段花样翻新、层出不穷。目前，边防缉毒警察已侦破的藏毒伎俩达 300 多种。贩毒数量、枪毒合一情况呈上升态势。值得注意的是，凉山彝族以传统家支组织形式的贩毒情况凸显，这些因素预示着云南省边疆民族地区的禁毒工作任重道远。

其二，随着边疆社会环境的变化，一些新的社会问题又相继出现，从某种程度上来说，这些社会问题如处置不当或不予以足够重视，对边疆民族社会的影响将是全局性的，其潜在的风险绝不可小觑。

一是边境地区的跨境婚姻问题。本次调研发现，20 世纪 90 年代以来边疆跨境民族地区的跨境婚姻急剧上升，且呈现一边倒的态势（缅甸、老挝、越南女性嫁到中国境内），数量可观。根据课题组实地调查和相关资料分析，入境的跨境婚姻人员大约在 5 万人，涉及的人群规模可达 20 万人，而且这些婚姻基本上是没有合法履行我国婚姻手续的事实婚姻。从当前所掌握的情况分析，边境一线跨境婚姻迅速上涨的势头还将持续相当长的时期，并呈现向省内和内地渗透的趋势。大量事实婚姻的存在与持续增长给边疆民族地区带来一系列显性和隐性的社会问题，给边疆民族社会带来诸多潜在风险和不稳定因素。

二是缅甸僧人入境住持佛寺所表现的宗教渗透的新动向。宗教渗透是现阶段以及今后相当长历史时期边疆跨境民族地区将要面对的重大现实问题，边境地区政府对基督教和天主教以及与其相关联的邪教问题一直保持着高压态势。现阶段的宗教渗透呈现一些新特点，表现最为明显的是，当前云南广大边疆民族地区尤其是信仰南传佛教的西双版纳和德宏地区，南传佛教"有寺无僧"和境外大批僧人入境住持寺院的问题日益突出。以德宏州为例，经过登记的南传佛教寺院 592 所，但仅有 18% 的寺院有僧侣，导致大量缅籍僧人入境住持我国寺院。虽然现阶段大批缅甸僧人入境住持寺院，对边疆民族社会安全未造成较大不利影响，但已出现一些显性的问题，而且其潜在的风险更具危险性。首先是境外僧人入境住持寺院对我国宗教法规的运行形成严峻挑战。其次是极少数入境僧人利用其佛爷的身份从事违法活动（贩毒和诈骗钱财等），影响极为恶劣。更为严重的潜在影响在于，境外僧人入境住持寺院弱化了广大南传佛教信徒的国家认同和对社会主义的认同，而且一旦这些入境的佛爷被境外敌对势力利用或控制，后果将更加严重。

三是"私彩"赌博的新情况。近年来部分边境州市出现的"私彩"赌博在短时期内迅速蔓延，边境乡镇参赌群众达数十万，对广大群众正常的生产、生活秩序造成严重影响，对社会风气造成严重冲击。在相关部门近两年的打击下，"私彩"赌博迅速蔓延、公开化的势头有所遏制。但"私彩"赌博由公开转为隐蔽，社会影响更为恶劣，也大大增加了打击的难度。目前虽然这一现象只涉及个别边境州市，但边疆民族社会具有高度的同一性，滋生赌博的土壤和条件相似，因此其可能向其他州市蔓延。最近课题组从相关资料了解到，云南省昆明市也发现了这类"私彩"赌博。因此，这类对广大民族地区影响面广、影响程度深的赌博问题应受到高度关注。

四是值得注意的食品安全问题。课题组在完成结题报告的最后阶段从相关信息渠道了解到，边疆民族地区的食品安全环境也出现一些值得注意的新情况。主要是从境外走私未经检验检疫的牲畜肉类及其冷冻产品以及野生动物的活动日渐猖獗。2011年12月某边境州在中缅边境查获20余车300余头走私生猪，经检验检疫部门检测，部分生猪产品含有瘦肉精。另据统计，2012年1—9月边境某州共查获走私活体牲畜和冷冻品案件86起，查获活体牲畜和冷冻品980吨，案值1847万元。2013年4月在中老边境查获冰冻牛肉52吨。2013年2月22日查获野生动物（蛇）4815条。食品安全问题已是国人关注的重大问题，2003年的SARS以及目前的禽流感都是由食品安全引发的严重社会安全问题，虽然边疆州市已加大查处力度，但据反映，仍有部分未被查获的食品已流入超市和民众餐桌，因此必须引起高度重视。

五是在对边疆跨境民族地区构建维稳运作机制的考察中发现，虽然边疆民族地区已基本实现了维稳思维的转变，构建了相对健全的维稳应对机制，并取得了显著成效。但是鉴于边疆民族地区维稳形势，以及维稳压力的双重作用，边疆民族社会在维稳中还存在较深层次的问题，主要表现为：一是在"稳定压倒一切"的高压态势下，地方干部在处理涉及稳定事件中，倾向于依赖人民币解决问题的现象较为突出，造成维稳代价过高，而这种现象的持续发生会形成一种思维定式，将不利于向科学维稳思维的转变，从长远来看也不利于社会发展与稳定。二是与跨境民族地区相接壤的三国，特别是缅甸—中国边境局势复杂多变，一些新的社会问题随时会出现,而如果对这些社会问题发展的苗头缺乏敏感性或者任其发展,就可能引发更加严重的社会问题。如上述"私彩"赌博以及生鲜动物走私等问题,尤其是在"私彩"赌博出现的初期,对其严重性未给予足够重视,疏于打击和治理,以致其在较短的时间蔓延至全州及其他边境地区。

三

本书的宗旨是探索和总结边疆跨境民族地区应对突出社会安全问题和突发性群体性事件的鲜活经验,并在此基础上对边疆民族社会如何转变维稳方式及维稳运作机制进行提炼。经过深入的实证研究和理性升华,本研究总结出"一个转变,两个前移,三个构建"的基本经验,提炼出边疆乡村社会维稳运行和重大社会问题(毒品与艾滋病)运行防治运作两个机制。

一个转变,即从传统维稳思维向科学维稳思维的转变,表现在三个方面,一是破除静态维稳观念,努力实现在动态平衡中求稳定;二是用发展的眼光看待稳定问题,把稳定和发展有机结合起来;三是破除全能政府的执政理念,切实转变政府职能,实现在政府与社会协作中求稳定。两个前移,即维稳重心前移至基层社会,维稳主体前移到广大少数民族群众,实现维稳机制的重大创新。三个构建,一是构建边境地区区域安全协作机制,实现跨境民族地区社会和谐与发展;二是构建边境地区各民族和谐共赢、协调发展的民族关系;三是构建跨境民族地区和谐的宗教关系,营造良好社会环境。

两个机制创新,一是政府主导,社会群众广泛参与的边疆乡村社会维稳机制,即包括社会动员机制、信息反馈机制、社会安全防控机制、矛盾疏导与化解机制四个机制构成的耦合联动的维稳运行模式(见图1)。二是重大社会问题(毒品和艾滋病)防治运行机制,包括以行政管理为中心的四级网络联动机制,以禁毒为中心的毒品禁种、禁制、禁贩以及禁吸戒毒机制,以行为干预为中心的艾滋病防控与治疗机制,以精神文明建设为中心的道德约束机制,以新农村建设为中心的民生改善机制。该机制是课题组在研究艾滋病防控机制的前期基础上,结合本次调研以及参考边境民族地区有关禁毒防艾经验材料的基础上提炼得出的（见图2）。

从理论框架上来说，边境跨境民族地区的两个机制的构建深刻体现了我国政府在"以人为本，执政为民"理念指导下实现协作型社会管理的创新，同时更深刻体现了新的历史时期社会动员思想的与时俱进。

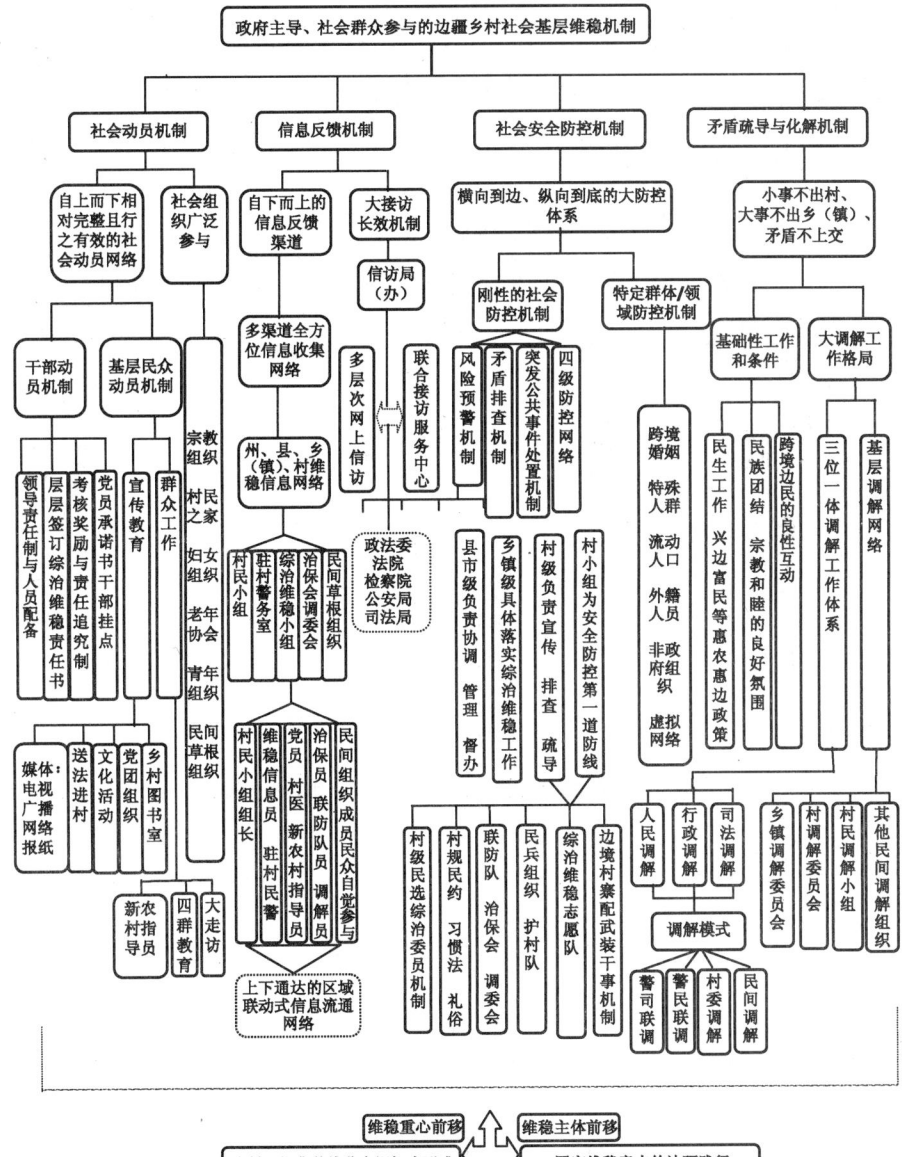

图1 政府主导、社会群众参与的边疆乡村社会基层维稳机制

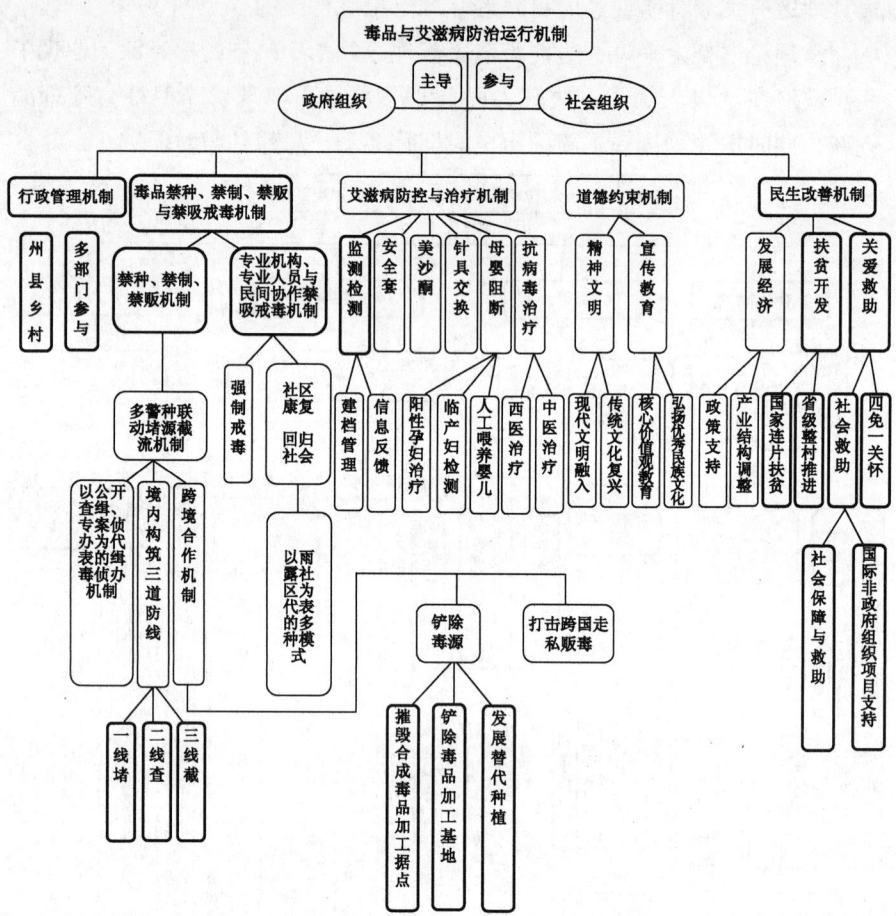

图 2　跨境民族地区毒品和艾滋病防治运行机制

目 录

导论 ………………………………………………………………… (1)
    一　研究背景及意义 ……………………………………………… (1)
    二　研究的主要内容和基本思路 ………………………………… (10)
    三　研究设计 ……………………………………………………… (12)
    四　相关概念 ……………………………………………………… (17)

第一章　研究综述和理论视野 ………………………………………… (22)
  第一节　国内外研究现状 …………………………………………… (22)
    一　国外研究现状 ………………………………………………… (22)
    二　国内研究现状 ………………………………………………… (33)
  第二节　研究的理论视野 …………………………………………… (50)
    一　协作性公共管理理论 ………………………………………… (50)
    二　社会动员理论 ………………………………………………… (54)

第二章　云南跨境民族地区概况 ……………………………………… (64)
  第一节　云南边境地区概况 ………………………………………… (64)
    一　区位、环境与资源 …………………………………………… (64)
    二　人口、民族与宗教 …………………………………………… (70)
    三　交通、口岸与边贸 …………………………………………… (80)
    四　经济、社会与民生 …………………………………………… (84)
  第二节　与云南接壤的缅甸、老挝、越南三国概况 ……………… (87)
    一　缅甸概况 ……………………………………………………… (88)
    二　老挝概况 ……………………………………………………… (92)
    三　越南概况 ……………………………………………………… (94)

第三章 云南跨境民族地区主要社会安全问题（上）——毒品、艾滋病、宗教渗透 …………………………………… (98)

第一节 中华人民共和国成立初期的边患问题及其后续影响 …… (98)
第二节 改革开放以来面临的主要社会安全问题 ……………… (101)
一 毒品问题 ……………………………………………………… (101)
二 艾滋病问题 …………………………………………………… (110)
三 人口流动问题 ………………………………………………… (120)
四 宗教渗透问题 ………………………………………………… (139)
五 "彩票"赌博与跨境赌博问题 ……………………………… (155)

第四章 云南跨境民族地区主要社会安全问题（下）——突发群体性事件 ………………………………………………………… (165)

第一节 突发性群体事件 ………………………………………… (165)
一 近年来云南突发群体性事件的总体态势 …………………… (165)
二 民族宗教领域的群体性事件 ………………………………… (167)
三 利益纠纷引发的群体性事件 ………………………………… (170)
四 境外因素引发的群体性事件 ………………………………… (175)

第二节 云南跨境民族乡村社会安全问题的特征 ……………… (183)
一 跨境性 ………………………………………………………… (183)
二 民族性 ………………………………………………………… (184)
三 关联性 ………………………………………………………… (187)
四 长期性 ………………………………………………………… (188)

第五章 云南跨境民族地区乡村社会维稳方式转变的基本经验 … (190)

第一节 云南跨境民族地区社会维稳管理体制变迁简要回顾 … (190)
一 中华人民共和国成立前期的维稳体制与风险应对 ……… (190)
二 中华人民共和国成立后至改革开放前的维稳管理体制变革 …………………………………………………………… (194)
三 改革开放以来维稳体制面临的问题 ………………………… (197)

第二节 经验：一个转变、两个前移、三个构建 ……………… (199)
一 一个转变 ……………………………………………………… (199)
二 两个前移 ……………………………………………………… (204)
三 三个构建 ……………………………………………………… (207)

第六章 云南跨境民族地区维稳机制的重构 ……… (227)
第一节 政府主导、社会群众参与的边疆乡村社会维稳机制 … (227)
一 社会动员机制 ……… (227)
二 信息反馈机制 ……… (236)
三 社会安全防控机制 ……… (239)
四 矛盾疏导和化解机制 ……… (256)

第二节 重大社会问题（毒品与艾滋病）防治运行机制 ……… (266)
一 以行政管理为中心的四级网络联动机制 ……… (266)
二 以禁毒为中心的毒品禁种、禁制、禁贩以及禁吸戒毒机制 ……… (267)
三 以行为干预为主的艾滋病防控与治疗机制 ……… (270)
四 以精神文明建设为中心的道德约束机制 ……… (272)
五 以新农村建设为中心的民生改善机制 ……… (274)

第三节 调查中发现应引起政府高度关注的几个新问题 ……… (276)
一 跨境婚姻问题 ……… (276)
二 宗教渗透新动向 ……… (279)
三 "私彩"赌博的新情况 ……… (281)

参考文献 ……… (285)

后记 ……… (292)

导　论

一　研究背景及意义

（一）研究背景

当前及今后一段时期，我国正处于改革发展的关键期、社会转型期、体制的转轨期和战略机遇期，同时也是矛盾凸显期和问题多发期，社会发展、社会建设、社会管理面临多重挑战①。云南边疆跨境民族地区与缅甸、越南和老挝三国接壤，边境线长4061公里。沿着漫长的边境线，居住着16个跨境少数民族，多元宗教交叉并存，多元民族呈现出立体交叉分布、和睦相处的格局，这是云南跨境民族地区的典型特征和基本面向。然而，也正是由于特殊的地理形态、民族构成、文化传统、发展态势，在多元民族宗教和谐共存的大背景下，仍然存在一些显性的和潜在的社会安全问题。这些社会安全问题具有深刻的国际、国内背景，并以多样的形式呈现出来。

1. 国际背景

边疆跨境民族地区社会安全问题不是我国社会独有的社会问题，而是与全球性社会背景密不可分的，这一全球性背景主要表现为：全球化以及伴随全球化而产生的现代性社会风险和非传统安全问题。

（1）全球化

"9·11"事件被许多人视为现代世界历史的转折点，全球化消亡的观点日益增多，即由全球化回归地缘政治、军事霸权、帝国主义的常态政

---

① 郑杭生先生将中国社会管理和社会建设面临的挑战归为六大类，即在市场经济陌生人的世界建立社会共同体的挑战；在价值观开放多元的时代促进意义共同性的挑战；在社会分化加剧的情势下落实公平正义的挑战；在社会重心下移的情况下大力改善民生的挑战；在生态恶化的情况下实现环境友好、资源节约的挑战；在发展主体总体布局上理顺三大部门关系的挑战。参见郑杭生《现代社会与现代民政———种社会学的领会》，2010-02-08，社会学视野网。

治，世界仿佛进入去全球化的时代。然而从全球化的内涵与本质出发，站在认识论和历史诠释的视角看，"去全球化"或"全球化死亡"是对现实世界中表层现象的肤浅理解和误导性阐释。① 结合当今世界在经济、政治、文化、军事等层面的"世界性联结"特征来看，全球化不仅没有终结，反而更具活力并深深地嵌入于当今世界的政治生活、经济生活、文化生活和社会生活之中。

全球化无疑是我们这个时代最显著的特征，正如安东尼·吉登斯所说的那样："全球化并不是我们今天生活的附属物，它是我们生活环境的转变，它是我们现在的生活方式。"② 全球化概念最初来源于人们对经济领域"世界性联结"特征的概括，即经济全球化。在这一解释框架内，全球化被定义为跨国商品与服务贸易及国际资本流动规模和形式的增加，以及技术的广泛迅速传播使世界各国经济的相互依赖性增强，③ 它意味着自由市场制度被扩展至全球范围，所有人直接或间接地卷入全球范围的分工交换网络之中。"全球化"是一个动态性概念，其内涵和外延都在不断拓展，人们对"全球化"的阐释采取了一种宽泛的理解，摒弃了那种仅仅关注经济进程的狭隘视角，而是关注以超领土形式出现的跨越全球的政治的、社会的、文化的、环境的以及军事的联系。④ 在全球化进程中，全球政治、经济、文化的接触、交流和碰撞呈现前所未有的规模。社会学则从人类互动意义增强的角度来定义全球化，即人类集团之间的联系，随着社会发展而逐渐加强，最后形成全球性的联系。⑤ 此外，社会学还关注以文化、制度的变迁为切入点的全球化与自主性之间的关系。还有学者跳出政治层面的全球化视角，关注新行为体如跨国公司、非政府组织、宗教网络等，而不是仅瞄准国家，从"空间"的角度解释全球化，认为全球化中

---

① ［英］戴维·赫尔德、［英］安东尼·麦克格鲁主编：《全球化理论：研究路径与理论论争》，王生才译，社会科学文献出版社2009年第1版。

② 余达忠：《全球化时代的文化：非领土扩张化和本土重建》，《重庆邮电大学学报》（社会科学版）2010年第6期。

③ ［美］弗里德曼：《直面全球化："凌志汽车"与"橄榄树"》，赵绍棣、黄其祥译，国际文化出版公司2003年版（中文版代序）。

④ 加·刘易斯·波利、威廉姆·科尔曼主编：《全球秩序：剧变世界中的机构、制度与自主性》，曹荣湘等译，社会科学文献出版社2009年第2版。

⑤ 刘志国：《全球化背景下中国传统文化的现代转换》，山东大学博士学位论文2007-10-10。

的"空间"具有流动、相互依存、一体化等特征,"空间"越来越非物质化、富于变化、不确定,超国家空间、认同空间、网络空间等新空间形式在国际关系中发挥着越来越大的作用。①

全球化作为一种不可扭转的发展趋势,具有明显的正负功能,一方面它加强了世界不同国家、不同事物、不同领域、不同民族、不同人群和不同文化之间的交流,促进了全球性互动和经济社会的快速发展,国家和地区之间日益密切的经济、技术联系与合作,不仅为各个国家和地区的发展带来了新的机遇,而且促进了世界性的民族融合与文明进步。可以说,全球化给世界带来的变化令人惊叹。然而,另一方面,全球化也给民族国家的发展带来了巨大挑战,正如美国学者罗伯特·萨缪尔森所言:"全球化是一把双刃剑:它既是加快经济增长速度、传播新技术和提高富国和穷国生活水平的有效途径,也是一个侵犯国家主权、侵蚀当地文化和传统、威胁经济和社会稳定的一个有很大争议的过程。"②以"9·11"事件为标志的一系列恐怖事件在某种程度上正是全球化带来的矛盾和冲突的一种反映。

边疆跨境民族地区的社会安全与稳定同样受到了全球化的冲击,全球化意味着对外开放进程的进一步加快和对外交往活动的日益频繁,它在加强了边疆跨境民族地区与内地、周边国家联系的同时,也引发了一系列社会问题,主要表现在以下几个方面:首先,全球化加剧了边疆跨境民族地区与国内发达地区的发展差距,形成了发展的不平衡性。主要表现为不同地区间信息和资源占有的不均衡性使得这一差距和不平衡性日益加剧。虽然国家为这些地区的发展提供了一系列优惠政策,但由于边疆民族地区发展基础较差,基础设施落后,思想观念更新不够,其相对落后的内部条件成为制约这一地区发展的瓶颈。其次,在全球化背景下,我国现代化进程逐步推进,市场经济体制基本建立,影响边疆跨境民族地区发展的内部和外部因素时刻处于变动之中,加之边疆民族文化的边缘性,心理疏离性和民族认同、国家认同错位等深层原因,使得边疆社会处于一种动态稳定的状态,维护社会稳定的形势严峻。再次,从国家边界的角度看,在国家与

---

① [法]玛丽-弗朗索瓦·杜兰、菲利普·克平斯齐、伯努瓦·马丁、戴尔凡·普拉西迪:《全球化:认知当代世界空间》(中文第二版),许铁兵译,社会科学文献出版社2011年第1版。

② Robert Samuelson, *Globalization: Advantages and Disadvantages*, International Herald Tribune, 2000-01-04. 转引自李巨轸《略论全球化对本土文化的冲击》,《社科纵横》2007年第1期。

国家之间，边疆更成为了国家间的缓冲带，共同受到来自两方面的文化冲击和文化影响，在两种文化力量的对比中，受民族同源性的影响，来自对方国文化渗入的影响更为广泛和深远，因此，这也使得在当今世界范围内，边疆地区往往成为非传统安全问题产生的温床，边疆民族地区不稳定问题也存在引发国内冲突和国家分裂的潜在危险性，以及具有扩大化为国际争端的可能性。① 最后，伴随全球化的是西方文化的大肆入侵，尤其是传播迅猛的西方基督教文化，对边疆跨境民族地区的民族文化和民间传统文化造成了巨大冲击，甚至出现一些地方的民间文化在基督教文化侵蚀下逐渐消失的情况。以宗教渗透、非法宗教活动为特征的宗教安全问题构成了边疆民族地区国家安全的重要组成部分。可见，全球化对边疆跨境民族地区的社会安全与稳定造成了影响，这势必成为边疆经济社会发展和构建和谐社会的一大障碍。

（2）风险社会

现代社会是一个全球风险社会（World Risk Society）。现代社会风险主要包括两种类型：外部风险和被制造出来的风险。外部风险指的是"来自外部的、因为传统或者自然的不变性和固定性所带来的风险"；被制造出来的风险是"由我们不断发展的知识对这个世界的影响所产生的风险，是指我们没有多少历史经验的情况下所产生的风险"。② 现代性风险是伴随现代性及全球化而产生的，"是与现代化的威胁力量以及现代化引致的怀疑的全球化相关的一些后果"③，目前我们处于一个高度现代性的社会，它"导入了一些先前年代所知甚少或者全然无知的新的风险参量。这些参量包括后果严重的风险，它们来源于现代性社会体系的全球化特征"④。

与早期社会不同的是，现代社会的风险无论在结构、特征还是影响力上都发生了很大变化。风险的产生有着深刻的制度性根源。人类基于自身知识和智力所构建的一系列社会制度（正式和非正式）在给人类带来安全和保障的同时，也产生了形式多样、难以认知、破坏力强的社会风险，

---

① 何明、王越平：《全球化背景下边疆社会稳定研究的几个问题》，《云南师范大学学报》（哲学社会科学版）2009 年第 3 期。
② 安东尼·吉登斯：《失控的世界》，江西人民出版社 2001 年版，第 17—22 页。
③ 乌尔里希·贝克：《风险社会》，译林出版社 2004 年版，第 21 页。
④ 安东尼·吉登斯：《现代性与自我认同》，上海三联书店 1998 年版，第 4 页。

这是一种由制度运转失灵引致的社会风险。因而，现代社会风险更多地表现为制度性风险。贝克（Ulrich Beck）在其风险社会理论的演进中越来越强调制度性风险，他认为全球风险社会根源于我们"文明的决策"和全球性后果，"而这种全球性后果可以触发一系列问题和一连串的风险，这些问题和这些风险又与权威机构针对全球范围内的巨大灾难事例而构筑的那一成不变的语言及其作出的各种各样的承诺形成了强烈的反差"[①]。吉登斯指出，现代性有四个制度性维度，即资本主义、工业主义、监控体系和军事力量。由现代性四种制度维度发展出了四种全球性的制度体系，即世界民族国家体系、世界资本主义体系、国际劳动分工体系和世界军事秩序。这四个制度体系在全球化的过程中带来积极效应的同时，也极有可能带来后果严重的社会风险，包括由世界民族国家体系带来的极权主义；由世界资本主义经济体系带来的经济崩溃；由国际劳动分工体系带来的生态恶化；由世界军事秩序可能诱发的核战争。制度是用来抑制社会风险的，然而制度本身成为了新的社会风险产生的根源。

在我国对外开放步伐进一步加快的背景下，边疆民族地区同样遭遇了全球化带来的一系列社会风险，既包括传统的风险：地区发展不平衡带来的区域分化，个人信息与资源占有不均衡带来的阶层分化对公平正义的挑战；也包括全球化的风险：民族文化、民间文化受到激烈冲击；西方敌对势力渗透愈演愈烈。还包括非传统的风险：边疆跨境民族地区除面临中国其他地区面临的共性问题之外，还面临典型的具有边境特色的社会风险的威胁，毒品、艾滋病、宗教渗透、跨境婚姻等问题带来的显性的和潜在的社会风险影响边疆民族地区的社会稳定与和谐。

（3）传统安全与非传统安全问题

社会安全问题是当今世界面临的重大问题。所谓传统安全主要是指一国面临诸如领土、外来军事威胁、政权、核威胁等方面的社会安全问题，当一国面临传统社会安全问题时，往往也会采用军事的手段加以应对。相应地，以军事安全为核心的安全观被称为传统安全观，军事威胁被称为传统安全威胁。当今世界形势错综复杂，美国试图巩固自己的霸权地位，对世界一些国家和地区进行了军事打击并在世界各地部署军力，促使世界各国大力发展军力，军备竞赛持续不断，这说明世界各国仍然面临着以军事

---

① 2001年11月，贝克在俄罗斯国家杜马的演讲。

为主要特征的传统安全威胁。我国边疆民族地区由于地理形势特殊，处于受传统安全威胁的前沿地带。一方面，我国的北面、西面、南面的部分国家对于中国的快速发展、和平崛起始终心存戒心，不断渲染"中国威胁论"，把中国作为"假想敌"，一些国家还在周边加强了军事部署并拉拢美国对抗中国。另一方面，中国周边一些国家的内部军事冲突对我国边疆社会安全构成威胁，如缅甸存在大量的少数民族地方武装，这些民族地方武装与政府军冲突不断，威胁云南边疆地区的社会安全与稳定。此外，边疆地区由新型传染病（艾滋病）、难民问题、跨界有组织犯罪（毒品走私、人口贩卖）等构成的社会问题日益严重，成为非传统安全在边疆地区的重要表现形式。

发展、和平、合作是当今世界的时代主题，传统安全问题依然存在但已经不是当今世界面临最主要的威胁，但影响和平与发展的不稳定因素和不确定因素明显增多。与此同时，我们面临的非传统安全问题日渐突出，国际金融风险加大，资源能源争夺加剧，因民族、种族、宗教问题引发的社会问题尤为突出[①]。20世纪90年代以来，人类面临的非传统安全威胁日益凸显并深刻影响着当今世界的发展和进步。非传统安全是相对传统安全而言的人类安全新形态，是人类面临的非军事威胁的总称。1991年，英国学者巴瑞·布赞在《人、国家与恐惧》一书中，从理论上阐述了非传统安全问题，把安全问题归纳为"经济、环境、社会、军事、政治"五个领域和"国际体系、次国际体系、单元、子单元、个人"五个对象层次。1994年，联合国的《人类发展报告》提出"人类安全"的概念，并分析了人类面临的七大安全问题，即经济安全、粮食安全、健康安全、环境安全、人身安全、共同体安全和政治安全。在我国，北京大学王勇第一次引用了"非传统安全"的概念。王逸舟在《全球化时代的国际安全》一书中系统阐述了生态安全、经济安全、金融安全、资源安全、恐怖主义、跨国公司问题、贩毒问题、难民问题等非传统安全。如今，随着现代化和全球化进程的加快，世界性突发事件和公共安全事件日益增多，非传统安全已经成为当今世界面临的重大挑战。

对于当今世界面临的传统安全与非传统安全威胁相互交织的局面，我国领导人也有着深刻的认识，胡锦涛同志曾指出，当今世界，全球性重大

---

① http://www.ce.cn/xwzx/gnsz/gdxw/200612/13/t20061213_9747382.shtml。

安全问题凸显，传统安全威胁和非传统安全威胁同步上升，国际敌对势力正在加紧对我国实施西化、分化战略，尤其是把军队作为渗透破坏的重点，我国面临的反渗透、反分裂、反颠覆斗争尖锐复杂。2012年11月8日，胡锦涛同志在"十八大"报告中进一步指出，我国面临的生存安全问题和发展安全问题、传统安全威胁和非传统安全威胁相互交织。

对于边疆民族地区而言，跨境性、民族性、宗教性、开放性等特征决定了社会安全问题的多元性和复杂性，民族问题、宗教问题、环境问题、敌对势力渗透问题、贩毒问题、非法人口流动问题、艾滋病问题、跨境婚姻问题构成了边疆民族地区主要的非传统安全问题，影响着边疆民族地区的社会稳定与和谐。

2. 国内背景

按照发展社会学的观点，自1840年以来，中国开始了曲折而漫长的社会转型，尤其是改革开放以来30多年的时间里，中国经历了一个全方位的社会变迁和社会转型。郑杭生把这一阶段中国的社会转型称为转型加速期，转型的速度、广度、深度和难度都前所未有，"这是一个前景光明、充满希望同时又是饱含痛苦、需要付出代价的过程"①。这种转型必然在社会结构转换、社会运行机制转轨、价值观念转变等方面对我国社会的运行状态产生深刻影响，引发一种转型效应，即由社会体制、社会结构、价值观念等转换的不同步性而对社会运行产生的影响和制约。②

社会转型期除了要面临转型效应之外，还会面临一些现代化困境，即错位现象、失衡现象、畸变现象和两难现象。这些困境引发的问题主要表现在：传统因素的瓦解与现代因素形成的不同步性；"示范效应"引发不正常的超前现象；城乡差距拉大和城乡二元对立关系得不到缓解；社会的分化与整合、社会的规范与失范等难题。③ 关于社会转型背景下的社会问题，2012年召开的"十八大"有着极为清晰的定位和准确的认识。"十八大"报告指出，当前我国社会面临的问题主要是：发展中不平衡、不协调、不可持续问题……城乡区域发展差距和居民收入分配差距依然较大；社会矛盾明显增多，教育、就业、社会保障、医疗、住房、生态环境、食

---

① 郑杭生：《社会学概论新修》（第二版），中国人民大学出版社2002年版，第33页。
② 同上。
③ 张琢、马福云：《发展社会学》，中国社会科学出版社2001年版，第228—233页。

品药品安全、社会治安、执法司法等关系群众切身利益的问题较多,部分群众生活比较困难;一些领域道德失范、诚信缺失;一些干部领导科学发展能力不强,一些基层党组织软弱涣散,少数党员干部理想信念动摇、宗旨意识淡薄,形式主义、官僚主义问题突出,奢侈浪费现象严重;一些领域消极腐败现象易发多发,反腐败斗争形势依然严峻。

随着改革的不断深入,社会结构、社会组织形式、社会价值理念等都已经和正在发生深刻变化,"经济一条腿长、社会一条腿短"所引发的社会问题越来越突出。改制、移民、拆迁、农民工工资拖欠等引发的社会矛盾和问题不断地增多。社会利益格局的多元化趋势日趋明显,社会分配机制调整的滞后性加剧了社会分化,普通民众福利水平改善不明显;社会弱势阶层的生活充满了不确定性和危机感;利益集团之间的矛盾激化引发越来越多的群体性事件。随着"网络时代"的到来,社会问题日益"公论化",一些隐性社会问题以网络为传播平台被放大和扭曲,以不确定性和偶然性为特征的网络传播带来的新型社会风险日益凸显。

3. 边疆民族社会面临的社会安全问题影响严重

边疆民族地区同样处于改革发展的关键期和机遇期,同时处于社会矛盾凸显期和多发期。"桥头堡"战略的实施,既是云南实现跨越式发展的重大历史机遇,同时也意味着云南改革开放力度的进一步加快,很多新情况、新问题将陆续显现,边疆民族地区"维稳"的特殊性在于:既面临全球化风险带来的复杂局面,也遭遇我国社会转型带来的诸多矛盾,社会安全面临新形势,维稳管理面临新局面。

其一,云南特殊的地理环境成为社会安全问题存在的现实土壤。云南与缅甸、越南和老挝三国接壤,特别是与世界著名的毒源地"金三角"相邻,毒品影响较为严重的国家和地区对云南省沿边地区形成全方位的包围。20世纪80年代以来,云南边境地区的毒品问题完成了"白色化"过程(所产的鸦片90%以上用于生产海洛因),毒品走私转向陆路通道为主,与打开国门到全面开放的时期同步,使得云南成为以毒品为代表的非传统安全问题(以及与毒品高度关联的艾滋病、跨境赌博等)侵袭的最前沿。

其二,边疆地区特殊的制度设计的变革又为非传统安全问题的进入甚至蔓延提供了客观便利。中华人民共和国成立后,在边境地区构建了一个相对封闭的"硬控制"社会环境,以及一套政府主导的扶植少数民族地区发展的制度安排，基本保障了边疆社会的稳定、发展和少数民族生活水平的提高。随着边境地区的全面开放，先前的制度设计相对失灵，而适应开放形势的新制度正处于构建和完善的过程中，出现制度错位、缺位的情况，导致边疆社会功能的弱化。

其三，复杂的民族构成强化了边疆地区社会风险的影响力。云南边境沿线居住着16种跨境少数民族，他们与境外缅甸、老挝、越南的几十个民族在生活方式、文化习俗、宗教祭祀等方面高度同质。处于国境线两侧的跨境民族一直以来存在相互交往的情况，改革开放以来相互间的交往更加频繁，交往方式也从传统边民互动转向经济、政治、文化全方位的交往，跨境民族交往广度和深度的拓展同时也意味着境外社会风险传递的潜在威胁的增加。

其四，随着改革开放的深化，社会转型程度加剧，社会成员的流动性加快，社会资源的竞争性增强，社会利益的多样性显现，导致边疆民族地区在发展过程中出现了新的矛盾和问题。尤其是民众利益表达渠道的不畅和政府社会管理手段和方式相对滞后，导致群体性事件频繁，成为影响社会稳定的重要变量。

上述几方面因素的动态震荡在边疆民族地区形成了一种共振效应。20世纪末21世纪初，云南边疆民族地区出现了一系列社会安全问题，有些问题在全国同类社会问题中居突出地位，深刻影响边疆民族地区的社会稳定，表明边疆民族地区的社会安全和维稳管理进入一个新的转折时期。

（二）研究意义

边疆民族地区的社会稳定问题不仅仅是社会问题，也是经济问题，更是政治问题；不仅仅是边疆民族地区的区域性问题，一定程度上也是影响整个国家改革发展稳定的全局性问题。

本研究立足于云南省处于东盟区域国际交流合作前沿的大背景以及同毒品产地"金三角"和艾滋病高发区特殊区域相邻的国际环境，深度挖掘边疆民族地区社会安全问题的表现形式和特征，结合边疆民族乡村社会应对重大社会安全问题的鲜活经验，总结并提炼云南边疆跨境民族地区的维稳管理经验，探讨边疆民族地区维稳机制的转变和创新，提出边疆民族地区"维稳管理"的一般模式，研究结果有助于构建合理的边疆民族地区社会维稳管理新机制，并为乡村社会维稳方式转变的研究做出相应的理论贡献。同时以边疆民族社会重大社会安全问题作为特定的研究对象，是边疆民族地区社会稳定研究、社会和谐研究和国家安全研究的重要组成部分，因此对这一领域的研究和理性提升，对安全维稳管理理论的完善与补充具有理论价值。

研究的实践意义主要体现在三个方面：其一，边疆民族社会是国家政权辐射的末梢，又是多种社会风险集中的前沿，既是安全问题（传统与非传统）危机应对的主战场，又是受害最严重、危害最剧烈、影响最大的地区，其维稳方式的转变、新维稳机制的建立意义重大。长期以来，边疆民族地区在社会维稳管理遵循着稳定至上的思维习惯，通常采用传统自上而下的刚性维稳方式，形成钳制维稳观念革新和维稳方式创新的路径依赖、制度惯性和思维定式。因而，打破路径依赖和制度惯性，克服思维定式，更新维稳观念，创新维稳机制，成为边疆民族地区有效规避传统安全与非传统安全带来的社会风险，维护社会稳定，构建和谐社会的关键所在。其二，边疆民族地区在转变维稳方式的实践中，积极运用政府层面的正式制度和民间层面的非正式制度为社会管理服务，积累了大量鲜活经验，创造独具特色的维稳机制，总结和提炼云南边疆民族地区社会维稳管理新经验、新机制，不仅对云南省维护社会安全与稳定有着重要的现实意义，也对我国目前处于快速发展与危机频发阶段的边疆地区安全问题研究有着重要的示范作用和借鉴意义。其三，边疆民族社会是国际风险进入我国的屏障和承接带，是重大风险的减震带和缓冲带，对国家安全有着至关重要的作用。云南与越南、老挝和缅甸三国接壤，周边三国都存在不同程度的贫困问题、民族问题、宗教问题、毒品艾滋病问题相互交织的现象，构成了复杂区域性社会安全问题。对这一地区社会安全问题的控制与化解，其重大意义在于，不仅有利于维护边疆地区的社会稳定，而且有利于巩固这一地区次区域国际环境的安全和稳定。

二　研究的主要内容和基本思路

（一）研究的主要内容

一是文献综述与理论探讨。首先，分别对国内外的安全研究与维稳研究现状进行了梳理，其中国外安全研究一方面从横向的角度集中考察社会秩序、风险社会、集体行动研究的成果和进展，另一方面从纵向维度考察安全研究的演进与发展。国外维稳研究主要呈现社会控制与社会治理研究的成果及其借鉴意义。国内安全研究部分将我国学者的安全研究划分为五大研究类别，尤其强调了综合安全观的时代价值。国内维稳研究部分较为详细地梳理了维稳研究的理论视角（府际治理视角、社会安全阀视角、犯罪学视角）、研究主题（群体性事件、国家公共危机、边疆稳定）、问题及对策建议等。其次，提出了课题研究的理论视野。基于和谐社会建设的根本要求，以及跨境民族地区社会安全状况和维稳实际，本课题将协作性公共管理理论和社会动员理论作为研究的主要理论视角。

二是现状呈现与特征归纳。首先，对云南跨境民族地区这一特殊的地域范围的基本情况进行了介绍。云南跨境民族地区特殊地理形态和复杂民族构成孕育了云南跨境民族地区多元的文化样式和宗教类型，同时也决定了这一地区经济发展滞后、社会发育程度低、社会安全形势严峻的现实特征。其次，从历史与现实、国际与国内的结合上认真梳理云南跨境民族社会重大安全问题的形成与发展，厘清跨境民族地区社会安全问题的现状、表现形式、特点及社会影响，结合实地调查及相关资料，重点对云南边疆民族地区毒品、艾滋病及群体性事件三大社会问题进行研究与分析。同时考虑到现阶段边疆重大社会问题与历史问题高度关联性，对与全国其他同类社会问题相比居于突出地位的边患、疾病、跨境婚姻、宗教渗透、赌博、难民等社会问题也进行了相应讨论。课题对云南跨境民族地区社会安全问题的梳理突破了以往这一问题研究的广度和深度。课题还对云南跨境民族地区社会安全的跨境性、民族性、关联性、长期性等特征进行了归纳和分析。

三是经验提炼与机制重构。从理论与实践的结合上研究云南跨境民族乡村社会安全问题的应对和维稳战略的转变。具体从四个方面展开：一是研究跨境民族地区传统社会危机应对思路和模式；二是总结边疆民族地区在长期维稳实践中形成的鲜活经验，课题组在长期细致调查基础上，综合相关研究资料，把这些经验提炼为"一个转变、两个前移、三个构建"。一个转变是维稳思维的转变；两个前移即维稳重心前移至乡村基层社会，维稳主体前移至乡村少数民族大众；三个构建即构建边境跨境民族地区跨境安全合作机制，构建边境地区各民族和谐共赢、协同发展的民族关系，构建跨境民族地区和谐的宗教关系。三是分析全球化背景下跨境民族地区安全维稳机制的转变与重构。边疆民族社会紧紧坚守以人为本的理念，在应对非传统安全问题和由人民矛盾引发的各种社会热点问题及群体性事件实践中，在实现维稳方式转变的同时探索出一套与之相适应的社会维稳机制和突出社会问题防控机制,创造了以维护社会安全和秩序为宗旨,以法治化控制为取向,与民族地区传统控制机制相衔接的,包括社会动员机制、信息反馈机制、社会安全防控机制、矛盾疏导与化解机制四个机制联动的现代性社会维稳体制。同时,课题还对云南跨境民族地区较为典型的毒品和艾滋病防治运行机制进行了总结,并对当前维稳工作中面临的主要问题和需要高度关注的跨境婚姻、宗教渗透、私彩赌博等紧迫性社会问题进行了集中探讨。

(二) 研究的基本思路

首先,通过文献回顾,对国内外安全综合问题研究以及集体行动理论、风险社会理论、协作型公共管理理论、社会动员理论等进行归纳和梳理,通过实证、参与研究边疆民族社会安全与维稳管理的教训与经验,并在此基础上凝练边疆民族安全问题与维稳管理机制的转变和创新。

其次,以党的十八大精神为指导,从全面构建和谐社会的全新理念和视角出发,立足于云南省处于东盟区域国际交流合作前沿的大背景和毒品产地"金三角"、艾滋病高发区特殊区域相邻的国际环境,以及传统安全问题(贫困)与非传统安全问题(毒品、艾滋病、突发性事件等)高度交叉重叠、危害严重的地区环境,考察边疆乡村民族社会安全问题。

最后,从历史与现实(社会安全问题的历史传承与现代性)、理论与实践(社会安全理论与本土维稳方式转变)结合上,坚持开放合作、发展的观点,总结跨境民族社会应对风险危机实践及其应对风险危机功能的重构经验,探讨边疆民族社会在国家新安全战略指导下维稳模式的创新。

三 研究设计

本课题主要采用理论联系实际,规范研究与实证分析相结合的基本方法,运用文献调查、访谈、参与观察等具体方法,通过文献调查,以收集的理论研究资料为基础,归纳和梳理国内外社会安全与维稳相关理论;以实地丰富的文献资料为基础,进行研究问题的提炼。通过访谈和参与观察等实地调查方法,呈现边疆民族地区社会安全的表现形式和特征,提炼边疆民族地区社会维稳管理的基本经验,分析边疆民族地区维稳管理中存在的问题,探寻边疆民族地区维稳管理理念更新、机制创新的可能路径。

(一) 调查点的选择

云南边境地区涉及 8 个州(市) 25 个县(市)。本课题选择边疆社会问题具有典型性的西双版纳傣族自治州、德宏傣族景颇族自治州、怒江傈僳族自治州作为主要的调查点。同时选取文山州、临沧市作为辅助调查点，其中红河州在课题立项前已进行过较为详细的调查。2011年底至2012年7月，2013年1月至3月，课题组先后分别赴五个边疆少数民族自治州进行实地调研，走访了大量与综治维稳、民族宗教、禁毒防艾、卫生防疫、救助服务等工作任务相关的部门和机构，访谈地方官员、基层干部和普通民众，同时走入村寨，进行细致的实地调研，了解基层社会单元的社会安全状况，探寻在国家正式社会管理模式之外的非正式社会治理模式，把握基层民众对"国家"及其"行动"的基本认知和态度。主要目的在于呈现边疆民族地区社会安全现状及特点，总结边疆民族地区维稳管理的基本经验，提炼独具"边疆"和"民族"特色的维稳新机制。

选择五个边疆少数民族自治州作为调查点主要出于三个方面的考虑：首先，云南省地处我国西南边陲，是国家面向西南开放的重要"桥头堡"，特殊的地理形势、民族构成和宗教成分，决定了该地区社会安全形势严峻性和社会维稳任务的艰巨性，而云南边疆跨境民族地区又具有国家政权辐射末梢和对外开放前沿的双重特征，不仅面临与国内其他地区相似的社会安全问题，也面临与国际形势、境外情势高度关联的独具边疆特色的社会安全问题。云南边疆民族地区的社会安全问题是国家安全的重要组成部分，因而，研究本身具有重大的现实社会价值。其次，五个调查点是云南省典型的边疆跨境民族地区，其中西双版纳州东、西、南三面与老挝、缅甸接壤；德宏州南、西和西北三面与缅甸接壤；怒江州西部与缅甸相连，并且是云南进入西藏的主要通道；文山州南与越南接壤；临沧市西南与缅甸交界。这五个少数民族自治州与云南省比邻的三个国家接壤，同时具有跨境性、民族性、宗教性、问题复杂性等明显特征，这些特征也是全国其他地方跨境民族地区所具有的共性特征。同时五个调查点在社会安全问题方面又具有一些突出的个性特征，如德宏州是云南省乃至全国艾滋病重灾区，该州在禁毒与艾滋病防治过程中总结和提炼的经验和模式具有一定的示范作用，是目前防艾斗争经验最有价值的地区；西双版纳州在云南省应对毒品斗争中占有突出地位；怒江州是云南省宗教渗透与反渗透最具典型意义的地区；文山州的难民问题以及反邪教斗争更具典型性。五个调查点的基本情况能较好地反映云南边疆地区的"面"的情况，乃至在一定程度上推及全国边疆跨境民族地区的情况。最后，课题主持人和参与者大都来自云南且长期从事云南边疆社会发展与社会问题的研究工作，曾主持或参与多项涉及边疆社会问题的国家级和省部级课题，并在德宏州、西双版纳州、红河州等地进行长期的实地调查研究，对这一地区的人文地理、风俗习惯、语言特点都比较熟悉，便于调查的展开。同时，调查者在这些地方拥有较多的信息和社会资源，为顺利进入调查场所扫除一些不必要的障碍。

（二）具体的调查研究方法

本课题坚持理论研究与经验研究相结合，采用大量深度访谈为主的定性研究方法，同时也采用了文献法、参与观察等资料收集方法。

1. 文献法

文献是指以文字、图像、符号、声频、视频等手段记录、存储与传播知识信息的载体。文献收集的工作贯穿研究过程的始终，主要包括三类：一是查阅与课题研究内容相关的书籍、报纸、杂志及学术论文等；二是收集当地与综治维稳、禁毒防艾、民族宗教等有关的文件、汇报材料、专项调研报告、视频和音频资料等；三是查阅和整理当地方志、统计数据、年鉴等文献资料。需要说明的是，文献资料收集的范围不仅限于作为调查点的五个少数民族自治州，还包括红河州、普洱市、保山市以及全省边疆少数民族地区在社会安全与维稳管理方面的典型经验、案例或重要事件。

2. 个案和小组访谈

访谈是一种目标取向的二元人群互动，是包含口语和听觉的沟通行为。研究者通过与信息提供者面对面的交谈，获取信息提供者以自己的话表达的对某一事件或社会事项的感受、观点、看法、建议等。访谈法是本课题采用最多的资料收集方法。围绕研究主题，对当地综治维稳部门、民宗部门、宗教协会的相关人员和乡镇基层干部进行访谈，具体了解当地社会安全状况和维稳工作机制，以及他们对宗教问题的观点、看法及建议；组织当地村干部、村民（宗教信众与非信众）进行具体深入访谈，包括大量的入户访谈，了解基层民众的想法，从中发现政府与民众在维稳问题上的看法有何异同。另外，虚心向有关政策部门、退休干部、相关领域专家学者咨询相关问题，全面掌握当地有关社会安全和维稳的历史、现状、影响、典型事件、处理机制等。

3. 参与观察法

参与观察法主要应用在人类学研究中。参与观察典型特征就在于研究者的在场性和参与性，要求调查者以参与者的角色，与研究对象维系良好关系，并透过直接观察，对现象进行系统的数据搜集。林德曼（Lindemann,1924）曾指出，身为文化研究者，应深入被研究者的生活世界，才能真正了解现象或行动的意义。参与观察法经常与非结构性、引导性访谈配合使用，以获取丰富、详尽的资料。本课题以云南省五个典型的少数民族自治州进行实地的田野调查，参与观察法也是贯穿始终。通过观察，了解调查点及调查对象的基本情况，收集诸如交通区位、地形地貌、资源状况、风土人情、生产生活形态等方面的资料，并获取一些地图资料、图片资料（包括自拍图片）等；观察并记录典型事件的发生、发展过程，形成描述事件全貌的资料。

（三）调查过程与访谈对象

课题组在课题立项之后就立即组织人员开展调研，调研工作分三个阶段进行，前后持续一年多。2011年底至2012年7月，课题组先后奔赴西双版纳傣族自治州、德宏傣族景颇族自治州、怒江傈僳族自治州进行深入的实地调研，此外课题组主要成员也分别对临沧市和文山州进行了专题调研。2013年1—3月课题组成员又分别对德宏州和临沧市、文山州等地再次进行针对性调研，并由临沧市、普洱市、文山州、西双版纳州等负责调查点的调查信息员不定期收集相关资料。通过三个主要调查点（见表1-1、表1-2、表1-3）和多个辅助调查点的深入调研，获取了大量鲜活的第一手资料，为课题的顺利开展奠定了坚实基础。

表1–1　　　　　　　　第一阶段调查点及访谈对象

	地点	访谈对象
第一阶段：A州（2012年1—2月）	X乡	王所长、杨副乡长；5位村民
	D镇	康副镇长；5位村民
	J村	岩村长；10位村民
	M镇	玉副书记；5位村民
	K口岸	杨教官
	P镇武装部	阿部长
	M村	岩村长；10位村民
	N乡	丁副书记；5位村民
	A州民族宗教事务局	王副局长、余科长、刀副局长
	A州政协	政协原主席

表1-2　　　　　　　　　第二阶段调查点及访谈对象

	地点	访谈对象
第二阶段：B州（2012年2—3月）	P镇	人大王主席、民族宗教冯干事、民政助理欧某、边防派出所字副所长；15位村民
	B州统战部	杨副部长等
	B州民族宗教事务局	杜科长
	G县统战部	赵部长等
	G县人大	李副主任等
	G县政协	封副主席
	G县广电旅游局	余副局长
	G县公安局	何局长
	F县人民政府	普副县长等
	F县政协	邓副主席、封副主席
	F县统战部	杨部长
	B州E乡	10位村民
	L县S镇	6位村民
	F县L村	村干部及10位村民

表1-3　　　　　　　　　第三阶段调查点及访谈对象

	地点	访谈对象
第三阶段：C州（2012年6—7月）	C州卫生局、防艾办	段副局长（防艾办主任）
	C州公安局	刘科长
	C州民政局	许科长
	C州民族工作委员会	杨主任
	Y县民政局	蔡书记、赵科长
	Y县民政局	小组访谈对象（村干部、村民）：刘哔艳芳（拉勐村）、雷自泽（拉勐村）、思艳芹（新莲村）、许莲英（新莲村）、潘舒（兴和村）、刀国荣（丙辉村）、冯怀玉（芒璋村）、屈生美（户勐村）
	Y县防艾办	田股长
	Y县公安局	张副局长
	Y县X村	村民10人

续表

第三阶段：C州（2012年6—7月）	L县景罕镇	张副书记
		小组访谈对象（村干部、村民）：徐燕梅（曼面村）、万燕花（罕等村）、石贵宝（曼胆村）、赵兴祥（广宋村）、约麻孔（罕等村）、段咪所（曼面村）
	L县民政局	赵主任
	L县公安局	杨副局长
	P市M镇T村	小组访谈对象（村干部、村民）：岩静（顺哈村）、瑞林（暖波村）、瑞应（俄罗村）、李永刚（俄罗村）、腊静（暖波村）、岳恩意（顺哈村）、岩洼保（姐岗村）

四 相关概念

（一）跨境民族（地区）

跨境民族亦称"跨界民族"，是指在长期的历史发展进程中形成的，紧靠边疆（国境线）两侧分布，居住地直接相连，具有频繁的跨境行为并产生跨境关系①，分居于不同国家中的同一民族或是同一民族的不同

---

① 有学者指出，不能笼统地将所有跨居国境线的民族都视为跨境民族。区分是不是跨境民族除了某个民族有跨居两国或多国的事实外，更重要的是必须有跨境关系、跨境行为的事实。从严格意义上说，跨居国境线的民族可以称为"跨居民族"；既跨越国境线而居，又有跨境关系的民族才称得上是真正的跨境民族［参见黄兴球《老挝、泰国跨境民族形成模式及跨境特征》，《广西民族大学学报》（哲学社会科学版）2008年第2期］。还有学者将中国的跨境民族分为"跨境民族"（狭义）与"亲缘民族"两种基本类型：所谓"跨境民族"（狭义），是指居住在中国和邻国的同一民族，最早居住在同一地区，以后由于迁徙和国界变动等原因分别居住在两个或两个以上的国家，但目前主要分布区域仍然相连或相邻，语言和文化基本相同者，可称为中国及其邻国的"跨境民族"（狭义）。"跨境民族"（狭义）是中国及其邻国的同一民族，其成员以及相关研究者对此并无异议，此类民族有景颇族、彝族、哈尼族、傈僳族、拉祜族、苗族、瑶族、佤族、朝鲜族、蒙古族等。至于"亲缘民族"，则指中国及邻国的一些具有共同族源关系，但目前对其是否为同一民族尚有异议的民族群体。这些民族有共同的族源关系，以后因迁徙或国界变动等原因，其中主要的部分逐渐向不同的方向发展，并产生了明显的差异，目前其整体是否为同一民族，其成员以及相关研究者持有不同看法的民族，可称为中国与邻国的"亲缘民族"。这一类民族如中国的傣族、布依族、侗族、壮族，以及中南半岛北部的泰族、佬族、掸族、佬族、岱族等。参见方铁《云南跨境民族的分布、来源及其特点》，《广西民族大学学报》（哲学社会科学版）2007年第5期。

支系。① 云南边境沿线地区跨境而居的民族，有的主体在我国境内蔓延到境外，有的主体在境外延伸到境内，还有的境内外人口大致相当，同时境内外的法定族称不尽一致。但都有一定共同性，即这些分居于不同国家的同一民族，大多同源共祖，语言相通，信仰相同，习俗相似，田畴相连，毗邻而居，频繁往来。② 跨境民族居住的地区连成一片，有的边民甚至经常在国界两边往复迁居，他们的民族意识较强，所以并不会因国界的存在而影响他们的联系和交往③。

因而，跨境民族的存在对于拓展两国民族文化交流的广度和深度，加深两国关系，意义重大。而跨境民族地区，顾名思义，就是指跨境民族居住、活动、交往的区域，主要是分布着跨境民族的边境地区。本课题研究的跨境民族地区主要是指中缅边界云南段、中老边界和中越边界云南段共计4061公里的边境沿线地区。云南的西部、南部一线分别与越南、老挝和缅甸三国接壤，其中，中缅边境线长约1997公里，境内为我国西双版纳、普洱、临沧、德宏、保山、怒江6个州市的19个沿边县（市），境外为缅甸克钦邦和掸邦。中老边境线长约710公里，境内为我国西双版纳勐腊县、普洱市江城县，境外为老挝南塔、乌多姆赛、丰沙里3省。中越边境线（云南段）长约1353公里，境内为我国普洱市江城县、红河州绿春、金平县、河口县、文山州的马关县、麻栗坡县、富宁县，共7县，境外为越南莱州、老街、河江3省。④ 目前，在云南各世居少数民族中，共有16个少数民族跨境而居，即彝族、哈尼族、壮族、傣族、苗族、傈僳族、拉祜族、佤族、瑶族、景颇族、布朗族、布依族、阿昌族、怒族、德昂族、独龙族。这些民族在境外缅甸、越南、老挝、泰国等接壤和相邻国家均有分布，只是有不同的称谓而已。

---

① 参见夏显泽《云南跨境民族地区的宗教渗透与国家安全研究》，《曲靖师范学院学报》2012年第1期；肖震宇《云南跨境民族地区防控人口非法流动的法律对策研究》，《云南大学学报》（法学版）2010年第2期；黄兴球《老挝、泰国跨境民族形成模式及跨境特征》，《广西民族大学学报》（哲学社会科学版）2008年第2期；云南省统计局2003年5月26日印发的《关于规范使用少数民族称谓和云南省少数民族有关数据的意见》的通知。

② 谷禾：《跨境民族身份认同研究——以云南跨境民族为例》，中国人民大学博士学位论文，2008年5月，第36页。

③ 候峰：《思茅地区跨境民族的历史变迁与未来发展》，《思茅师专学报》1997年第1期。

④ 谷家荣：《滇边跨境民族研究六十年的回顾与前瞻》，《学术探索》2010年第4期。

(二) 社会安全

社会安全是指社会成员以及组成社会的各个部分不受到侵害和威胁、拥有维持其生存、稳定和发展所需的外在环境和内部条件，是一个社会既没有面临外部威胁和侵害又没有面临内部灾难和混乱的客观状态。社会安全是国家安全的一个重要组成部分，它有着国家安全的各种基本属性，同时又有其特殊性质。其特性主要包括[①]：一是社会安全是基于国家主权前提下的安全。二是强调秩序性是社会安全的首要特点。社会安全就是要保证社会成员以及组成社会的各个部分处于有序的社会行动状态之中。三是社会安全涉及面广，关系复杂多样，而随着最新科技不断渗透人类社会生活的各个方面，许多社会风险交叉重叠，社会安全复杂性更加凸显。四是社会安全是基于社会成员（个体、团体、组织等社会要素）共同参与的合作安全，社会安全的达成需要整合各方资源来完成。

有学者将"小康社会"阶段的安全问题提了出来。称小康社会至少要使社会成员在其中各安其位、感到"惬意"、感到安全、感到满足，这种心理满足感和安全感是"小康社会"的核心内容，强调"安全"不仅是小康社会的外部保障，而且也是小康社会本身的内容之一。[②] 十八大报告中提出"为全面建成小康社会而奋斗"的新论述，实际上是向每个生活于其中的公民作出的郑重承诺，明确了建成小康社会的具体时间表，这一承诺能让每个公民感到更加安全、更加安心。

云南边疆民族地区社会经济持续发展，民族团结和谐，总体上呈现出欣欣向荣发展的大好局面。但是在诸多历史与现实、国际与国内因素的作用下，发展过程中也出现一系列社会安全问题，形成传统社会安全问题与非传统社会安全问题交叉重叠的复杂局面，面临着毒品、艾滋病、群体性事件等突出问题，以及边患、疾病、赌博、难民等特色性问题。边疆民族地区独具特色的社会安全问题影响着改革、发展与稳定的大局，对边疆构建和谐社会、建成小康社会任务的完成带来了严峻挑战。

(三) 维稳

"维稳"是一个具有中国特色的政治名词。关于维稳这一概念的提出

---

① 阮明阳：《中国城市居民个体安全研究》，中国人民大学博士学位论文，2010年，第24页。

② 曾怀德：《和谐社会的内涵和实现路径》，《福建理论学习》2005年第5期。

可以追溯到邓小平同志。1989年2月26日，邓小平在会见美国总统布什时说："中国的问题，压倒一切的是需要稳定。没有稳定的环境，什么都搞不成，已取得的成果也会失掉。"王梅枝（2011）认为在当时的政治语境下，邓小平同志所说的稳定，更多的是指基本秩序和制度框架意义上的稳定。陶德麟（1993）在经过多角度、深层次的思考后，提出了稳定的最广泛定义，即：社会的有序、均衡与可控的状态。它是一种动态的平衡，其前提是国家性质与根本制度保持不变。高永久（2003）在对民族地区社会稳定问题进行思考时对社会稳定的概念进行了界定，他认为稳定的基本意思是本质上没有变动、稳固安定。随后他从社会学的视角来说明稳定，认为稳定是社会的一种发展状态，这种状态可以被描述为社会结构的均衡、社会问题的可控、社会秩序的有序、社会关系的协调、社会根本制度的稳固等。与此同时，他还对变迁进行了阐述，认为变迁是在动态的均衡中为了达到再度的均衡而产生的暂时现象，平衡才是社会的主要表现形态。还有些学者从宏观和微观的角度较全面地定义了维稳及其外延，他们认为维稳就是指所有对社会的稳定与均衡发展产生威胁与风险的因素的调节与控制。对其外延的界定是：既包括宏观层面的社会结构方面的失序与失衡，也包括微观层面的公共安全事件、紧急事件与突发事件等维护社会的方方面面（唐钧，2010；庞卫华、陈彦芳，2011）。

维稳的主体是中央政府和各级地方政府，在维稳的过程中，在国家基本制度之外政府会采取各种特殊的行政手段，包括法外解决、特殊处理等，这些手段都会付出一定的成本，这就是所谓的维稳成本。虽然在一般意义上对于维稳的外延界定比较宽泛，既包括宏观的社会结构失衡，也包括微观的突发公共事件，但是在基层政府的维稳实践中也不能将社会生活中的任何矛盾或利益诉求都纳入其行政范畴之类，这样势必会造成维稳扩大化的倾向[①]。在中国，"维稳"作为一项政治性任务而存在，同时也在一定程度上存在"维稳扩大化"倾向。如何转变维稳思维，创新维稳工作方法，避免维稳的扩大化倾向，构建兼具科学本质和人文情怀的维稳管理新机制，是"全面建成小康社会"背景下做好中国维稳工作的关键所在。

---

① 王梅枝：《当前中国地方政府维稳扩大化成本分析及其治理对策》，《湖北行政学院学报》2011年第5期。

（四）跨境婚姻

跨境婚姻，亦称跨国婚姻。按照1995年民政部颁布的《中国与邻国边民婚姻登记管理暂行办法》中所规定的，边民是指中华人民共和国与毗邻国界线两侧县（市、区）境内有当地常住户口的中华人民共和国公民和外国人。边民跨境婚姻是指中华人民共和国与毗邻国界线的县（市、区）境内有当地常住户口的中华人民共和国公民同毗邻国界线外国人（包括无国籍人）的婚姻。边民跨境婚姻主要发生在跨境民族较为集中的地区。

边民跨境婚姻在云南边境沿线较为普遍。在云南漫长的边境沿线，居住在与缅甸、越南和老挝等国毗连的居民，与周边国家的居民历史上就有互市通婚的习俗并沿袭至今。随着中国边境的开放和全球化影响，人口、物资和信息流动的加速，跨境婚姻变得更为普遍和频繁。云南边疆民族地区的跨境婚姻大多属于事实婚姻，所谓边民事实婚姻是指居住在边境一线地区的两国边民，男女之间在我国境内缔结婚姻时不按照国家《婚姻法》和《婚姻登记管理条例》等相关规定办理结婚登记手续，而是按照本民族的嫁娶习俗，摆酒席请客之后就结为夫妻、组成家庭的婚姻。① 在云南边境地区，"无国境化"现象较为普遍，很多跨境民族"同一民族"的概念是清晰的，但对于国境作为国与国之间的分界线的意识却是模糊的，加上这些地区相对封闭的社会环境和发育程度低的社会现实，边民跨境婚姻大多选择族内通婚，且以事实婚姻为主，对于婚姻的法律效力问题并不关注。

从调查情况看，跨境婚姻目前呈现以下特点：一是通婚人数逐年增多；二是通婚从边境一线向内地延伸；三是通婚对象多为生活较为困难的农村居民，在边民婚姻家庭中，大多数家庭生活水平低于当地居民的平均生活水平；四是通婚对象年龄偏小，文化程度低，男女比例失调。由于跨境婚姻大多是事实婚姻，这使得大多数事实婚姻家庭面临入户难、子女入学难、就业难、福利缺失、国家认同弱化等一系列问题，给边疆民族地区的经济建设、社会和谐、边境稳定带来诸多不利影响。

---

① 赵淑娟：《边民跨境通婚状况调查——以云南中缅边境为例》，《楚雄师范学院学报》2011年第10期。

第一章

研究综述和理论视野

第一节 国内外研究现状

一 国外研究现状

(一) 社会安全研究

安全是每一个社会成员的基本需求，学术界和一般社会成员一样，对于"安全"问题的关注是基本一致的，其中细微的差别表现为：大众站在个体需求的层次关注该议题，而学者则是站在相对宏观的角度思考整个人类社会发展进程中所面临的种种社会安全问题。从已梳理的文献来看，国外社会安全研究的相关成果主要体现在社会秩序、集体行动、风险社会的研究中。

1. 社会秩序研究

社会秩序一直社会科学发展史上的核心议题和经典主题。孔德在对法国大革命以来的社会动乱现状研究的基础上，创立社会学，提出了社会秩序论的主张，期望找出一种不同于以往的"治世"策略。斯宾塞的社会有机体论是一种客观社会秩序论，强调社会有机体各部分的协调运作。迪尔凯姆的社会秩序思想主要体现在他的社会团结理论中，他所关心的焦点问题是：个人通过何种方式联合为整体进而组成一个有序的社会？为了回答这一问题，他提出了"社会团结"这一概念，意指人与人之间、群体与群体之间、个人与社会之间、群体与社会之间的协调关系。而社会团结的纽带是社会成员共同的价值信念和道德规范，迪尔凯姆称之为"集体意识"。① 以韦伯为代表的解释社会学注重主观性、理性根据和文化传统，强调建立理性化的科层秩序。马克思从辩证的历史唯物主义的角度理解社会秩序的形成与变迁，强调物质生产和经济因素在社会秩序发展变化中的根本地位。以帕森斯为代表的结构功能主义学派更是把社会秩序研究带向了顶峰。不仅古典社会学家把社会秩序作为研究主题，当代社会学家如布希亚、哈贝马斯、贝尔、吉登斯、布迪厄等也从不同的视角，采用不同的范式对社会秩序问题提出了自己的深刻洞见。可以说，社会秩序议题贯穿社会学发展的始终。此外，国外有关社会秩序的研究还体现在法学和人类学两大分析范式中，如果说法学范式侧重探讨正式社会制度（规则、法律、总体意识形态）在构建社会秩序中的作用的话，那么人类学范式更关注非正式社会制度（文化、宗教、风俗、习惯等地方性规范）所构建的"自发的社会秩序"。无论是正式制度还是非正式制度都具有明显强制特征②，制度及其变迁不仅规定着经济生活的相对稳定的延续状态，而且规定着整个社会的秩序、发展和进步。

2. 集体行动（社会运动）研究

20世纪下半叶，集体行动理论在社会科学领域引起广泛的讨论，现在已经发展成为一个跨社会学、经济学、政治学、心理学、人类学等多门学科的综合性研究领域③。有学者对西方集体行动理论的梳理发现，西方集体行动理论主要有四种取向：一是心理取向的集体行动理论，强调集体行动是一种集体情绪抒发的活动；二是理性取向的集体行动理论，强调资源、组织与网络在集体行动中的重要性；三是结构取向的集体行动理论，将集体行动视为政府与行动者之间的互动；四是文化取向的集体行动理论，强调集体认同的建构、行动者的自身文化资源对集体行动的影响。但就具体的每一位学者的集体行动理论思想而言，可能既有文化的要素，又有心理的成分；或既有结构内涵，又有理性的内质。④ 下面就几个有代表性的集体行动理论梳理如下。

---

① 童星：《现代性的途径——多重视角与多重透视》，北京师范大学出版社 2007 年版，第 11 页。

② Veblen & Thorstein, *Is Economics Not An Evolutionary Science*, Reprinted in Veblen, T. 1961: *The Place of Science in Modern Civilization*, New York: Russell & Russell, 1989, pp. 56 – 61.

③ 冯仕政：《西方社会运动研究》，《国外社会科学》2003 年第 5 期。

④ 冯建华、周林刚：《西方集体行动理论的四种取向》，《国外社会科学》2008 年第 4 期。

其一，群体心理理论。群体心理学，一般称为"大众心理学"，是"社会心理学"的一个组成部分，奠基人是19世纪法国学者古斯塔夫·勒庞（Gustave Le Bon）。勒庞认为，"在某些既定的条件下，并且只有在这些条件下，一群人会表现出一些新的特点，它非常不同于组成这一群体的个人所具有的特点。聚集成群的人，他们的感情和思想全都转到同一个方向，他们自觉的个性消失了，形成了一种集体心理……姑且把它称为一个组织化的群体，或换个也许更为可取的说法，一个心理群体"。群体心理学的研究对象并不是人类的"客观群体"，而是人类的"心理群体"。人类的客观群体是指人群在某一时间和空间上的集合体，而人类的心理群体则是指具有相同心理活动特征的人群的集合体。对于人类的心理群体而言，他们具有心理活动特征上的一致性，但是不一定具有空间活动的一致性，这种集群心理仍作为一个集体行为的重要诱发因素存在。

其二，加值理论。布鲁默、斯梅尔塞以及更早的勒庞都是西方早期集体行为和社会运动理论中情感论的代表人物，特别是斯梅尔塞提出的加值理论（Value-added Theory）已成为一个经典的情感论范式。斯梅尔塞（Neil J. Semelser）借助经济学描述产品价值增值的术语，提出了一个解释群体行为的社会学理论——加值理论，分析造成群体性事件发生所需的社会条件。斯梅尔塞认为，所有的群体性行为、社会运动甚至革命的发生，都是由6个方面的因素相互作用产生的共振效应。按照斯梅尔塞的观点，这些因素孤立出现的时候也许并不足以导致群体性事件的发生，但当它们按照一定的顺序出现时，它们的价值就会被放大，群体性行为出现的可能性就大大增加，这就是所谓的"价值累加"。斯梅尔塞同时指出，群体行为和社会运动往往是剧烈的社会转型与社会变迁的副产品。在群体行为中，"价值"得以累加的6个因素是，即：结构性诱因（Structural Conduciveness）、结构性紧张（Structural Strain）、一般性信念（Generalized Belief）、触发因素（Precipitating Factors）、行动动员（Mobilization for Action）、社会控制的疏忽或失效（Failure of Social Control）。[①] 斯梅尔塞的"价值累加理论"为我们全面掌握由于利益差异的效能累加而引发的群体

---

① 关凯：《社会学家怎样看待群体事件发生的原因——评斯梅尔塞的"价值累加理论"》，《中国民族报》2009年第2期。

冲突的发生机理提供了较为系统的诠释框架。①

其三，政治过程理论。政治过程理论（Political Process Theory）是在批判传统集体行动理论的基础上提出来的，是国外最流行的集群行为（社会运动）解释范式之一，代表性人物是查尔斯·蒂利。蒂利在对社会运动的研究中提出政治过程理论，他认为，集群行为（社会运动）既是一种政治现象（而不只是心理现象），又是一种变化过程的发展状态。集体行动的出现需要进行动员，而动员能力则取决于一些特定的政治因素，如利益结构、组织状况、权力结构等，这些都受制于特定的政治体制。该理论与资源动员理论一样认为，离开精英的支持，弱势群体（草根组织）难以影响政治决策；但与资源动员理论不同的是，政治过程理论不同意精英的控制是完全的，实际上社会的政治经济形势的变迁，可以为弱势群体提供集体行动机会来改变不利环境。虽然这种政治杠杆的影响力很少显示出来，它仍然保留了不满的人的这种潜能：一是当权力主要被少数人所拥有时，它不是绝对的；二是不满的人，在一些环境下可以产生和维持集群行动。不过，对于这些相对无权的群体而言，集群行为的有效范围是很小的，它的程序、行动形式以至它的存在都可能是非法的，因而容易遭到禁止甚至镇压。所以，作为结果，处在相对无权地位的群体的选择，要么是根本不作出应对，要么是采取行动但很可能被镇压，也就是说，"集体行动的形式取决于政治气候"。

政治过程理论把集体行动研究从微观引向宏观，由注重社会心理和个体心理转向注重权力与资源分配的政治结构，从对集体行动的理性认识到对集体权力的理性抗争和社会互动的认识，从对社会结构的静态认识到对集体行动动态过程的关注，这些无疑都为集体行动理论研究提供了重要理论依据，增加了集体行动研究的解释力。但这些理论大多以西方尤其是美国的社会背景为依据，而各国的文化背景和社会发展阶段不同，这些在一个国家具有很强解释力的理论，到另一个社会中也许就完全失效。如在中国，政治过程理论在中国至少存在以下不适应性：一是这一理论更多地适应于已经在西方制度化和半制度化了的社会运动，对于骚乱性质的集体行为或者群体泄愤事件的解释力则存在很大局限性。二是把所有的集体行动

---

① 刘勇：《利益差异效能累加：群体冲突的触发根源——以斯梅尔塞的"价值累加理论"为诠释框架》，《福建论坛》（人文社会科学版）2011年第1期。

都归结为政治行为，在中国尤其是在边疆民族地区，存在着以偏概全的倾向。三是政治机会结构日益被众多学者接受，被广泛应用于各种类似社会现象的研究中，使其边界逐渐模糊，直至"所有塑造集体行动背景的条件和环境"，存在丧失解释能力的风险。①

其四，"变迁—话语—结构"解释框架。该框架由芝加哥大学社会学系赵鼎新教授提出。赵鼎新是对中国集体行动研究有着重要影响的著名学者，他在《社会与政治运动讲义》一书中，构建了"变迁—结构—话语"这一研究集体行动/社会运动的宏观解释框架，认为影响和决定社会运动产生和发展的宏观结构因素可以概括为变迁、结构和话语，三者之间没有一成不变的关系，其核心和有机连接点就是国家社会关系，"现代的社会运动和革命就是一个日益强大的国家和组织起来的社会之间相互碰撞的产物。一个国家中一旦发生了集体性抗争事件后，它的发展方向也取决于该国家中国家和社会的关系"。② 如果说集体行动理论强调社会变迁对社会运动或革命的影响，政治过程理论强调社会和政治结构对社会运动的影响，那么，"变迁—结构—话语"解释框架则强调社会变迁、社会和政治结构及意识形态、话语和公共舆论对社会运动或革命的共同作用。③ 对于处在转型加速期的中国社会而言，这一理论对于研究中国社会尤其是边疆民族地区的群体性事件具有重要启示。

近十多年来，越来越多的西方学者以丰富的西方社会运动理论为资源对中国的"集体行动"进行研究，形成了一系列研究成果。这类研究以"异议者的抗争"和"普通的抗争"这一集体行动分类框架④为基础，围绕社会变迁与集体行动的关系、集体行动的象征维度、集体行动的社会网络和组织因素以及集体行动同政治机遇结构的互动等核心议题进行讨论。国外学者的研究虽然把握了当代中国集体行动的一些关键特征，但在研究对象、理论和方法上又存在滞后等特点，说明这项研究在西方学术界还仅

---

① 宋维强，2006。转引自李世杰《转型期边疆民族地区群体性事件研究》，中国人民大学博士学位论文，2009年，第21页。

② 赵鼎新：《社会和政治运动讲义》，社会科学文献出版社2006年版，第302页。

③ 李世杰：《转型期边疆民族地区群体性事件研究》，中国人民大学博士学位论文，2009年，第21页。

④ Minxin Pei, 2003; Thomas Lum, 2005. 参见王国勤《西方关于当代中国"集体行动"研究述评》，《国外社会科学前沿》（第12辑），上海人民出版社2009年版，第639页。

仅处于起步阶段①。

3. 风险社会研究

风险与人类是共存的，近代之后随着人类成为风险的主要生产者，现代意义上的风险产生，并出现了现代意义的"风险社会"的雏形。德国社会学家乌尔里希·贝克在其著作《风险社会》中首次提出"风险社会"（risk society）概念，并在随后的《世界风险社会》《反思现代化》等著作中进一步丰富和完善了风险社会理论。吉登斯、拉什等著名学者也被认为是风险社会理论的代表性人物。风险社会研究主要包括三种理论视角：一是现实主义者视角，以劳（Lau）的"新风险"理论为代表，认为风险社会的出现是由于出现了新的、影响更大的风险。二是文化的视角，以拉什等人的"风险文化"理论为代表，认为风险社会的出现体现了人类对风险认识的加深，风险作为一种心理认知的结果，在不同文化背景中有不同的解释话语，不同群体对于风险的应对都有自己的理想图景，因此风险在当代的凸显更是一种文化现象，而不是一种社会秩序问题。三是制度主义视角，以贝克、吉登斯等为代表，认为风险社会是反思的现代性。贝克与吉登斯把风险社会与现代制度紧密地结合起来，以探讨资本主义社会面临的问题。贝克强调技术风险性，吉登斯侧重于制度性风险。早期现代性（或简单现代性）解决的是传统社会的风险，但也产生了新的风险，并且这些风险的累积构成晚期现代性（或高级现代性、反思的现代性、激进的现代性等）的特征。

风险的积聚——生态、金融、军事、恐怖活动、生化和信息等方面的各种风险——在我们当今的世界里以一种压倒性的方式存在着。在现代社会，全球风险的一个主要效应就是它创造了一个"共同世界"（common world），一个我们无论如何都只能共同分享的世界，一个没有"外部"、没有"出口"、没有"他者"的世界。② 随着全球化进程的加快，每一个国家、每一个族群、每一个社会成员都无一例外地卷入全球化浪潮之中，风险也随之传至社会的每一个角落。吉登斯通过对现代性的深刻分析，详细勾画了现代世界面临的风险图景：核战争等高强度意义上的风险、突发

---

① 王国勤：《西方关于当代中国"集体行动"研究述评》，《国外社会科学前沿》（第12辑），上海人民出版社2009年版，第639页。

② 贝克、邓正来、沈国麟：《风险社会与中国——与德国社会学家乌尔里希·贝克对话》，《社会学研究》2010年第5期。

事件不断增长带来的风险、生态灾难等人化环境或社会化自然的风险、投资市场的制度化风险、作为"风险意识"的风险，以及其他潜在的全球性灾难，从而勾画了一幅令人不安的危险前景。① 这些"被制造出来的大量新型风险"不断地在世界范围内扩张，影响着不同地区、不同阶层的人。

除贝克、吉登斯等人外，沃特·阿赫特贝格（Wouter Achterberg）探讨了风险社会与生态民主问题，提出自由民主政治不一定适合风险社会，协商民主政治才是风险社会的适宜模式；莫里·科恩（Maurie J. Cohen）将风险社会理论与约瑟夫·休伯（Joseph Huber）的生态现代化理论结合起来，试图找出适合风险社会发展的新模式；还有一些学者如莱思·威尔金森（Lain Wilkinson）从心理学的角度研究风险与忧虑问题，写出《风险社会中的忧虑》一书；马克·海恩斯·丹尼尔（Mark Haynes Daniell）为了脆弱的下一代，提出了逃避风险的新全球战略。② 中国的现代化发展面临着全球性风险社会这一基本背景，深入展开对风险社会理论的研究具有重大的理论和现实意义。

4. 安全研究的纵向演进

社会秩序、集体行动、风险社会研究横向展示了有关"安全"的一系列理论视角，而从纵向演进来看，安全研究经历了一个长期的历史过程。最早的有关于安全研究的论述见诸霍布斯的政治学有关论述之中，著名的霍布斯设问指出，"一味追求私利的人类何以能够建立起社会秩序呢？"他在《利维坦》中指出，人受自然欲望的驱使，呈现出动物性的一面，自私、贪婪、自负、骄傲等负面性格都来自于人的动物性，由此，人类社会的战争也是这种动物性所带来的后果。人们为了免于死亡，反思了其自身的动物性和"自然性"③。由此，国家诞生了，人类的私利和社会的冲突成为了国家的起源，国家制度也是最早为人提供免于战争和死亡的安全机构。其后，法国思想家卢梭更是在《社会契约论》中鲜明地指出，人们应当结成契约关系，以维护自身财产和人身安全。安全研究在政治学领域开始发生了历史性的转变。具体说来大概经历了三个历史发展阶段：

---

① 安东尼·吉登斯：《现代性的后果》，译林出版社 2000 年版，第 109 页。
② 周占超：《当代西方风险社会理论引述》，《马克思主义与现实》2003 年第 3 期。
③ 霍布斯：《利维坦》，黎思复、黎廷弼译，商务印书馆 1987 年版，第 17 页。

第一个阶段，从文艺复兴开始到"二战"结束。这一阶段是安全研究理论的萌芽期，安全研究集中于政治安全、国家安全以及军事安全领域。"综合安全"① 最早见于 1968 年卡尔·多伊奇著述的《国家关系分析》对人口、粮食、生态环境及贫困等问题进行了深入剖析，并把它们列入国家安全的分析框架。此后基欧汉（Robert Owen Keohane）在其所著的《跨国关系与世界政治》中主要论述了"罗马教廷、各种基金组织以及跨国公司对世界安全的影响作用"②。到了 20 世纪 80 年代后期，安全问题研究逐渐与军事、经济、生态以及财富占用等问题交织在一起，难以划出清晰的界限。到了 20 世纪 90 年代，随着认同（Identity）和犯罪（Crime）研究的兴起，学界开始对传统安全观念进行反思。在刘胜湘看来，西方综合安全研究是安全研究领域、对象和层次的一次革命性拓展，从其内涵来看，主要包括军事安全、文化安全、经济安全和社会安全四个方面的内容。综合安全的研究领域应由国家安全走向个人安全、地区安全和全球安全。在西方安全研究中，有两个代表学派，一是哥本哈根学派，该学派的代表人物巴瑞·布赞认为，从吉登斯结构性理论视角来看，社会事实实际上是一种集体认同，它独立于国家之外，依赖于人和社会群体的认同。社会安全被看作是认同安全。同时他提出社会不安全是普遍存在的。为了达到社会安全状态，必须构建"安全复合体"，通过跨国公司以及民族和国家的联合来实现。二是法兰克福学派，该学派认为，安全研究应该重视以往主流安全研究中所忽视的生态环境以及贫困失业问题。③

第二个阶段，从 20 世纪 40 年代后期到 90 年代。研究的视野从战争性安全转向了人类社会的建设性安全，即人类安全。关于"人类的危机"，从社会学层次上看，最早见于马林诺夫斯基对宗教实践起源（沃特斯，2000）的论述中，他认为人类生存的物质条件的不确定性产生了心理焦虑，这种危机使人们不是寻求物质层面的解决之道，而是寻求心理层面的解决之道。从个体的、心理的安全需要上升到集体制度性的（社会的）和整合性的（文化的）的层面。危机是普遍存在的，也是全人类共同面临的，人们能够通过相互联合的渠道解决安全问题。60 年代末，"罗

---

① 卡尔·多伊奇：《国家关系分析》，世界知识出版社 1992 年版，第 1 页。
② 罗伯特·基欧汉著，门洪华编：《跨国关系与世界政治》，北京大学出版社 2004 年版，第 53 页。
③ 刘胜湘：《试析西方安全综合安全研究》，《国外社会学》2006 年第 2 期。

马俱乐部"提出了人类社会所存在的"增长极限"的理论。该理论认为，在全球经济危机的影响下，人类社会的社会、经济增长受到贫困、自然环境退化、失业、过度城市化、通货膨胀以及金融经济秩序紊乱影响而出现停滞状态。上述问题也即世界性危机问题。对此，联合国开发计划署在1994年的《人类发展报告》中提出了以人为中心的安全观念。《报告》指出，安全不单是国家层次上的，也是人类自身的。人类安全包含了两层含义："一是人类免于遭受饥饿、疾病以及压迫所造成的长期性威胁；二是人们免于遭受来自家庭、工作以及社区邻里等日常生活中的不期而遇的、突然性的威胁。"① 人类安全观从关注国家、政治转向关注人类自身、人类的生存状态。这里虽然也涉及人的安全问题，但涵括的内容仅仅与食品、健康、人身和个人安全有关，是带着国际关系的眼光来看待个体安全问题。

第三个阶段，20世纪90年代至今，安全研究领域逐步拓宽，向多学科、专门化发展。政治学等传统学科对安全研究的广度和深度都有所拓展；社会学等学科从人的行为、社会结构、社会制度等人与社会的关系问题中探讨人类面临的社会风险；法学从人的自由和权利、社会运行规则等层面思考"法"的缺失所带来的社会问题；经济学、管理学等学科也从经济发展规律出发对人类面临的经济困境进行了深入思考。人类对安全需求层次的不断提高吸引着不同学科开展深入而广泛的研究。

（二）维稳研究

"维稳"是中国特有的与社会控制、社会治理有关的名词，所以在这里探讨国外维稳研究，主要就是要梳理国外关于社会控制和社会治理相关理论和研究成果，下面分而述之。

1. 社会控制研究

继罗斯对社会控制进行系统研究之后，诸多西方学者从各自不同的领域对社会控制进行了研究，提出了各种社会控制理论。其中影响较大的有：庞德的法社会学视角的社会控制论、斯皮罗的人类学视角的社会控制理论和赫希的犯罪学视角的社会控制理论。

其一，罗斯（Edward A. Ross）提出的社会控制理论。罗斯被认为是社会控制理论研究的开山鼻祖，在《社会控制》一书中，罗斯第一次明

---

① 联合国发展项目：《人类发展报告》，牛津大学出版社1994年版，第23页。

确提出了社会控制是人类为自身发展而提出的自觉的有意识的行为规则。

其二,庞德(Roscoe Pound)从法社会学视角提出的社会控制理论。庞德是美国著名社会法学的代表人物,是美国社会法学的集大成者,其代表作是《通过法律的社会控制》。"社会控制论"是庞德法律思想的核心,他是从法社会学的角度来提出问题的。

其三,斯皮罗(Melford E. Spiro)从人类学视角提出的社会控制理论。梅尔福德·E.斯皮罗是美国加利福尼亚大学人类学教授、美国当代著名人类学家,他从人类学的观点出发对社会控制问题提出了独到的见解,第一次提出社会控制的实现是社会与个体双向互动的结果。

其四,赫希(Travis Hirschi)从犯罪学视角提出的社会控制理论。赫希认为从根本上来说人类是自私的生物,"人性恶"。因此他把社会控制注意力投向微观的个体,并假定社会中的所有人员都具有违法犯罪的动机,个人常常通过权衡潜在利益和可能的风险而小心做出是否实施犯罪行为的决定。但现实生活中并不是每个人都犯罪,原因在于有社会约束。[①]

2. 社会治理研究

20世纪70年代以来社会治理思潮在西方国家兴起,一场质疑官僚行政体制有效性的"治理革命"在西方各国蔓延开来,人们开始重新审视政府、市场和社会之间的关系,关注国家的竞争力、政府的合法性和公共部门对公众的回应能力,更少的政府干预和更多的治理成为西方政府改革的共同特征。这表明,在全球化、现代性重建和公民社会复兴的背景下,人类政治过程的重心正在从统治(government)走向治理(governance),从善政(good government)走向善治(good governance)。"治理"与"第三部门"、"市民社会"一道成为西方学者研究企业管理、政府管理和政党管理有效性的概念工具。世界银行1992年度的报告就以《治理与发展》为标题;经济合作与发展组织1996年也以《转变中的治理》为题总结经合国家的治理变革;《国际社会科学》(英文版)1998年专门刊发了一期探讨治理的文章。在学术研究中,也已出现一些这方面的代表作,如詹姆斯·N.罗西瑙的《没有政府的治理——世界政治中的秩序和变革》、R.罗茨的《新治理:没有政府的统治》、盖伊·彼德斯的《治理的未来:

---

① 张金鹏:《边疆民族社会艾滋病流行现状、发展趋势与社会控制研究》,中国社会科学出版社2012年版,第47—51页。

四种出现的模式》、吉尔斯·佩奎特的《通过社会学习的治理》和沃尔特·基克等人的《管理复杂网络：公共部门的行动战略》，等等。

与统治不同，治理指的是一种由共同的目标支持的活动，这些管理活动的主体未必是政府，也无须依靠国家的强制力量来实现。罗茨认为，治理意味着"统治的含义有了变化，意味着一种新的统治过程，意味着有序统治的条件已经不同于以前，或是以新的方法来统治社会"①，治理至少有六种方式，即作为最小国家、作为公司治理、作为新公共管理、作为"善治"、作为社会控制系统、作为自组织网络。法国著名学者皮埃尔·卡蓝默认为，"治理包含了立法、法治、政治、公共机制和管理的概念，特别关注事物的实际运行，最初是关系到社会对权力的机制和代表机构及对一个社会的构成的认识；之后是对程序的运行详情，对公务员和公民之间的关系的现实，对有关各方结合与否的合作形式，对社会组织成为公司、共同体、协会的方式的认识"②。他的观点可以说代表了欧洲对治理的理解，体现了与美国不同的特征。研究治理理论的权威格里·斯托克总结了治理理论研究的几种主要的观点③：其一，治理意味着一系列来自政府，但又不限于政府的社会公共机构和行为者，它对传统的国家和政府权威提出挑战，认为政府并不是国家唯一的权力中心；其二，治理意味着在为社会和经济问题寻求解决方案的过程中，存在着界限和责任方面的模糊性，在现代社会中国家正在把原先由它独自承担的责任转移给公民社会，即各种私人部门和公民自愿性团体，后者正在承担越来越多的原先由国家承担的责任；其三，治理明确肯定了在涉及集体行为的各个社会公共机构之间存在着权力依赖；其四，治理意味着参与者最终将形成一个自主的网络，这一自主的网络在某个特定的领域中拥有发号施令的权威，它与政府在特定领域中进行合作，分担政府的行政管理责任。治理意味着办好事情的能力并不仅限于政府的权力，不限于政府的发号施令或动用权威。当前，"治理"往往同"善治"相结合而形成"治理与善治"理论。所谓善治就是通过社会资源的合理配置实现公共利益最大化的社会管理过程。

---

① 转引自王伟昌《统治、管理、治理——政府工具的新治理范式变迁》，《四川行政学院学报》2005年第2版。

② 皮埃尔·卡蓝默：《破碎的民主：试论治理的革命》，高凌瀚译，上海三联书店2005年版。

③ 徐磊：《治理理论与我国政府管理创新》，《理论前沿》2009年第12期。

善治的本质特征在于,政治国家和市民社会之间形成一种不同于以往的合作关系,实现政府与公民对公共生活的合作管理。善治意味着国家权力向社会的回归,是一个还政于民的过程。

但同时我们也应该看到,西方社会治理理论具有强烈的意识形态倾向,在社会发育程度和文化传统存在巨大差异的条件下,有可能成为某些跨国公司和国家干预别国内政、谋求国际霸权的理论依据。从经济发展来看,治理理论从西方发达国家的社会现实出发,主张限制政府作用,鼓励民间组织的大力发展,这种理论主张往往与发展中国家的社会实际相脱节;从文化接受性来看,治理理论的真正精神是以个人主义为基础的契约合作观念,与中国等发展中国家的文化传统不相一致,其传入必然会出现水土不服。① 尽管如此,治理理论强调多元治理主体的主张,对中国转变维稳思维,创新社会管理具有很强的借鉴意义。

二 国内研究现状

1. 社会安全研究

长期以来,安全问题研究在我国学术界并不是一个独立的、个性鲜明的主题。进入 21 世纪以后,我国的安全研究出现了较大的改观,除翻译和引进了诸多国外安全研究成果,我国学者还尝试着构建具有中国特色的安全思想体系,并具体运用于解决我国特殊的安全问题,整个安全研究呈现蓬勃发展的繁荣局面。我国安全研究领域宽广,起点很高,并注重实际应用。对各类非传统安全、人类安全、综合安全、社会安全、公共安全问题,我国学者都给予了重视,并从不同的角度进行了分析和研究。这其中比较有代表性的有②以下几方面。

第一,国际政治和对外政策领域。早在 20 世纪 90 年代,我国政府就提出了新的安全观念。1996 年,中国的新安全观正式被提出来。其核心就是"互信、互利、平等协作",③ 强调以信任、合作求得安全与共赢。这一思想不仅对我国外交实践,而且对我国安全研究都产生了较大影响。在美国"9·11"事件之后,非传统安全问题被高度重视。2002 年 11 月,

---

① 魏涛:《公共治理理论研究综述》,《通讯资料》2006 年第 7 期。
② 该部分主要参考了阮明阳的博士学位论文。阮明阳:《中国城市居民个体安全研究》,中国人民大学博士学位论文,2015 年 5 月。
③ 国防部理论研究室编著:《中国的国防白皮书》,解放军出版社 2004 年版,第 4 页。

《中国与东盟关于非传统安全领域合作宣言》发表，注重区域合作和国际合作的"新安全"开始接受实践的检验。

第二，关于国家综合安全。有学者认为，国家综合安全应包括政治安全、经济安全、军事安全、科技安全、社会安全和文化安全六个方面，其相互关系是：以政治安全为前提，以经济安全为基础，以军事安全为屏障，以科技安全为动力，以社会安全为保障，以文化安全为先兆，整合为国家综合安全。

第三，关于社会安全与公共安全保障问题。社会安全是国家安全的一个重要组成部分，它有着国家安全的各种基本属性，同时又有自身特殊性质。其特性主要包括：一是基于国家主权前提下的安全。二是强调秩序性为其首要特点。社会安全就是要保证社会成员以及组成社会的各个部分不受到侵害和破坏，使社会成员处于有序的社会行动状态之中。三是涉及面广，关系复杂多样。随着最新科技不断渗透人类社会生活的各个方面，许多风险变得更不易识别和预测，这也给社会安全埋下了众多隐患。四是基于社会成员共同参与的合作安全。有鉴于此，必须以新的理念管理社会。有学者分析了我国民众社会安全感下降的原因，认为，在现代社会，我们每个人感受到的危机往往是全世界危机的"总和"，而且信息传播造成了"危机感"或者"不安全感"的累积。此外，现代社会物质生活水平的提高也带来了人们对危机心理承受能力的下降。我们的大脑（危机管理的水平）和心理（公民抗危机心理）还停留在过去的水平，因而"不安全感"加重（田国秀，2006）。还有学者将"小康"阶段的安全问题提了出来。称小康社会至少要使社会成员在其中各安其位、感到"惬意"、感到安全、感到满足，这种心理满足感和安全感是"小康社会"的核心内容，强调"安全"不仅是小康社会的外部保障，而且也是小康社会本身的应有之义。十六大报告中"社会更加和谐"的论述，实际上正是指每个生活于其中的公民能感到更加安全、更加安心（曾怀德，2005）。"提倡区分公共安全与个体安全，前者主要由政府负责，后者动员社会各方力量，采取多种方式维护个体安全。开展保安行业，保障社会个体安全。"[①]

第四，安全实务与政府职责及危机管理安全被视为政府必须向民众提供的公共产品。有研究称，"政府应该提供现代社会中的公共产品。它包

[①] 建平：《分解公共安全和个体安全》，《人民日报》2002年第11期。

括：安全、保护自然环境、维护社会秩序、维护本国文化道德、制定法律法规"①，这些行为都是为了社会的安全。此外，如同市场常常"失灵"一样，社会有时也会失灵，依靠社会的自我调节能力已经不能解决问题，这就是危机爆发时刻。在稳定时期为社会提供安全，在危机爆发期为社会恢复安全，这已成为现代社会条件下政府的首要职责。目前，我国政府部门开始建立国家危机管理机制，重视应对突发事件，各相关部门已经建立紧急预警系统以应对各类突发灾害和事件。学者们呼吁国家及各地区都要建立体制完备、高效运行的社会公共安全应急救援机制，认为这是维护国家安全和稳定发展的重要战略举措。有学者探讨了"复合治理模式"，认为，当今世界进入一个"高风险时代"，社会对公共安全需求快速增长。这就要求政府有足够的能力和条件将公共安全作为一种公共物品向公民提供。为此有学者提出复合治理模式，即由政府主导、市场、公民社会共同合作生产并供给公共安全物品。由此，围绕着政府的责任、公共安全的主体、公共安全治理、公共安全管理、危机处理机制等问题，学者们开展了不少研究，在政府管理领域引发了不少话题。②

第五，综合安全研究。郑杭生于2004年发表了《中国社会发展研究报告2004——走向更加安全的社会》，从更加广泛的意义上来探讨安全问题。③ 中国科学院现代化研究中心各国现代化战略研究课题组完成的《中国现代化报告2006》通过综合性实证研究指出：中国正处在一个明显的过渡型、混合型阶段，是一个农业社会、工业社会与知识社会并存的三元社会，面临严重的公共安全问题④，也有学者讨论了经济与安全的关系问题⑤，认为："经济、安全都是发展的一部分内容，不能割裂开来。缺乏安全的发展不是真正的发展，缺乏安全感与贫穷一样影响人的生活质

---

① 肖红缨、刘建平：《我国公共产品供给的现状及改革》，《中南大学学报》（社会科学版）2004年第3期。

② 陈道银：《风险社会的公共安全治理》，《学术论坛》2007年第4期。

③ 郑杭生主编：《中国社会发展研究报告2004——走向更加安全的社会》，中国人民大学出版社2004年版。

④ 中国科学院中国现代化研究中心中国现代化战略研究课题组：《中国现代化报告(2006)》，社会科学文献出版社2006年版。

⑤ 中国政策科学研究研究会、国家安全政策委员会：《中国的经济安全与发展》，时事出版社2004年版，第13页。

量。"安全不仅是发展的保障,更是发展的内容之一。① 还有学者提出"大安全观"②,称:自然灾害、传染病、环境污染、重大意外、恶性犯罪等社会安全问题已经和传统的国防安全、国家安全一样,成为"安全"这一大课题的不可或缺的部分。

2. 维稳研究

处于转型期的中国社会,社会矛盾凸显,社会稳定形势受到严峻挑战,"维稳"受到学术界的广泛关注并形成了一系列的研究成果。于建嵘(2009)概括了当前学术界对中国社会稳定形势的两种截然相对的观点:一种观点可以称之为"动荡说"。持这种观点的学者认为,随着2008年全球性金融危机的发生,中国的社会问题与矛盾不断凸显,在未来的近十年间,社会的矛盾与冲突将会更加激烈,中国存在发生社会动荡的风险,而中国基于压力型体制下的"刚性稳定"对社会的长期稳定造成严重的弊端,高成本维稳陷入"越维越不稳"的怪圈。与此完全相反的观点则可以概括为"社会稳定论",③ 持这种观点的学者认为中国当前虽然存在很多矛盾,但是这些矛盾不会影响社会的基本稳定。虽然当前我国发生了一系列有关社会矛盾与冲突的恶性事件,但是这并不能从根本上动摇中国共产党执政统治的根本与统一,也不能否认我国政府社会管理的有效性,更不会破坏建设有中国特色和谐社会的基础,像孙立平(2011)所说的那样,虽然当前我国的社会矛盾越来越多,但是还没有到明显比其他国家更严重的程度,我们应当看到中国社会自身的弹性,中国的社会秩序从总体上来说还是很稳定的。综合来看,国内学者从不同的理论视角出发,基于不同的研究主题,对"维稳"问题开展了系统而广泛的研究。

(1)维稳研究的理论视角

当前有关维稳的研究主要集中在:与维稳相关的主题研究、维稳的模式、维稳的困境与对策等,与之相比,有关维稳理论的专题研究却并不多。笔者通过梳理相关资料与文章,总结出当前维稳研究的理论视角主要

---

① 王绍光、胡鞍钢、丁元竹:《经济繁荣背后的社会不稳定》,《战略与管理》2002年第3期。

② 金磊:《呼唤大安全观 创造低熵生活》,《城市与减灾》2002年第10期。

③ 西方国家不时有人指出,中国将面临大规模社会动荡的风险,如英国《星期日泰晤士报》(2009年2月1日)。参见于建嵘《从刚性稳定到韧性稳定:关于中国社会秩序的一个分析框架》,《学习与探索》2009年第5期。

有：府际治理、社会安全阀理论、犯罪学理论、交往理论、权利贫困理论、和谐稳定论、社会控制理论、社会资本理论等，在这些理论视角中，与当前中国的稳定主题密切相关的是：府际治理、社会安全阀理论与犯罪学理论，与其他理论视角相比，也为当下学者们较多讨论（徐行、刘娟，2011；吴帅，2011；钱民辉、陈旭峰，2011；张荆，2011；张德淼，2011；徐闻，2011；周小毛，2011；胡洪彬，2011）。

其一，府际治理视阈下的中国维稳。美国学者安德森在20世纪60年代首次提出了"政府间关系"这一概念①。随着政府社会管理实践的不断发展，府际关系理论在20世纪80年代以后被大量运用到一系列有关社会问题的治理中，并在行政改革和政府实践再造中生发出府际治理理论。所谓府际治理，指的是由府际关系与治理理念在行政改革实践的过程中相互融合作用而形成的一种治理网络，这种治理网络是介于不同层次政府之间的。徐行和刘娟（2011）对府际治理的本质是这样认识的：府际治理的实质就是对中央与地方政府的一系列关系进行协调与合作，这些关系包括权力关系、财政关系、利益关系和公共行政关系。府际治理理论强调部门之间的混合治理方式；强调信息共享、共同治理、资源共享、权利协商的重要性；注重共同合作、网络联系与发展、沟通与协作的作用；重视社会各方力量共同参与以及地方各级政府协同合作的重要性。

在我国改革开放30多年的发展历程中，随着市场体制改革与市场经济的逐步深入发展，我国的纵向府际关系发生了根本性的变化，逐步从人治转向了法治、从集权转向了分权，采取的策略也发生了变化，由单一的集权转变成了选择性集权、差异性放权与多元化分权的形式，由此，地方政府作为独立的力量进入了府际关系，成为推动中国社会改革与发展的重要力量。然而从当前我国府际权力关系的纵向运行状态来看，无论是在中央与地方关系中，还是在省以下政府间关系中都存在着各种矛盾与问题。它们的存在造成了"上传而下不能达"等"政策执行阻塞"现象的出现，这将不利于我国行政资源的合理配置，严重影响我国政府的行政效能，浪费行政资源。吴帅（2011）在其博士学位论文《分权、制约与协调——我国纵向府际权力关系研究》中，根据学者们长期以来对我国府际关系的考察与研究，总结出当前我国府际关系的问题。第一，从中央政府与地

---

① 乔治·安德森：《联邦制导论》，中国法制出版社2009年版，第205—233页。

方政府间的关系来看,一是我国纵向府际关系在权力的收放循环中表现出不稳定性;二是中央集权但权威不足,地方分权但归属感缺失;三是纵向府际间的中央政府与地方政府间的非合作博弈悖论。第二,从省级以下地方政府间的关系看,一是市政府对县级政府的管制效能低;二是地方政府公共服务职能欠缺;三是事权不分。与此同时,徐行和刘娟(2011)也分析了府际视野下我国维稳的困境:一是府际间缺乏互动与合作,维稳机制不够健全;二是维稳思维滞后导致政府公信力与预警能力下降;三是维稳模式与方式的异化。

其二,社会安全阀理论视角下的维稳研究。一些学者认为目前我国国内频发的群体性事件大多数都是由涉及民生问题的矛盾而引发的。从当前的大背景来看,我们不能忽视我国正处在改革开放与社会转型时期的国情,各种利益群体的利益冲突会带来当前社会所出现的矛盾丛生、群体性突发事件不断的社会现实,社会保障机制与长效运行体制尚未健全或相对较弱,民意的表达机制,特别是弱势群体正常利益表达和诉求机制缺失或不健全,社会矛盾缺乏相应的缓冲区,社会的不稳定、社会的紧张、社会的矛盾与冲突找不到适当有效的释放机制,也就是缺乏缓冲社会矛盾与冲突的社会安全阀机制。如果不采取适当的对策与措施,社会必然会面临更多的不稳定因素、更多的矛盾与冲突、更多的不满与动乱(徐行、刘娟,2011;孙立平,2010;于建嵘,2009;沈秋伟,2011)。信访制度是中国社会重要的利益诉求机制,信访制度的设计本意就是为民众提供一个正规的利益表达渠道,承担起社会安全阀的功能,然而,不可否认的是,信访制度的实施效能并不理想。有学者以我国信访现状为例阐述当前我国社会安全阀功用降低,并具体分析了原因。认为信访安全阀功用降低的主要原因是合作的缺失,具体体现在以下六个方面:第一,中央政府与地方政府,以及各级地方政府之间往往缺乏相应的合作与沟通,各行其政。第二,由于国家现阶段未建立起与此相应的法律和法规,有些地方政府在施政过程中过度使用行政手段或法外手段而忽视了法律的权威。第三,政府政务透明度不够,信息管理缺乏。民众不能及时有效地了解到政府的相应信息,不能适时地与政府进行沟通。第四,政府的服务职能弱化,职能转型尚未完全实现,强力行政的思维定式尚未克服,信访工作不到位。第五,社会分配机制不符合公正合理原则,部分群体利益未得到相应保障,协调、治理机制尚不健全。第六,我国体制内的维权成本较大,即所谓的

"中国式维稳"超出了很多民众的承受范围，所以体制外维权受到很多民众的推崇（徐行、刘娟，2011；张荆红，2011；于建嵘，2009）。

其三，犯罪学视角下的中国维稳。随着改革开放与社会主义市场经济体制建立，我国 GDP 持续快速增长，到 2010 年，全国年度经济总量已经超过日本，成为世界第二大经济实体。① 但是从社会经济长效增长机制来看，我国经济发展也面临着严峻挑战，经济的发展与社会的转型打破了原有的分配原则与体制，新的与之相适应的体制的建立与调适还需要一定的过程，自然会形成利益分配不公的问题，并会产生相应的矛盾与冲突，甚至是犯罪。这些必然会给维稳带来考验与挑战。

有学者从犯罪学的视角分析了当前我国维稳存在的问题与面临的挑战。主要包括以下几个方面：第一，当前我国缺乏应对新时期社会问题、有效控制犯罪的长效机制。主要体现在：一是还没有有效的机制来解决流动人口与犯罪问题。二是基于"相对贫困"的财产犯罪也是我们需要应对的现状。三是基于社会矛盾与冲突的恶性暴力犯罪。这种犯罪的破坏性很强，社会影响恶劣，极大地增大了社会恐慌，我们应该防患于未然。第二，我国社会基层矛盾丛生，化解机制却相对缺失。我国的基层矛盾主要体现在以下四个方面：一是城市"强力拆迁"所导致的"官民冲突"。二是居于舆论关注第二位的"劳资冲突"，特别是外来流动人口中的劳资冲突。三是基层换届选举中各方势力的矛盾与冲突。四是"扩大型家庭"与"核心家庭"的冲突。还有一些学者在大众传媒对犯罪控制的负面功能的分析中总结出当前我国维稳出现的问题。主要体现在两个方面。第一，在大众传媒的刺激和煽动功能的作用下大众的不满情绪激涨，如果没有适当的、合法的渠道加以宣泄，便有可能发展成为群体性事件，甚至是暴动。第二，在大众传媒的启示诱导功能的影响下，有些个体更容易产生极端行为（张荆，2011；张心向、辛欣，2009；俞锋、单勇，2011）。

（2）基于维稳的相关研究主题

已有关于维稳的相关研究主要涉及以下议题：群体性事件、国家公共危机、边疆稳定等，这些都是研究当前我国维稳的敏感性话题。梳理与考察这些相关的主题，可以更好地为维稳研究提供思路和建议，从而有利于维稳相关研究的完善与拓展，也能够使维稳的目标更好地得以实现（于

---

① 国家统计局：《2010 年中国统计年鉴》，中国统计出版社 2010 年版，第 889 页。

建嵘，2009/2011；汪玉凯，2011；伍晓霞，2011；刘申辉，2011；张成福、唐钧，2010）。

其一，群体性事件与维稳。我国转型加速期改革不断深入推进，20世纪90年代以来，城乡二元分化加剧、贫富差距增大、弱势群体、贪污腐败、医疗纠纷、环境污染、边缘群体等社会问题不断凸显，利益主体也变得更加多元化。与此同时，群体性事件数量也随之快速增长（于建嵘，2011），2008年到2011年，在我国的很多地区，如川渝地区、云贵地区、海南、湖北、广东等都发生了一系列不同规模的群体性事件。特别是近年来，随着城市化进程的不断深化，以及工业化、信息化的快速发展，城市拆迁、分配不公、流动人口、执法错误等问题加剧，群体性事件的蔓延愈演愈烈。相关专家预计，在未来的十年内群体性事件将成为影响我国社会稳定的最大威胁，这表明群体性事件对当前我国的维稳工作提出了严峻挑战（伍晓霞，2011）。

所谓群体性事件主要是指某些利益要求相同或相似的群体，当他们的利益受到损害或利益要求得不到满足时，临时聚集起来，通过游行、示威等没有合法依据的形式，冲击政府机关或其他要害部门，对政府管理、社会安全以及社会秩序造成一定负面影响的社会现象（伍晓霞，2011）。于建嵘和汪玉凯（2011）特别强调了群体性事件对中国社会的影响，他们在接受人民论坛记者专访时强调："群体性事件是观察中国社会的一个重要窗口，也是衡量中国社会政治状况、社会秩序和社会问题的重要指标，透过它我们可以观察到社会的基本发展趋势和微妙变化。在转型期的中国，社会问题并不是以利益集团和社会运动的形态来表现的，而是通过个案性和临时性的群体性事件来反映的。"

有学者依据群体性事件的特征、形式、目的、手段和行为动向把近年来我国发生的一系列群体性事件从总体上划分为了五种，它们分别是："维权行为、社会泄愤事件、社会骚乱、社会纠纷和有组织犯罪。在这些事件中，当前最突出的是维权事件和社会泄愤事件。维权事件是当前中国社会群体性事件的主要类型。其中又可具体分为农民的'以法抗争'、工人的'以理维权'和市民的'理性维权'。"[①] 据此，维权事件有三个基本特征：第一，维权事件的经济性大于政治性，表现在它主要是利益之

[①] 于建嵘：《从刚性稳定到韧性稳定：关于中国社会秩序的一个分析框架》，《学习与探索》2009年第5期。

争,而不是意识形态方面的问题。第二,目前的维权事件更多地表现出民众的规则意识(rules consciousness),而民众的权利意识(rights consciousness)相比之下显得要淡薄一些。但随着社会的发展,权利意识会随之增强。第三,目前的维权事件表现出明显的反应性与被动性,而进取性相对较弱。当前中国维权行动的主体是社会弱势群体,他们的维权属于一种"反应性的抗争",没有明确的政治诉求,只是解决当前自身的利益受损问题,不具有意识形态意蕴,且只是发生在局部地区的一种孤立事件,不具备形成持久的、全国范围"社会动荡"的基础。因此,中国社会的局势从总体上来说是很稳定的(于建嵘,2009;孙立平,2010;张荆红,2011)。

群体性事件发生的原因是多方面的,主要涉及经济、政治等领域,其合理性也具有两面性。孙立平(2006)从弱势群体的维权现状来说明群体性事件产生的原因,他指出,弱势群体在追逐自己利益上处于无力的状态。一方面,弱势群体在国家的政治构架中缺少利益代表;另一方面,我国弱势群体缺少国际上通行的表达自己利益的制度化方式,如游行、请愿、罢工等。所以弱势群体只能运用体制外的群体性事件的方式来维权。伍晓霞(2011)通过分析最近几年发生的有较大影响的群体性事件,总结出了其产生的主要原因:第一,群体性事件产生的最重要的直接因素是群众的基本权益受到了严重损害,包括经济利益和民主权利。第二,群体性事件发生的导火索是党群关系和干群关系紧张。第三,引发群体性事件的根本原因是民众在体制内找不到合法的权益诉求渠道。第四,群体性事件的诱因是当前我国的相关法律不够健全,加之民众的思想素质和法制意识不高。刘申辉(2011)则从当今我国社会的发展出发来分析群体性事件产生的原因,他认为当前群体性事件的原因可以总结为以下三点:第一,工业化和信息化的快速推进必然会产生矛盾的密集。我国当前处于工业化三个阶段并存的时期,没有一个渐进循环的过程,由于时空的压缩势必会造成社会问题的积累。信息化的快速发展,缩短了信息传递的时空,也带来了社会透明度的增加,使得大众在短时间内会被强加大量的信息,增加了民众社会心理的脆弱度,但也增强了人们的反应力和社会动员力,如果没有畅通的权益维护途径,易于酿成群体性事件。第二,随着我国城市化进程的快速推进,城市中必然会产生一系列的新问题,如城市社会保障体系的滞后与不健全;城市中的流动人口聚积;社会阶层与利益结构日趋多元化、复杂化。随着信息化和城市化的推进，公民的维权意识和参与意识增强，对政府期望值也越来越高，加之"政府玻璃墙"和"中国式维权"的现实，群体性事件日益滋长。

其二，公共危机与维稳。由于维稳范围与层次的广泛与深入、维稳任务的错综复杂等特征，有关维稳的研究议题必然会涉及公共危机，其中包括公共安全问题、社会风险问题、紧急事件的应急处理等问题，其涵盖的现象大到自然灾害、人为灾难、国家安全、国际动乱、恐怖袭击等巨大的灾难性事件，小到奶粉添加有毒有害物质（唐钧、林怀文，2009）、饲料产品和农产品滥用添加剂（唐钧、李丹婷，2008）、家居装潢原料与油漆含有致癌物质等日常生活事件，但是无论事情大小，这些风险和危机都会影响民众的正常生活，有的还会对整个国家与社会构成严重的威胁（张成福、陈占锋、谢一帆，2009；唐钧、陈淑伟，2005；唐钧，2010；杨安华，2005；马琳，2005）。

杨安华（2005）通过与国际公共危机的比较，总结出了当前我国公共危机的特点：我国当前各种公共危机的产生是与我国正处在社会转型的特殊历史时期的境况相关联的，也与当前社会经济快速发展、社会矛盾与冲突凸显的社会特征有着密切的关系。只有首先找出导致当前社会危机发生的各种深层社会原因并加以解决，才能为我国的公共危机管理提供长效的应对策略。张成福（2003）从当前全球化的视野出发，认为各种危机和灾难扩大化的可能性会大幅度增加，并总结了导致其产生的各方面因素。薛澜和张强（2003）从社会、组织和个人层面对当前我国危机产生的原因做了具体细致的分析。从社会与组织层面看，当前我国危机产生的主要原因是：全国范围内不同的地区以及不同的行业领域间的经济发展不均衡、与此相应的政治体制改革的不配套，以及传统道德文化体系的弱化。从个人行为层面看，社会财富的分配不公、贫富差距的日趋拉大、弱势群体的利益表达渠道阻塞、腐败之风的蔓延、流动人口问题、官僚主义、就业形势恶化等一系列问题都会引发社会不满情绪，而大众对社会与政府的不满情绪如果没有恰当的途径宣泄，就会成为社会危机事件的"导火索"。还有学者从风险所有权的视角来分析，认为破坏社会稳定的风险成因可以分为三类：一是自然风险类，主要包括那些自然原因导致的突发危机与风险。二是社会风险类，主要包括由社会的客观原因，如社会的转型、政府特殊政策的制定等，以及个人的主客观原因导致的各种风险与危机。三是政府风险类，主要包括政府的错误决策与不当行为所导致的各类风险与危机（唐钧、陈淑伟，2005；唐钧，2010）。

我国政府已经深刻地意识到了风险问题在我国社会治理中的迫切性与重要性，风险治理已经成为政府工作的着力点与关键词。目前国内有不少学者提出了风险治理、构建公共危机管理机制与体系的政策建议，主要有以下四种观点（何志武、贾蓉治，2004；杨安华，2005）。第一，"制度论"视角下的危机管理。它是从宏观的制度层面对我国风险治理与公共危机管理进行阐释的，是目前国内占主导地位的思想观念。此观点认为由于目前我国相关体制与政策法规的不完善，导致了我国政府在处理一系列危机事件中表现得低效与无力，这对我国政府的公信力与行政能力造成了不良的影响，鉴于此，我们应该综合采用政治学、社会学、新制度经济学、公共管理学等学科的相关研究成果，来不断建构、完善与发展我国的危机管理与防治机制（林毅夫，2003）。持此观点的学者有王乐夫（2003）、李燕凌（2004）、吴兴军（2004）、曹现强（2004）、肖金明（2003）等。第二，感性主义视角下的"经验论"。持此观点的学者十分重视经验的作用，根据他们的具体研究又可以细分为两种思路。第一种思路是通过介绍与论述当前欧、亚、美洲等地区的发达国家在风险处理与危机管理方面成功的、富有经验的体制建构与相关制度的完善，为我国的风险治理与危机管理提供可供参考与借鉴的实例。如：唐钧（2003，2009）、薛澜（2003）、王德迅（2004）等的研究就体现在这些方面。第二种思路是通过研究与总结我国各级政府在风险治理与危机应对方面的经验与教训，为当前我国在此方面的管理与相关体制的建构提供可资借鉴的依据。王学军（2004）、张杰（2003）、黄训美（2004）等的研究就是基于这个目的。第三，以张成福（2003）为代表的"全面整合论"。持此种观点的学者认为，社会危机管理的复杂性与多样性是伴随着国外形势的复杂与多变、国内社会的转型、经济的快速发展、社会矛盾不断凸显与现代科学技术的突飞猛进而产生的。因此我国政府在进行危险处理与危机管理方面的思路建构与体制完善过程中一定要把当前的国内外背景考虑进去，从全局的角度来分析和应对当前的风险与危机，把有关的方方面面都纳入可持续发展战略中去。第四，公共关系学视角下的"公共关系论"。该视角强调运用公共关系学中的相关原理来应对与处理当前我国公共危机与风险治理中存在的问题。此观点的代表有高世屹（2003）、徐刚（2004）

等。他们从两个方面说明了公共关系论在危机管理中的具体运用：一方面，要获得民众的支持与理解，就必须使政府的政务公开，并建构顺畅的民意表达机制。另一方面，政府应该合理地运用公共关系策略，形成危机管理的良好外部环境。

其三，边疆少数民族地区与维稳。从总体上来说，当前我国边疆地区社会稳定，民族团结，经济发展状况良好，边防稳固。但是在我国处于社会转型期的特殊历史背景下，民族地区的各类矛盾也不断凸现，如突发性群体事件、毒品走私、民族分裂分子的恐怖袭击等，加之自然灾害与疾病的传染等，我国民族地区的社会稳定也面临着严重的挑战。2008年拉萨"3·14"打砸抢事件、新疆喀什"8·4"武警遇袭事件、贵州瓮安事件、云南孟连"7·19"事件、甘肃陇南事件、2009年乌鲁木齐"7·5"事件等对我国的边疆稳定乃至全国的稳定局面造成了负面影响，也再次引起了民众对边疆民族地区稳定问题的关注，也促使我国政府加大了对民族地区的维稳力度（廖小东、宋丹，2009；阿布力克木·阿布都、毛振军，2011）。

2009年，胡锦涛同志在新疆干部大会的重要讲话中强调并指出："社会稳定是新疆发展的前提和保障。要坚持稳定压倒一切的思想，把维护新疆稳定作为当前新疆最重要、最紧迫的任务，把促进改革发展同维护社会稳定有机结合起来，确保新疆社会大局稳定。"[①] 这一讲话具有重要的意义，既对新疆乃至全国维稳工作做出重要指示和部署，也体现出党和政府对全国少数民族地区稳定工作的高度重视。我们也必须认识到这一深远战略的重要意义（高翔，2011）。民族地区的社会稳定是全国社会与经济发展的保证；民族地区的社会稳定是社会和谐、全面发展的前提；民族地区的社会稳定是国家安全的重要组成部分（廖小东、宋丹，2009）。

涉及边疆少数民族地区与维稳的研究内容主要体现在以下三个方面：第一，当前民族地区的稳定现况，其中包括民族地区政治稳定的基本概况与背景，突发性事件、群体性事件和公共危机等问题发生的原因及其对维稳的影响，边民的流动与社会稳定，宗教与民族地区的稳定等（高永久，2003；陈纪、高永久，2008；陈纪、高永久，2009；吴开松，2010；岳天

---

① 人民日报评论员：《坚持维护社会大局稳定不动摇——学习贯彻胡锦涛总书记在新疆干部大会上的重要讲话之三》，《人民日报》，2009-08-31。

明、魏冰，2010；陈炜、陈能幸，2007；朱军，2009；石路，2006；梁宏志、杨安华，2007；谷家荣，2011）。第二，有的学者集中探讨了我国民族地区的维稳成本问题以及发展边疆经济的作用（廖小东、曹文波，2010；杜人淮；2011）。第三，大多数学者把注意力集中到了针对目前我国民族地区的维稳现状提出各自的对策建议上，其中包括民族地区突发性公共危机事件的应急预警及管理机制的建立，民族地区群体性事件的应对与处理，民族地区突出社会安全问题治理与社会稳定，民族地区社会稳定长效机制的建构等（廖小东、宋丹，2009；杜孝珍、季峰，2007；李冰心，2010；熊坤新、胡琦，2010；陈善江，2008；石正义、邓朴，2010；刘国军，2009；石路，2006；石路、蒋云根，2007；杨安华，2005；高翔，2011；杜人淮，2011；部分国家社科基金课题）。虽然在全国维稳的大背景下，作为其中一个区域与部分的边疆少数民族地区也是统摄在国家维稳的大框架内的，但是基于其特殊性和重要性，无论是从历史还是从区域的角度来说，都有必要将其列为专题来专门深入地研究。

(3) 我国维稳存在的问题和对策建议

其一，我国维稳存在的问题。一直以来，我国维稳中存在的问题都是学者们热议的话题。目前我国学者针对这一问题的研究很多，看问题的角度和层次也各不相同，呈现出各抒己见、仁者见仁的局面，总结起来具体表现在以下几个方面。

一是维稳扩大化。"所谓维稳扩大化是指由于维稳工作缺乏具体规范，维稳内容扩大化、维稳手段被滥用。"[①] 维稳扩大化首先表现为经济成本的上升（王梅枝，2011）。与世界上其他国家相比，目前中国虽然不是维稳经费投入最多的国家，却是维稳力度投入最大的国家之一（清华大学社会学系社会发展研究课题组，2010；孙立平，2010）。陈发桂（2011）认为当前我国基层采用的主要是体制化和政策性的维稳模式，而这种维稳模式必须依靠巨大的维稳成本来维系和支撑。清华大学社会学系社会发展研究课题组（2010）撰文指出，面对社会的矛盾与冲突，一些地方政府更倾向于用经济的方式来解决问题，在各地政府中都设有专门的

---

① 王梅枝：《当前中国地方政府维稳扩大化成本分析及其治理对策》，《湖北行政学院学报》2011年第5期。

"维稳基金",即是所谓的"人民内部矛盾用人民币解决"①。

二是利益表达渠道的缺失。于建嵘和汪玉凯（2011）在接受人民论坛记者专访时强调，应该调整当前我国的维稳思路，重视社会成员正常利益的表达，并为其提供相应的渠道。然而现实情况是有些地方政府认为社会成员的利益表达是社会不稳定的表现，民众的利益表达渠道也因此遭阻塞，引起更多的社会矛盾与冲突。有些学者认为引发群体性事件的根源之一是社会成员在现有的体制范围内找不到合法的、可以承受的权益诉求的合理渠道（伍晓霞，2011；于建嵘，2009；应星，2007）。

三是制度惯性、思维定式制约思维创新。目前，"稳定压倒一切"的思维定式依然根深蒂固，稳定成了所有事项的终极目标。有些基层地方政府时常把所有的矛盾、问题与困难不加分辨、无条件地与稳定问题联系起来（孙立平，2007；于建嵘，2009）。孙立平（2010/2011）曾撰文指出，当前稳定问题成为国人关注的重大焦点问题，其原因是我国社会中长期以来所形成的一种"不稳定幻象"。"所谓不稳定幻象，其实就是一种以为社会矛盾很多、很严重，发生社会动荡的可能性很大的主观感觉。"② 可以说当前社会中相当普遍地存在着这种"不稳定幻象"，它误导了我们对当前社会矛盾和冲突的认知与治理。

四是地方政府的维稳方式背离法治。很多学者都认为当前我国基层地方政府的维稳方式是对司法权威的挑战，他们习惯于以权代法，用政府的行政命令方式替代司法方式、以个体的权力与威信挑战法治的权威，种种方式表明个体的行政命令超越法律的权威，这样的状况严重影响了我国的法治化进程（王梅枝，2011；庞卫华、陈彦芳，2011；林杭锋，2011）。清华大学社会学系社会发展研究课题组（2010）也指出当前我国很多矛盾、问题、冲突与纠纷并未进入法治化的轨道。一方面是由于民众对地方政府公信力下降而产生的极度不信任，另一方面是相关各方对司法的判决不够尊重，致使那些即使进入了司法渠道的矛盾与冲突，也出现了一系列

---

① 参见清华大学社会学系社会发展研究课题组《利益表达制度化实现长治久安——维稳新思路》（该课题初稿撰写者为晋军、应星、毕向阳，统稿者为孙立平、郭于华、沈原；有删节），《新华月报·天下》2010年5月。

② 孙立平：《不稳定幻象与维稳怪圈》，《人民论坛》2010年第7期。

的困难和问题①。其中最为突出的就是中国的信访难问题,它也体现了"中国式维权"的艰辛、复杂与高成本。于建嵘(2011)认为信访只是行政救济手段的一种,它包括行政诉讼与行政复议等,但它不足以成为公民权利救济的最主要形式。

五是政府职能异化。在压力体制下,维稳被当作目的来对待,各级政府把维稳作为追求地方治理的终极目标,并将其作为地方官员考核的指标,基于维稳"一票否决"的考核方式使很多地方官员倍感压力,也使社会的维稳神经高度紧绷。为了社会的稳定,许多地方政府只好把政府财政经费与行政资源的大部分用来维稳,长此以往,难免会造成政府维稳的扩大化,与此同时耗损大量的经济成本、政治成本与社会成本,造成政府职能的僵化、异化与偏离,延缓了地方经济与社会的发展,反过来又激发更多的社会矛盾与冲突。

其二,政策建议。面对当前我国维稳所面临的巨大挑战与维稳中出现的大量问题,我国政府与学术界都进行了积极的回应。2010年9月29日,中共中央政治局就正确处理新时期人民内部矛盾问题研究进行第23次集体学习。2011年2月19日,胡锦涛在省部级主要领导干部社会管理及其创新专题研讨班开班仪式上指出,面对当前社会管理中出现的问题,我们应该高度重视并着重研究创新社会管理的方式。中共中央政治局也召开了加强和创新社会管理问题的专门会议(王全宝,2011;崔玉开,2011)。与此同时,国内知名学者李培林、周雪光、孙立平、李路路、于建嵘、张成福、应星等也频繁撰文阐述与总结当前维稳的现状、问题与建议。归纳起来,主要有以下几个方面。

一是准确估计我国当前的社会矛盾与形势。学者们在深入研究的基础上,认为当前我国的社会形势可以概括为三个方面:第一,社会经济持续快速发展;第二,社会整体政治局面稳定;第三,社会矛盾冲突凸显。同时指出,我国当前的社会矛盾基本上是利益之争,是人民内部的矛盾,其中的社会冲突也是基于利益的冲突,都是可以通过谈判等理性方式加以解决的,问题的关键是要将其控制在一定的范围内。基于此,我们不能夸大社会不稳定的可能性,用稳定问题捆绑整个社会(清华大学社会学系社

---

① 清华大学社会学系社会发展研究课题组:《利益表达制度化实现长治久安——维稳新思路》,2010年5月。

会发展研究课题组，2010；孙立平，2010；于建嵘，2009；林杭锋，2011）。

二是构建公平公正的社会分配体制与利益表达机制。在 2011 年的达沃斯论坛年会上，时任总理温家宝表示，要采取财税改革、收入分配改革等有力措施来逐步缩减与改变收入分配不公的问题。同时，他还指出，作为"政府的良心"，实现社会公平正义是其追求的行政目标之一。要解决中国的社会公平正义问题就要逐步提高两个体现社会公平正义的"比重"。① 周雪光教授认为中国当前存在着一种特殊的社会运行机制：为数众多的无组织的社会个体为了自身的利益诉求，自发地作出体制外的理性选择。如何把这种群体性的力量制度化，把社会群体的利益诉求转变为制度化的参与，这确实对执政者的智慧和能力提出了严峻的挑战（于建嵘，2009）。孙立平（2006）认为在协调利益关系的诸多机制中②，处于首要地位的是利益的表达，没有合理的利益表达机制，其他的利益协调机制都无从谈起。

三是确立国家法律秩序与建立司法制衡体制。有学者十分强调国家法律秩序的重要性，认为确保国家政治稳定和社会稳定的基础与核心是确立与保证国家法律秩序的正常运转。还有学者指出我国的官民关系也亟须进行相应的转变，即把原来理想化的"道德型"关系转变为符合权利义务的法治关系。不仅如此，要实现法律的绝对权威，使其超脱于行政权力之上，还要建立相应的司法制衡体制，实现权力的适当分散与制衡，只有这样才能改变当前我国"人治"色彩较浓、国家制度处于被边缘化的境地、国家的公正力受到质疑、中央权威不够、地方实施不利的现状，实现从中央到地方行政效能的提高（于建嵘，2009；清华大学社会学系社会发展研究课题组，2010；李培林，2011；林杭锋，2011；庞卫华、陈彦芳，2011）。

四是变压力体制为参与体制。周雪光教授提到，如何把正当的群体性诉求内化为体制内的参与是当今对我国执政党智慧与能力的考验之一。有些学者认为我国要解决压力型体制下的权威政治问题，就必须改变当前的

---

① 《维稳将是中国宏观调控的主基调》，《企业高层管理者参考》第 37 期。

② 孙立平：《博弈：断裂社会的利益冲突与和谐》，社会科学文献出版社 2006 年版，第 269—277 页。文章中说道：协调利益关系的机制包括利益表达机制、利益博弈机制和制度化解决利益冲突的机制等。

刚性稳定及与之相应的运行机制，并建立相应的混合体制，主要体现在两个方面：一方面我国将在很长的时期内保持现有的宏观刚性体制。这是由我国基本的政治、历史、民族状况所决定的。另一方面，还应该在微观与中观的层次加入适当的韧性体制，以更新原有的刚性结构。具体内容是变现有的压力体制为民众参与式的体制，增强公民的政治参与意识，从而增加社会结构的韧性（于建嵘，2009；林杭锋，2011）。

五是转变政府职能。为配合当前社会的发展需求，解决当前社会出现的矛盾与冲突，我国政府的职能应进行全面的转型，在以人为本思想的指导下，全面优化政府的各项职能，建立为人民服务的有限型、服务型政府，避免政府在社会矛盾中受到过多的冲击，把政府的注意力转移到发展社会经济、合理分配各方利益、建立合理的社会成员利益表达通道、建立相应的完善的司法机制、鼓励与规范民间组织的发展等问题上，同时将角色转变为社会制度与规则的制定者、社会矛盾与冲突的调节与仲裁者（清华大学社会学系社会发展研究课题组，2010）。

六是发展中间阶层以维护社会稳定。合理的社会结构是和谐社会的基本前提。孙立平（2010）认为合理的社会结构至少应该包含这样三层意思：中产阶层在社会中占有相对合理的比例；保障社会下层的生存权利与生活空间；要有合理的社会流动机制。这对于社会的和谐与长足发展是至关重要的。当前在国内外学术界已经达成了一个基本的共识：中产阶层在政治上是社会稳定的基础，在经济上是促进经济长足发展的重要群体，在文化上是传承现代文化的主体。周晓虹认为，中间阶层处于社会结构的中间地带，是一个直接和社会底层接触的社会群体，与此同时，他们又与社会上层有着千丝万缕的联系，所以他们在社会结构中可以起到调节与缓和社会矛盾的作用。但是从总体上来说，目前中国中产阶层发展速度还十分缓慢，在整个社会阶层中所占比例也很小。有些学者甚至质疑中国是否存在中产阶层。陆学艺认为中国社会还未形成中间阶层占多数的"橄榄形"社会结构，目前的状况是"洋葱头"形，即中下阶层比例很大、上层比例很小的社会结构类型。孙立平（2007）认为中产阶层的发展与社会发展的水平相关。国家在壮大中产阶层时，要注意限制社会上层过多地占有资源，以留给中产阶层适度的发展空间，也要防止在调节贫富差距时牺牲中产阶层的利益。

第二节 研究的理论视野

公共安全立足于宏观的国家视野,但落脚于稳定、和谐、良性运行的社会状态。社会安全问题的防控和维稳方式的改善,既依赖于国家和政府创造一个安全的社会环境,又必须动员全社会的广泛参与。本课题的跨境民族乡村社会安全问题和转变维稳方式研究主要应用两个方面的理论,一是协作性公共管理理论,二是社会动员理论。

一 协作性公共管理理论

协作性公共管理(Collaborative Public Management, CPM)是一种不同于传统官僚制单中心治理和新公共管理分权化治理的地方政府治理的一种新的理论模式[①],是政府管理理论中的最新成果。政府管理理论是政府科学地进行职能设置的前提,也是政府正确履行职能的指导性理论。政府管理理论随着资本主义国家市民社会的兴起而产生,西方政府管理基本理论的发展经历了五个阶段,最早的管理理论主要包括自由主义和国家干预主义两种。20世纪以来政府管理理论经历了市场失灵和凯恩斯主义、政府失灵与公共选择、公共行政思想危机与政府再造等理论阶段。20世纪70年代末到80年代初,西方社会掀起了一场新公共管理改革运动,公共部门的效率得到有效提高[②]。20世纪90年代以来欧美国家(英国、美国、澳大利亚、新西兰、加拿大等)面临深刻的社会变革,开始了以协作型政府和协作治理为主要内容的第二轮政府治理体制改革,伴随着改革的深化,协作性公共管理理论也开始形成。

(一)协作性公共管理产生的背景

1. 时代背景

作为近年来西方国家公共管理实践探索与理论研究的一个新趋向,协作性公共管理是在反思传统官僚制行政模式和碎片化新公共管理模式的基

[①] 曾维和:《协作性公共管理:西方地方政府治理理论的新模式》,《华中科技大学学报》(社会科学版)2012年第1期。

[②] 这一改革运动是伴随异常"治理革命"的讨论而产生的,其详细内容可参见研究报告的社会治理研究一节。

础上形成和发展起来的。具体而言，协作性公共管理的产生有着深刻的时代背景。一是20世纪90年代以来，随着全球化、信息化、网络化时代的到来，各国政府治理面临利益主体多元化、各种跨边界公共问题不断凸显的高度复杂化的局面；二是公民社会的迅速发展，政府治理的唯一性受到严峻挑战，而众多公共问题的有效应对涉及多个部门、多个管理辖区，以及社会公众、非营利部门、私人的协同配合；三是新公共管理改革呈现出裂化和碎片化的弊端日渐突出，难以应对风险社会显现的诸多公共社会问题；四是一些国家在应对重大公共社会问题过程中，突破了新公共管理模式的局限性，以公共需求为导向，以资源整合为主线，超越基层部门、地区边界的协作性治理的改革实践为协作性公共管理提供了借鉴。

2. 理论背景

这一时期出现的三个理论为协作性公共管理提供了理论支撑。一是"社会变革论"。该理论强调，随着社会变革的深化，公共社会问题呈现出多种复杂类型，社会管理也应作出适应性变革以适应社会变迁，政府在治理过程中应打破部门、地区的边界开展整合与协作。二是"部门失灵理论"。该理论强调，政府在风险社会时代面临诸多公共社会问题，由于部门资源的有限和以边界为基础的治理方式的制约，政府在应对诸多涉及面广、跨度大、影响程度深的社会问题的过程中，常出现"部门失灵"的情况。而21世纪组织间网络时代的来临，给管理者提供了跨边界相互协调的平台与挑战，公共行政进入了一个对许多社会活动者之间开展协作产生更大需求的时代。三是"无缝隙政府理论"。该理论是建立在资源依赖理论（任何公共政策的制定和实施，是拥有不同权威、资源、知识的组织和多个行动者之间相互依赖、相互影响、协同工作的结果，该理论是解释组织间协作关系的一种非常成熟的理论）、交易成本理论（跨部门的协作本身具有相互依存的利益关系，在现代社会以政府为中心的公共组织和其他社会组织的动态协同中，各方之间的相互依存性越来越普遍、复杂和重要，有效的协作能够降低运行的成本）、网络治理理论（即应用网络研究协作问题。现代公共管理者，正处于一种纵横交错的协作性网络环境中，现代公共治理本质上应是一种协作性网络管理，因此在现代公共行政中有必要认真对待和借鉴网络管理的成果）的基础之上而提出的一种打破传统的部门边界和职能分割局面的公共管理的新途径。该理论强调部门职能、人员和资源的整合，再造公共管理流程，促进跨地区、跨部门沟通协调和协同工作，提供整体、优质、高效的"无缝隙"服务。

（二）协作性公共管理（CPM）的内涵

协作性公共管理倡导的是整体化理念，关注的核心是协作，强调重组政府机构，促进资源共享以整合政策制定与执行，提高公共服务质量，建立适应信息时代的政府治理机制，超越各部门独立运作导致的功能缺失，达到功能的整合与再造，解决单一组织不能或不易解决的公共问题，为公民提供无缝隙服务。

具体而言有五个方面的内容。其一，协作是建立在一种资源交换与共享、互惠与合作的价值基础之上；其二，协作型组织建立了跨部门的协作网络，实现一种协同效应；其三，通过资源整合、政策整合、结构整合，形成一种跨地区、跨组织的协同运作的新方式；其四，通过联合咨询、多方参与，为公民提供整体化而非碎片化的公共服务；其五，通过共同的结果目标、绩效指标和规制监管，形成一种新的公共责任和运作机制。

（三）协作性公共管理的模式

在过去的十余年中，协作性公共管理领域已经有了开创性的进展，形成一些各具特色的运作模式，较具代表性的有两大类。

1. 跨部门协作性公共管理（Cross-sector CPM）

该模式强调，通过消除各治理主体之间行政管辖界限，将公共部门与私人部门、社区与志愿者组织等不同部门联结起来，促进一种更和谐有效的协作治理。英国学者汤姆·林归纳出一种最佳的跨部门协作性公共管理模式——"协同政府"，即为实现政府治理目标而对不同组织实施正式的组合并促进这些组织有效沟通与合作的各种方式的总称。

"协同政府"是建立在这样一种认知的基础上：公共政策的主要目标，既不能通过现有组织的单独行动来实现，也不能通过创建一个新的"超级机构"来完成，因而要针对公共政策的特定目标，围绕服务对象的需求和偏好，寻求协调和整合现有正式的独立组织行动，在不消除管辖边界的情形下，协调跨地区、跨组织边界的行动，以使协同政府的不同层次和机构共同提供更为整体化的公共服务。

跨部门协作性公共管理改革以英国最具代表性。1999年，布莱尔政府发布《现代化政府白皮书》开始"协同政府"的改革，一是通过"公私伙伴关系"、"一站服务中心"等方法，排除跨部门工作障碍；二是进行民意调查收集公共服务需求信息，实施服务整合，满足多元服务需求；

三是建立公共服务标准,制定公共服务协议,使跨部门协作工作得以实现;四是在地方治理中强调战略协作伙伴关系的建设。

2. 跨地区协作性公共管理(Cross-jurisdiction CPM)

20世纪90年代的经济全球化,在世界范围内引发生产组织结构重组,次国家层面的跨地区合作以及区域一体化,再次成为人们关注的焦点,在英、美等西方国家出现一种新区域主义(New Regionalism)热潮,其中地区间/政府间/跨部门协作成为一种基本策略。这一发展趋势促进了跨地区协作性公共管理的出现,一些国家和地区围绕一些跨地区边界的公共问题,在地方政府间形成了跨地区协作管理网络,建立了诸如"政府间协议"、"谅解备忘录"、"地方政府协会"、"县议会协会"、"城区议会协会"等跨地区协同性公共管理组织。米勒在对美国跨地区协作管理研究的基础上概括出四种途径,即"协调区域主义"、"行政区域主义"、"财政区域主义"、"结构区域主义"。[①]

协作性公共管理理论的出现,为各国政府有效应对风险社会时代的社会治理提供了一种全新的理念、一种全新的途径,也为各国政府的公共管理改革提供了智力支持。

当前我国社会进入了全面建成小康社会的新的历史时期,社会变迁的速度、深度、广度、力度等方面都呈现出前所未有的局面,但由于我国社会的转型期与国际风险社会同构,国际上特别是周边国家的非传统安全问题向我国边境地区传递,引发了一系列社会问题,其中一些社会问题在全国居于突出地位,并向内地渗透,不仅对边疆社会稳定造成严重影响,还直接对国家安全构成潜在的威胁。与此同时,我国国内社会各阶层的利益格局经历了重新分化和组合,呈现出利益群体多元化、结构复杂化、差距扩大化、冲突显现化(群体性事件增多)的态势。党和政府在对社会转型期社会新特征和存在的不和谐、不稳定因素分析的基础上,提出并实施了一系列构建和谐社会的重大举措,创新公共管理体制被放在突出的地位。该管理体制通过借鉴国际上最新的协作性公共管理理论,深刻总结新中国成立以来社会管理的经验,实现了以下几方面具有中国特色的社会管

---

① 上述内容主要参考了以下文献:刘亚平:《协作性公共管理:现状与前景》,《武汉大学学报》(哲学社会科学版)2010年第4期;昌志奎、孟庆国:《公共管理转型:协作性公共管理产兴起》,《学术研究》2010年第12期;杨华峰:《协同治理:作为社会管理穿心策略的比较优势》,《领导科学》2013年第6期;在此基础上,通过参阅其他相关资料整理而成。

理创新。一是以人为本、执政为民的全新社会管理理念的提出；二是"管理即服务"、"建设服务型政府"的新的善治的提出；三是在应对突出社会问题、维护社会稳定重大事件中，实现多层次、多部门、多形式的协作性管理组织的创新，在边疆治理突出社会问题、维护社会稳定的过程中得到了深刻的体现。

二 社会动员理论

当前我国广大边疆乡村社会正在经历着维稳方式的深刻转变，其实质是由传统的自上而下的压力型维稳向政府主导、多部门联动以及民众广泛参与协作型维稳体制的转变，这一维稳方式的转变是伴随着一场深刻的社会动员并形成相应的社会动员机制而展开的。因此有必要对相关社会动员理论，特别是中国共产党人在革命战争年代和社会主义建设时期形成的社会动员理论进行梳理，从而对广大边疆民族地区的社会动员机制作出科学总结。

（一）国外经典社会学动员理论的研究述评

1. 马克思的阶级意识和阶级团结理论

马克思的社会动员思想贯穿于他对资本主义社会的分析之中，在对资本主义的研究过程中，他提出了三个基本观点：一是资本主义社会因无法克服的生产关系与生产力的基本矛盾即生产的社会化与生产资料私人占有的矛盾而最终将走向灭亡；二是工人阶级是资本主义社会掘墓人，承担着砸碎资本主义旧世界，建立无产阶级新世界的历史使命；三是工人阶级只有从一个自在阶级转变为自为阶级的前提下，也就是形成自觉的阶级共识、自觉地联合起来的时候，才有可能承担起解放全人类并最终解放自己的历史重担。而这一切又必须通过工人阶级的先进代表共产党组织来实现。共产党通过唤起工人阶级意识和阶级觉悟，把工人阶级动员起来、团结起来，进行无产阶级革命，消灭私有制。因而，马克思社会动员思想的核心就是阶级动员，其阶级动员的思想可以概括地归结如下：社会动员的基础是建立在生产资料私人占有基础之上的不合理的生产关系，这种生产关系必然会导致无产阶级与资产阶级的对抗。社会动员的最终目的在于消灭私有制，实现共产主义；社会动员的力量在于联合广大无产阶级；社会动员的手段主要是宣传、组织、社会运动以及武装斗争等；社会动员的过程是通过意识动员唤起无产阶级的阶级意识，通过行动动员引导无产阶级

2. 涂尔干的职业分工和社会团结理论

埃米尔·涂尔干强调社会分工,认为社会分工是创造并促进与保持社会整合的那种力量。而分工的真正功能就在于使人们之间产生一种团结感,一种集体意识。社会团结分为两种:一是机械团结,二是有机团结。不同的集体意识是维系不同社会团结的纽带,社会分工推动了社会结构从机械团结向有机团结的转变。集体意识的培育和形成是非常缓慢的渐进过程,而这种集体意识是可以通过社会动员来唤起的。

概括而言,涂尔干的社会动员思想的核心观点是:社会动员的基础在于社会分工,社会分工是导致社会结构从机械团结向有机团结转型的力量。因此,在涂尔干那里,社会动员的机制是社会分工及社会结构转型;社会动员的方向是国家与个人借助中间组织所进行的双向动员。比如,涂尔干认为,中间组织不仅要转移和整合具有结构性障碍的利益,而且要给政府提供个体需求表达之信息(Birgitte Nedelmeann,1987)。与马克思的革命动员理论不同,涂尔干主张的社会动员成效是一个缓慢的社会演进过程的结果,也即传统集体意识的衰退,现代集体意识的酝酿、成长与新陈代谢,将是一个逐渐推进的过程。

马克思和涂尔干社会动员理论的共同之处是他们都强调动员的基础,在特定基础之上,参与者能够被发动起来,形成共识,共同行动。社会动员不管是基于工人阶级的意识,还是基于利益群体的职业情感,都体现出一定的社会认同。只有在社会认同的基础上,才能形成共同的情感基础。同时,他们还一致认为,认同基础上的情感不是自然天成,需要培育与催化。

3. 资源动员理论

资源动员理论(Resource-mobilization Theory)兴起于20世纪70年代,主要代表人物(及假设)有:Morris(草根动员);Jenkins, Perrow, Eisinger(政治机遇结构);Haines, Jenkins and Everett(外部资助);Tilly, Piven Cloward(国家所扮演的角色);Rosenehal, Cureis and Zurcher(多组织场域);McCarthy and Zald, Gamson 等。[①] 资源动员理论是在对传统大众社会理论、相对剥夺感理论和集体行为理论进行反思的基础上提出

---

① 参见 Craig Jenkins, 1983;赵鼎新, 2005;艾尔东·莫理斯, 2002。

的，该理论主要用来解释"社会运动何以发生"，认为社会运动是有效组织运作的结果。组织网络与掌握资源是资源动员理论的两大核心要素，亦即有一个组织并能有效动员资源，从而能掌控及加强动员能力，强调外来资源的获得是促使弱势群体发起社会运动的主要因素。资源动员理论还认为，社会运动发生过程是理性的与策略性的，这些策略包括机会评估、风险计算、聚集资源、结盟关系、领导、团结、意识动员、克服搭便车问题等。在资源动员理论看来，动员行为不仅与动机有关，而且与成本有关。

概括来说，资源动员理论的主要贡献在于指出了社会运动的发生与外在资源环境（包括经济利益、大众传播、政治过程、社会精英、专业人员等）的关系，因此资源动员理论认为社会动员能否成功的关键在于是否有足够的资源、组织能力和机会。

4. 米格代尔的农村社会动员研究

米格代尔的《农民、政治与革命——第三世界政治与社会变革的压力》一书，通过对亚洲、拉丁美洲农村现代化过程的研究，指出东方社会现代化过程中对农民的社会动员效果，取决于其在农村中的经济地位，也即农村的社会动员与社会结构相互关联，农民会根据自己在村落社会中的结构位置来决定自己对外来压力（现代化浪潮的侵犯与冲击）的态度及行为方式，这是运用交换理论来解释农民面对外来压力所作出的行为选择。

5. 简要述评

首先，社会结构的分化被认为是社会动员的深层次因素。马克思关注阶级关系形成的社会结构关系紧张，涂尔干关注社会分工形成的社会结构转型。与之不同的资源动员理论则强调个体的理性选择才是动员得以实现的基本因素，人们之所以被动员是一种成本、收益权衡的结果，并强调动员者的组织能力、资源的获取能力和政治机遇的把握能力与动员的成败相关。

其次，对于社会动员导致的社会变革途径，马克思主张以革命的方式实现，其他理论家则主张以渐进的温和方式达成。

最后，社会变迁（变革）的发生必须建立在集体认同的基础上，亦即形成马克思所强调的阶级意识和涂尔干所论述的集体意识，社会动员的目的旨在形成这种新的共同认知（阶级觉悟和集体意识），以推动社会变迁。

由此可见，社会变迁（变革）只有在人们形成集体认同的前提下才有可能实现，集体认同（如马克思的阶级意识）唤起理应成为社会动员的研究课题，而社会动员、充分利用各种资源、把握机遇三要素是密不可分的。

（二）中国共产党人的社会动员理论

中国共产党人在革命战争时期、社会主义革命与建设时期、改革开放以来的现代化建设时期，创造性地运用马克思主义的社会动员理论，形成了具有中国特色的社会动员理论与机制，并成功地运用于中国社会革命与建设的伟大实践中。

国内外学者都曾对中国在革命和建设过程中的社会动员进行过研究，这里对克思明和孙立平等人的相关研究做简要评述。克思明在《论中共之农村动员——武装、革命与政权（1937—1949）》一书中，对20世纪三四十年代这一历史时期的社会动员进行了比较细致的研究，认为中国共产党人在广大农村有效地实现了社会动员，赢得了农民的支持，以此奠定了革命胜利的基础，并指出，社会动员的过程是一个多元、复杂的过程，是一个把党的革命目的通过动员转化成广大农民的意志并付诸行动的过程。孙立平则重点讨论了中华人民共和国成立后的社会动员。他指出，国家意志的贯彻主要通过国家动员过程再生产出来，并运用情境建构、情境逼迫、国家权力边界、地方性知识等概念来分析地方政府的动员过程。孙立平在讨论改革开放前国家社会动员过程的基础上，把国家的动员模式归纳为参与式动员、运动式动员、组织化动员等。他还特别指出国家动员与国家对资源垄断的关系。客观地说，上述对中国共产党人社会动员的讨论集中于对过程、手段、方法的讨论，尚欠缺理论的归纳与研究。

中国共产党人的社会动员理论，主要形成于革命战争年代。这一时期，共产党人通过特殊的社会动员机制动员无产阶级和亿万农民群众投身到推翻"三座大山"的革命斗争中，为建立人民民主专政的国家政权而奋斗。中华人民共和国成立后，中国共产党人成功地动员亿万人民群众从革命战争转入社会革命和建设中。进入21世纪，中国共产党人在构建和谐社会的实践中，实现对社会动员理论的创新。从社会动员的视角来看，中国特色的社会动员思想深刻体现在中国共产党人历来倡导的群众路线理论体系中。

群众路线理论体系由群众观点、群众路线、群众利益和群众工作四个方面的内容构成。本研究从社会动员理论的视角对中国特色的社会动员思想做如下探讨。

群众观点可视为中国特色社会动员思想的哲学基础，它解决的是社会动员的立场和态度问题。辩证的历史唯物主义认为，人民群众是历史的创造者，是历史发展的决定性力量，群众观点关系人心向背，关系党的存亡，关系国家的兴衰。因此任何时候都要坚定马克思主义的群众观点，树立群众利益无小事、对党负责和对人民负责相一致的观点，自觉摆正同人民群众的关系。同时要在实际工作中确立群众的主体地位，承不承认群众的主体地位是立场问题，也是中国共产党社会动员理论与其他社会动员理论的根本区别。同时，群众观点所倡导的"一切为了群众，一切依靠群众"的理念是共产党人的基本政治信仰、责任意识和精神追求。

群众路线可视为中国特色社会动员思想的方法论。"从群众中来，到群众中去"，是共产党人进行社会动员的根本路线，它贯穿于共产党人进行社会动员的全过程。从群众中来就是向群众学习，向群众获取信息，集中群众的智慧的过程，到群众中去即深入群众，宣传群众，调动群众，引导群众，把党的方针政策转化成群众的自觉行动。

群众利益可视为中国共产党社会动员思想的出发点和归宿。共产党人没有自己的特殊利益，人民利益就是共产党人的最高利益。在工作中，各级干部必须始终站在人民群众的立场上，始终维护好、实现好群众利益，任何时候都不能牺牲群众具体利益、根本利益，要从群众最关心、最直接、最现实的问题入手，满腔热情地为他们排忧解难，真正做到权为民所用、情为民所系、利为民所谋。因此，研究民生、改善民生，既是检验中国共产党人是否维护群众利益的试金石，又是检验是否履行政治责任的最高标准。

群众工作可视为中国共产党人社会动员思想的技术工具。维护群众利益的关键在于通过何种方式来满足群众发展需求，共产党人在长期实践中形成了群众工作的基本方法，群众工作开展的好坏是社会动员过程是否顺利、社会动员效果能否实现的关键。也正是从这一意义上来说，群众工作是党的"生命线"。

进入21世纪，中国共产党人面对急剧的社会转型，在以人为本、构建和谐社会的实践中，在以下几个方面实现了对社会动员理论的创新。

1. 深化对群众主体地位的认识

当前，随着经济政治体制深刻变革，我国社会进入了"黄金发展期"

与"矛盾凸显期"交织并存的重要社会转型期。而处在转型期的人民群众的社会生态格局也发生着深刻变化：一是群众的社会结构的深刻变动，社会分层日趋多元化，其中以农民群体的分化尤为显著，并给整个社会的发展带来重大影响；二是群众利益格局的深刻调整，群众的利益诉求增多，寻求利益表达的方式也趋多元；三是群众的观念意识发生了深刻变化，表现为思想日益活跃，思维多元化，受主流意识形态的影响相对淡化。

另一方面党员干部的社会生态格局也发生了改变。目前年轻的党员干部都未经历艰苦的革命和建设年代，他们对取得人民政权的艰辛缺乏亲身体验，对巩固人民政权的复杂性缺乏认真思考。少数党员甚至党性意识淡漠，理想信念动摇，官僚主义、形式主义作风严重，在改革开放和社会主义市场经济条件下，经受不住利益的诱惑和西方腐朽思想的侵蚀。随着环境和条件的改善，作风浮漂、脱离群众、脱离实际等问题逐步显现。与群众的距离远了，沟通少了，对群众的感情淡漠了，老百姓问题解决不了，更有甚者，习惯用行政命令、强迫、包办等方式做群众工作，官气、霸气、傲气十足。这样的人虽然在我们的党员干部中是少数，但影响极坏，极大地破坏了广大人民群众对党和政府的信任和支持，动摇了党的事业根基。正是鉴于新时期社会急剧变化的新特点，各级党员干部有必要重新认识人民群众的主体地位。江泽民同志在纪念中国共产党成立八十周年的讲话中特别指出，"始终保持同人民群众的血肉联系，是我们党战胜困难和风险，不断取得事业成功的根本保证，在任何情况下，与人民群众同呼吸共命运的立场不能变，全心全意为人民服务的宗旨不能忘，坚信群众是真正英雄的历史唯物主义观点不能丢，必须始终把体现人民群众的意志和利益作为我们一切工作的出发点和归宿，始终把依靠人民群众的智慧和力量作为我们推进事业的根本工作路线"①。2011 年，胡锦涛同志在省部级主要领导干部社会管理及其创新研讨班开班式上的重要讲话，更加明确提出"要坚持贯彻党的群众路线，坚持人民的主体地位，发挥人民群众的首创精神，紧紧依靠人民群众开创新形势下社会管理的新局面"②。上述讲话

---

① 江泽民：《论党的建设》，中央文献出版社 2001 年版，第 49 页。
② 转引自徐京跃、李亚杰、周英峰《扎扎实实提高社会管理科学水平，建设中国特色社会主义社会管理体系》，《光明日报》2011 年 2 月 20 日。

重新明确了在21世纪新阶段，应对国内外各种风险和挑战，维护社会稳定，夺取全面建设小康社会新胜利，开创中国特色社会主义事业新局面的主体是人民群众，群众是中国共产党的事业的力量之源，胜利之本。

2. 深化对群众路线内涵的理解

"从群众中来，到群众中去"是中国共产党的根本路线，在全党建设中国特色社会主义现代化的新时期，整个社会发生了巨大变迁，群众路线的内涵也必然随之深化。当今世界正处于大发展、大变革、大调整的时期，影响和制约我国改革发展的因素很多，在云南边疆民族地区突出表现为传统和非传统安全问题交叉重叠所构成的重大威胁和隐患。从我国境内来看，随着人民群众社会生态格局的深刻变化以及公民社会的发展，群众具有的"自我动员、自我管理"的智慧在不断提升。广大人民群众对党和政府期待越来越多，越来越高；不仅要求生存权，还要求发展权；不仅要求知情权、参与权，还要求表达权、监督权。在世情、国情和党的执政环境发生深刻变化的新形势下，社会发展面对诸多前所未有的新情况、新问题、新挑战。胡锦涛同志深刻地指出"我们面临的执政考验、改革开放考验、市场经济的考验、外部环境的考验是长期的、复杂的、严峻的。精神懈怠的危险、能力不足的危险、脱离群众的危险、消极腐败的危险，更加尖锐地摆在全党的面前"。如何又快又好地推进改革发展，同时兼顾好各方面的利益，促进社会和谐，是我们发展中躲不开、绕不过，也不可避免且又必须解决的问题，深化对群众路线内涵的理解就是必须的选择。要当先生，先当学生，要动员群众，先学习群众、了解群众、认知群众、调查群众，掌握新时期群众的心态和群众的现实需求，特别要关注群众"急、难、愁"的问题，树立"群众利益无小事"的观念，自觉把群众的呼声作为第一信号，把群众的需要作为第一选择，把群众的安危作为第一责任，把群众满意作为第一标准。以群众关心的热点难点问题为突破口，切实办好顺民心、解民忧、惠民生的实事，保证全体人民共享改革发展的成果。

3. 创新新时期群众工作的方式与方法

在当前和今后一个时期，我国社会呈现出矛盾凸显、新老问题交织的阶段性特征，人们思想活动的独立性、选择性、多变性、差异性明显增强，国家建设和社会发展面临诸多新问题和不确定性，创新新时期群众工作，深刻把握新时期群众工作的特点和规律，努力提高新形势下群众工作的能力和水平，是新时期社会动员得以实现的保证，这是时代的需求和历史的选择。在90多年革命、建设和改革的历史过程中，中国共产党探索并总结出一套行之有效的群众工作方式方法，新时期的群众工作在坚持党的群众工作优秀传统的同时，根据形势的发展变化，实现了三个方面的创新。

一是改进新形势下密切联系群众的作风。密切联系群众，深入广大人民群众，倾听群众呼声，做深入细致的群众工作，是中国共产党的优良传统。然而随着时代的变迁、环境和条件的改善，这一优良传统在一部分党员干部的眼中却成为可有可无的东西，往往是挂在嘴上，写在纸上，却不付诸行动。现代化的交通、迅速便捷的通信方式，却使他们与群众的距离拉远了，沟通减少了，滋长了脱离群众、脱离实际的不良作风，侵害着党的群众基础。再发达的通信手段也代替不了与群众面对面、心连心的沟通与交流。党的十七届四中全会通过的《中共中央关于加强和改进新形势下党的建设若干重大问题的决定》，号召全党适应群众工作新特点、新要求，深入做好组织群众、宣传群众、教育群众工作，虚心向群众学习，热心为群众服务，诚心受群众监督，坚持问政于民，问需于民，问计于民。① 这表明在新形势下继续发挥党密切联系群众的优良传统，拓宽社情民意的联系渠道，是做好群众工作的关键。

2008年，普洱市孟连县发生了震动全国的"7·19"事件。事件后，孟连县委、县政府深刻反思，汲取教训，创新群众工作方式方法，开创了经济加快发展、社会和谐稳定的良好局面。李源潮曾指出，孟连的实践充分说明，只要我们坚持执政为民，真正为民办事，就能得到群众的信赖和支持。基层党组织和广大基层干部要从孟连的实践中，认真汲取经验，不断增长为民服务的本领，切实做好新形势下的群众工作。中央维稳办把孟连经验总结为五条，其中第一条就指出："时代变了，党的根本路线没变。群众工作不能丢。无论革命年代还是执政时期，人民群众始终是中国共产党事业发展壮大的源泉，群众工作是我们须臾不可丢掉的看家本领。"② 从孟连事件到孟连经验说明，坚持执政为民的理念，把群众利益放在首位，是新时期群众工作的核心，也是新时期经济发展与社会和谐稳定的保障。长期以来，云南省在群众工作方面作出了有益的探索，取得了

---

① 《〈中共中央关于加强和改进新形势下党的建设若干重大问题的决定〉辅导读本》，人民出版社2009年版，第30页。

② 马继延在云南省综治维稳宣传月新闻发布会暨纪念《关于加强社会治安综合治理的决定》颁布20周年座谈会上的讲话，2011-03-01。

实际效益。目前在全省深入开展的"四群"教育,要求广大机关领导干部、基层党员干部走出机关、深入实际、深入农村、深入群众,和群众同吃、同住、同劳动,了解新时期普通群众的生活条件、生存状态,感受群众的需求和酸甜苦辣,培养与广大人民群众的真感情,提升了群众工作的水平,赢得了广大群众的拥护与支持。

二是创新群众工作机制——构建协作型群众工作机制。新时期的群众工作是一项复杂的社会系统工程,具有很强的时代性、广泛性、特殊性、多元性、交叉性的特征,需要整合多部门以及社会、民间的力量协同工作。各地党政部门坚持从实际出发,以改革创新的精神,努力探索新时期群众工作规律,实现群众工作新机制创新,构建了党委领导、政府牵头、各部门齐抓共管、全社会广泛参与的群众工作新机制。云南边疆跨境民族地区在应对传统和非传统安全问题,维护边境社会稳定等方面构建了多种协同工作的机制,如在社会动员方面,构建了多部门多层次协同、纵向到底、横向到边的社会动员机制。

三是创新群众工作制度,使群众工作制度化。建立健全制度,是群众工作落到实处、长期坚持的保障。各地普遍建立的适应新时期的群众工作制度,主要有领导干部群众工作制度和党员干部群众工作制度。其中领导干部群众工作制度包括领导干部下访制、定期深入基层调研制、领导干部联户制等;党员干部群众工作制包括部门挂点制、干部挂点联户制、驻村工作队等。上述提及的孟连"7·19"事件是一个在群众工作方面值得深思的案例。事件发生后,孟连县通过整改,痛定思痛、思痛防痛,认认真真抓了群众工作这个根本,通过构建民情责任、人民勤务员、民情联席会议、群众工作巡视和民情满意度测评问责5项制度,建立起与群众经常沟通的平台,形成了联系群众、体察民情、解决民困的有效机制。同时积极探索、与时俱进地提出了"一线工作法"、"七步工作法",通过"建立警民联系点,发放民情联系卡等一系列新时期群众工作的新方法,构建了民情信息网络,畅通了民意,拉近了干群关系,增强了群众工作效果,干群关系、警民关系从水火不容转变为鱼水相依,社会稳定了,人心齐了,发展也快了①。

---

① 马继延在云南省综治维稳宣传月新闻发布会暨纪念《关于加强社会治安综合治理的决定》颁布20周年座谈会上的讲话,2011-03-01。

四是充分利用现代科学技术手段，创建群众工作的新平台。计算机、网络等现代科学技术的普及与推广，为利用现代科学技术手段创建群众工作新平台提供了可能。目前我国已建立了纵向贯通中央及地方各级党委政府，横向延伸到群众工作各部门的信息网络平台，进一步实现群众工作资源整合共享；群众工作电子系统、电子监察系统、舆论监督系统的建设，增强了群众工作的针对性。各地还根据本地的实际，创设了多种形式的网络群众工作平台。云南省加强综治信访维稳中心信息平台标准化建设，开设了平安社区网络，设立网上信访渠道，设置了平安建设、禁毒防艾、综治维稳等专题的咨询。2010年网络访问达2万余次，受到中央有关部门的肯定。

中国共产党90多年的全部历史，就是一部不断动员千千万万人民大众为改变自己命运而奋斗不息的历史，是一部实现、维护和发展人民利益的历史，是一部紧紧依靠人民群众不断推动党的事业从胜利走向胜利的历史。边疆跨境民族地区维稳方式转变和维稳机制重构与实践的整个过程都贯穿着对最广大少数民族群众的动员和自我动员。

第二章

云南跨境民族地区概况

云南省地处中国西南边陲，东部与贵州省、广西壮族自治区为邻，北部与四川省相连，西北部紧依西藏自治区，西部与缅甸接壤，南部和老挝、越南毗邻，有着漫长的边境线和众多的边境通道。云南跨境民族地区特殊地理形态和复杂民族构成孕育了云南跨境民族地区多元的文化样式和宗教类型，同时也决定了这一地区经济发展滞后、社会发育程度低、社会安全形势严峻的现实特征。

第一节 云南边境地区概况

一 区位、环境与资源

云南跨境民族地区俗称云南边境地区，主要是指中缅边界云南段、中老边界和中越边界云南段共计4061千米的边境沿线地区，约占我国陆地边境线的1/5，包括怒江州、保山市、德宏州、临沧市、西双版纳州、普洱市、红河州、文山州8个边境州市的25个沿边县市。该地区地域广阔，国土面积共计9.20万平方公里，约占沿边8州市总面积的46.09%，约占云南全省总面积39.4万平方公里的23.35%。从25县（市）的分布情况看，怒江傈僳族自治州有3个，分别是贡山县、福贡县和泸水县；保山市有2个，分别是腾冲县、龙陵县；德宏傣族景颇族自治州有4个，分别是盈江县、陇川县、瑞丽市、芒市；临沧市有3个，分别是镇康县、耿马县、沧源县；普洱市有4个，分别是西盟县、澜沧县、孟连县、江城县；西双版纳傣族自治州有3个，分别是景洪市、勐海县、勐腊县；红河哈尼族彝族自治州有3个，分别是绿春县、金平县、河口县；文山壮族苗族自治州有3个，分别是富宁县、麻栗坡县、马关县。边境25个县（市）占全省129个县（市）的19.37%，边境25个县中靠边境沿线的有111个乡镇，843个村委会，9559个自然村。据统计在沿边8个州市辖下56个县市区中，自治州辖县市和民族自治县达46个，占82.15%；而在沿边25个县市里，则高达22个，占88%。①

  云南边境各县走向大致从东南到西北，分别与越南、老挝和缅甸接壤，几乎囊括了云南省的南部和西部边界。中越边界云南段长1354千米，西起江城县曲水南，向东经红河州绿春、金平、河口3县和文山州马关、麻栗坡达富宁县田蓬与广西段相连，沿边界共涉及我方1市2州7个县，23个乡镇与农场（分别为江城县的江疆乡；文山州马关县的小坝子镇、都龙镇、全厂镇；麻栗坡县董广镇杨万乡、下全厂乡、八布乡；富宁县田蓬镇、未央镇。红河州绿春县半坡乡、平河乡；河口县南溪镇、河口镇、全水河镇，勐拉乡，者米乡，勐桥乡，马鞍底乡）。境外为越南莱州、老街、河江3省。中老边界云南段长710千米，沿边境线中国一侧分别为西双版纳勐腊县、普洱市江城县，2县8个乡镇（江城县的勐烈镇、整董镇，红疆乡，康平乡；西双版纳州勐腊县的勐腊镇、勐伴镇、关累镇、易武乡等），境外为老挝南塔、乌多姆赛、丰沙里3省。中缅边界云南段长1997.6千米，以滇西北怒江州贡山县雄档附近的滇藏交界处为起点，大致沿高黎贡山山脊南下，经保山市的腾冲县达德宏州，至瑞丽市弄岛镇转向东南，然后蜿蜒东行至西双版纳，在勐腊县勐松附近与中老边界相接的6个州市18个县（市）70个乡镇（怒江州贡山县茨开镇、普拉底乡、独龙江乡，福贡县的石月亮乡、上帕镇、匹河乡、子里早乡、鹿马登乡、马吉乡，泸水县的六库镇、鲁掌镇、片马镇、秤杆乡、古登乡、洛本桌乡；保山市龙陵县的木城乡、龙山镇，腾冲县的滇滩镇、猴桥镇、州光镇；西双版纳州景洪市勐龙镇、景哈乡，勐腊县的关累镇，勐海县的打洛镇、勐满镇、布朗山布朗族乡、西定哈尼族布朗族乡；普洱市澜沧县的糯福乡、雪林乡，西盟县的勐卡镇、翁嘎科乡、力所乡、岳宋乡、新厂乡，勐连县的娜允镇、芒信镇、公信乡；临沧市沧源县的勐董镇、芒卡镇、班洪乡、班老乡、单早乡，镇康县的勐棒镇、南伞镇、勐堆乡，耿马县的勐定镇；德宏州盈江县的那邦镇、弄璋镇、卡场镇、昔马镇、太平镇、支那乡、苏

---

① 谷禾：《跨境民族身份认同研究——以云南跨境民族为例》，中国人民大学博士学位论文，2008年5月。

典乡、勐弄乡,陇川县的章风镇、护国乡、城子镇、户撒阿昌族乡、陇把乡,潞西市的遮放镇、勐埠镇、芒海镇、风平镇、中山乡,瑞丽市的畹町镇、勐卯镇、姐措乡、弄岛镇、户育乡、勐秀乡)。境内依次为我国怒江、保山、德宏、临沧、普洱、西双版纳 6 州市辖下沿边 19 县市,境外为缅甸克钦邦和掸邦。云南跨境民族地区除与越南、老挝和缅甸三国接壤外,还与泰国、柬埔寨、孟加拉、印度等国相邻。从整个位置看,云南跨境民族地区北依广袤的亚洲大陆,南连位于辽阔的太平洋和印度洋之间的东南亚半岛,是亚洲大陆腹地与东南亚、南亚次大陆连接的链环。

  云南在地理上属青藏高原南延部分与中南半岛结合部的内陆腹心地带,境内山川起伏、河流纵横,整个地势自西北向东南倾斜,南北相对高差达 6663.6 米。云南边境地区位于北纬 21°29′—28°24′,东经 97°37′—106°12′之间,地域跨度大,自然地理条件复杂多样。[①] 边境地区国土面积以山区为主(包括高寒山区、山区和半山区)。自西向东的怒江高山峡谷区、滇西南中低山宽谷区、滇南中低山丘陵河谷区和滇东南中低山谷区,构成了边境地区多层次、复杂的地貌特征,海拔高低的差距达 4570 米。总的来说,边境地区海拔从西北到东南逐渐降低,地形由山地向喀斯特地貌过渡。依据边境各县所处的自然环境把边境地区分为高寒山区、山区、半山区和坝区四种类型(图 2-1)。其中高寒山区的海拔在 2500 米以上;山区的海拔在 1500 米至 2500 米之间;半山区的海拔在 1000 米至 1500 米之间;坝区的海拔在 1000 米以下。其中,属于高寒山区的县(市)主要集中在西北边境线一带,包括怒江州的贡山独龙族怒族自治县和福贡县,占边境 25 个县(市)的 8%;属于山区的县(市)主要集中分布在西部边境线,南部边境线数量相对较少且分布零散,包括怒江州的泸水县,保山市的腾冲县、龙陵县,德宏州的盈江县、陇川县、芒市,临沧市的镇康县、耿马傣族佤族自治县、沧源佤族自治县,普洱市的西盟佤族自治县、孟连傣族拉祜族佤族自治县和澜沧拉祜族自治县,占边境 25 个县的 48%;属于半山区的县(市)主要分布在南部边境线,包括瑞丽市、勐海县、景洪市、江城县、金平苗族瑶族傣族自治县、绿春县、马关县、麻栗坡县,占边境 25 个县的 16%;属于坝区的县(市)零散分布在南部边境一线,包括勐腊县、河口瑶族自治县和富宁县,占边境 25 个县的 12%

[①] 《云南边境市县的生态环境与资源》,http://www.cynpec.com,2012-11-02。

(表2-1)。总的看来,边境25个县(市)中山区县有22个,占总县(市)数的88%。

表2-1　　　　边疆25县(市)自然条件类型及所占比例

海拔高度(米)	自然条件类型	县(市)数量(个)	所占25边境县(市)比例(%)
>2500	高寒山区	2	8
1500—2500	山区	12	48
1000—1500	半山区	8	32
<1000	坝区	3	12

从气候条件看,云南省所有从亚热带到寒温带的7个气候带在跨境民族地区均有分布,边境大部分地区主要处于亚热带和北热带两大气候带,光能充足、热量丰富、降水丰沛是这一地区气候的主要特征。优越的气候条件和复杂的地形地貌,使云南边境地区在生物、矿产、水能、旅游等资源方面蕴藏丰富,并且颇具特色。具体而言,云南跨境民族地区的资源主要有以下特点:

一是生物资源种类繁多。边境地区生物资源种类繁多,仅西双版纳州就有高等植物5000多种,分别占全省总数的1/3和全国总数的1/6,有"动植物的王国"、"生物资源物种基因库"之称。怒江州是生物多样性最富集的地区之一,全州森林覆盖率达70%,有国家级保护植物42种,国家级保护动物67种,药物资源356种,野生动物474种。云南边境地区的经济作物种植也很有特点。红河州是热带、亚热带经济作物的重要基地之一,烟、蔗、果、茶等产业发展迅速;景洪市特殊的气候和优越的自然环境,为热带水果的种植与生产提供了良好的条件,成为我国有限的几个热带水果生产地之一;文山州盛产名贵中药材三七、八角、草果、辣椒等;瑞丽市、芒市、耿马县、勐海县、龙陵县有种甘蔗的气候条件和传统;腾冲县适宜种植油料作物;金平县、河口县种植水果独具气候优势,金平县是全国香蕉种植规模最大且最优质的县之一;勐海县、景洪市、江城县、澜沧县、腾冲县、潞西市是云南省主要的茶叶种植区,其中云南勐海县是云南普洱茶的故乡和我国最早产茶地,有着1700年前的野生"茶树王"以及星罗棋布的古茶树群;西双版纳的普洱茶销售总额居全国第一。此外,西双版纳热带气候适宜种植橡胶,西双版纳州的橡胶种植已经超过7000万亩,橡胶干胶总产量、单产量位居全国第一。①

二是矿产资源品种多,储量大,分布广。云南边境地区已探明储量的矿产有数十种。其中,文山州境内现已探明和发现的黑色、有色、稀有贵重金属、非金属矿已达11类55种670个矿点。其中锑、锡储量分别居全国第二、第三位,锰储量居全国第八位,铝土储量居云南首位。②红河州是我国有色金属的重要基地之一,现已探明的有色金属储量640万吨,其中锡78万吨;黑色金属7000多万吨(锰1600万吨,钛80万吨);非金属矿霞石50亿吨,大理石5亿立方米,煤炭储量50亿吨。普洱市境内已探明黄金储量103.7吨,铁储量仅惠民铁矿就达21亿吨,铜储量253万吨,铅储量35.5万吨,其中江城县钾盐矿是全国唯一的可溶固体钾盐矿,储量达2000多万吨。保山市境内已探明的主要矿产资源有铁、钛、铅、锌、锡、铜、铍、硅藻土、硅灰石、硅石、高岭土、大理石等27种。其中:龙陵勐糯铅锌矿储量245万吨;腾冲铁矿储量6585万吨(低硫、低磷,平均品位45%—50%);腾冲硅藻土储量4.7亿多吨;腾冲硅灰石储量1.3亿吨;腾冲高岭土储量1700万吨;龙陵硅石储量1385万吨;保山坝钛铁矿储量528万吨;龙陵镇安煤矿储量1.14亿吨③。怒江州拥有世界级的矿产资源,目前已探明的矿产资源有28种,其中锌矿总量占全世界的1/3,铅矿占1/6,属于世界罕见的矿产资源富集地④。

三是水能资源丰沛。怒江、澜沧江、红河纵贯边境地区,水资源占全省总量的一半以上,除澜沧江、怒江、红河等干流的水能资源外,支流江河小水电资源的理论蕴藏量1365万千瓦,可开发量为428万千瓦,分别占全省同类资源量的38.5%和40.6%。从各州的情况看,怒江州拥有世界级的水资源,主要河流有怒江、澜沧江、独龙江,水资源占全省总量的47%⑤。保山市境内江河分属澜沧江、怒江和伊洛瓦底江水系。澜沧江在境内流程116.5千米,径流面积3164平方千米;怒江在境内流程252千米,径流面积1.05万平方千米;大盈江(伊洛瓦底江上游)在境内流程

---

① 戴振华:《西双版纳州创造了三个全国第一》,《春城晚报》2013-01-25(A2/09)。

② 《文山壮族自治州概况》,中国西部开发网,http://www.cnwest88.com/2013/yunnan_0614/164972.html。

③ 云南网,http://www.yunnan.cn,2010-10-12。

④ 中国网,http://www.china.com.cn,2013-03-03。

⑤ 同上。

101千米,径流面积1070平方千米。可开发利用水资源89万千瓦。临沧江是亚洲独具特色的水电基地。澜沧江境内流程232千米,属澜沧江—湄公河次区域的中间地带,有着丰富的水能资源,国家和省规划已建成的三座百万千瓦级电站——漫湾(装机量150万千瓦)、大朝山(135万千瓦)、小湾(420万千瓦)均在临沧境内。在180多公里的水面流域建成三座百万千瓦级电站在全国乃至亚洲尚属独有。[①] 普洱市水能蕴藏量1500万千瓦,是"西电东送"、"云电外送"的重要基地。红河州境内的红河、南盘江、李仙江、腾条江4大水系及其河流水能理论蕴藏量达500万千瓦以上,可开发水电装机达450万千瓦以上。

四是旅游资源丰富独特。特殊的地理条件和多元的民族、宗教与文化构成造就了边境地区独特的自然景观和人文景观,形成了多样化、有特色的旅游资源。怒江州地处横断山脉纵谷地带,自然旅游资源丰富独特,人文旅游资源古老、神秘。高山峡谷景观与多元的文化构成是怒江州区别于云南省内其他旅游区域的特色。"三江并流"地区世居民族14个,怒江有7个,造就了众多的原生文化:独龙族的纹面文化,傈僳族的山地农耕文化,白族支系勒墨、拉玛的古老文化,普米族的山岳生态文化,怒族特有文化等。保山市的旅游资源构成核心是腾冲县,这里的火山地热规模宏大,为国内罕见,还有北海湿地、和顺侨乡、云峰山、来凤山国家级森林公园和高黎贡山等一大批神奇秀丽的自然景观。腾冲县在多年的对外交往中形成了中原文化、南诏文化、抗战文化、异域文化、边疆少数民族文化相互融合而成的具有多元文化特点的"腾越文化"。德宏州拥有瑞丽江、大盈江两个国家级风景名胜区和国家级优秀旅游城市——瑞丽市。德宏州素有"孔雀之乡"、"歌舞之乡"的美称,境内的傣族、景颇族、阿昌族、德昂族、傈僳族五种世居少数民族,每个民族都有着悠久的历史文化,形成中原文化和边地文化、汉族文化和少数民族文化、东方文化和西方文化、中华文化和南亚文化和谐共存的局面。这里的节日文化也极为丰富,主要有傣族的"泼水节"、景颇族的"目瑙纵歌节"、中缅胞波狂欢节、勐巴娜西风情节、珠宝文化节、葫芦丝文化节等。临沧市四季如春,有"亚洲恒温城"之称,有以佤族、傣族为代表的23种少数民族形成了民族文化荟萃的显著特征;有以沧源南滚河国家自然保护区、临沧五老山国

---

① 临沧市政府公众信息网,http://www.lincang.gov.cn/Zzlc/Lcgk/200803/8297.html。

家森林公园为代表的国家级、省级自然保护区、森林公园6个;有以国家级重点文物保护单位沧源崖画群、广允佛寺为代表的国家级、省级重点文物保护单位5个;有以沧源佤山风景名胜区为代表的省级风景名胜区5个。普洱市地处云贵高原西南边缘,有汉族、哈尼族、彝族、拉祜族、佤族、傣族、布朗族、傈僳族、回族、白族、苗族、瑶族、蒙古族、景颇族等14个世居民族,民俗风情奇异多彩,名胜古迹较多,有很多珍奇异兽和奇花异木。西双版纳州旅游资源包括景洪县风景片区、勐海县风景片区、勐腊县风景片区三大块。每一片区又有若干景区,共有19个风景区,800多个景点,总面积1202.13平方公里。有着种类繁多的动植物资源,被称为动植物王国。其中许多珍稀、古老、奇特、濒危的动植物为西双版纳所独有。境内居住着傣族、哈尼族、布朗族、基诺族、拉祜族、佤族、瑶族等十几个民族,景观以热带、亚热带雨林、季雨林、沟谷雨林风光、珍稀动物和绚丽多彩的民族文化和民族风情为主体。1982年经国务院批准,西双版纳被定为第一批国家重点风景名胜区。红河州地质地貌丰富多变,山高谷深,呈立体型气候,是形成旅游自然资源丰富多样的先天基础。红河州旅游构成主要有:喀斯特地貌溶洞景观资源、生物景观资源、河流湖泊景观资源、地热温泉、梯田景观。哈尼族的"十月年"、"矻扎扎"节,彝族的"火把节"、"祭山"、"祭火节",苗族的"采花山"节,瑶族的"盘王节",傣族的"泼水节"、"男人节"等众多的民族传统节日就是典型的代表,成为红河州独具特色的旅游资源。文山州有国家级旅游区普者黑、富宁驮娘江国家级旅游区、砚山浴仙湖国家级旅游区、坝美"世外桃源"旅游区、麻栗坡老山景区、八宝旅游区、老君山旅游区等,还有壮族的壮剧、苗族的芦笙舞和采花山、彝族的弦子舞和火把节、瑶族的盘王节等民族风情。[1]

二 人口、民族与宗教

截至2010年年末,云南边境8个州(市)共有户籍人口1839.8万,约占云南全省人口的40%。男性人口958.5万,女性人口881.3万,男女性别比为1.09:1;城镇人口为552.1万,农村人口为1287.5万,城镇化

---

[1]《云南边境市县的生态环境与资源》,http://www.cnynpec.com,2012-11-02。

率为30%。而同期云南全省人口性别比为1.08∶1,城镇化率34.8%[①]。边境州(市)的人口性别比略高于全省人口性别比,城镇化率低于全省近5个百分点。在8个边境州(市)中,人口最多的是红河州,约为450.6万人,人口最少的是怒江州,仅为53.5万人,红河州的人口超过怒江、德宏州和临沧市3州(市)的人口总和。8个边境州(市)的平均人口密度为90.95人/平方公里,其中人口密度最高的是红河州,为136.7人/平方公里,而人口密度最低的怒江州仅为36.3人/平方公里。同期全省人口密度为116.6。边境8州(市)的人口密度大大低于全省水平,平均每平方公里少25.65人(见表2-2)。

表2-2 边境8个州市人口基本情况

州市	总户数	总人口	按性别分		按城乡分		人口密度
			男	女	城镇人口	乡村人口	
怒江州	15.5	53.5	28.3	25.2	11.5	42.0	36.3
德宏州	29.8	121.3	62.5	58.7	40.8	80.5	105.1
临沧市	64.2	243.2	127.6	115.6	70.7	172.6	99.3
保山市	67.5	250.9	128.7	122.3	55.9	195.0	127.6
普洱市	71.6	254.6	134.1	120.5	77.0	177.6	56.0
西双版纳州	26.9	113.5	58.8	54.7	40.6	72.9	57.5
红河州	125.3	450.6	234.4	216.2	158.8	291.7	136.7
文山市	94.9	352.2	184.1	168.1	97.0	255.2	109.1
8州市合计	495.7	1839.8	958.5	881.3	552.1	1287.5	
全省合计	1323.5	4601.6	2387.6	2214.0	1601.8	2999.8	116.6

资料来源:《云南统计年鉴2011》。注:户数单位:万户,人口单位:万人,人口密度单位:人/平方公里。

再从边境25县(市)的人口情况看,第六次全国人口普查结果显示,2010年年末,云南边境沿线25个县(市)共有户籍人口666.95万,约占云南全省总人口4601.61万人的14.49%,约占8个边境州(市)总人口1839.8万人的36.25%。2009年到2010年,边境25县(市)人口从654.86万人增长到666.95万人,增长了12.09万人,年增长率为

[①] 2012年云南省公布的城镇化率为36.8%,参见《云南日报海外版》2012-09-24;2013年的城镇化率为40.5%,参见《关于印发"云南省新型城镇化规划"的通知》,2014-04-19。

1.84%。而同期云南全省人口年增长率约为 0.7%，边境 25 县（市）人口年增长率高于全省约 1.14 个百分点。在边境 25 县（市）中，人口数量最多的是保山市的腾冲县，为 64.55 万人，其次是西双版纳州的景洪市，为 52.05 万人，同期人口数量最少的县（市）是怒江州的贡山独龙族怒族自治县，仅为 3.97 万人，不到腾冲县人口的 1/16。除怒江州的福贡县和贡山独龙族怒族自治县以及普洱市的西盟佤族自治县外，其他县（市）人口均在 10 万人以上（见表 2-3）。

表 2-3　　　　　　　云南 25 个边境县（市）人口数量

单位：万人

所属州（市）	县（市）	总人口	
		2009 年	2010 年
怒江傈僳族自治州	泸水县	18.8	18.50
	福贡县	9.6	9.87
	贡山独龙族怒族自治县	3.8	3.97
德宏傣族景颇族自治州	芒市	38.2	39.03
	盈江县	30.0	30.55
	陇川县	18.1	18.18
	瑞丽市	17.0	18.08
保山市	腾冲县	63.8	64.55
	龙陵县	27.6	27.76
临沧市	镇康县	17.3	17.65
	耿马傣族佤族自治县	28.6	29.66
	沧源佤族自治县	17.6	17.93
普洱市	西盟佤族自治县	9.3	9.14
	孟连傣族拉祜族佤族自治县	13.4	13.57
	澜沧拉祜族自治县	50.0	49.24
	江城哈尼族彝族自治县	12.1	12.17
西双版纳傣族自治州	景洪市	48.2	52.05
	勐海县	33.4	33.22
	勐腊县	26.0	28.20
红河哈尼族彝族自治州	金平苗族瑶族傣族自治县	35.2	35.66
	绿春县	22.3	22.24
	河口瑶族自治县	10.4	10.47

续表

所属州（市）	县（市）	总人口	
		2009年	2010年
文山壮族苗族自治州	马关县	36.6	36.79
	富宁县	40.1	40.08
	麻栗坡县	27.7	27.83
合计		654.86	666.95
全省		4571.0	4601.6

资料来源：《云南统计年鉴2010》、《云南统计年鉴2011》。注：表中数据因四舍五入的原因，部分地区总人口与分项和会存在细微差异。

由于地理、历史和文化等诸多因素，我国少数民族多沿边境线分布的特征十分突出，尤其是在广大的西部地区，几乎整个边境沿线都以少数民族分布为主。据统计，在云南边境沿线25个县市666.95万户籍人口中，共有涉及20多个世居少数民族的人口403.17万人，约占区内总人口的60.45%，其中居于前5位分别为福贡和绿春两县98.7%、贡山县96.39%、西盟县94.0%、沧源县93.23%。而在政区设置上，则除保山市腾冲、龙陵两县和临沧市镇康县，其余22个县市全部为民族自治县和自治州辖县市，所占比例高达88%。[1]

漫长的边境线和独特的地理条件使得云南边疆地区分布着大量的跨境民族。除汉族外，云南有傣族、壮族、布依族、彝族、哈尼族、苗族、瑶族、拉祜族、傈僳族、景颇族、阿昌族、怒族、佤族、独龙族、德昂族、布朗族（包括克木人、芒人）16个少数民族与缅甸、泰国、越南、老挝等国家的民族跨国而居。其中，彝族、哈尼族、壮族、苗族、瑶族、布依族等主要分布在云南的文山壮族苗族自治州和红河哈尼族彝族自治州，与越南相接；傣族主要分布在西双版纳傣族自治州和德宏傣族景颇族自治州；布朗族主要分布在西双版纳傣族自治州；拉祜族和佤族主要分布在普洱市和临沧市；景颇族和德昂族主要分布在德宏景颇族傣族自治州；傈僳族、怒族、独龙族主要分布在怒江傈僳族自治州，与缅甸相连。在云南与中南半岛国家的跨境民族中，还有一些跨三国而居的民族，其中壮、彝等民族为中、越、老跨境民族，佤、傈僳、景颇、德昂等民族为中、缅、泰

---

[1] 鲁刚、陈为智：《云南边疆地区突出的社会问题》，《云南民族》2012年第6期。

跨境民族。① 16 个跨境少数民族的总人口约 1248.7 万，约占全省总人口的 27.1%，有很大比例直接分布在 8 个边境州（市）25 个边境县的近 1 万个边境乡村，并占当地总人口的一半以上②。在 16 个跨境少数民族中，人口最多的是彝族，约为 503.3 万人，其次是哈尼族，约为 163.1 万人，壮族、傣族、苗族人口相差不大，均在 120 万人左右。人数最少的民族为独龙族，仅为 0.6 万人，德昂族、怒族、阿昌族的人数也较少，分别是 2.0 万人、3.2 万人、3.8 万人。以上四个跨境少数民族人口总和还不到 10 万人（见表 2-4）。

云南的 16 个跨境少数民族在境外相邻国家均有分布，只是在称谓上有所不同而已。如中国傣族、缅甸掸族、泰国泰族、老挝老族、越南泰族、印度阿洪姆人是国际泰学界所说的"泰语民族"的主要组成部分。这些民族群体有时又被称为"傣泰民族"、"傣掸民族"或"泰老民族"。一般认为，这些民族及其部分支系是同源异流的跨境民族群体。又如柬埔寨的主体民族高棉族，与云南边境地区属南亚语系孟高棉语族的佤、布朗、德昂三族，以及缅甸境内的佤族、崩龙族，越南境内的高棉族、芒族，泰国境内的孟族、高棉族等，也同样是有的属同源近亲民族，有的则为同一民族。再就是起源于我国境内，后经迁徙流动蔓延到境外越、老、缅、泰等周边邻国的苗族、瑶族、哈尼族、拉祜族，以及在分布上横跨云南西部、缅甸北部克钦邦和印度东北部科希马、阿萨姆一带的景颇—克钦族等。③ 云南边境地区的跨境民族有的主体在我国境内蔓延到境外，有的主体在境外延伸到境内，还有的境内外人口大致相当，在不同的国家可能有不一样的自称或他称，但每一个单一民族群体在历史上都有密切的渊源关系，现实中又具有较强的民族认同观念，并且文化同源，语言相通，文化习惯、生活方式、宗教信仰相似，是典型的跨境民族。这些跨境民族与他们所生存的地域环境相融合，构成云南跨境民族地区独具特色的民族生态格局。

---

① 赵永胜：《云南与东南亚国家的跨境民族及其在境外的分布和人口》，《云南民族》2011 年第 7 期。

② 谷禾：《跨境民族身份认同研究——以云南跨境民族为例》，中国人民大学博士学位论文，2008 年 5 月。

③ 同上。

表 2-4 云南跨境民族概况①

民族	人数（万人）	占全省总人口比重（%）	分布的主要地区	境外概况
彝族	503.3	10.9	以红河州和普洱市为主的边境大部分州（市）均有分布	在越南和老挝被称为保保族。越南的保保人主要居住在高平的保乐县、河江省的同文县和苗旺县、莱州省的封土县等地。越南保保人的人口1989年时为3100人，现在增长至近5000人。老挝的保保人主要居住在丰沙里省的中老边境地区，琅南塔省的勐醒县、乌都姆塞省的北部也有少量分布，1995年约有1407人。
哈尼族	163.1	3.5	红河州的绿春县、金平县；普洱市的江城县；西双版纳州的勐海县、景洪市等	越南哈尼族现有1万余人，聚居在莱州省的勐底县和黄连山省的坝沙县。在老挝，哈尼族被称为"卡果"，约有1万人，分布在中老边界的本再、丰沙里一带。缅甸的哈尼族被称为"高族"，人数约6万，主要居住在掸邦东部景栋一带。泰国哈尼族自称为"阿卡"，主要分布在清莱府和清迈府，约3500人。
壮族	121.6	2.6	文山州、红河州的沿边县（市）	在越南的对应族体被划分为五个民族：岱、侬、布标、拉基、山斋。岱人是越南人口最多的少数民族，主要分布在高平、谅山、北太、宣光、河沛、老街等省；侬人主要居住在谅山、高平、北太、河北、河江、老街、宣化、安沛等省；布标人和拉基人主要分布在河江省；山斋人由高栏人和山子人组成，主要居住在宣光、北太、河北、广宁、安沛、高平、谅山、永富等省。老挝被称为普央族。
傣族	122.4	2.7	西双版纳州、德宏州以及普洱市勐连县、临沧市耿马县等	泰国泰族分布于泰国70多个府，另在清莱、清迈等府分布着一定数量的泐人等泰语民族支系。老族在老挝全国18个省市均有分布，他们主要居住在老挝相对发达的万象平原、沙湾吉拿平原、巴色平原和琅勃拉邦河谷等地区。越南泰族主要居住在山罗、义安、清化、莱州、老街、安沛、和平等省，林同、多乐等省也有少量分布；缅甸掸人一半以上居住在掸邦，其余的主要分布在克伦、克耶、孟等邦和实皆、勃固、曼德勒等省。

---

① 资料来源：《云南统计年鉴2011》；谷禾：《跨境民族身份认同研究》，中国人民大学博士学位论文，2008年；赵永胜：《云南与东南亚国家的跨境民族及其在境外的分布和人口》，《云南民族》2011年第7期。

续表

民族	人数（万人）	占全省总人口比重（%）	分布的主要地区	境外概况
苗族	120.4	2.6	文山州、红河州的沿边县（市）	越南有40余万人，主要分布在河宣、黄连山、莱州、山罗、高谅、义静、北太等省。老挝约有20万人，分布在上寮山区的川圹、桑怒、丰沙里、琅勃拉邦等省。泰国约有5.7万人，主要居住在碧差汶府、清莱府、清迈府和达府。缅甸的苗族又称濛族，分布在掸邦的果敢地区和若开邦，人数近1万。
傈僳族	66.8	1.5	怒江州和保山、德宏州的沿边县（市）	缅甸的傈僳人主要分布在中缅边境的掸邦、克钦邦东部山区以及泰缅边境的掸邦东南部地区，据估计，2001年缅甸的傈僳人约有15万人。泰国的傈僳人主要分布在清莱府，其余散居住在清迈、夜丰颂、南邦、帕耀等府，1995年有31463人，1998年有32744人。
拉祜族	47.6	1.0	普洱、临沧和红河州的沿边县（市）	在缅甸，拉祜族又被称为"么些族"，主要分布在掸邦东南部，有5万余人。老挝有2000人左右，居住在会晒地区。泰国现有2万人左右，分布在北部的清迈府、夜丰颂府等地区。越南有4000余人，聚居在莱州省孟底县。老挝称为归族、木舍族。
佤族	40.1	0.9	集中在沧源和西盟两县	缅甸的佤族主要分布在掸邦第二特区等地，大多居住在山区，塔定、囊秋湖周围、山同、宋嘎洛曼等地是他们的主要聚居区。此外，还有部分佤人居住在勐农和景栋地区的丛林中。据估计21世纪初缅甸佤族人口约30万。泰国通常称佤族为拉佤人，主要居住在清迈、清莱、夜丰颂、南奔、南邦、程逸等府，1995年有17346人。
瑶族	22.0	0.5	集中在文山州，以及红河、西双版纳和普洱的沿边县（市）	在越南瑶族有34.6万人，居住在越中、越老边界的河宣、黄连山、高平、谅山、北太、山罗、莱州、清化、广宁等省的山区。老挝瑶族约1万—2万人，主要分布在北部的桑怒、丰沙里、琅勃拉邦等省。泰国的瑶族聚居在北部的清莱、清迈、难等府，据1982年统计，共有58596人。缅甸的瑶族人数最少，约有百余人，居住在缅甸、泰国、老挝3国交界处的"金三角"地区
景颇族	14.2	0.3	德宏州及怒江泸水县的片古岗地区	在缅甸、泰国、印度等地通常被称为克钦族。主要分布在北部克钦邦山区，在掸邦景栋地区以及缅印边境山区也有分布。

续表

民族	人数（万人）	占全省总人口比重（%）	分布的主要地区	境外概况
布朗族	11.7	0.25	镇康、耿马、澜沧等沿边县（市）	缅甸的布朗人主要分布在缅甸掸邦境内的中缅交界地区，据估计2001年约5万人。泰国的布朗族主要居住在清莱府的湄赛、湄沾等县，1995年约有1300人，其中居住在美斯乐的山岛人约100人。老挝的布朗人主要分布在琅南塔省和波乔省，1995年为2213人。
布依族	5.9	0.13	红河州河口县等	越南的布依族自称"布依"、"仲家"、"都夷"、"都匀"，主要分为布依、布那、布田三个支系，主要居住在靠近中越边界的河江、宣光、老街等省，1989年有1450人。
阿昌族	3.8	0.08	德宏州和保山地区的龙陵县	缅甸的阿昌族通常被称为迈达族，主要分布在克钦邦的密支那、八莫等地以及掸邦的南坎、景栋等地，人口有4万多人。
怒族	3.2	0.07	怒江州沿边各县	缅甸的怒族主要居住在克钦邦境内一些与中国怒族居住区相邻的地区，如高黎贡山以西的地区以及恩梅开江上游地区，人口约有3万人。
德昂族	2.0	0.04	德宏州、临沧市沿边各县	在缅甸和泰国，德昂人一直被称为崩龙人。缅甸崩龙人主要分布在掸邦北部和西北部的腊戍、滚弄等地，克钦邦的密支那、八莫等地也有分布，其人口在25万人以上。泰国的崩龙人主要居住在清迈府的房县和清老县的四个村落，1995年共约1937人。
独龙族	0.6	0.01	怒江州贡山县	缅甸的独龙族主要居住在克钦邦境内与中国独龙族居住区相邻的地区，人数不详，有几百人到5000余人的不同说法。

同样由于地理、历史、文化等多重因素的影响，云南跨境民族地区呈现出宗教文化多元并存的局面。全国五大宗教（佛教、道教、伊斯兰教、基督教、天主教）在云南境内均有分布。[①] 其中，佛教三大部派（汉传佛教、南传佛教、藏传佛教）集于一省乃云南所独有。除了上述创生宗教之外，云南还存在大量与民间信仰密切关联的原生宗教，多元宗教呈现出立体交叉分布、和睦相处的格局。因此云南被称为中国少数民族宗教的

---

① 王爱国：《多元融合的云南宗教文化》，《中国民族报》，2011-04-19。

"王国"、东方宗教与西方宗教交融混生、互为消长的"活化石"。① 云南省有信教群众约437万人，占全省总人口的10%以上，② 宗教信众、宗教活动场所、宗教教职人员、宗教团体（宗教院校）数量，在全国各省区中处于前列。其中，云南跨境民族地区的宗教信仰程度较高，信教人数占全省信教人数的48.6%，占当地人口总数的15.6%，这一数据远高于全省平均数值的10%。③ 除伊斯兰教外，每种宗教都有若干民族信仰，展现"一种宗教被多种民族信仰，一个民族信仰多种宗教"的独特景象（见表2-5、表2-6）。从宗教信仰的民族分布看，除伊斯兰教只有回族信仰之外，其他类型的宗教至少有三个以上的民族信仰，其中尤以信仰南传上座部佛教和基督教的民族最多。再从各民族信仰的宗教类型看，绝大多数民族均有本民族的原始宗教（民间信仰）。

表2-5　　　　　　　　　　宗教信仰的民族分布④

宗教类型	民族
汉传佛教	汉族、白族、彝族、纳西族
南传上座部佛教	傣族、阿昌族、布朗族、德昂族、基诺族、拉祜族、佤族
藏传佛教	藏族、普米族、怒族、纳西族、傈僳族
伊斯兰教	回族
基督教	汉族、傈僳族、怒族、独龙族、景颇族、拉祜族、佤族、哈尼族、彝族、苗族、白族、藏族、苗族、傣族、布朗族、纳西族
天主教	彝族、苗族、怒族、傈僳族、汉族
道教	汉族、彝族、白族
原始宗教	绝大多数民族均有本民族的原始宗教（民间信仰）

表2-6　　　　　　　　　云南跨境少数民族的宗教信仰情况

跨境民族	信仰的宗教类型
彝族	原始宗教、道教、基督教、天主教
哈尼族	原始宗教、基督教、佛教

---

① 韩军学：《基督教与云南少数民族》，云南人民出版社2000年版。
② 金泽、邱永辉主编：《中国宗教报告（2010）》，社会科学文献出版社2010年版。
③ 张桥贵：《云南跨境民族宗教社会问题研究（之一）》，中国社会科学出版社2008年版。
④ 本表中信仰宗教的民族并非绝对的划分，各民族信仰宗教的情况会随着经济社会变迁而有所变化，因而本表数据也会随时间推移而发生变化。

续表

跨境民族	信仰的宗教类型
壮族	原始宗教、基督教
傣族	原始宗教、南传佛教、基督教、天主教
苗族	原始宗教、道教、基督教、天主教
傈僳族	原始宗教、基督教、天主教
拉祜族	原始宗教、基督教、天主教
佤族	原始宗教、佛教、基督教、天主教
瑶族	原始宗教、道教
景颇族	原始宗教、基督教、天主教
布朗族	原始宗教、基督教、天主教
布依族	原始宗教、基督教
阿昌族	原始宗教、佛教
怒族	原始宗教、佛教、基督教、天主教
德昂族	原始宗教、佛教
独龙族	原始宗教、基督教

云南民族众多，每一个民族都有自己的宗教信仰，尤其是对于跨境民族而言，宗教已经渗透到他们社会物质生活、精神生活的各个方面。16个跨境少数民族均有自身的民间信仰，同时还有部分民众信仰外来宗教。无论是土生土长的原生宗教还是外来的系统宗教，在历史上都和云南各民族的社会、经济、文化、风俗习惯密切联系，在长期发展过程中成为各民族历史文化中不可分割的一部分；并且对人们生产、生活、思想和文化教育产生不同程度的影响，甚至有些民族地区人们的心理特征、行为方式、文化习惯等，离开了宗教就很难得到正确的解释。如傈僳族、拉祜族等跨境民族，20世纪初在基督教传入的过程中，带来了文字普及活动和现代文明的生活方式，现代性因素的渗入一定程度改变了当地民族精神状态，基督教文化与本土文化相互融合、相互渗透，对当地民族社会发展起到相应的推动作用。[①] 宗教与民族相互交织，以有形和无形的方式影响着边疆跨境民族地区的社会发展与变迁。但同时我们也要看到，虽然我们国家实行政教分离和宗教信仰自由的政策，但作为一种意识形态的宗教信仰或多

---

① 颜思久：《云南宗教概况》，云南大学出版社2000年版，第1页。

或少都会对政治产生不同程度的影响。由于云南跨境民族地区特殊的地理形势、民族成分、文化传统，云南边疆少数民族地区的宗教信仰往往易受到敌对势力干扰和影响，大量的民间通道成为境外宗教势力、敌对势力重要的渗透通道，为一些带有政治恶意性和文化侵略性的宗教渗透活动提供了土壤，使得云南的宗教在展现社会秩序和社会整合功能的同时，也存在诸多潜在的不稳定因素并在局部地区出现了因宗教问题而引发的冲突，云南跨境民族地区的宗教安全问题形势严峻。

三 交通、口岸与边贸

云南地处祖国西南边陲，与越南、老挝、缅甸接壤，具有沟通太平洋和印度洋，连接我国腹地、东南亚、南亚三大市场的独特区位优势，是我国陆上能够与东南亚、南亚直接相通的地区。云南省已经或即将建成的11条出入境公路、10条出入境铁路和3条出入境水运航道，让云南汇集西南、华南地区对南亚、东南亚的大部分进出口物流，并由此成为第三亚欧大陆桥东段最重要的枢纽。近年来，云南积极推进中国通往东南亚和南亚地区国际大通道的建设，连通中国内地和通向周边国家的公路、铁路日趋完善，通往印度洋沿岸的中缅陆水联运通道建设也在稳步推进，云南在我国对东南亚、南亚大开放中的交通枢纽地位得到进一步突出。资料显示，目前以昆明为终点，我国内陆地区进入云南的高等级公路有7条，通往周边国家的出境通道有4条，分别是中越、昆曼、中缅和经缅甸至南亚公路。经老挝到泰国曼谷的高速公路建设已经启动，从昆明到新加坡的泛亚铁路正在筹建中。2010年昆曼公路全线通车后，昆曼跨国高速公路和泛亚铁路将成为云南连接东南亚的桥梁纽带，沟通云南与东盟之间的经贸物流，为云南经贸走向东南亚提供良好的交通条件。而水运出境，通过与越南、缅甸和泰国的合作，可以建成3条国际陆水联运航道，分别是澜沧江至湄公河国际水运通道、中越红河水运通道和中缅陆水联运通道。2011年，全省公路总里程从"十五"期末的16.8万公里，增加到"十一五"末的20.9万公里，其中，建成高速公路17条1209公里，高速公路通车里程达2630公里，总里程和高速公路通车里程均位居西部前列，出省通边、内外连通的高速公路主骨架基本形成。[①] 全省铁路运营里程达2504

---

① 《努力实现交通运输事业发展新跨越》，《云南经济日报》，2011-11-05。

公里，铁路在建项目 14 个，在建规模超过 2200 公里。全省共有民用机场 12 个，数量居全国第二位。开通了连接曼谷、清迈、河内、胡志明市、仰光、琅勃拉邦、万象、金边、暹粒等地的 27 条国际航线。① 从边境地区的交通发展情况看，沿边公路网按主干线、次干线、连接线三个层次规划建设，总里程 6300 公里。其中沿边主干线按二级以上标准建设，主要连接边境 8 个州（市）。起于怒江州六库，止于文山州罗村口，全长 2300 公里，已完成 1500 多公里的建设任务。沿边次干线按三级以上标准建设，连接边境 23 个县（市）。② 沿边主次干线公路连接线也按三级以上标准建设，主次干线连接边境县城、口岸。2011 年 5 月 6 日，国务院出台《关于支持云南省加快建设面向西南开放重要桥头堡的意见》，"构建完善的综合交通体系"成为云南"桥头堡"建设的基础性任务。根据《意见》，云南省将从海陆空三个方面构建完善的综合交通体系。

云南早在 2000 多年前就是中国从陆上通向南亚、中东和东南亚的门户，史称"南方丝绸之路"。二战期间，著名的史迪威公路成为抗日战争通往大后方的运输线和中国取得国际援助的重要通道，云南的口岸在抗日战争中发挥了重要作用。改革开放以来，云南口岸建设进入了快速发展阶段。现阶段云南有 13 个国家一类口岸和 7 个二类口岸，在全国 31 个省区市中，云南拥有的国家级一类口岸数量排在广东、黑龙江、广西、新疆之后，位居第五③。在 13 个国家一类口岸中，陆运口岸 9 个，即瑞丽陆运（公路口岸）、河口陆运（铁路）口岸、金平金水河陆路（公路）口岸、文山天保陆运（公路）口岸、勐腊磨憨陆路（公路）口岸、畹町陆运（公路）口岸、腾冲猴桥陆运（公路）口岸、孟定清水河陆运口岸、勐海县打洛陆运（公路）口岸；水运口岸 2 个，即景洪港水运口岸、思茅港水运口岸；空运口岸 2 个，即昆明国际机场航空口岸、西双版纳国际机场空运口岸。其中瑞丽口岸是云南进出口商品种类最全的口岸之一，多达 2000 种以上，进口商品的 80% 销往云南省外，出口商品的 80% 也来自云南省外，约一半的出口商品通过缅甸转销印度、孟加拉国等国家。云南有二类口岸 7 个，均为陆运（公路）口岸。包括：富宁县田蓬口岸、耿马

---

① 《云南大通道建设提速》，新华网，2011 - 11 - 28。

② 中国公路网，http://www.chinahignway.com。

③ 云南省商务厅网站，http://yunnan.mofcom.gov.cn/aarticle/sjshangwudt/200603/2006030-1649617.html。

县勐定口岸、镇康县南伞口岸、临沧地区沧源口岸、盈江县盈江口岸、陇川县章凤口岸、泸水县片马口岸。其中,除田蓬口岸与越南接壤外,其他6个口岸均与缅甸接壤。

在上述口岸中,除昆明机场和思茅港外,其他18个口岸均设在边境25县(市)(表2-7)。此外,云南还有90多个边民互市通道和100多个边民互市点,主要的边民互市通道有:中越边境的和平、马林、杨万、大布、勐洞、小坝子、金厂、老卡、坝酒、新寨、十里村、南课、农富等;中老边境的易武、勐伴、尚勇、劲满等;中缅边境的布朗山、巴达、小街、富岩、南段、阿里、班顺、公信、腊富、翁嘎科、岳宋、新厂、雪林、岩帅、班老、河外、勐堆、勐捧、芒信、芒海、芒捧、姐勒、姐相、雷允、勐戛、铜壁关、昔马、苏典、自治、胆扎、鹿马登、独龙江等。①

表2-7　　　　　　　边境25县(市)口岸基本情况

所属州(市)	县(市)	口岸	口岸级别
怒江傈僳族自治州	泸水县	片马口岸	二级
	福贡县		
	贡山独龙族怒族自治县		
德宏傣族景颇族自治州	芒市		
	盈江县	盈江口岸	二级
	陇川县	章凤口岸	二级
	瑞丽市	瑞丽口岸	一级
		畹町口岸	一级
保山市	腾冲县	猴桥口岸	一级
	龙陵县		
临沧市	镇康县	南伞口岸	二级
	耿马傣族佤族自治县	清水河口岸	一级
	沧源佤族自治县	沧源口岸	二级
普洱市	西盟佤族自治县		
	孟连傣族拉祜族佤族自治县	孟连口岸	二级
	澜沧拉祜族自治县		
	江城哈尼族彝族自治县	勐康口岸	

---

① 《云南边境市县的生态环境与资源》,http://www.cnynpec.com,2012-11-02。

续表

所属州（市）	县（市）	口岸	口岸级别
西双版纳傣族自治州	景洪市	景洪港	一级
		版纳国际机场	一级
	勐海县	打洛口岸	一级
	勐腊县	磨憨口岸	一级
红河哈尼族彝族自治州	金平苗族瑶族傣族自治县	金水河口岸	一级
	绿春县		
	河口瑶族自治县	河口口岸	一级
文山壮族苗族自治州	马关县		
	富宁县	田蓬口岸	二级
	麻栗坡县	天保口岸	一级

口岸在建立中国—东盟自由贸易区中，在对东南亚和南亚地区的开放中发挥了基础性作用，成为促进对外交往、与周边国家进行友好合作的重要窗口，为西南地区乃至全国的对外开放提供了重要支撑。2013年云南省口岸进出口额首次突破100亿美元，完成118.5亿美元，同比增长70.1%；口岸货运量完成1191万吨，与上年同期相比增长40.4%；出入境交通工具完成559万辆（艘、架、列）次，同比增长26.7%；出入境人员完成2935万人次，同比增长18.4%。在陆运口岸方面，中缅、中越和中老边境口岸各项指标都整体保持了良好的增长态势，对缅甸、老挝的口岸4项指标增幅均在两位数以上，而对越南的口岸货运量增幅超过100%。空运口岸除进出口货运量外，其余3项指标增幅均在两位数以上。昆明长水国际机场2013年出入境人员180万人次，出入境航班15000多架次，均创历史新高。瑞丽、磨憨、昆明机场、河口、腾冲五大口岸龙头作用日益凸显，口岸4项指标比重均占全省总额的60%以上。① 可见，边境25县（市）在全省对外贸易、对外交流中起着十分重要的作用。

从边境贸易的发展情况看，云南边境贸易历史悠久，远在商朝建立之初，云南与东南亚地区就已出现民间贸易往来。东汉时期的永昌郡成为中国西南地区与东南亚、南亚地区进行商业贸易的中心，来自不同国家和地

---

① 《2013年云南口岸进出口额首次突破100亿美元》，http://www.yn.chinanews.com.cn/pub/2014/yunnan_0208/79913.html。

区的货汇集在这里进行交易。这条用双脚和马蹄在崇山峻岭中踏出的"南方丝绸之路",比"北方陆上丝绸之路"早二百年,比"南方海上丝绸之路"早一千多年,此后,边境贸易一直延续,没有中断。改革开放以来,由于边境贸易发展的基础性条件依然具备,如特殊的地理位置,双方边民的频繁互动,大量的华人华侨分布在这一地区,加之国家大通道的建设,以及中国—东盟自由贸易区的全面建成,使得云南边境贸易和与东盟国家贸易呈快速增长态势。2013 年,全省外贸进出口总额达 258.29 亿美元,比上年增长 22.9%。其中出口总额 159.6 亿美元,增长 59.3%,进口总额 98.7 亿美元,下降 10.2%。全年对欧盟进出口 17.4 亿美元,增长 57.1%;对东盟进出口 109 亿美元,增长 61.0%;对南亚进出口 7.8 亿美元,增长 35.6%(见图 3-2)。① 目前,云南省对东盟贸易呈三个特点:一是从东盟进口增速明显,2011 年 1—9 月云南省对东盟贸易进口比全省平均水平高出 47 个百分比,其中 8 个边境州起着基础作用;二是市场日趋多元化,与缅甸、越南、泰国等东盟国家的传统市场继续得到巩固,新兴市场不断拓展,如马来西亚、新加坡等;三是进出口商品结构不断优化,由资源型产品向技术密集型产品转化②,其中进口以金属矿砂、木材等初级产品为主,出口以农产品、机电产品、电力、纺织品及服装、磷化工产品等半成品、成品为主,中国与东南亚各国商品贸易互补趋势明显,发展潜力巨大。值得特别一提的是,对我国能源发展具有战略意义的中缅石油管道的铺设,使云南边疆跨境民族地区在国家对外开放中的战略地位将更加突出。

云南边境贸易快速增长,使得云南的边境贸易以形成的全国市场为支撑,以周边国家为重点,向东南亚、南亚国家纵深拓展的新格局,这成为云南省加快推进"桥头堡"战略和"一带一路"战略、深入实施"兴边富民"工程、繁荣区域经济、促进民族团结、维护社会稳定、增进睦邻友好的重要支撑。

四 经济、社会与民生

云南是一个集"边疆、民族、山区、贫困"四位一体的边疆民族省

---

① 《2011 年云南省对东盟贸易和边境贸易年报》,中华人民共和国商务部网站,http://www.mofcom.gov.cn,2012-03-20。

② 《云南信息报》2011-11-15(A19)。

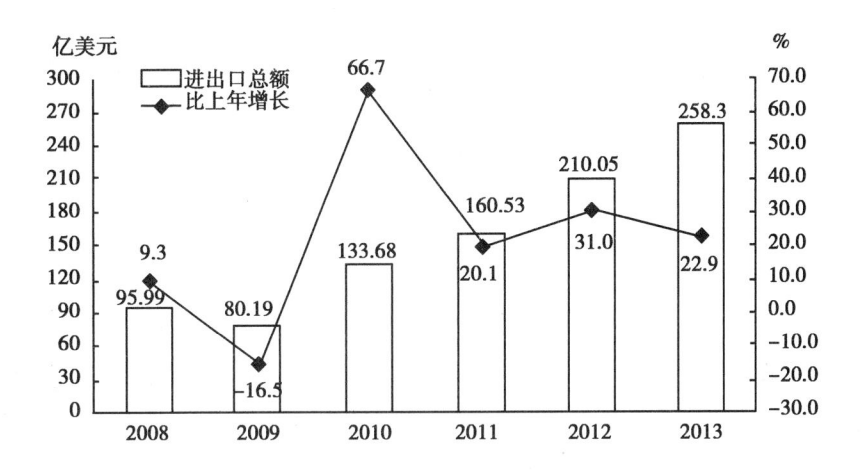

图 2-1　2008—2013 年云南省进出口总额及其增长趋势

资料来源：《2013 年云南省国民经济和社会发展统计公报》，云南省统计局，2014 年 5 月。

份，经济欠发达，发展不充分、不协调、不平衡的情况较为明显。在边境地区的 16 个跨境少数民族中，有 11 个民族是从原始社会末期直接过渡到社会主义社会的"直过民族"[1]；有 16 个县市是国家扶贫开发工作重点县，1 个省级扶贫开发工作重点县；25 个边境县（市）的山区、半山区自然条件差、生产力水平低、生产方式落后，有 80 余万[2]低收入人口。这些县（市）中有 8 个少数民族贫困面仍很大，全省 150 多万农村深度贫困人口集中在边缘少数民族贫困地区。总的看来，云南边境地区与内地相比，社会发育程度低，贫困程度较深，经济社会发展存在较大差距，发展面临的特殊困难很多，加之多民族、多宗教并存，受周边邻国影响较多，社会情势较为复杂，发展与维护稳定的任务十分繁重。

为促进边境地区经济社会发展，改变边境地区落后面貌，维护民族团结和边疆稳定，云南省开展"兴边富民行动"，实施"兴边富民工程"。截至 2010 年，6 年时间两轮兴边富民工程共投入资金 425 亿元，惠及边境居民 664 万人。兴边富民工程实施以来，25 个边境县（市）地区生产总值由 2005 年的 305.57 亿元增加到 2010 年的 683.31 亿元，年均增长

---

[1]　《中国民族报》2011-11-29。
[2]　《十年兴边富民见成效　云南边境 664 万人口受益》，中国新闻网，2011-11-03。

13.2%；固定资产投资由2005年的211亿元增加到2010年的637.9亿元；农民人均纯收入由2005年的1337元增加到2010年的2957.6元①。与此同时云南省还把主要分布在迪庆、怒江、德宏、临沧等边境地区的独龙族、德昂族、基诺族、怒族、阿昌族、普米族、布朗族7个人口较少的民族纳入重点扶持范围。仅云南省民委就先后投入4170万元对105个特困民族聚居自然村进行扶持试点，并启动了散居民族扶持发展试点，投入1170万元对马楠山等民族乡和37个散居民族聚居自然村展开专项扶持。截至2010年，云南人口较少民族聚居乡镇通油路率达95%，175个建制村全部实现了通路、通电、通广播电视和通电话，都有了文化室和卫生室，解决了23万人的安全饮水问题，农民收入从2005年的845.7元增加到2010年的2265元，12.9万人摆脱了贫困。② 25个边境县（市）全部建立了新型农村合作医疗制度和农村低保制度；生态环境明显改善，不断强化森林防火、沼气池建设，森林覆盖率提高到52.93%。③

兴边富民"行动"开展和"工程"实施使得边境地区经济快速增长，社会事业快速发展，人民生活水平快速提升。可以说，2000年以来的这段时间是云南边境县（市）发展最快、少数民族群众获得实惠最大的时期。④ 当然，从纵向的历史进程看，边境县（市）确实取得了长足的发展和进步；但是从横向的比较来看，边境县（市）的发展与全省尤其是全国的发展之间存在较大差距。以下几组数据（2010年）正好反映了这种差距：全省生产总值（GDP）为7224.18亿元，边境25县（市）完成684.98亿元，仅占全省的9.48%；全省各县（市）平均国民生产总值（GDP）为56亿元，边境25县（市）平均仅为27.4亿元，还不到全省平均值的一半；全省各县（市）第一、二、三产业平均生产总值分别为8.6亿元、25亿元、22.4亿元，边境25县（市）分别为7.5亿元、9.3亿元、10.6亿元；全省有工业企业3599个，边境25县（市）仅有333个；全省工业总产值为6464.6亿元，边境25县（市）仅为295.1亿元；全省

---

① 云南统计局、国家统计局云南调查总队：《云南统计年鉴2011》，中国统计出版社2011年版，第562页。
② 《十年兴边富民　云南大力扶持边境地区发展》，《大公报·云南专题》2011-11-21。
③ 《十年兴边富民见成效　云南边境664万人口受益》，中国新闻网，2011-11-03。
④ 张洁：《25个边境县（市）在"两强一堡"建设中的机遇与挑战》，见樊坚主编《云南社会形势分析与预测（2011—2012）》，云南大学出版社2012年版，第52页。

各县（市）人均地区生产总值为 15752 元，边境 25 县（市）为 10191.4 元①；全省农民人均纯收入为 4026 元，边境 25 县（市）为 2957.6 元②；全省城乡居民人均储蓄存款为 12471 元，边境 25 县（市）为 9152.28 元。这些反差极大的数据说明，云南边境地区经济社会发展水平仍显滞后，传统农业型社会特征仍然突出，现代化步伐较为缓慢，发展仍然是这些地区的主题。

不仅边境 25 县（市）与全省、全国存在很大的发展差距，边境 25 县（市）在发展水平上也参差不齐，从地区生产总值看，腾冲、景洪两县（市）的地区生产总值（GDP）高于全省各县（市）平均水平，分别是 88.1 亿元和 70.7 亿元，而贡山县仅为 3.9 亿元、西盟县 4.6 亿元、福贡县 5.4 亿元，这三县的 GDP 都在 6 亿元以下，其余大多也在 10 亿元至 40 亿元上下。③ 2009 年，边境 25 县（市）生产总值增长指数高于全省平均水平 12.1% 的仅有 10 个县，有 5 个县（市）的生产总值增长指数低于 10%，其中边境县（市）中增长指数最高的盈江县（21.1%）与最低的马关县（7.4%）差距较大④，发展不平衡现象凸显。

作为面向西南开放前沿的云南边境地区，其经济社会发展不仅关乎云南发展全局，也关乎我国对外开放水平的层次和水平，同时也关乎边疆民族地区的社会良性运行和协调发展。

第二节　与云南接壤的缅甸、老挝、越南三国概况

周边的越南、老挝和缅甸三国是一个民族、宗教呈复杂多元分布的区域，而且与我国西南边疆地区又同构着相似的民族文化生态环境。特殊的

---

① 《同期全国人均地区生产总值为 22061 元》，参见国家统计局《中国统计年鉴 2011》，中国统计出版社 2011 年版，第 32 页。
② 《同期全国农民人均纯收入为 8119.51 元》，参见国家统计局《中国统计年鉴 2011》，中国统计出版社 2011 年版，第 350 页。
③ 张洁：《25 个边境县（市）在"两强一堡"建设中的机遇与挑战》，见樊坚主编《云南社会形势分析与预测（2011—2012）》，云南大学出版社 2012 年版，第 61 页。
④ 张洁：《云南 25 个边境县（市）社会发展》，见樊坚主编《云南社会形势分析与预测（2011—2012）》，云南大学出版社 2012 年版，第 52 页。

地理形势、民族构成、文化形态①，使得云南跨境民族地区发展与稳定的大局不仅受内部因素的影响，而且深受邻国政治变革、经济发展、文化变迁的影响。尤其是与云南接壤的缅甸、老挝、越南，其政治走向和社会局势直接影响云南跨境民族地区的社会发展与社会秩序，使得边境地区的社会安全问题呈现出境内与境外高度关联的特征。

一 缅甸概况

缅甸，全称缅甸联邦共和国，位于亚洲东南部、中南半岛西部，其北部和东北部同中国西藏自治区和云南省接界，中缅国境线长约2185公里，其中滇缅段为1997公里；东部与老挝和泰国毗邻，缅泰、缅老国境线长分别为1799公里和238公里；西部与印度、孟加拉相连，缅印、缅孟的国境线分别为1462公里和72公里。缅甸南临安达曼海，西南濒孟加拉湾，海岸线总长2655公里。缅甸是东南亚国家联盟成员国之一。2005年，缅甸政府将首都从境内最大城市仰光迁至内比都。

缅甸国土面积为67.7万平方公里，共有人口5953.4万人。② 按照缅甸官方的说法，缅甸境内共有135个民族，可分别划归8大族群，即缅族族群（9个民族）、克伦族群（11个民族）、掸族族群（33个民族）、若开族群（7个民族）、孟族族群（1个民族）、克钦族族群（11个民族）、钦族族群（53个民族）和克耶族族群（9个民族）。在缅甸政府的这一民族划分政策中，缅甸政府将同属于一个民族的各个支系识别划分为

---

① 缅甸、老挝、越南与云南毗邻的边疆民族地区主要包括缅甸的掸邦和克钦邦（面积24.8万平方公里），老挝北部的丰沙里、南塔、乌多姆塞、琅勃拉邦、华潘、川圹、波乔和沙耶武里8省（面积12.3万平方公里），越南西北部的河江、老街、莱州、山罗、宣光、安沛、永富7个省（面积6.5万平方公里）。这一地区均是这些国家少数民族（其中大部分是跨界民族）聚居的地区，少数民族人口占该区域总人口的70%以上。缅甸与云南交界的掸邦和克钦邦聚居着掸、克钦、崩龙、佤、拉祜、傈僳等近20个民族，老挝与云南接壤的丰沙里、乌多姆塞、南塔3省分布着泰、克木、苗、瑶、哈尼等10余个民族；越南与云南接界的河江、莱州、老街3省居住着岱依、侬、苗、瑶、芒、热依、拉祜、哈尼等10多个民族。因主要分布在高原山区，又被统称为"山地民族"。参见国家社科基金特别项目研究报告《周边GSM国家形势与中国西南边疆的稳定与发展》，2011年4月。

② 转引自王士录《东南亚国家经济统计资料》，见王士录主编《云南蓝皮书（东南亚报告2011—2012）》，云南大学出版社2012年版，第313页。

一个独立的民族。① 缅甸少数民族人口约占全国人口总数的1/3,而居住面积占全国国土面积的一半,且资源富集。但是,由于历史和自然的原因,缅甸发展水平高低不同的民族的分布泾渭分明,包括缅族、若开族、孟族等相对先进的民族大多数集中居住在平原地区,工业和商品经济有所发展,钦族、克钦族、佤族、崩龙族、傈僳族等民族则多聚集在山区和高原,以自然经济为主,有的甚至仍以刀耕火种为生计。

缅甸是一个以佛教信仰为主、多种宗教信仰并存的多元化社会,全国80%以上人口信奉佛教。由于佛教在缅甸的政治和社会生活中影响根深蒂固,政府的佛教政策直接影响着缅甸政治局势和社会的稳定,历届缅甸政府都在努力而谨慎地处理与佛教的关系。

缅甸属热带季风气候,森林资源丰富,森林覆盖面积为全国总面积的57%左右。由于经济发展落后以及政治等其他方面的原因,缅甸的矿产资源还没有得到有效的开发。近年来由于国际矿业形势的转暖和缅甸政府的优惠政策,矿业形势开始升温,特别是油气资源的勘查和开发受到国际矿业投资商的关注。缅甸矿产资源种类较多。主要包括:石油、天然气、玉石、宝石、钨、锡、锑、铅、锌、铜、锰、金、银等,其中尤其以抹谷地区盛产的优质红宝石而闻名于世。

从经济发展状况看,缅甸政府采取一系列措施推动经济发展,尤其是民选政府上台后,发展经济既是民众诉求也是政府义不容辞的责任。近年来新政府加快了开放步伐,出台了一系列吸引外资的政策,但因缅甸政局的影响,其效果还很不明显。2011年5月,中缅两国建立全面合作战略伙伴关系,意味中缅在政治、经济、文化领域的合作将不断深化。从纵向的历史发展进程看,近10多年来是缅甸经济发展最快的时期。然而,从横向的比较来看,缅甸经济发展与东盟十国有很大差距,其GDP在东盟十国中位于最低水平,人均GDP仅为1200美元,同样位列末位(同期老挝和柬埔寨的人均GDP分别是2100美元和2000美元)。② 此外,缅甸还面临巨额财政赤字、国外投资规模小、市场开放程度低、物价水平居高不下等老问题,以及缅元大幅升值、投资环境

---

① 贺圣达、李晨阳:《列国志·缅甸》,社会科学文献出版社2005年版,第34—35页。
② 扈琼瑶:《缅甸:政改措施迭次出台,经济发展环境有所改善》,见王士录主编《云南蓝皮书(东南亚报告2011—2012)》,云南大学出版社2012年版,第116页。

差、出口量下降等新问题。

从政治演进来看，脱胎于军政府的缅甸民选政府，虽然大部分政府要职仍由军队将领（只不过是脱下了军装换上了官服）把持，但毕竟难以违抗国际形势的压力和国内民众的诉求，力图通过大刀阔斧的改革来与军政府划清界限。其改革步伐之大、范围之广，令人眼花缭乱，与中东阿拉伯民主之春的惨烈相比，缅甸式的民主转身凸显出缅甸这个佛国的温婉，缅甸这个国际社会的隐士一时成为国际社会的亮点[①]，搅动着国际政治格局。一度被国际社会严重孤立的缅甸正在摆脱以往的尴尬境地。继推出新宪法，选举出新总统，并释放长期监禁的昂山素季后，将军们逐步退隐后台，文官政府则开始以诸多醒目事件凸显自己的角色。缅甸政府一直面临沉重的发展压力，因此近年来加快了与中国的合作步伐。但是，值得注意的是，近年来中国企业在缅甸少数民族控制地区进行投资时，已经很难避开缅甸政府与地方民族武装以及多元社会力量的利益矛盾[②]，密松水电站事件、莱化塘铜矿事件就是其中的典型。

缅甸有135个被政府承认的少数民族，各主要少数民族与缅族之间存在着诸多矛盾。在全国近6000万人口中，缅族占了2/3，掸族、克伦族、克钦族、孟族、佤族等是比较大的少数民族。英国殖民缅甸时期采取了"分而治之"的措施，企图造成这个东南亚国家的分裂。1947年2月，为了反对英国殖民政府"分而治之"、成立几个国家的图谋，缅族与主要少数民族在彬龙会议上签署《彬龙协议》。1948年1月4日，缅甸脱离英联邦宣布独立。但殖民者留下的政治遗产还是让一些少数民族武装在过去几十年中不断与中央政府对抗。缅甸现在有公开的25支民族武装和10多支不常露面的民族武装，仅掸邦就有10多支民族武装经常活动。目前，政府军主要控制了掸邦的54个城市和部分道路，而很多村庄、山区仍处于总兵力上万人的掸邦军武装控制之下，这些地区时常会发生零星冲突。

---

① 扈琼瑶：《缅甸：政改措施迭次出台，经济发展环境有所改善》，见王士录主编《云南蓝皮书（东南亚报告2011—2012）》，云南大学出版社2012年版，第111页。

② 尹鸿伟：《缅甸骤变 中国何为》，《时代周报》（150期），2011-10-13。

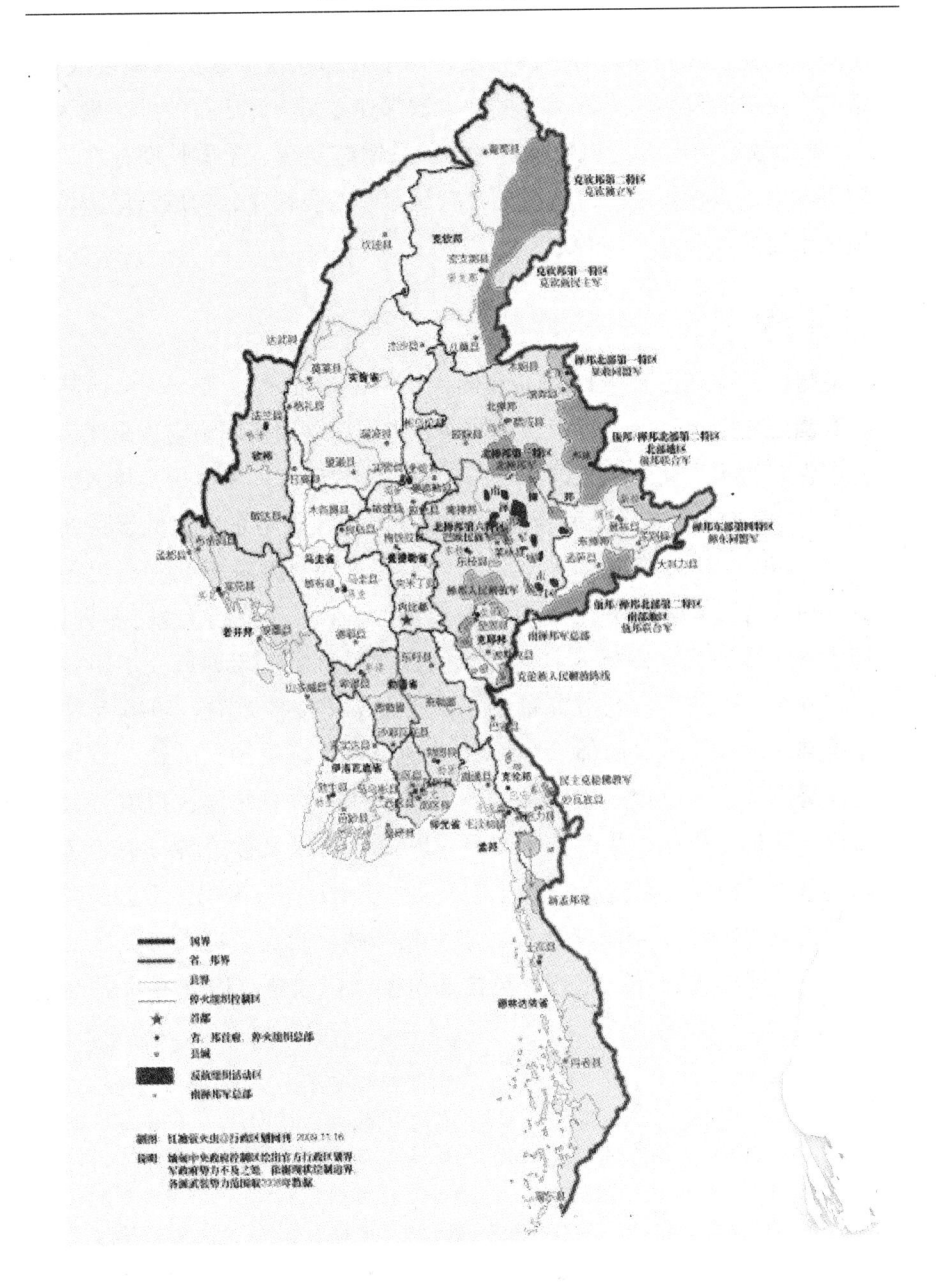

图 2-2 缅甸地理分布图①

缅甸行政规划上分为七个省、七个邦和一个联邦区。省是缅族主要聚居区，沿边地区的各邦多为各少数民族聚居地，联邦区是首都内比都。在

---

① 图片来源：http://blog.sina.com.cn/s/blog-7228ed7foloopzkd.html。

七个邦中，克钦邦和掸邦与中国接壤。两个邦都存在少数民族武装政权，时常与中央政府发生军事冲突。其中克钦邦独立军与政府军的冲突最为频繁[1]。缅甸政府与地方武装政权之间的关系错综复杂，矛盾长期存在，冲突时有发生，直接影响中缅边境的社会稳定和社会秩序，构成云南跨境民族地区主要的社会安全问题之一。

二 老挝概况

老挝，全称老挝人民民主共和国，是中南半岛上的唯一一个内陆国家，其国土分别与泰国、越南、柬埔寨、中国、缅甸接壤。它也是东南亚地区中仅有的两个社会主义国家之一，另一个为越南。老挝历史悠久，公元 1353 年建立澜沧王国，为老挝历史鼎盛时期，曾是东南亚最繁荣的国家之一。1707—1713 年逐步形成了琅勃拉邦王朝、万象王朝和占巴塞王朝。1779 年至 19 世纪中叶逐步为暹罗征服。1893 年沦为法国保护国。1940 年被日本占领。1945 年 8 月老挝人民举行武装起义，成立了伊沙拉阵线，同年 10 月 12 日老挝宣布独立，成立了伊沙拉政府。1946 年法国卷土重来，伊沙拉政府解体。1950 年爱国力量重建伊沙拉阵线，成立了以苏发努冯亲王为总理的寮国抗战政府。1954 年 7 月法国被迫签署日内瓦协议，从老挝撤军。此后美国入侵，1962 年美国又被迫签订关于老挝问题的日内瓦协议。老挝成立以富马亲王为首相、苏发努冯亲王为副首相的联合政府。1964 年美国支持亲美势力破坏联合政府，进攻解放区。老挝军民在爱国阵线领导下进行了英勇的抗美救国战争。1973 年 2 月老挝

---

[1] 克钦独立军（KIA）成立于 1961 年 2 月 5 日，是同年成立的反政府克钦族分裂运动克钦独立组织（KIO）的武装力量，主要活动于缅甸北部的中缅边境的胡冈谷地（Hukawng Valley），1994 年前一直与缅甸中央政府战斗以寻求独立。2011 年 6 月 9 日，克钦独立军再度与政府军开战，战火持续至今。其间，缅甸政府同克钦独立组织已经在中国瑞丽市举行了两轮和平谈判，没有显著成果。目前双方尚未就第三轮谈判达成一致。2012 年 12 月以来，克钦独立军战事吃紧，战线被压缩至中缅边境一带。据云南边境居民称，在 2012 年 12 月 28 日和 2013 年 1 月 1 日，分别有 2 架缅军战斗机在攻击克钦武装时盘旋在盈江县那邦镇和保山市腾冲县上空。2012 年 12 月 30 日 18 时 30 分，还有 3 发缅军炮弹落入盈江县那邦镇，损毁了一幢民居。2013 年 1 月 15 日下午 4 时许，缅甸政府军与克钦独立军发生武装冲突期间，又有一枚炮弹落入中国境内，距两国边境线 500 米。连续冲突，导致上万人逃亡至中国云南省地区寻求避难，给中国边境稳定带来严峻挑战。资料来源：《新京报》、《大公报》、观察者网，2013 - 01 - 14；中国外交部发言人洪磊 1 月 17 日在例行记者会上通报的情况。

各方签署了关于在老挝恢复和平和实现民族和睦的协定。1974年4月成立了以富马为首相的联合政府和以苏发努冯为主席的政治联合委员会。1975年12月首届全国人民代表大会在万象召开,宣布废除君主制,成立老挝人民民主共和国,老挝人民革命党执政。

老挝国土面积23.7万平方公里,人口约为677.6万（2013年）。老挝分为49个民族,分属佬泰族群、孟高棉族群、汉藏族群和苗瑶族群。共有华侨华人约3万多人。老挝宗教主要有佛教、原始宗教、基督教、婆罗门教、巴哈伊信仰、伊斯兰教几种,佛教在老挝的影响最大,历史上曾被奉为国教,其次是原始宗教,信仰其他几种宗教的人很少。

老挝全国划分为16个省、1个直辖市和1个行政特区。老挝是东南亚国家联盟成员,也是亚洲第二贫穷国家与世界低度开发国家之一,饮食上接近泰国。该国工业基础薄弱,以锯木、碾米为主的轻工业和以锡为主的采矿业是最重要的经济来源。"金三角"中的老挝部分的琅南塔曾经是全世界出产鸦片最多的地方。

与缅甸相比,老挝政治相对稳定,经济发展势头迅猛。老挝在第六个五年社会经济发展规划期间,实现了年均7.9%的经济增长,其中2009—2010年度的人均收入达到870万基普,GDP达到548280基普。2011年前六个月的统计显示,全国GDP总额达到61万亿基普,人均约为964万基普,与2010年相比,GDP增幅为8.3%。2011年全国家庭数为1053337户,家庭贫困率为18.75%,而2003年比例高达20.4%。老挝脱贫成效显著。然而,由于老挝通货膨胀率居高不下,导致经济发展带来的成绩被抵消,老挝民众生活水平呈下降趋势。老挝2011年1—4月通货膨胀率分别为6.06%、7.15%、7.66%、9.24%,2011年上半年平均通胀率为6.79%,位居东盟第二位。[1] 高通胀对经济增长和人民生活带来严重影响。由此,老挝政府通过修改税法、吸引外资、沿边开放、支持中小企业发展、修改预算等政策调控改善了经营、投资环境,扭转了经济发展颓势,实现了经济平稳较快增长。

老挝与中国接壤,中老共同边界线长720公里。云南省是唯一与老挝接壤的中国省份。按照老挝政府的地理区域的划分,老挝北部共有九省,

---

[1] 方云:《老挝:政治稳定、经济复苏、外交活跃》,见王士录主编《云南蓝皮书（东南亚报告2011—2012）》,云南大学出版社2012年版,第60—73页。

其中丰沙里、南塔和乌都姆赛省与中国接壤。老挝北部国土面积13.59万平方公里,占全国国土面积的57.39%。其中丰沙里、南塔和乌都姆赛三省总面积40965平方公里,总人口578294人。近年来,老挝北部在经济、科技、文化、教育、卫生事业等领域取得了较快发展,但总体发展水平仍不能满足人民群众的物质文化需求,不适应经济全球化的新格局。

三 越南概况

越南,全称越南社会主义共和国(Socialist Republic of Vietnam),位于中南半岛东部,北与中国接壤,西与老挝、柬埔寨交界,东面和南面临南海,海岸线长3260多公里。

越南于公元968年成为封建国家。1884年越南沦为法国的保护国,第二次世界大战中又被日本侵占。越南人民经过长期艰苦的斗争,于1945年8月的"八月革命"中取得胜利。9月2日,胡志明主席发表《独立宣言》,宣布越南民主共和国成立。同年9月,法国再次入侵越南,越南人民又进行了历时9年的抗法战争。1954年5月越南取得"奠边府大捷"后,法国被迫在日内瓦签订了关于恢复印度支那和平的协定,越南北方获得解放,南方仍由法国(后成立由美国扶植的南越政权)统治。1961年,越南人民在胡志明的领导下展开了为解放南方、统一祖国的抗美救国战争。1973年1月,越美签订关于结束战争、恢复和平的巴黎协定,同年3月美军从越南南方撤走。1975年5月,越南南方全部解放,抗美救国战争赢得彻底胜利。1976年7月,越南南北实现统一,定国名为越南社会主义共和国。

2012年越南政府公布全国人口普查为9039万人,其中男性占50.2%、女性占49.8%。城市人口占33%,农村人口占67%。越南人口正处于"黄金人口结构的历史最好阶段。由于强壮年人口在总人口比例较大,这为越南经济发展提供了劳动力保障。同时由于老龄人口比重低,也为越南社会发展减轻了负担"。

越南有54个民族,京族占总人口的87%,大量聚集在冲积三角洲和沿海平原地区。京族作为越南的主体民族,其经济和文化发展最快,在全国民族中居领先地位,因此,对全国的54个少数民族的发展有重大影响。除京族是越南的主体民族外,其他民族都是少数民族。少数民族有岱依族、泰族、芒族、高棉族、华族、侬族,人口均超过50万。少数民族多居住在占越南国土面积 2/3 的高地。华族大约 100 万（占全国的 1.5%），其中半数集中在胡志明市（占全市的 12%）。根据越南各民族人口数量排名，华族是越南第八大民族。越南与中国相邻地区主要分布着岱依、苗、瑶、侬、山泽、热依、倮倮、艾、泰、哈尼、芒、夫拉、布依、拉基、拉哈、克木等民族。主要语言为越南语（官方语言、通用语言、主要民族语言均为越南语）。在宗教信仰方面，越南可谓一个宗教博物馆，除东正教外，世界现存的宗教都可以在越南找到，越南群众信仰佛教、道教、天主教、基督教、高台教、和好教、伊斯兰教比较普遍，同时在少数民族地区，萨满、图腾、巫术也很流行，在华人中，关帝与妈祖崇拜也相当普遍。越南信教人数众多，信教人数约有 2000 万人以上，其中佛教徒 1000 万人左右，天主教徒 600 万人左右，高台教徒 220 万人左右，和好教徒 100 万人左右，基督教徒约 40 万人左右。[①]

目前越南境内面临着许多危害社会稳定和发展的宗教问题，特别是民族分裂主义交织的宗教问题，如美国操纵的德加福音教。近年来越南宗教活动呈蔓延之势，非法的传教活动没有得到有效遏制，在山区少数民族地区各类宗教活动盛行，一些异教、邪教和杂教发展迅速，违法传教严重，这一切对我边境地区构成严重的隐患。

越南矿物资源丰富，煤、铁、铬、钛、铜、铅、锌、锡、铝、镍、钨、汞、磷酸盐以及近海油气等储量丰富，主要分布在北部山区。煤的已探明储量约为 50 亿吨，以广宁省储量最大。目前已开采的有鸿基、锦普、汪秘、毛溪等煤矿。清化省的古定铬铁矿储量很大。高平省静宿的锡矿、黄连山省老街的磷酸盐开采量日益增加。铁主要分布在黄连山省、北太省。中部义静、广南—岘港、义平、林同等省也蕴藏着锌、铁、铅、铜、煤等矿产。森林和耕地面积约占全国面积的 60%，出产多种木材和竹子，有铁木、红木、柏木等贵重木材，还产紫梗、桂皮、松香、茴香等许多特产以及党参、三七、何首乌、砂仁、巴戟、黄连等名贵药材。渔业资源丰富，沿海有许多渔场，最著名的是藩切和湄公河河口附近的渔场，盛产红鱼、鲐鱼、鳖鱼等多种鱼类，此外，还产珍珠、海带、虾等海产。

---

① 毕世鸿、童珊：《越南宗教及宗教问题研究/GMS 研究（2009）》，云南大学出版社 2009 年版，第 168 页。

越南经济以农业为主，全国耕地面积 930 多万公顷，大部分种植水稻，主要分布在湄公河三角洲、红河三角洲以及其他沿海平原。其他粮食作物有玉米、甘薯、木薯等。经济作物有天然橡胶、黄麻、甘蔗、咖啡、茶、烟叶、胡椒等。江河和沿海渔业较盛，年均捕鱼约 100 万吨。主要工业部门有电力、煤炭、冶金、机械制造、化工、采矿、建筑材料、纺织、造纸等。工业区有河内、海防、太原、鸿基、越池、南定、胡志明市、边和、岘港等。

越南与中国相邻的六省是经济社会发展比较落后的地区。越南国家统计局资料显示，2009 年，六省的农业生产总值约 4795.3 亿越南盾，占全国农业生产总值的 2.97%；六省的工业生产总值约 16090 亿越南盾，占全国工业生产总值的 2.33%；1988 年至 2009 年，六省吸引外国投资累计达 23.19 亿美元，约占同期全国外国投资总额的 11.93‰。2008 年越南全国的贫困率是 14.%，而 1998 年是 37.4%；北部山区的贫困率是 31.6%，1998 年是 64.5%。[①] 经过 10 年的发展，北部山区的贫困率减少了一半多，但是仍然远远高于全国的平均水平，可见，越南北部地区的社会经济发展水平仍与本国的中心地区及其他地区存在很大的差距。[②] 因此这六省均被越南政府定位为经济社会条件特别困难地区，六省的所有县市均为鼓励投资地区。

表 2-8　　　　　　　越南与中国西南边疆相邻省区概况[③]

省份	面积（平方公里）	人口（万人）	人口密度（人/平方公里）	省会	农村人口（万人）
莱州省	9112	37.1	41	莱州市	31.8
老街省	6383	61.5	96	老街市	48.4
河江省	7945	72.7	91	河江市	63.9

[①] 贺圣达：《中国周边大湄公河次区域国家形势新发展对中国西南边疆的影响及中国的应对》，《创新》2011 年第 5 期。

[②] 国家社科基金特别项目研究报告：《周边 GSM 国家形势与中国西南边疆的稳定与发展》，2011 年，第 202 页。

[③] 资料来源：《2009 年越南人口及人口密度统计》，越南国家统计局网站；《2009 年越南农村人口统计资料》，越南国家统计局，http://www.gso.gov.vn。参见国家社科基金特别项目研究报告《周边 GSM 国家形势与中国西南边疆的稳定与发展》，2011 年，第 202—203 页。

续表

省份	面积（平方公里）	人口（万人）	人口密度（人/平方公里）	省会	农村人口（万人）
高平省	6724	51.3	76	高平市	42.3
谅山省	8323	73.3	88	谅山市	59.1
广宁省	6099	115	188	下龙市	56.9

表2-9　　2009年越南与中国相邻六省工农业产值及外国投资情况（按1994年价格计算）①

省份	农业产值（10亿盾）	农业产值比重（%）	工业产值（亿盾）	工业产值比重（%）	外国投资（1988—2009）（百万美元）	外国投资比重（‰）
莱州省	361.5	0.22	123.5	0.01	16.7	0.09
老街省	732.0	0.45	1336.6	0.22	341.7	1.76
河江省	907.9	0.56%	285.7	0.04	24.3	0.13
高平省	690.6	0.43	278.8	0.04	27.6	0.14
谅山省	1145.0	0.71	772.5	0.11	164.9	0.85
广宁省	958.3	0.59	13292.9	1.91	1743.8	8.97
六省合计	4795.3	2.97	16090	2.33	2319	11.93
全国	161536.4	100	696647.7	100	194429.5	100

总之，与云南省接壤的周边三国都存在不同程度的贫困问题、民族问题、宗教问题、毒品艾滋病问题等相互交织的现象，加之边境地区的边民互动频繁，人员往来复杂，造成了边境地区严峻的社会安全形势。这一安全形势对云南边疆地区构成威胁和影响既有传统安全方面的，又有非传统安全方面的，特别是非传统安全的影响尤为突出，形成传统安全与非传统安全交叉并存，境内安全与境外安全高度关联的复杂局面。

---

① 资料来源：越南国家统计局，《2009年各省农业产值统计资料》；越南国家统计局，《2009年各省工业产值统计资料》；越南国家统计局，《2009各省工业产值构成统计表》；越南国家统计局，《1988—2009年各省外国直接投资统计资料》。见：越南国家统计局网站，http://www.gso.gov.vn。参见国家社科基金特别项目研究报告《周边GSM国家形势与中国西南边疆的稳定与发展》，2011年，第202—203页。

第三章

云南跨境民族地区主要社会安全问题（上）
——毒品、艾滋病、宗教渗透

云南是我国陆地边界线最长、毗邻国家最多的省区，沿边境一线与缅甸、老挝、越南接壤，与泰国、柬埔寨、孟加拉国相邻，又是我国边境地区跨界民族最多的省份，因此也是我国区域地缘与人文环境最为复杂的地区之一。20 世纪 90 年代，云南全方位开放以来，随着党和国家"西部大开发"、"兴边富民"战略的实施，云南边疆民族地区经济社会持续发展，民族团结和谐，呈现良好的发展局面。但是在诸多历史与现实、国际与国内因素的作用下，边疆民族社区社会发展过程中也面临一系列问题，形成传统社会安全问题与非传统社会安全问题交叉重叠的复杂局面，给边疆社会稳定和国家安全以及国家"桥头堡"战略的实施带来冲击和不利影响，其中尤以毒品、艾滋病及群体性事件三大问题的危害与影响最大。在此，本研究以社会主义和谐社会理念为指导，以维护社会稳定、民族团结、边疆和谐与促进"桥头堡"建设为宗旨，结合实地调查及相关资料，重点对云南边疆民族地区毒品、艾滋病及群体性事件三大社会问题进行研究与分析。同时考虑到现阶段边疆重大社会问题与历史问题高度关联性，本研究也对在全国社会问题中具有特殊性的边患、疾病、宗教渗透、赌博、难民等社会问题作相应讨论。

第一节 中华人民共和国成立初期的边患问题及其后续影响

云南有长达 4061 公里的国境线，16 个少数民族跨境而居，中华人民共和国成立前边境沿线基本处于"有边无防"的状态，边疆危机严重。

1950年初，随着云南广大边疆民族地区相继和平解放，云南省委遵照中共中央关于边疆民族工作的政策，团结边疆各族群众和上层爱国人士建立了人民政权。但新生的人民政权在维护边疆社会稳定和保护边疆各族人民生产、生活方面面临着十分复杂的局势和严峻的挑战。

从国际环境看，以美国为首的西方势力在东南亚地区建立了一个军事同盟圈，美国先后与东南亚国家签订了《美泰军事援助协定》《美菲共同防御条约》《东南亚集体防御条约》，对我国进行军事封锁并积极支持和策划境外反动武装对我边境地区进行武装骚扰。

从国内环境看，云南边境地区存在两股主要的反动势力：一是边境地区少数部分持反动立场的土司头人及其所控制的少数民族杂游武装，在境外敌对势力的支持下，以国境线为依托，不断对我边境地区进行武装骚扰。比较典型的如受法国操纵的文山土司果敢线，以及澜沧县拉祜族募乃土司石炳麟、石炳铭兄弟和西双版纳土司刀栋才等。二是在云南解放战争中溃逃境外的国民党残军，其中中越边境有国民党残军8000余人，中缅边境有国民党第8军、第26军残军万余人。这些国民党残军与外逃的地霸武装相互勾结，利用国境线长、陆路相连、出入境方便等条件，采用"陆地钻、空中降、区内发展"的策略，在我国边境地区煽动暴乱和武装窜扰。

解放军驻边境部队在当地群众的支持和配合下与匪患开展艰苦的斗争，整个斗争大体分为两个时期。第一个时期为1950年至1957年。1950年6月国民党军残部逃到境外后，收编先后从临沧、保山和西双版纳等地逃至境外的地霸武装、土匪和一部分少数民族上层控制的叛乱武装，组成所谓的"云南人民反共救国军"，直属台湾国民党当局国防部指挥，配合国民党的"反攻大陆"阴谋。1951年5月至7月，在台湾"国防部"的命令和美国中央情报局的支持下，以李弥为总指挥的境外国民党残军，乘云南解放不久，地方工作刚开展，以及云南境内尚有武装土匪6万余人待围剿歼灭之际，出动8000余人，向云南边境县城的澜沧、孟连、西盟、沧源县大肆窜犯。随即又占领镇康县的南伞、彭木山、青塘等地。6月下旬，国民党残军又继续进犯耿马、双江县，后又进犯保山地区的江东、临沧地区的大雪山和思茅地区的黑山地区。为应对叛乱武装和国民党残军的进犯，解放军从1950年初始，先后共作战602次，歼灭残敌6.2万余人。1952年盘踞在境内国民党残余势力被全部肃清，边疆对敌斗争取得重大胜利。1955 年以后，境外国民党残部为实现台湾国民党当局在云南建立"大陆第一反攻基地"的妄想，采取小股多路、昼伏夜出、短途奔袭、策反、暗杀、破坏，以及在境内建立反华地下政权等策略，开展反动斗争。解放军针锋相对，采取了抓派遣、捉空降、挖地下政权的斗争策略，坚决打击国民党残部的袭扰，在千里边防线上筑起铜墙铁壁，粉碎了国民党残余武装的一次次阴谋。自 1950 年初至 1957 年 7 月，中国人民解放军共与国民党残余武装进行大小战斗 4363 次，歼敌 12.8 万人。

斗争的第二个时期为 1958 年至 1965 年，台湾国民党当局提出对大陆进行"政治反攻"，指令境外残部与境外特务机关相配合，加紧对云南境内的武装窜扰和行动破坏。通过增加空投武器装备和给养支持，境外国民党残军不断扩充军力，残军人数又发展至两万余人。1960 年又组成"黑山游击队武装支队"，对黑山地区进行骚扰。同时为配合台湾国民党窜犯大陆的军事冒险，境外残余武装先后派出零星小股武装多起窜扰孟连、沧源、镇康等边境县，不断制造事端。鉴于缅北国民党残军的威胁日趋严重，经中缅两国政府协商，两国于 1960—1961 年采取联合军事行动，彻底荡平了蒋介石寄予厚望的"反共复国第二战场"，国民党残军溃逃到老挝西北部。"文化大革命"时期，境外国民党残余武装活动方式转变为派遣特务或零星武装潜入，1967—1969 年进行武装窜扰 40 余次，均被击溃。1970 年以后，国民党残余武装的窜扰行动日渐减少以至停止，以国民党残军为主要势力的武装边患基本得以解除。

然而，国民党残军制造的边患虽然解除，但这支残军的余部却催发了至今仍危害世界的"金三角"毒源基地。最早是国民党残军李国辉部被解放军追杀，无处藏身，辗转进入"金三角"地区。其后是以张苏泉为首的国民党残军 2000 余人进入并滞留在"金三角"地带，由于来自台湾国民党政权的援助减少，盘踞在"金三角"地区的国民党残余势力把目光转向了种植和贩卖鸦片，通过从鸦片贸易中获利以供养部队，成为此后金三角地区武装组织中"以毒养军"的鼻祖，并最终在这一地区形成毒品贸易与大型武装、缅甸反政府地方武装集团三者相结合的复杂态势。由此，"金三角"地区产毒、制毒、贩毒力量得到巨大提升，掸邦地区的罂粟种植面积大幅度地增加，有资料称，1945—1962 年，缅甸的鸦片产量由 40 吨上升到 400 吨，泰国由 7 吨上升到 100 吨，老挝由 60 多吨上升到 100—150 吨。成群的马帮在武装力量的护卫下源源不断地将鸦片运往泰国，泰北地区变成了鸦片集散地和转运世界各地的主要通道。自此，泰、缅、老交界的"金三角"地区，成为世界毒品的主要来源地，与毒品联系在一起的"金三角"地区成为各贩毒集团较量的重要场所，违法犯罪活动频繁，成为世界上最为动荡的地区之一。同时也给中国和东南亚各国的和平与稳定以及人类的生存造成巨大危害。①

第二节 改革开放以来面临的主要社会安全问题

一 毒品问题

毒品制贩违法犯罪活动，是当今世界最严峻的社会问题之一。在过去的30多年的时间里，毒品问题就像瘟疫一样在全球迅速蔓延，速度之快，波及人群之广，已远远超过地球上曾经发生过的任何瘟疫。目前，全世界吸毒人口已大大超过2亿②，毒品贩运涉及170多个国家和地区，130多个国家和地区存在毒品消费问题，每年因吸毒死亡之人超过20万，由此而丧失劳动力达1000万。全球每年毒品交易额达8000亿至10000亿美元。毒品泛滥成灾，与贩毒集团有组织的毒品生产和贩卖紧密相关，当前各国贩毒集团内部高度组织化，形成了庞大的毒品生产和贩运地下网络，势力已达72个国家和地区。与此同时，毒品问题还引发抢劫、凶杀、诈骗、卖淫、洗钱以及艾滋病蔓延等违法犯罪活动和其他各种社会问题。③

20世纪80年代末90年代初，由于国际贩毒组织和毒品市场的进一步扩大，缅、泰、老三国接壤的"金三角"地带大量引进先进的毒品加

---

① 参见何燕《解放初期的云南剿匪斗争》，http://culture.yunnan.cn/html/2009-07/10/content_643684_2.htm，2009-07-10；《云南省志》，云南人民出版社2000年版；张伯金：《亡命金三角》，中国社会科学出版社2001年版。

② 墨西哥相关部门公布的数据显示，全球吸毒人数已经超过2.84亿，吸毒者每年花费在购买毒品上的费用约为3200亿美元。在所有毒品中，大麻是世界范围内最流行的毒品，全球约有1.19亿吸毒者经常使用大麻。全球使用安非他命的人数超过5000万，对鸦片及其衍生物上瘾的人多达2200万，对可卡因上瘾的人多达1900万。参见《毒品贸易 全球吸毒人数超过2.84亿》，http://www.hxsteel.cn/news/sumup/show_2_37403.html，2011-04-08。

③ 《国际禁毒日：全球贩毒形势严峻——打击力度加大》，http://gb.cri.cn/27824/2009/06/26/3245s2547076.htm。

工设备和化学药剂,毒品完成了从鸦片到海洛因转型的白色化后,又开始向以冰毒为代表的新型毒品发展且势头迅猛。同时毒品基地又进一步向"金三角"的东北部和西北部伸展,在中南半岛北部的中国西南境外形成了一个"大金三角"的毒品种植和加工带,称为"金新月"。"金三角"仍然是对我国危害最大的毒源地,据联合国禁毒署有关统计数字表明,20世纪90年代中期以来,缅甸北部和老挝北部地区,罂粟种植面积每年都在130万—140万亩,年产鸦片1500—2000吨,海洛因120—150吨。其中缅北地区约占85%,为120万亩左右。老挝北地区约占15%,为20万亩左右。2006年全球生产鸦片6610吨,创历史最高纪录。[①] 20世纪末至21世纪初,中、缅、泰、老、越等国家在国际社会的支持下,持续加大对"金三角"地区毒品生产、加工的打击,并在这一地区开展了大规模的替代种植,"金三角"地区的毒品生产持续下降。但2007年以后又出现了反弹态势,与此同时冰毒的加工生产势头却一直在上升,呈现出取代海洛因成为"金三角"主流毒品的明显趋势。缅北罂粟种植面积在2007年下降到27.9万亩后连续上升,2010年增至42.9万亩,同比增幅17.7%。根据联合国毒品和犯罪办公室2012年10月31日发布的《2012年东南亚毒品调查报告》显示:2011年东南亚地区鸦片种植比2010年上升了16%,而2012年继续大幅度增长,其中缅甸境内种植面积比2011年增加了17%,达5.1万公顷,产量约690吨,其种植量占世界的25%,已连续6年呈扩张势头。同期老挝种植面积增加了66%,达6800公顷。仅泰国鸦片种植有所减少,维持在209公顷左右。从吸毒人员的数据来看也反映出这一变化趋势,据中国吸毒人员信息数据库显示,截至2009年底,我国现有登记在册吸毒人员1335920人,比2008年底增加209158人。在全国登记在册的133.5万吸毒人员中,男性占84.6%,女性占15.4%。从年龄情况看,35岁以下人员占58.1%,与往年相比继续呈下降趋势。从滥用种类来看,滥用海洛因人员97.8万人,所占比例下降至73.2%。滥用冰毒、氯胺酮合成毒品人员36万人,所占比例上升至27%。尤其是滥用冰毒人员上升较快,2009年各地公安机关在执法活动中总共发现吸食冰毒人员75505名,占该年新登记吸毒人员总数的37.9%。截至2010年底,全国共发现登记吸毒人员154.5万名,其中海

---

① 云南省禁毒局提供,2011年。

洛因成瘾人员106.5万名，占69%。滥用合成毒品问题更加突出，仅查获登记的就有43.2万名，其中新查获11.94万名，多数是25岁以下青少年。《2011年度中国禁毒报告》中称，我国每年查获的合成毒品占整个东南亚地区的50%，27个省（区、市）缴获的合成毒品数已超过了传统毒品（如海洛因）。① 此外，"金新月"地区的毒品对我国的危害日益加剧，该地区的毒品入境案件不断增加。我国破获该地区毒品入境案件总数虽有下降，但平均个案携毒数明显上升。2010年，全国共破获外国人走私"金新月"地区海洛因入境案件157起，同比减少32.6%；抓获犯罪嫌疑人188名，同比下降34.7%；缴获海洛因577.1千克，同比亦减少55.9%。

20世纪80年代末90年代初，国际贩毒集团在"金三角"周边国家开辟全方位的贩毒路线。其北线是经中缅、中老、中越边境进入中国内地或转运到港澳再输往欧美。此外，相关资料显示，产于南非和阿富汗的大量毒品（主要为海洛因）也从巴基斯坦和印度经泰国进入中国，或者从"金三角"直接通过中缅边境由陆路或水路进入云南和广西。由于与世界最大的毒品生产地"大金三角"毗邻，加之云南陆地边境长达4061公里，沿边地区没有什么天然屏障，边界线上进出通道较多，使得与"金三角"北缘地带接壤的中缅边境中下段沿线跨境民族地区成为国内外贩毒集团走私贩卖毒品最主要的通道。云南边境地区不仅成为全国走私贩毒的主要来源地，而且成为吸食毒品的重灾区。据云南省禁毒部门的统计，2009年云南省中缅边境沿线6州市共查破毒品案件8853起，抓获毒品犯罪嫌疑人10154人，缴获各类毒品5579.82千克，分别占同年全省的62.22%、62.33%和71.18%；另2009年中缅边境沿线18县市境内，共有在吸人员20368名，约占中缅边境6州（市）在吸人员24203名的84.15%。② 德宏州2008年至2010年为期三年的新一轮禁毒人民战争中，共查获毒品案件10782件，缴获毒品3480.073千克，缴获易制毒化学品54.413吨，抓获涉毒嫌疑人10884名。2011年，云南全省开展了第三轮禁毒人民战争（2011—2015年），其间的2011—2013年，云南省缉毒执

---

① 国家禁毒委：《2011年中国禁毒报告》，http://www.mps.gov.cn/n16/n80209/n80481/n804535/2804926.html。

② 鲁刚：国家社科基金项目成果《中近期中国社会问题密化的趋势研究——中国边境地区毒品问题整体性恶化趋势及其对策研究》，2011年。

法部门构筑了严密的立体查缉网络，全省共查破毒案 5.3 万起，抓获毒贩 5.6 万人，缴毒 50 吨，年均缴毒 16 吨多。同期查破制毒物品案件 581 起，抓获嫌疑人 405 人，收戒吸毒人员 11.54 万人，缴获各类制毒物品 2332 吨，缴获毒品总量创历史新高，超过前两轮禁毒人民战争（2005—2007 年和 2008—2010 年）6 年缴获总量的三倍还多。① 最新公布的数据显示，2014 年云南公安边防总队全年破获毒品案件 2520 起，抓获嫌疑人 2754 名，全年缴获毒品数量巨大、制毒物 430 吨。② 同时，毒品泛滥势头已从边疆向内陆辐射，全国涉及贵州、四川、广东、广西、福建、陕西、甘肃、宁夏、新疆等十多个受毒品影响严重的省（区），这一形势不仅严重危害边境社会公共安全，而且对整个社会的和谐稳定造成巨大冲击和破坏。

近年来，云南边疆地区的毒品种贩活动，出现了一些值得关注的新动向。

第一，毒源威胁更加突出。云南省境外的罂粟种植，虽然由于我国政府实施替代种植有所缓解，但近年来"金三角"地区，特别是缅甸北部的地方民族武装为对抗缅中央政府"以毒养军，以毒养政"，对罂粟种植依赖性极强。相关报道指出，在缅北民族武装控制的地区，不仅种植鸦片，还有大量的新型毒品加工厂。在这里交易毒品要交贸易税，运走毒品要收出口税，关于毒品的各类税收和毒贩的收入是地方武装力量长期生存的重要经济来源。在此背景下，云南边境地区的毒源威胁呈现三个态势：一是毒品的种植出现反弹。资料显示，2007 年以来，"金三角"一带罂粟种植出现了反弹并呈现逐年增长态势。二是云南近邻的另一毒源地阿富汗已发展成新的毒品源产地，其 2010 年毒品的产量高达 3600 多吨，远超过"金三角"，这一地区出产的毒品在贩卖线路上也逐渐向云南边境地区转移。《2011 年中国禁毒报告》显示，我国查获的毒品 45% 来自"金新月"地区，两大毒品基地对我国形成包围之势。三是毒品种类日趋多样化。云南沿边地区毒品在 20 世纪 80 年代主要是较为单一的鸦片，之后随着毒品"白色化"，海洛因大量流行。20 世纪末又出现冰毒、摇头丸等新型毒品，

---

① 云南省禁毒委员会副主任、云南省公安厅副厅长严尚智在省第十二届人大常委会第九次会议上所做的关于云南省禁毒工作的报告。
② 《云南信息数》2015 年 2 月 5 日。

在一些地区还出现"卡苦"（是一种以鸦片为原料，加芭蕉叶、车前草茎掺拌煎熬而成）。① 不同类型的毒品满足不同群体的需求，增加了毒品输入的动力。

第二，境外毒品的加工也出现新变化。近年来缅甸北部地区，每年生产的鸦片绝大部分加工成海洛因贩运。为躲避国际社会的持续打击，毒品加工工厂由过去的少、密、大型转变为多、散、小型，地点更加隐秘，抗打击能力不断增强，其毒品生产在保持传统的海洛因的同时，逐步掌握了以"冰毒"、"K粉"为主的新型毒品生产合成技术。特别是新型毒品，制毒原料来源广、加工地易选且加工成本低，近年来呈明显上升趋势，其数量难以估计。2009年在东南亚共捣毁新型毒品非法加工点468个，大部分在"金三角"地区，而2008年这样的毒品加工点仅有288个。毒品包装和制作工艺也在不断改进，专业化制作水平越来越高。

第三，贩毒方式更加诡异、多变。一是传统贩毒方式依然保留。受特殊地理位置以及"金三角"毒品南下受阻、国内毒品消费市场进一步扩大等因素的影响，与德宏紧邻的缅甸等地近年来已成为缅北地区最大的毒品聚集地，使德宏州成为全省乃至全国的毒品危害重灾区。从德宏州破获的大宗贩毒案件看，毒品基本上是从缅甸木姐、九谷、勐古等地采用"人背马驮"方式，避开交通干线和支线上的检查站，通过边境相连的山村分散运到该州姐告、瑞丽、芒市等地囤积，再利用车辆夹层、货运偷运等各种手段向内地贩运。二是贩运毒品手段花样翻新、层出不穷，形成多头入境、全线渗透、势头强劲的态势。从毒品贩运的路线和通道来看，毒品进入我境内的路线大致是沿三江（怒江、澜沧江、红河）和三路（320国道、213国道、214国道）等主要干线，毒品运送通道包括陆路、水路、空路、邮路、物流等，多路并举。昆明铁路公安局2011年历时三个月破获的2011—017号特大毒品走私案最具代表性。该贩毒团伙头目王茂兰（女）建立了一个跨境、跨地区，集"走私、贩卖、运输、销售"于一体，组织严密、分工明确，以代号相称的团伙。他们从国外购毒，通过人体、行李、货物藏匿，利用铁路、物流、航空建立起立体式运输通道。运毒多次，涉毒金额巨大。该团伙2009年以来，先后在缅甸小勐拉组织3批毒品，走私至广州、武汉，共计18万粒冰毒，15块海洛因。同时，

---

① 鲁刚：《社会和谐与边疆稳定》，中国社会科学出版社2012年版。

伙同缅甸籍毒贩组织利用湖北、河南、山东等省市的马仔，通过铁路、物流等贩运冰毒6万粒、海洛因1000余克至武汉获利100余万元。① 近年来开辟的利用空中通道贩运毒品现象也十分猖獗。2009年海关共查获毒品走私案件198起，同比增长15.9%，缴获海洛因、冰毒等各类毒品430.08千克，抓获走私犯罪嫌疑人278名。空港、航邮渠道贩毒案件明显增多。②

从毒品贩运手段来看。近年来边境地区贩毒团伙携带毒品手段可谓花样翻新，变幻莫测，无所不用其极。有关资料提供了一个最好的例证，云南省德宏州芒市的木康边防检查站建立了一个"缉毒博物馆"，有上百种历年缴获的贩毒团伙使用的夹带毒品物件呈列于此。至于人体藏毒更是耸人听闻，有的甚至通过自残身体用于藏毒。该检查站的官兵先后识破了300多种藏毒伎俩，并在此基础上自编了一本《毒品查缉手册》。③

从贩毒团伙的成分来看云南境内外贩毒人数众多，成分极其复杂，大体可划分为如下几类：一是本地贩毒人员。主要包括边境沿线一带的边民不法分子，以及靠内地城乡中的无业游民等。就民族成分看，几乎包括沿边地区的所有世居民族。二是外地贩毒人员。省内人员主要来自昆明、大理、曲靖、昭通等州市；省外人员主要来自湖北、两广、川黔、江浙、甘陕、新疆等省区。近年来外省区贩毒人员已超过云南本省贩毒人员。三是境外贩毒人员。主要为缅、老、越三国边民中的不法之徒以及我方各个时期流出未归的滞留国外人员。近年来，泰、印、亚太、欧美的外籍人员也有涉及境外贩毒者。四是港澳台贩毒人员。此类毒贩多有黑社会背景。④ 此外，带毒人群继续扩大，各类带毒人群已由非洲籍黑人转向东南亚籍人，并由男性转向女性，"水客"、女留学生、无业女性等带毒人员的比重明显增加，甚至还查获了大量艾滋病人和孕妇带毒，给毒品稽查和现场处理造成很大困难。⑤ 这里要特别指出的是，近年来，在云南边境贩毒人员中，四川凉山地区部分彝族群众组织的家族式贩毒数量大增，这类贩毒团伙在云南省怒江、版纳、德宏等州都为数不少，不仅影响云南省边疆地

---

① 昆明铁路公安提供的资料，2010年。
② 杜海涛：《"空港入境"成毒品走私新趋势》，《人民日报》2009-06-25。
③ 《云南信息报》2011-06-06。
④ 鲁刚：《社会和谐与边疆稳定》，中国社会科学出版社2012年版。
⑤ 杜海涛：《"空港入境"成毒品走私新趋势》，《人民日报》2009-06-25。

区的社会稳定,也给凉山地区社会发展与稳定带来危害,这一现象值得高度关注。①

从贩毒的数量特征来看。近年来,云南省对毒品的贩运打击力度持续增加,云南边境地区贩毒数量特征随之发生了变化,归纳起来可分为如下几类:一是零星走私夹带。零星走私夹带在沿边地区(除高黎贡山部分高寒地区外)都普遍存在。比较突出的是那些吸毒人员较多的边境村寨,贩毒成员主要是"以贩养吸"的边民。因出入边境方便,获取毒品较易且资金较少,多以探亲访友,或从小道出境的方式夹带毒品。这类贩毒虽然数量小,但由于市场需求量大,沿边地区数以万计的毒品吸食者构成一个庞大的毒品消费市场。西双版纳州2011年查获零星贩毒案件416起,而未查获的案件则远远超过这一数字。二是中、小批量的走私贩毒。近年来,为了逃避边防警方的打击,云南边境地区的毒品贩运发生重大变化,"少量多次、少带多跑、蚂蚁搬家、立体贩运"成为边境毒品走私的主要方式。其显著特点是,大宗毒品拆分,由多人携带,多人出手,多路入境。上面列举的王茂兰贩毒集团特大毒品走私案,就是其中的典型案例。此外,2012年昆明官渡警方破获的一起特大贩毒走私案,抓获12人的团伙,缴获毒品52770克和400余万元毒资,以及价值300万余元的10辆涉案车辆,该团伙头目,通过长期雇佣一批"马仔",组织严密,分工细致,互不见面,通过单线电话发射器监控指挥多部单机电话,多次走私贩毒,不"干活"时每个"马仔"一月还发1000元工资。近年来警方查获的集团毒品特大走私案,也多采用这种"拆分"为多批量的方式进行。三是有组织大规模的走私贩毒仍然猖獗。这类走私多属集团性团伙所为,因走私数量巨大,历来是警方重点稽查打击的对象。其特点是境内外相互勾结,联手作案,这些境外集团有的大多具有黑社会背景,或者受到缅甸民族武装支持。近年来,边境地区破获的毒品走私案中,万克以上的毒品走私案件数量明显上升。2012年5—6月普洱警方在一个月时间内就连续查获万克以上毒品走私大案3起,大理警方破获万克以上走私案6起(2005年云南省全年破获的万克毒品走私案共计仅有12起)。再如,2012年勐腊县公安局禁毒大队在该县勐腊镇橡胶厂破获一起境内外贩毒集团联

---

① 有资料表明,云南省某监狱在押7000多名犯人中,60%是贩毒人员,其中46%左右为四川凉山彝族和新疆籍贩毒人员。

合贩毒大案，缴获冰毒243.7千克，抓获缅甸籍毒贩3人，老挝籍毒贩1人。① 再如2012年5月7日勐海县公安局与缅甸掸邦东部第四特区警察局，成功破获一起跨国特大毒品贩毒案，缴获毒品400余千克，取得2012年中缅警方禁毒合作的新突破。2013年3月10日西双版纳州警方与湖南长沙警方联合侦破当年全国最大贩毒品案，查获冰毒268千克，抓获犯罪嫌疑人7名，缴获毒资527万余元，这也是目前最大的新型毒品案件。② 四是武装贩运，枪毒一体显著增加。随着我国警方对边境走私贩毒打击力度加强，毒品犯罪的武力对抗明显加剧。据云南边防总队披露，我边防警队近10年来查获毒品案23946起，抓获犯罪嫌疑人26915个，缴获毒品24537千克，缴获各类用于贩毒枪支4800支，在禁毒斗争中8名官兵牺牲，29名官兵负伤。枪毒一体的贩毒现象可见一斑。较为典型的案例是2012年发生在西双版纳的"2·23缉毒案"。"2·23"案贩毒团伙曾计划在境外购买5支枪，72万颗冰毒，2012年2月23日贩毒团伙准备将先期购得的60件冰毒在景洪交易，被我警方查获，在对峙中，毒贩开枪顽抗，边防警察柯占军光荣牺牲。"2·23"缉毒案共抓获毒贩12人，击毙1人，缴获毒品80件48千克，军用手枪一支。这是2012年西双版纳破获的最大一起武装贩毒案。因案发在西双版纳州政府所在地的繁华宾馆，在景洪引起轰动。在柯占军出殡的那天，景洪街头10万人为烈士送葬。2013年的数据显示，云南省全年共查获10千克以上毒案522起，案件数同比上升35%，创1982年以来查破万克案件数的历史最高纪录。2014年1—4月，又查获万克以上案件196起，同比上升12%。

第四，"以毒养恐"作为贩毒的新动向已初露端倪。最近资料显示，我国西北一带的恐怖势力组织，为躲避打击，部分南下潜入云南省边境地区，为筹集资金，他们和当地贩毒集团勾结起来，形成毒恐结合的复杂形势。这是一种带有更大危险的贩毒新动向，如果形成气候，危害更烈。近年来新疆籍人员外流贩毒问题日趋严重，其中不乏"三股势力"分子。在云南从事贩毒活动的新疆籍人员有上千人，已经呈现出职业化、家庭化的特征，不少人由过去的"马仔"变成了毒枭。部分贩毒分子以地缘、血缘为纽带，在一些大中城市占据一方，形成黑恶势力，并与当地的黑社

---

① 《云南信息报》2012年6月25日。
② 《云南信息报》2013年3月13日。

会相互勾结，集偷盗、抢劫、扒窃、贩毒和学经习武为一体，严重影响边疆的社会稳定。

第五，云南新型毒品滥用问题形势更为严峻。经过多年禁毒斗争，"金三角"地区罂粟种植面积大幅下降，但新型毒品却顺势上升。联合国近日发布的报告显示，东亚和东南亚地区是包括冰毒、摇头丸在内的新型毒品的重灾区。在2008年至2010年期间，老挝、缅甸、泰国和中国缉获的苯丙胺类兴奋剂（新型毒品）增加了4倍。从3200万吨增至1.33亿吨。2009年泰国警方搜缴摇头丸2700万粒，2010年搜缴约4000万粒，而2011年仅前8个月就搜缴了3280万粒。2011年1—10月，泰国缴获的四大类毒品中，海洛因达353千克、摇头丸3280万粒、冰毒674千克、鸦片9000千克。泰国国内染毒者约130万人，每千人中就有19人，远超出每千人中3人的国际指数。① 在老挝发生的与毒品走私有关的暴力案件已达历史最高水平，缅甸截获的冰毒与前一年相比也成倍增加。在因新型毒品兴起而造成的新一轮冲击中，云南又成为首当其冲的重灾区。云南省禁毒委提供的数据显示：从1991年在昆明市查获首例冰毒案开始，1999年云南全省缴获的冰毒数量攀升到383千克。2000年以后，新型毒品犯罪案件迅猛增长。2005年，全省查获冰毒案938起，缴获冰毒3.15吨，占全省缴毒总量的29.3%；2006年，全省查获冰毒案件1544起，缴获冰毒3.85吨，占缴获毒品总量的37%，三项指标均创云南历史之最。② 2011—2013年，云南省年均缴毒16吨。2014年1—4月，全省查破毒案5082起，抓获毒贩5761人，缴毒6.76吨；查破制毒物品案件46起，抓获嫌疑人40人，缴获制毒物品235.2吨。在查缴的毒品中，海洛因、冰毒分别占全国总数的80%和70%左右。③ 以毒品重灾区德宏为例，2011年上半年，全州共破获毒品刑事案件577起，抓获毒贩582名，缴获毒品503.982千克（其中，海洛因256.468千克，冰毒115.196千克，占所缴毒品的74%）。在我们调查的西双版纳州勐海县西定乡龙捧村，围剿收戒的54名吸毒者中，吸食鸦片的有21名，占总人数的39%；而其余的33名都是吸食冰毒和麻黄素的，占总人数的61%。而被抓获的贩卖和运输

---

① 《金三角区域出现大量新型毒品 流入中国数量巨大》，《人民日报》2011-10-17。
② 云南省禁毒委主任刘平在2007年云南省禁毒工作会议上的报告，2007年2月9日。
③ 云南省禁毒委员会副主任、云南省公安厅副厅长严尚智在省第十二届人大常委会第九次会议上所做的关于云南省禁毒工作的报告。

的毒品也大多是冰毒和麻黄素这些新型毒品，新型毒品带来的禁毒形势更加严峻。

二 艾滋病问题

艾滋病与毒品、国际恐怖活动并列为"人类社会的三大公害"，已经成为当今世界面临的最严峻挑战之一。据联合国艾滋病规划署发布的《2012艾滋病疫情报告》显示，截至2011年底，全球存活的艾滋病毒感染者和艾滋病病人估计为3400万人，2011年新发感染250万人，艾滋病相关死亡170万人。撒哈拉以南地区仍然是艾滋病疫情最为严重的地区，大约每20名成人中有1名感染HIV（4.9%），其次为加勒比海、东欧和中亚地区。统计还显示，2001年到2011年的10年间，全球每年新感染艾滋病病毒人数持续稳步下降，降幅约20%。新感染艾滋病病毒人数由2001年的320万降至2011年的250万，其中成年人人数由270万降至220万，未成年人由56万降至33万，艾滋病加速扩散的趋势得到扭转。同期，艾滋病引发的死亡人数也出现一定幅度下降，由190万降至170万。全球艾滋病防治尽管取得了一些成就，但也存在一些挑战。许多国家存在艾滋病防治资金不足、效率不高的问题，因感染而受歧视的现象仍然普遍存在。世界上仍有680万感染者无法及时得到医治，防治形势依然严峻。

（一）我国艾滋病流行情况

1981年，美国纽约、洛杉矶、旧金山的男同性恋社群首次发现了艾滋病病毒感染者，1985年全球五大洲均有艾滋病病例报告。同年，一个外国游客因患艾滋病在北京协和医院死亡，之后，浙江、广东、福建省陆续发现艾滋病传入病例。随后的几年里，一些大中城市零星报告了艾滋病病例，但多为境外感染和输注了进口的Ⅷ因子的血友病人。1989年，云南省一个处于中缅边境的少数民族自治州在静脉注射吸毒人群中大规模地发现了146例艾滋病病毒感染者。同时期，河南省的一些地区也集中发现因不安全采血、非法采血的血浆经济而导致的艾滋病感染群体。至今，艾滋病已经在国内的一些地区尤其是云南边疆民族地区肆虐了20多个年头。

中国艾滋病疫情一直呈上升趋势，艾滋病感染者人数一直在增加，由卫生部、联合国艾滋病规划署、世界卫生组织完成的《2011年中国艾滋病疫情估计》显示,截至2011年底,估计中国存活艾滋病病毒感染者和艾滋病病人(PLHIV)78万人(62万—94万人),女性占28.6%;艾滋病(AIDS)病人15.4万人(14.6万—16.2万人);全人群感染率为0.058%(0.046%—0.070%)。估计2011年当年新发艾滋病病毒(HIV)感染者4.8万人(4.1万—5.4万人),2011年艾滋病相关死亡2.8万人(2.5万—3.1万人)(见表3-1)。①

表3-1　　　　2005—2011年中国艾滋病疫情估计主要结果

年份	2005	2007	2009	2011
PLHIV人数 (万人)	65 (54—76)	70 (55—85)	74 (56—92)	78 (62—94)
AIDS病人数 (万人)	7.5 (6.5—8.5)	8.5 (8.0—9.0)	10.5 (9.7—11.2)	15.4 (14.6—16.2)
艾滋病相关死亡人数 (万人)	2.5 (2.0—3.0)	2.0 (1.5—2.5)	2.6 (2.2—3.0)	2.8 (2.5—3.1)
HIV新发感染人数 (万人)	7.0 (6.0—8.0)	5.0 (4.0—6.0)	4.8 (4.1—5.5)	4.8 (4.1—5.4)
全人群HIV感染率 (%)	0.050 (0.042—0.058)	0.054 (0.042—0.056)	0.057 (0.043—0.071)	0.058 (0.046—0.070)

2010年,全国传染病报告死亡病例14289人(2009年为14851人),报告死亡数居前五位的病种依次为艾滋病、肺结核、狂犬病、病毒性肝炎和甲型H1N1流感,占甲乙类传染病报告死亡总数的96.5%,因艾滋病死亡的人数为7734人(2009年为6596人),占报告死亡总数的54.1%(2009年为44.4%)卫生部2012年4月12日通报我国当年3月份(2012年3月1日零时至3月31日24时)法定传染病疫情,共报告法定传染病573303例,死亡1358人,其中艾滋病死亡961人,占了70%。② 艾滋病死亡率之高说明我国当前防艾形势依然严峻。最可怕的是,其中有56%的感染者还没有被发现,也就是说有44万感染者隐匿于人群之中,也许他们自己都不知道,从而将病毒传染给更多的人③。

从疫情估计结果看,在中国78万存活艾滋病病毒感染者和艾滋病病

---

① 中华人民共和国、联合国艾滋病规划署、世界卫生组织:《2011中国艾滋病疫情估计》,2011年11月。
② 99艾滋病公益网站,http://www.99aids.com/thread/2012-4/47043-1.htm。
③ 《中国艾滋病感染者年增2万人》,《中国经济周刊》2011-12-06。

人（PLHIV）中，PLHIV 估计数超过 5 万的省份有 5 个，占全国估计总数的 60%；低于 5000 人的省份有 12 个，占全国估计总数的 4.8%（见图 3-1）。经异性性传播占 46.5%，经同性性传播占 17.4%；经注射吸毒传播占 28.4%，其中，云南、新疆、广西、广东、四川和贵州 6 个省（自治区）注射吸毒传播 PLHIV 估计数之和，占全国该人群估计数的 87.2%。

图 3-1　中国艾滋病疫情估计参考

图表来源：中国疾控中心网站，http://www.chinacdc.cn/。

从病例报告情况来看，截至 2011 年 9 月底，全国 31 个省、自治区、直辖市均有疫情报告，有 93%（2869/3085）的县（区）报告了 HIV 感染者和 AIDS 病人。不同省份疫情报告数差异较大，累计报告 HIV 感染者和 AIDS 病人排前六位的省（自治区）依次为云南、广西、河南、四川、新疆和广东，报告人数占全国报告总数的 75.8%；累计报告 HIV 感染者和 AIDS 病人排在后 7 位的省（区、市）依次是西藏、青海、宁夏、内蒙古、甘肃、海南和天津，报告人数约占全国报告总数的 1.2%。[①] 累计报告 HIV 感染者或 AIDS 病人人数排在前 20 位的县（区、市）均分布在云南、广西、新疆、河南和四川（见图 3-2）。在疫情严重的各地区中，云南德宏、河南上蔡、新疆伊宁、四川布拖、四川昭觉被列为重点疫情区，而云南德宏又是其中的重中之重。

---

① 李颖：《中国六省区艾滋病疫情较严重》，《科技日报》2012-09-21。

同时，数据还显示，当前我国艾滋病感染几乎蔓及所有人群，60岁以上的"艾滋病老人"和20岁出头的"艾滋病学生"数量逐年增加，艾滋病疫情已由高危人群向一般人群扩散。

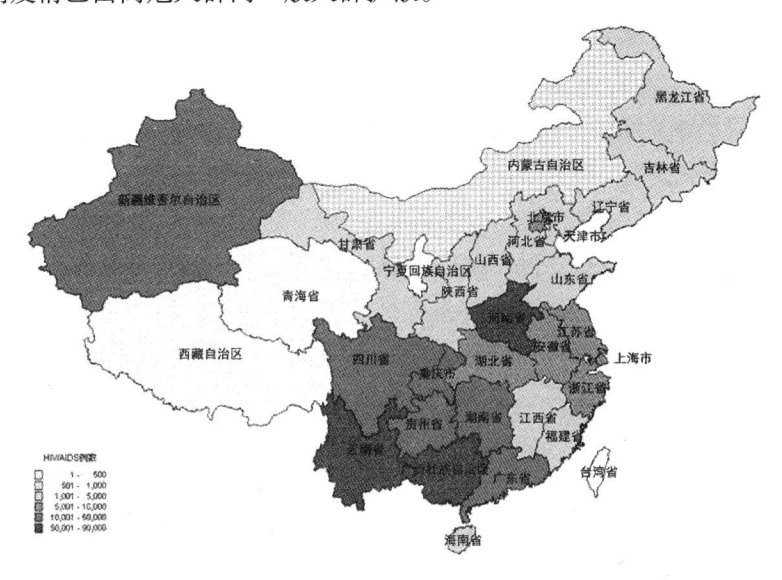

图 3-2　全国累计报告 HIV 感染者/AIDS 病人分布

图表来源：中国疾控中心网站，http://www.chinacdc.cn/。

（二）云南艾滋病流行情况

1989年以来，云南省边疆首次发现艾滋病感染者在经历传入期、扩散期、增长期、快速增长期，98%的县发现艾滋病病毒感染者，是全国艾滋病病毒感染与传播的重灾区。在20多年的时间里，云南省 HIV 感染者/AIDS 病人人数显著上升，并一直居全国的首位。云南省艾滋病疫情对全国的疫情变化起着举足轻重的作用。2005年底，云南省累计报告艾滋病病毒感染者及病人40157例，占全国同期报告数的28%，为全国感染人数最多的省份。2006年底，全省累计报告艾滋病感染者及病人48951例。2007年全省报告的艾滋病感染人数及病人达57325例，占全国的25%。2008年9月底，云南省累计报告艾滋病病毒感染者和病人63322例，其中艾滋病病人9752人；累计死亡7015例。2009年10月底，云南省累计报告艾滋病病毒感染者和艾滋病病人72939例，占全国的22.8%，其中艾滋病病人14954例，占全国的14.6%，死亡9291例，占全国的18.6%。2010年累计报告艾滋病感染者82305人。2010年1月到10月，云南全省报告艾滋病病毒感染者/病人8670例，其中艾滋病病毒感染者6892例，死亡2035例。2011年10月31日，云南全省累计报告艾滋病病毒感染者和病人93567例，艾滋病的发现率为65%。① 其中艾滋病病毒感染者67869例，艾滋病病人25698例；报告死亡14340例（见表3-2），云南129个县中报告艾滋病感染者和艾滋病病人人数超过一千人的县有24个。从2006年至2011年艾滋病病毒感染者和病人以平均15%的速度增加。但从总体的疫情变化趋势来看，2011年经国内外相关权威机构的评估，目前，云南全省大部分地区疫情基本稳定，但局部地区仍然较为严重。除德宏外，红河、临沧、文山、大理为云南省另外4个艾滋病高度流行地区。截至2010年底，4（州）市累计报告艾滋病病毒感染者和艾滋病病人为28711人，占全省的39.4%。新发艾滋病病毒感染者和艾滋病病人为4454人，占全省的44.2%。② 全省5个高度流行区域，边疆跨境民族地区占4个，是全省跨境民族地区的一半。课题组前期承担国家另一个有关艾滋病课题时，曾对德宏、红河、临沧的艾滋病问题进行过专题调查。调查结果显示，边疆跨境民族地区依然十分严峻，防治工作仍面临巨大挑战。③

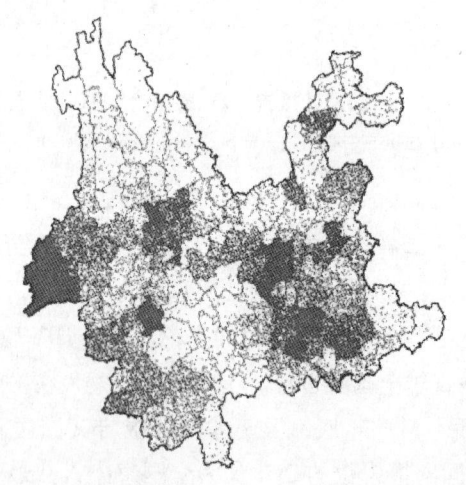

图3-3 1989—2008云南报告HIV/AIDS分布情况

图片来源：罗红兵：《全球、中国和云南艾滋病流行态势》，2009-01-17。

---

① 由于AIDS传播的高隐秘性、AIDS自愿检测原则、AIDS检测技术有限，实际感染人数应该超过公布人数。云南的艾滋病发现率远高于全国平均水平。
② 云南省艾滋病管理局提供，2011年。
③ 张金鹏：《边疆民族社会艾滋病流行现状、发展趋势与社会控制研究》，中国社会科学出版社2012年版。

表 3-2　　云南艾滋病感染者（包括病人）人数及年增长率

年份	人数（人）	比上年增长（%）
2005	40157	
2006	48951	21.9
2007	57325	17.1
2008	63322	10.5
2009	72939	15.2
2010	82305	12.8
2011	93567	13.7

同时，从艾滋病病人和感染者死亡率来看，呈现了由低到高，再由高到低的变化过程。以云南省德宏州为例，数据显示，1989年至2010年该州共报告户籍地和现住址均为德宏州的艾滋病病人和感染者13493名，其中感染者8569名，死亡2036名；艾滋病病人4924名，死亡2251名。2004年以前报告的发病病例中，死亡病例高于存活病例，而后历年报告的发病病例中，存活病例数高于死亡病例数。从1989年发现首批艾滋病病毒感染者后14年间，德宏州艾滋病病人和感染者当年发病当年死亡的病例数占当年发病总病例数的比例不断上升，1989年该比例为1.6%，2003年达到了最高的18.9%。其后逐年下降，2007年降至8.1%，2010年已降至5.8%，少数艾滋病病毒感染者已存活15—20年。①

经过近20余年的努力，特别是禁毒防艾人民战争的开展，云南艾滋病防治工作取得显著成绩，全省艾滋病疫情快速上升的总体势头得到进一步遏制。第二轮禁毒人民战争的三年间，云南省减少艾滋病新发感染8900人；因得到免费抗病毒治疗，减少了4382名艾滋病感染者和病人死亡；减免了感染者和病人医疗负担35.54亿元；避免了间接人力资本损失28.89亿元。②

（三）云南边疆民族地区 AIDS 流行特点

根据我们调查中掌握的情况和云南省总体 AIDS 流行特点，云南边疆民族地区 AIDS 流行特点表现在以下几个方面。

一是流行模式的"类亚洲"特点。亚洲艾滋病流行模式是：艾滋病流行始于注射吸毒人群，再通过桥梁人群（暗娼）向一般人群蔓延。明

---

① 《健康报》2011-11-25。

② 云南省艾滋病管理局提供。

显不同于欧美国家以同性恋人群和性传播开始的模式。云南省的艾滋病流行模式是，先在大量吸毒人群中发现艾滋病病毒感染者，而注射吸毒感染艾滋病比例在相当长期内一直居高不下，居于艾滋病传播的主导地位。通过暗娼以及非商业性性行为传向一般人群。

二是静脉注射吸毒传播与性传播构成边疆地区 AIDS 流行的两种最主要方式。云南省 1993 年因静脉吸毒感染 HIV 的比例为 5%，到 1999 年，28% 的感染者为静脉吸毒共用针具感染。从对静脉吸毒人数的检测来看，从 1992 年到 2000 年，静脉吸毒者感染 HIV 的比重在逐渐提高，最高时为 1999 年，达到 28%；2001 年以后有下降的趋势，但都保持在 20% 以上，高于同期其他途径感染的病人，云南边疆民族地区的静脉吸毒感染率要远高于全省平均水平。2008 年对德宏、红河及临沧三地调查，静脉吸毒感染比例分别为 49.4%、62.49% 和 58.29%，实证问卷调查结果显示静脉吸毒感染率为 50.9%。除静脉吸毒传染外，性传播明显加快。从高危人群向一般人群发展，商业形态和婚姻形式同比上升。[1] 据云南省疾病预防控制中心主任陆琳介绍，"云南省目前，性传播感染比例已达 49%，与静脉吸毒感染比例差不多""农民工、矿工呈现出性传播上升较快的趋势"。[2] 我们调查的数据还表明，性传播正在分化，其中非婚性行为占 25.4%，艾滋家庭夫妻交叉感染率则高达 21.5%。2009 年云南艾滋病性途径传播已超过静脉注射吸毒，成为主要途径且扩散趋势较为明显。[3] 因此，在加大对商业性传播控制的同时，我们应特别关注夫妻交叉传播方式，尤其是在存在着较多跨境婚姻的边疆民族地区，存在监控薄弱的问题。

三是民族构成上少数民族成为 AIDS 感染的主要受害者。由于云南省沿边地区多数为少数民族聚居地，因此边疆地区各少数民族成为 AIDS 的受害者。我们调查的资料显示，傣族、景颇族为受感染的主要群体，各占调查总数的比例为 40.11% 和 23.29%。另外，在德昂、回、瑶、彝、壮、布朗、哈尼、苗族等少数民族中也有分布。

四是城乡分布上农村向城市的蔓延。20 世纪 90 年代初期，主要在边

---

[1] 张金鹏：《边疆民族社会艾滋病流行现状、发展趋势与社会控制研究》，中国社会科学出版社 2012 年版，第 148 页。

[2] 《云南信息报》2008 - 04 - 26。

[3] 《性途径传播成为云南艾滋病传播主要途径》，新华网云南频道，http://news.xinhuanet.com/politics/2009 - 11/29/content_ 12560500.htm。

境农村地区流行，HIV 感染者中农民占 95% 以上，随着时间的推移，无业人员、工人等明显增加，2007 年发现的感染者中，无业人员占 35%，农民的比例已下降至 32%，工人比例由原来的不足 5% 上升为 6%，工人、个体户等成为新的高危人群。从本次调查的情况看来，AIDS 在普通人群学生、公务员中的出现，表明 AIDS 显现出城市化趋势。

五是性别分布上女性感染者明显增加。云南省 AIDS 的传播和感染性别比，已由 20 世纪 90 年代初的 40∶1[①] 上升为现在的 2.45∶1，而我们调查数据显示的 AIDS 感染性别比则更小，为 1.78∶1。随着作为桥梁人群的男性感染者不断增加，无论是通过商业性行为还是婚内性行为，女性感染率将不断攀升。

六是地域分布上由边境向内地蔓延。艾滋病在云南的传播、扩散速度惊人，自 1995 年以后，艾滋病疫情沿交通线路由西部边境地区的 3 个地州向中部、东部地区快速扩散。1995—1996 年在空间分布上从西南部的 3 个地州扩散到 8 个州市，占全省州（市）数的一半，并从交通沿线上的各个节点向四周扩散，使其传播路线逐渐细化，构成一个艾滋病扩散传播的网络，即通过各个地区的 HIV 感染者的高危行为，构成一个立体、交叉的复杂的社会传播网络。1997 年以后，云南艾滋病流行地区继续扩大，至 1999 年底云南省 16 个地州市已由以前报告 HIV 感染者的 8 个上升到 12 个，其中静脉吸毒感染 HIV 的地区由 6 个地州增至 11 个。经性传播感染 HIV 的州市由 5 个增至 7 个。2004 年，HIV 感染已从边境局部地区蔓延到全省 16 个州市的 121 个县市，并从高危人群向一般人群扩散。2006 年艾滋病已蔓延到 129 个县市，有 3 个州市是高度流行地区，11 个中度流行，2 个轻度流行，2008 年 9 月，高度流行区已发展到 5 个州市，其余州市均上升为中度流行地区。

此外，20—39 岁青年男性是 AIDS 感染的主要群体；从教育与社会化的角度看，AIDS 感染群体以文盲、半文盲为主。

总体来看，边疆民族社会艾滋病蔓延，其传播是以地域为特征，以人际网络为途径，以姻缘、业缘、趣缘为纽带的传播模式。从发展趋势上看，其迅猛蔓延的态势已初步得到控制，但经性途径传播已成为主要的传播源之一。本次的调查对此还有进一步的重要发现：在经性传播的途径

---

① 骆华松：《云南省艾滋病防治政策研究》，中国人口出版社 2006 年版，第 40—41 页。

中，艾滋家庭婚内性行为即夫妻交叉感染是性渠道感染的主要方式之一。其中特别是因种种原因还游离在云南省艾滋病防治体系之外，现仍迅速增加的跨境婚姻将构成艾滋病传播的巨大风险因素。

在云南，毒品与艾滋病问题不仅严重危害着当地各族人民的身心健康、家庭稳定，弱化了当地民众社会发展能力和应对生活挑战的能力，加剧了边疆民族社会的综合性贫困，而且严重影响了当地的社会秩序和社会稳定，制约了社会经济的发展，阻碍着当地社会发展的可持续性，甚至影响到一些民族的发展和兴衰。总之，毒品与艾滋病给边疆各族人民正常的生产生活和当地社会的良性运行与协调发展带来了严重影响。

首先，毒品的吸食和艾滋病肆虐给个人、家庭造成极大的损害。由于毒品成瘾后具有很强的依赖性和戒断困难，复吸率较高，往往是一人吸毒，全家遭殃，弄得家破人亡。由于吸毒泛滥，许多地方，特别是一些吸毒较为突出的少数民族村寨，姑娘不愿嫁在本地，大多外出打工、嫁人；已婚年轻妇女抛家舍子，远嫁山东、河南，有的甚至为吸毒卖儿鬻女。陇川县一村寨的景颇族排勒对、弄底干、石么干因吸毒，三人的妻子均携子女先后改嫁到山东省；盈江县某乡上丙午的钱保荣（傣族）因吸毒被送劳教，其妻远嫁北方，两个8岁和11岁的小孩成为孤儿；梁河县一村社的傣族管国政夫妇二人均吸毒，多年来已将家产变卖"吸"光。后来，夫妇二人竟残忍地将年仅14岁的女儿卖到山东，卖得的4000元吸毒资金不到3个月就"烧"完了，无奈之下其妻只好带着12岁的儿子上车扒窃，一次因无钱付车费，母子二人从行驶中的车上跳下，儿子当场摔死。这些例子都发生在边疆毒品侵蚀严重的村寨，触目惊心。

其次，对边疆民族社会稳定、对国家安全带来极大冲击。一是造成劳动力萎缩。在德宏，青壮年在吸毒人员中曾一度占到90%以上，全州因吸毒而完全或基本丧失劳动能力的接近2万人。有的村寨因吸毒人员过多，劳动力匮乏，严重阻碍了经济发展，土地无人耕种，或被变卖。西双版纳勐海县西定乡的一个布朗族聚居的边境乡村是一个深受毒品侵蚀的村寨。全村有108户共493人，男性252人，全村一半以上家庭涉毒，吸毒时间最长的男性吸毒者有五六十年的吸食鸦片史，从事贩毒的人员达10人。因青壮年几乎都是吸毒者，因此家中的活计全由女性承担，是当地有名的贫困乡，全村人均粮食不足184千克，该村的妇女不少远嫁山东、广东、河北等地。同时该村的偷盗行为也很猖獗。毒品的瓦解力量可以使个人倾家荡产，也可以将一村一厂甚至一地一国的发展建设宏图化为泡影。二是严重制约边疆民族地区社会经济的发展。以德宏州为例，2007年全州财政为3.08亿元，而全州吸毒人员吸食毒品的毒资就将近3.6亿元，大于全州财政收入；同时地方政府为禁毒支出的配套金额达4.4亿元。① 包括戒毒场所的建设、设备的增置、警力人员的增加、报送劳教、收戒治疗、禁毒宣传等。这对财政收入不高、经济发展水平和人民生活水平相对较低的德宏州来说，将最终制约民族地区社会的整体发展。三是扰乱社会秩序，危害公共安全，威胁社会稳定。多数吸毒者为了购买毒品，或偷或抢，甚至杀人越货，或又吸又贩，以贩养吸，形成恶性循环。在侦破或查破的刑事、治安案件中，吸毒人员作案，刑事案件占33%，治安案件占85.3%。陇川县雷作一队景颇族吸毒青年何勒弄，为筹措吸毒资金，窜入本村一户人家，用石块将正在家中吃饭的一名70多岁的老妪砸死，只为抢劫人民币260元。吸毒者为了毒资偷盗成性者甚多，陇川县某村的村民在房前屋后种植了大量的八角树，但多年来都被该村吸毒人员偷摘，群众颗粒无收。勐海县西定乡村民吸毒最严重时村里的偷盗也最为猖獗。据村民介绍，那时田里的玉米、芭蕉、水果等农作物常被盗，家里的一些日常用品甚至轮胎、工具都在偷盗范围之内。村小组长说那时村民根本不敢把衣服晾在屋外，家里的鸡也不敢放着养。吸毒和赌博是一对孪生兄妹，龙捧村也不例外，为了筹集毒资，除了偷窃外，吸毒者更多是聚集在一起通过赌博来获得不义之财，严重影响当地的社会风气与社会治安。② 上述统计数据和事例充分说明吸毒对社会和公共安全造成极大的危害。

第三，造成边疆民族地区健康民族精神的弱化。在毒品和艾滋病的肆虐下，边疆民族地区以民族文化为核心的精神家园受到严重冲击，主要表现在三个方面：一是毒品和艾滋病受害者往往陷入绝对贫困的生活状态，为求生存，出现人格扭曲、道德败坏，由这类人群引发的刑事案件屡有发生，破坏了良好的社会秩序；二是由于毒品复吸率高，戒断率低，而艾滋病又是一种对个体身体和心理都会造成严重伤害的疾病，因此，吸毒人员

---

① 张金鹏：《边疆民族社会艾滋病流行现状、发展趋势与社会控制的研究》，中国社会科学出版社2012年版，第184页。

② 吴咏梅：《龙捧的今昔》，云南民族大学硕士学位论文，2008年5月，第35页。

和艾滋病病人及感染者往往在应对毒品和疾病方面丧失信心，从而对生活也缺乏信心，甚至出现"破罐子破摔"的情况；三是毒品和艾滋病亚文化的负面影响毒害了社会风气，造成传统美德的丧失和民族精神的失落。

毒品和艾滋病在云南边疆民族地区高度流行，有着极其深刻的社会、历史和文化根源：一是这一地区历史传承中存在的毒品制造和食用的历史文化积累所形成的毒品经济与毒品亚文化，为毒品的死灰复燃提供了滋生的温床。而毒品的滥用是直接导致艾滋病传播的重要途径。二是云南省边境线长达4061公里，且无天然屏障，既与毒源地"金三角"毗邻，又与当今世界艾滋病急剧蔓延、疫情较为严重的湄公河次区域高度流行区接壤。三是境外国家的政府对毒品和艾滋病的防治态度各异，投入不高且缺乏积极应对措施，从而构成了艾滋病进入云南省最具挑战性的国际环境。四是从内部环境来看，云南边疆民族社会长期处于相对封闭的状态，社会发育程度低，无论从政府层面还是从边疆民族地区的人口素质和心理态势来看，都缺乏应对改革开放以来国际上非传统安全因素所引发的社会问题的机制和准备，加之其他一些社会问题（如赌博、性交易等）的共同作用，最终导致这一地区成为毒品和艾滋病的重灾区。

三 人口流动问题

人口流动问题是边疆跨境民族地区的典型社会问题。边疆跨境民族地区的人口流动既有其他地方人口流动的共性特征，也表现出明显的独一无二性。本研究在对边疆民族地区人口流动问题调研的基础上，着重对边疆社会影响较大的三个问题进行探讨：边民外流问题、难民问题和跨境婚姻问题。

（一）边民外流

云南跨境民族地区规模相对较大的人口外流现象主要发生在以下几个时期：一是中华人民共和国成立初期，在逃往缅甸的国民党残军以及少数反动土司的煽动下，大批边境少数民族群众流出境外，其中尤以澜沧县募乃拉祜族第三代土司石炳麟、石炳铭兄弟裹胁的3000余人较为典型。二是20世纪50年代，受"大跃进"及自然灾害频发的影响，云南边疆民族地区社会发育程度极低，而与云南接壤的缅甸、越南等地地广人稀，生存条件稍好一些，促使数量较多的边境少数民族移居缅甸、越南等国。这一时期全省外流人口达12万余人，其中仅沧源县外流人口就达14639人，西双版纳州外流人口达14000多人。① 三是20世纪60—80年代，由于"文革"期间大搞所谓"政治边防"，在边境地区大批边疆特殊论，进行民主补课，加之计划生育政策的影响，当地少数民族为躲避政治风波和计划生育而大量移居缅甸等国。据云南省志提供的数据，这一时期全省共迁出人口约3万人。但课题组认为这一数字过于保守，当时仅德宏州外迁人口达1.79万人②，而西双版纳的勐海县外流人口为7170人③，根据其他的一些相关资料推算，当时的出境人口应超过10万人。同时在1968—1989年的缅共武装割据时期，有相当一批各族知识青年前往境外参加缅共人民军，这些人中既有当地少数民族，也有来自昆明、北京、上海、四川、重庆等大城市的下乡知识青年。最多时人数一度达数千人，他们有的成为缅共人民军中高级军官，又随1989年缅共解体蜕变为各大民族地方武装的军政首脑，其影响一直持续至今。④ 四是20世纪90年代初，有的州市通过政府行为动员了大批当地边境少数民族居民前往缅甸生活，如怒江州约迁出5000人。上述流入缅甸的人当中，有的获得了缅甸国籍并继续往缅甸中部内迁，有的长期居住缅甸但一直未加入缅甸国籍，其中国国籍也因超时而被注销，处于"两不管"的境地，还有的短期居住缅甸并返回中国，其中国国籍得以保留。有调查显示，在越、老、缅、泰四国北部地区，分布着相当数量的来自云南境内的汉、回、白等族人口，有的已经形成较大的聚居区，一般被称为"境外云南人"或"境外华人"，其中仅缅、泰、越三国北部一带便达数十万之众。在越南北部，这些人已被称为"华族"，被列为该国的少数民族之一。

20世纪末，随着改革开放的深入，云南边疆民族地区的少数民族也开始走出世代居住的家园，外出务工谋生，有的到国内经济发达的东部地区，有的则跨出国境谋生，数量巨大。课题组调查的曼皮村是西双版纳傣族自治州勐海县巴达乡的一个布朗族村，和缅甸山水相连，隔着一条南览河。20世纪90年代初开始，边境开放，不少村民经由对岸的缅甸辗转到

---

① 参见《景洪县志》，云南人民出版社2000年版；《勐腊县志》，云南人民出版社2000年版；《勐海县志》，云南人民出版社2000年版；袁娥、李明富《论佤族的国家认同意识》，《思茅师范高等专科学报》2011年第5期。

② 《云南省志》，云南人民出版社2000年版。

③ 《勐海县志》，云南人民出版社2000年版。

④ 李城：《国家构建与边疆稳定》，中国人民大学博士学位论文，2012年，第138页。

泰国。曼皮村现有 6 个布朗族村寨，共 1904 人，村民有一半在国外。2005 年，巴达撒乡，并入西定。由于外出打工人员太多，人口出现负增长，两乡人口均不到两万。另据西双版纳州民宗局相关人士介绍，目前全州布朗族有 2000 多名青壮年在境外打工。云南省社科院研究员张洁在泰国调查发现，目前在泰国打黑工的部分少数民族边民是留在云南境内人口的两倍多，一个村寨如果现有 200 人，则这个村寨在国外务工的至少能有 400—500 人，数量非常庞大。位于文山壮族苗族自治州南部的马关县，国境线长 138 公里，有金厂、都龙、小坝子、夹寒菁、仁和、木厂 6 个边境镇，14 个边境村委会和 54 个边境村寨，每个寨子都有边民外迁。云南民族事务委员会的调查也显示，中国移民到缅甸果敢地区的人口约有 21 万人（包括流动人口），其中老街就达 11 万多人，主要以汉族（缅称为果敢族）为主，通用语言为汉语，其余还有彝、傣、傈僳、佤、崩龙（德昂）、苗等。当然，与改革开放前相比，改革开放以来的边民外流的原因和动机都已经发生了深刻变化。

事实上，不管流动的内容与形式怎样，改革开放以来的边民外流蕴含着深刻的文化与经济动因。跨境边民的人口流动实际上体现了一种生计策略。本课题组关注和讨论边民外流，还有更深层次的原因，即历史上的边民外流，从国家安全的角度考察都与云南边境地区的社会稳定和国家安全相关联。从历史上来看，三次大规模的边民外流，虽然有相当部分又回迁中国，但仍有较大数量的人员滞留境外，其中一部分外流人员既没有加入所在国国籍，而他们在中国国内的户籍因时间久远又被注销，成为没有身份的"黑人黑户"，生存面临困境，如果遇到与周边国家关系紧张，这部分人就成为所在国打压的对象，甚至受驱赶而成为"难民/难侨"。改革开放以来，云南边疆民族地区经济社会得到了突飞猛进的发展，中国与缅甸、老挝、越南等国的发展差距逐步显现，那些虽已加入所在国国籍的外流边民，在发展差距形成的推拉力作用下，具有强烈的回归中国的愿望，他们往往通过联姻等形式迁回中国。课题组相关调查发现，此类现象在边境地区不在少数。

此外，值得注意的是，少部分外流边民因宗教信仰成为西方敌对势力对我国进行宗教渗透的代理人（怒江地区流出境外的傈僳族较为突出），成为影响我国边境稳定的一大隐患。而改革开放以来外出打工的各少数民族青年日愈增加，其中很多人特别是女青年，选择回乡很少，基本上都在外地成家，进而造成边疆跨境民族地区因性别比例失调而引发跨境婚姻问题。从目前来看，人口流动在云南边疆跨境民族地区构成较为突出的社会问题是难民问题和跨境婚姻问题。

（二）难民问题

难民是指由于战争、种族冲突、宗教或持不同政见而离开祖籍国，居住于另一国而未获得该国合法身份，或原无确定国籍，现分布在原居住国之外，不能或不愿回原居住国的特殊社会群体。作为国际社会的一个特殊群体，难民的出现总与战争、种族迫害、部族矛盾、国家领土变动、政治避难、自然灾害、经济恶化等原因联系在一起，具有群体性、无助性、流动性、自发性和被动性等特征。20世纪后半期，难民问题成为国际社会的一个突出问题，为此联合国专门设置了难民署，以协助有关国家解决此类问题。难民问题作为人口流动的一种特殊形式，20世纪70年代末在云南出现，一直持续至今，形成云南边疆民族地区的一个特殊社会问题。云南省的难民问题有三种情况：其一是中国政府出于人道主义精神和国际主义义务，而接待安置的印支难民；其二是越南排华驱赶入境我国的越南难民；其三是缅甸国内武装冲突造成入境我国的缅甸难民。

1. 印支难民

1980年1月至1981年1月，按照国务院和云南省安置印支难民领导小组有关指示精神，云南省先后安置泰国、老挝及其他国家地区难民3660人，在云南省政府和联合国难民署统一指导下进行安排。分别安置在西双版纳农垦分局的勐腊、勐棒、勐醒、勐满4个国营农场的13个分场和勐腊县的勐伴、尚勇、勐满、勐澜等乡镇内。费用由三部分构成，联合国提供419万美元，国家拨款1019.94万元，4个农场筹集319.94万元。难民除每月按时发给生活补助费外，全部享受公费医疗，免交土地税、销售税、房租、自来水费、儿童免费上学，在农场工作的与职工同工同酬，保证难民有一个安全、稳定、基本生活有保障的生活环境。

西双版纳农垦分局分三批接待安置难民共计2707人。第一批由泰国廊开、乌隆两地难民营转道缅甸仰光入境云南，由1980年1月24日起至2月11止，共接待1416人，其中勐腊602人（男377人，女225人）、勐满264人（男155人，女109人）、勐棒550人（男337人，女213人）。第二批由泰国难民营转道我国海南澄迈两个华侨农场，后又转至版纳农场安置1086人（男666人，女420人），其中勐腊633人（男398

人，女235人），勐满311人（男182人，女129人），勐棒142人（男86人，女56人）。第三批为1981年12月29日由泰国难民营转至老挝再进入云南省的苗族难民共163人，其中安置勐腊农场11人，勐满农场152人。另有从江西华侨农场转入的投亲靠友零星难民42人。

返回原籍是永久性解决难民问题的最佳途径。1991年中老两国代表团通过友好协商在北京签订了《关于遣返在华老挝难民的议定书》，经我方政府以及农垦局专门领导小组和办公室进行了大量细致的动员和精心周密的安排，先后分十一批顺利妥善圆满地完成安排工作。此次难民安置和遣返工作，受到联合国难民署驻华首席代表称赞，认为中国政府对难民安置和遣返中的人道主义政策在世界上是独一无二的。①

2. 越南难民问题

20世纪70年代末，越南当局出于地区霸权的野心推行反华政策，并实施"净化边境"行动，有计划大规模输出难民，并自动注销这些人的户口，大批被驱赶出境的越南难民涌入我国西南的边境省份，形成"难民潮"。据有关统计，到1978年底为止，中国一共接受了26.5万名越南难民到中国避难，其中不少为中国侨民。② 这些难民被分别安置在广西、广东、云南、海南、福建和江西六省（区）。云南是接待和安置印支难民较多的省份之一。安置难民是云南省对于国际人道主义的承诺和贡献，但也给云南省带来了沉重的经济负担和工作压力。根据国务院指示精神，在云南省政府领导下，有关部门和地区自1978年开始到1984年12月底止，共接待难民64800人。安置在云南省的39560人（其中越南难民35396人，老挝难民4160人，柬埔寨难民4人）。这批难民安置在华侨农场22989人；安置在农垦农场5569人；安置在红河州、文山州的河口、金平、马关、麻栗坡、富宁、勐腊等县农村10943人；安置在省属企事业单位59人。红河州是越南难民安置较多的一个州。其中以河口、金平两县最为集中。越南难民主要安置在河口县岔河难民管理区（189"难管区"）的三个村和分散安置在桥头乡、南溪镇、南屏十二队、老凹厂及州农垦分局的部分农场，以及金平县的勐桥、金河镇、金水河、马鞍底、大寨、勐拉乡镇，少部分安置在屏边县白河乡农村。截至2010年12月，全州境内

---

① 西双版纳农垦局编：《西双版纳农垦志》，1981年，第376页。
② 新浪网，http://www.sina.com.cn, 2007-05-24。

共有难民人口10155人（河口县民政管理范围2659人、农垦系统管理的3917人、屏边县2人），其中，联合国登记在册的7496人，非联合国登记在册的2659人（在中国出生的难民后代和中越边境战争结束后流动过来的难民）。这些难民主要是来自越南的老街、莱州等省的边民。他们长期生活在两国边境一线，大多是瑶、苗、布依、壮、哈尼、彝、满、汉等民族。从生产生活情况看，河口县难民共分配耕地4815亩，人均占有耕地面积0.82亩，人均有粮219斤，人均住房7平方米，年人均纯收入720元。当地难民主要以种植甘蔗、香蕉、花生为主，绝大多数难民的生活能够自给自足。大部分难民在生产生活、土地住房、教育卫生、社会帮扶等方面享有中国国民待遇。然而，由于难民人多地少，生产条件差，加上各地发展的不平衡，目前仍有部分农户生活处于极度贫困并出现缺粮的情况。① 截至2008年12月，文山州有难民2439户9799人，分别安置在8县55个乡镇78个自然村及文山县新民、移依和平远三个国营农场。人均分配耕地0.9亩，人均粮食300千克，人均纯收入不足400元，与当地居民差距200—300元。②

难民进入后，云南省各级政府部门积极采取措施进行难民安置。州县政府成立了专门的管理机构——难民办，配备了专职人员，负责日常管理工作。按照我国"一视同仁，不予歧视，同工同酬，提供基本生活保障和必要的就业机会，扶持和鼓励发展生产，提高自食其力的能力，促进其在社会和经济生活中与当地居民融为一体，同时为具备条件与家人团聚的自愿遣返者提供方便"的安置政策，尽职尽责做好难民安置工作。难民到达安置点后，调整出部分土地分给难民，帮助他们建盖房屋，在难民地区建学校，修水利，拨出专款用于难民的管理和发展生产。经过一段时间的努力，两州境内的难民得到了妥善的安置，难民的生产生活得到了基本保障。此后30多年，各州市一直对难民的生产生活给予扶持和帮助。随着我国经济社会的发展以及我国政府实施的惠边惠农政策力度不断加强，生活在中国边境线上的越南难民也逐步享受到中国发展带来的好处，生产生活状况得到极大改善，社会融入度逐步提高。

难民虽然得到安置，然而由于身份归属的基本问题一直悬而未决，因

---

① 红河州扶贫办提供，2011年。
② 《文山州扶贫调研报告》，2009年。

发展的差距导致难民生产生活状况较差，并由此引发了一系列社会问题，成为难民安置地社会安全与社会稳定的重大隐患。具体而言，由难民引发的社会问题主要表现在以下几个方面。

一是由国籍问题引发的上访事件日益增多。① 国籍问题是难民问题的核心和焦点，为了从根本上解决这批难民的归属问题，中国政府积极努力，多次和越南政府协商，但由于两国关系的复杂性，双方始终未能就这一部分难民的归属达成共识，至今已有 30 余年。由国籍未定而引发的一系列问题不仅严重影响难民的生产生活，而且影响安置难民的边疆地区的社会安全。如因国籍未定不能办理户口、身份证、驾驶证，相应地就不能办理合同、信贷、劳务、营运等相关手续，此外国家的相关惠农政策及子女上学的优惠政策也无法享受。自 2000 年以来，越南难民因国籍诉求而上访的次数日益增多，仅 2003 年，越南难民曾先后 8 次集体上访，向有关部门反映要求加入我国国籍和办理身份证等问题。此后难民上访次数越来越多，给边疆社会稳定带来了一定的隐患。最近几年以来，云南省相关部门先后向外交部、公安部、民政部、中联部等中央部门反映难民问题。2008 年 11 月，针对难民最关心和最急迫解决的户籍问题和身份证问题，由民政部国际合作司副司长柴梅带领的由民政部、外交部、国侨办、公安部等部门组成的联合调研组对红河州印支难民进行了调研，调研组深入农垦难民大队、难民聚居村寨。调研结束后，调研组提出了两点意见：其一，越南难民是在特定的时期、特定的地点、因为国际政治的原因产生的，目前要解决他们的国籍问题还不现实。其二，其他省区接受安置的 20 万名印支难民已按"难侨"对待，视为中国公民（有户口簿、发身份证），享受难侨待遇，与当地民众融为一体，云南省可参照执行。调研结束后，根据调研组两点意见的精神，云南省公安厅、民政厅出台了关于《云南省为印支（越南）难民发放户口簿工作实施方案》的通知（公治〔2009〕259 号），按此通知精神，相关州县公安、民政部门为越南难民开展办理居民户口簿和身份证工作。其中红河州已为 1838 户 8454 名难民办理了居民户口簿，占难民总数的 83%。难民户籍落实和身份证的办理工作，切实解决了难民

---

① 吴喜、梁晋云：《难民问题是影响中国边境地区社会稳定的诱因》，《云南警官学院学报》2010 年第 1 期。

最需解决的实际困难和问题，解决了难民群众反映的最为急迫的问题，得到了难民群众的拥护。目前，除了少部分年龄较大自己觉得身份证"无用"者外，绝大部分人都已经办理了个人身份证。

二是与生产生活息息相关的林地、土地、住房问题。越南难民土地问题随着户籍和身份问题的解决，凸显成为当前越南难民面临的突出问题，这一问题主要涉及两个方面：其一，由于越南难民的户籍和身份问题长期没有解决，因此他们在安置过程中划分到的土地没有核发相应的"土地证"和"林权证"。由于缺乏两证，他们的土地和林地在被征用后，只能得到青苗补偿费，无法得到土地补偿费，青苗补偿费远远低于土地补偿费。另外，难民在申请贷款时，由于没有合适的抵押证据，难以获得生产贷款用于发展生产。越南难民初来时划分到一定的土地，然而由于当时的划分程序简单，划分地界不明确，划分手续不健全，随着难民人口数量迅速增长，人多地少矛盾日益突出，难民与政府、难民之间、难民与当地原住民之间的土地纠纷问题越来越多，从安置至今的30多年的时间里，发生较大的土地、山林纠纷高达近70起。其二，住房上的矛盾也极为突出。难民居住的房子都是当年政府无偿建盖的，几十年过去了，当年建的房子年久失修、破损严重，部分房屋成为危房，加上人口增加，人均住房也越来越拥挤。1984年，河口县为搞好难民的安置工作，先后在岔河等地修建越南难民生活区，面积约4万平方米，按当时的难民人口进行分配住房，人均达14平方米。30多年过去了，难民的人口已增加了一倍，住房面积大多没有发生变化，人均住房不到7平方米，对一些人口较多的家庭而言，由于土地少、生活贫困等原因，他们没有能力建盖新房，出现了3代人仍然住在15平方米房子的情况，急需建盖新住房的情形十分普遍。

三是社会治安问题。越南难民居住的地区经济社会发展相对缓慢，基本以务农为主，难民生活普遍较为贫困，加上文化程度较低，缺乏外出务工谋生的手段，曾出现过的难民外出务工报酬低于非难民的现象，导致难民聚居区出现不愿外出打工的现象。一部分难民没有经济来源，整天游手好闲，偷、抢、拐、骗和卖淫、吸毒现象屡有发生。少部分越南难民还与当地社会黑恶势力、越南不法分子相互勾结，从事盗卖牛马、拐卖人口、贩卖毒品和枪械等违法犯罪活动。在难民之间、难民与周边群众及农场职工之间，经常发生纠纷和打架斗殴的事件，当地政府往往难以处理，严重影响社会治安稳定。

四是计划生育、违法犯罪等方面社会控制难度大。由于我国法律不适用于难民,针对难民的超生、违法犯罪等行为,既没有相应的约束机制,也没有相应的法律依据,增加了当地人口管理的难度。

3. 缅甸难民

缅甸自独立后中央政府与周边各少数民族诸邦控制的武装之间冲突不时发生,造成大量的边地居民因躲避战争而涌入周边国家,云南省由于与缅甸接壤的国境线最长,因而也是缅甸难民影响的重灾区。进入 21 世纪,缅甸政府军与境内少数民族武装冲突不断。2009 年 8 月 8 日,缅甸果敢发生的一场军事冲突,亦称"八八事件",此事态不断演化,27 日以来,缅甸果敢地区发生的武装冲突导致 3 万余名边民涌入云南境内。其二,2011—2012 年 2 月缅甸政府与掸邦克钦独立军爆发冲突,这次冲突引发大量的难民涌入我国边境地区。据 Y 县的统计数据显示,冲突共导致约 1.5 万名缅甸难民涌入中国境内,被安置在该县边疆三个乡镇的六个安置点,共计安置经费 648.8 万元。[①] 2012 年 2 月,双方又发生冲突,随着冲突的升级,导致数万名缅甸难民离家北上,越过中缅边界,涌入中国境内。向难民提供救济服务的中国 NGO 组织在一份声明中表示:"自 2012 年 1 月 1 日以来,克钦地区持续的武装冲突已导致约 4 万名难民涌向中缅边境,其中有 2.5 万人已经越过边境,在云南寻求庇护场所。在靠近中缅边境的盈江县,就有 2 万人","几乎都是老弱妇孺,还有孕妇和正在哺乳的女性"。许多难民住在临时的难民营里,其他人在边境两侧的学校和村庄里找到了临时的容身地,还有几千名难民在森林里流浪。[②] 另外在陇川、盈江、瑞丽等地都分布着数个大大小小的难民安置点。

另据报道,截至 2012 年 3 月 2 日,云南边境(包括缅甸境内)难民共计 7 万余人,儿童几乎超过半数,有至少 35 个难民安置点,主要分布在云南边境一线的芒市、瑞丽市、陇川县、盈江县,以及怒江州的边境地区,以及以上 5 个地区的国界对岸缅甸方面。云南边境地区难民营具体分

---

① Y 县民政局处置边境突发事件应急预案,Y 县应急办提供,2011 年。
② 凤凰网资讯频道,2012 - 02 - 09。

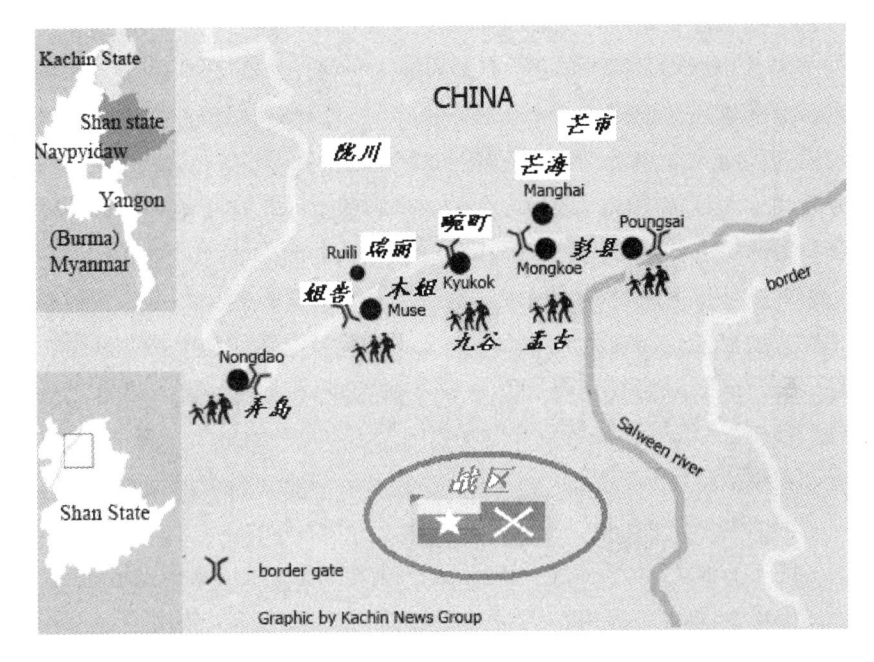

图 3-4 缅甸难民流向中国示意

图片来源：凤凰网，2012-02-09。

布如下①：（1）芒市芒海难民营：190多人，儿童超过120人；（2）瑞丽弄岛第一杨六难民营：约1260人；（3）瑞丽弄岛第二老排难民营：约715人；（4）瑞丽弄岛第三等嘎难民营：1078人；（5）瑞丽弄岛第四"分散"难民营（家庭）：1619人；（6）瑞丽弄岛第五热水沟难民营：632人；（7）瑞丽弄岛第六色棚难民营：646人；（8）瑞丽弄岛第七曼英难民营：1285人；（9）瑞丽弄岛第八大构头难民营：198人；（10）瑞丽—陇川木瓜坝第三难民营：约700人；（11）云南陇川弄贤寨子难民营：200多人；（12）云南陇川拉影难民营：1500余人；（13）云南盈江芝麻乡难民营：300多人的傈僳族难民；（14）云南怒江难民营：有942户，4199人。此外，还有部分在中国边境地区有亲戚关系的难民进入中国境内投亲靠友（约2000人②）。另2012年12月30日至2013年1月，

---

① 资料来源：云南缅甸边民难民营统计，（1）http://qing.weibo.com/tj/6d0408ab33000kdq.html, 2012-03-07；（2）http://www.inlord.cn/index.php?option=com_content&view=article&id=2263; 2012-2-9&catid=134; 2010-06-23-10-28-41&Itemid=513, 2012-03-08。

② 网易论坛，http://bbs.news.163.com/bbs/photo/245059959.html, 2012-03-17。

缅甸北部再次爆发武装冲突，缅军的3发炮弹落入盈江县那邦镇并损毁了一栋民房。① 此战役同时引起了难民的涌入，其中大部分难民安置在缅甸边境，云南盈江县设置了4个临时安置点，以防缅北军事冲突升级导致更大规模难民涌入。2015年2月缅甸果敢地区再次发生武装冲突，又引发溪地边民进入我国境内，缅甸当前的政局形势显示，边境地区的武装军事冲突和由此引发的难民问题，还将持续相当长的时期。

中国边境地区缅甸一方的地方武装的频繁冲突，对中国的边贸通道安全、投资项目安全、边境居民人身安全、边境社会防控构成严重威胁，影响跨境民族地区社会稳定与和谐。一些缅甸难民流入中国，成为"三非人员"（非法入境、非法居留和非法就业），从而引发抢劫、盗窃和贩毒、卖淫等犯罪活动，给云南边境地区的社会安全与稳定造成严重影响。

（三）跨境婚姻问题

云南省有8个州25个县，与老挝、越南和缅甸三国6个边境省32个县（市、镇）接壤，沿4061公里的边境线居住的跨境民族历史上就有着互市经商、通婚联姻、换工借贷等民间的社会交往。近年来，随着云南省沿边地区全面开放，边民的跨境流动日益频繁，除传统的走亲访友、节日互动外，到境外务工、贸易或从事经营开发人数、规模不断扩大。与此相伴，作为边境地区早已存在的跨境婚姻自20世纪90年代以来不断上升，且呈现一边倒的态势（缅甸、老挝、越南等国女性嫁到中国境内）。而这些跨境婚姻绝大多数是没有合法履行我国跨国婚姻手续的事实婚姻。从当前已掌握的情况分析，边疆一线跨境婚姻迅速增长的势头还将持续相当长的时期，并呈现向云南省和国家内地渗透的趋势。

1. 云南边疆民族地区跨境婚姻的现状

云南边境地区少数民族之间的跨境婚姻的存在是一个历史事实。据一些学者的调查，在一些边境村寨的血缘关系若上推三代人，几乎90%以上的家庭都存在着跨境婚姻现象。瑞丽市的一个边境村寨小等喊村，调查数据表明近半个世纪一直存在跨境婚姻，娶缅甸媳妇、嫁去缅甸、到中国上门、去缅甸上门的情况都普遍存在，有的家庭甚至出现父子两代或者兄弟几人都娶缅甸媳妇的情况。总的来看，20世纪80年代前，边境地区的跨境婚姻虽然普遍存在，但只是边境地区少数民族互动交往的正常现象，

---

① 《云南信息报》2013-01-05。

而这种跨境婚姻基本处于动态平衡之中。但是20世纪90年代以后，跨境婚姻这种动态平衡发生了明显的变化，境外女性嫁入中国急剧增加，势头有增无减。① 云南边境跨境民族地区跨境婚姻总体人数没有一个确切的说法，据相关资料提供的数据，2009年云南边境跨境婚姻人数为2.5万人左右。② 由于对边疆少数民族地区跨境婚姻统计难度大，当前云南跨境婚姻的人数应远远超过这一数据。德宏州2009年登记涉外婚姻为1158对，那么2010—2011年按平均增长，两年中涉外婚姻应是2316对，8个边境州市两年中应增加18528对。考虑到各边境州（市）跨境婚姻人数存在差异，因此云南边境地区跨境婚姻目前较为合理的估计应该为3.5万—4.5万人，每户按四口之家计算，边境民族地区应跨境婚姻涉及的人口总人口在14万—18万。这14万—18万人口的生存环境，对边疆民族地区的发展与社会稳定产生的影响不可忽视。

下面以西双版纳州景洪市、勐腊县、临沧市、澜沧县、西盟县等几个典型地区为例来呈现云南的跨境婚姻现状。

西双版纳州景洪市与缅甸第四特区南板管委会接壤，紧邻老挝、泰国，2010年景洪市采取普查法在全市各乡镇开展跨境婚姻调查，共有跨境婚姻家庭1044户2087人（中国男性死亡1人）。其中，勐龙镇703户、景哈乡278户、嘎洒镇嘎栋片区29户、勐罕镇21户、街道办6户、大渡岗乡3户、景讷乡4户，以缅甸、老挝和泰国女性嫁入为主。并对873户（占跨境婚姻总户数的83.6%）1745名农村跨境婚姻人群进行调查，缅甸籍占49.7%，老挝籍占0.3%；15—19岁占0.1%、20—29岁占23.7%、30—39岁占25.8%、40—49岁占23.9%、50—59岁占19%、60岁以上占7.6%；大专占0.06%、高中占0.3%、初中占26.3%、小学占26.2%、文盲占47.1%。

---

① 我国的陆路边境线长2万多公里，生活在这里的原住民基本上是少数民族，其中跨境民族35个。据笔者查阅的相关资料表明，这种一边倒的跨境婚姻普遍存在，只是程度和形式存在差异。以同处于西南边疆的广西为例，学者调查的8个边境县，有8000多人越南女性跨境婚姻。另外，中国浙江省每年就有3万—6万名新娘流入（其中境外来的新娘占相当大的比重）（《云南信息报》，2011年9月15日）。而在东北的延边朝鲜族自治州，中国朝鲜族女性大量流入韩国，至2010年1月为止，滞留在韩国的朝鲜族妇女为299769人，其中延边朝鲜族占绝大多数（孙春日：《中朝边境地区人口流失及对策》，《北方民族大学学报》2011年第3期）。

② 云南省防治艾滋病管理局局长徐和平向媒体透露的数字。见中国新闻网，2009年11月28日；中新社昆明，11月27日。

西双版纳傣族自治州勐腊县是云南省边境线最长的县（740.8公里），东部、南部与老挝接壤，西部隔澜沧江与缅甸相望，仅陆路国境线上就有大小通道46处。有5条公路直通老挝、缅甸，有8个民族跨境而居。近年来，勐腊县边民与老挝、缅甸等国边民通婚的现象日益突出。据勐腊县民政侨务局的统计，截至2008年，县内边民通婚680对，涉及傣、哈尼、瑶、苗、彝、拉祜、汉等民族，生育子女905人。其中，当地嫁到国外的只有24人，绝大多数都是外国女子嫁入中国。[①]

临沧市与缅甸掸邦北部的果敢、佤邦和滚弄地区相邻。随着我国改革开放的深入，中缅两国公民交往日趋频繁，通婚人数逐年增多，特别是2009年缅甸果敢"8·8"事件后，前来中国境内申请办理结婚登记手续的人员大幅增加。据统计，2009年底以前，全市有边民婚姻3888对（到中国定居的数据），其中：依法办理结婚登记手续的1605对，未办理结婚登记手续的2283对。在3888对跨境婚姻中，边三县有2605对（领取结婚证900对，未领结婚证1705对），其他五县（区）1283对（领取结婚证705对，未领结婚证578对）。2010年1月至6月，全市共办理边民婚姻登记手续286对，其中：边三县134对（镇康100对，沧源26对，耿马8对），其他五县（区）152对。

普洱市的澜沧县位于云南省西南部，因东临澜沧江而得名，是全国唯一的一个拉祜族自治县，全县共有20个乡镇，这里主要居住着佤族、拉祜族、哈尼族、傣族和布朗族等少数民族。澜沧县边民跨境通婚的情况几乎涉及澜沧县所辖的20个乡（镇），2004年边民跨境通婚11对，2005年为13对，2006年19对，2007年28对，2008年38对，2009年40对。截至2009年边民跨境通婚共149对。[②]

云南省思茅市西盟佤族自治县与缅甸掸邦第二特区（佤邦）山水相邻，两国相邻而居的边民都属于同一个民族佤族，没有履行任何法律上的手续就与缅甸女性结婚生子的事实婚姻，在西盟县每个乡镇均存在，多的一个乡达六七十人，少的乡镇也有十几人。与缅甸只有一河之隔的新场村与永广村，有70多名缅甸籍妇女与我国边民通婚。即使在较早的2004年，该县岳宋乡岳宋村就嫁入20多名缅甸妇女。目前已有462名缅甸妇

---

① 肖静芳：《云南勐腊跨国婚姻增多给边境管理添难题》，《中国民族报》2009-04-28。
② 赵淑娟：《边民跨境通婚状况调查》，《楚雄师范学院学报》2011年第10期。

女嫁到这里,嫁到中国的缅甸妇女经常往返于中缅之间,对她们来说,国界只是一道矮矮的"邻家门槛",只要一抬脚就到了娘家,再一抬脚又回到了婆家。

2. 跨境民族地区跨境婚姻的特征

由于跨境婚姻的迅速增加,已呈现出一些与传统跨境婚姻不同的特征。

其一,跨境婚姻人口学特征。目前,云南边疆民族地区跨境婚姻呈现出四个方面的人口学特征。一是从人口的性别来看,周边国家人口迁入中国境内的跨境婚姻,女性人口占绝大多数,普遍超过80%,下列的具体统计数据充分证明这一问题。据一项对德宏地区20个边境乡镇的692个自然村调查,中缅边民婚姻为6520对,其中嫁入中国的缅甸妇女为5235人,占边民跨境婚姻人数的80.29%。西双版纳州边境线最长的勐纳县截至2008年已统计的边民跨境婚姻680对,其中656对都是缅甸、老挝等地的妇女嫁到中国,占96.5%。[①] 与越南接壤的文山州马关县金厂镇2011年的调查显示:220对跨境婚姻中,越南妇女加入境内的有218人,占99.1%。[②] 二是从结婚年龄来看,嫁入我方妇女的年龄普遍偏小。我国的婚姻法规定,法定的结婚年龄男方22周岁,女方20周岁(民族自治县男方为20岁,女方为18岁)。据临沧市人大的一项对该地跨境婚姻的专项调查中发现,缅甸嫁入我方的女性,结婚时不足18周岁的居多。[③] 另腾冲县一项对跨境婚姻艾滋病普查中也显示,跨境婚姻中嫁入我方的女性相当一部分年龄在16岁左右。三是从文化素质看,入嫁我方的外籍女性,文化素质普遍偏低。据腾冲县的相关资料表明,2009年一项对800名缅甸媳妇的问卷调查,其中,文盲390人,占问卷总数的48.75%;小学程度278人,占问卷总数的34.75%,两项相加占调查总数的83.5%。四是婚姻形式呈现多元态势,并以事实婚姻为主。云南省跨境民族地区,跨境婚姻的形式,多种情况都存在,自由恋爱、介绍以及买卖婚姻都有,从调查情况来看,与邻国接壤的村寨,交往方便,多数是通过自由交往、恋爱而结婚。

---

① 《中国民族报》电子版,2009年4月28日。
② 文山州扶贫办调研报告,2011年。
③ 《临沧市人大常委会调研与毗邻国边民婚姻情况》,中国人大网地方网,2010年8月13日。

而从婚姻的登记手续来看，边境一带跨境婚姻两低现象十分突出。一是婚姻登记率低，二是落户率低。下面几组数据充分反映这一情况，德宏州统计的6520对中缅边民跨境婚姻中，已办理手续1102对，占16.9%，未办理的5418对，占83.1%，且越靠近缅甸山区的村寨，结婚的登记率越低。据2009年5月统计，该州陇川县户撒乡，涉缅婚姻11个行政村65个自然村，有161对跨境婚姻，婚姻登记为零，章凤镇11个行政村85个自然村，854对中仅有一对登记。红河州金平县700对跨境婚姻中，仅有一对办理过登记手续。① 二是落户率低，因嫁入我方的外籍人员，其婚姻形式多数是事实婚姻，连婚姻登记证都未办理，因此更谈不上入中国籍、落户，即使那些已办理过婚姻登记手续的，大多数也未能按我方法律规定办理入籍手续，所以也难以落户，如镇康县2704对跨境婚姻家庭中，已落户的只有34人，仅占0.013%。

其二，跨境婚姻的地域特征。近年来随着跨境婚姻的迅速增加，加之一些其他社会因素的交互作用，跨境婚姻的婚姻圈已超越与邻国接壤的村寨，呈现出如下一些鲜明的地域特征。首先，跨境婚姻的主要婚姻圈以边境沿线与邻国接壤的村寨为主，已覆盖云南所有的边境乡镇和绝大部分的村寨。以德宏州为例，其国境线长503公里，在芒市、盈江和陇川、瑞丽四个边境县的24个边境乡镇，692个自然村，都存在跨境婚姻。② 其次，婚姻圈的外延扩大。一是向8个边境州（市）的非边境的县区迅速扩散。如临沧市的跨境婚姻已扩散至全市的另五个非边境县（区），且势头很迅速，2006年的非边境县登记跨境婚姻21对，占边三县跨境婚姻的19.4%，2007年办证63对，占边三县跨境婚姻的50%，2008年办理123对，占边三县跨境婚姻的54%，2009年办理160对，占边三县跨境婚姻的57%，2012年1—6月办理152对，而同期边三县办理跨境婚姻为134对，是边三县跨境婚姻的113%。③ 此外普洱市澜沧县所辖的20个乡（镇），也都有跨境婚姻存在。二是向省内和内陆腹地延伸。近几年跨境民族地区的跨境婚姻也凸显向内陆腹地延伸的势头。在云南省的内陆州市，如大理州已有被缅甸新娘骗婚的事件发生，同时中国内陆的如河南、

---

① 金平县妇联提供的资料，2010年。
② 德宏州计生委提供的资料，2011年。
③ 根据临沧市人大调研整理而得出，2011年。

安徽、山东、四川等省区较贫困的地区，也存在不同程度的跨境婚姻，数量也不在少数。如2008年4月河南省在清查三非人员中仅新蔡县就清查出69户娶缅甸妇女的非法婚姻。① 此外在云南省开展的打击拐卖妇女儿童的国际犯罪案件中，也从另一个侧面说明这种跨境婚姻已向中国内陆延伸。近年来，在互联网上也出现介绍跨境婚姻的相关信息，关注率大大提高，使跨境婚姻有可能进一步扩大延伸。

其三，跨境婚姻的社会结构特征。近年来，随着边疆民族地区跨境婚姻的迅速增加，跨境婚姻家庭在边疆地区村寨中所占的比例也随之发生变化。据调查资料显示，在云南边境的村寨中有相当数量的村寨跨境婚姻家庭在村寨中所占比例一般都达到20%，有的村寨高达50%左右。下面几个案例可见一斑，德宏州瑞丽市弄别寨有89户人家，其中30户为跨境婚姻家庭，占该村寨总户数的33.7%，② 另该市的姐相乡的小等喊村全村共有120户人家，跨境婚姻家庭55户，占全村总户数的45.8%。该乡的另一个行政村2006—2009年共结婚172对，其中跨境婚姻93对，占总数的54%。保山市龙陵县某个与缅甸接壤的村寨共有414户人家，其中跨境婚姻100户，占总数的24.2%，③ 另中越边境文山州马关县斤金厂镇的水头村，全村44户人家，以苗族为主，跨境婚姻9户，占全村总户数的20.5%。④ 这种村寨中家庭结构比的变化，可能带来的影响因素不可忽视。

3. 跨境民族地区跨境婚姻形成的影响因素分析

边疆民族地区跨境婚姻近20年来呈现出一边倒的态势，是多种社会因素动态交融形成的一种特殊的人口移动动态机制作用的结果。目前关于人口迁移的动力机制理论的研究已经相当成熟，归纳起来有四种动力机制和三种后续的迁移观点。而作为这种动力机制最具解释力的理论当以赫伯尔在乔治·莱文斯坦研究的基础上提出的"推—拉理论"。推拉理论的核心观点是，大规模看似无序的人口流动，并非完全无序，而是遵循一定的规律，亦即迁出地的种种因素形成的"推力"以及迁入地种种积极因素

---

① 天涯社区，2012年2月6日。
② 同上。
③ 农工党云南省委：《切实重视云南少数民族地区农村妇女外流产生的社会问题》，省政协十届一次会议交流材料。
④ 金厂镇派出所提供的材料，2011年。

形成的"拉力",其中利益驱使则是主要的动因。而亚历山德罗·波特斯和罗伯特·巴赫的"三重市场需求理论"中提出的"族群聚集区"观点以及利奇在其社会人类学方法论中,强调对传统小型社会研究的必要,并指出这往往是揭开某一地区一些特殊社会历史现象产生的动力机制。对我们更深层次讨论边疆民族地区跨境婚姻的利益因素之外的"文化传统"提供了新的启示,在边境民族地区的跨境婚姻中,我们需要特别考察大环境与小传统的交互作用。

以上述理论为视角考察边境地区的跨境婚姻,下列三个层面的因素交互作用是近年跨境婚姻形成的主要动力机制。

一是发展差距。改革开放 30 年,我国发生翻天覆地的变化,人民生活富裕程度极大提高,正在向全面小康迈进。边疆地区虽然与东部地区仍存在着发展的差距,但是在中央"西部大开发"、"兴边富民"工程和社会主义新农村建设重大战略举措的支持下,我国西南边疆广大的民族地区也呈现出快速发展的态势。使边疆地区在基础设施建设、温饱安居、产业培育、素质提高、社会保障、社会稳定、生态保护与建设等方面得到明显的改善和提升。这种发展变化犹如"一块巨大的磁铁",产生强大的吸引力,正在吸引着越来越多的"异域"同胞。

而与云南省接壤的周边三国边境地区情况虽各有不同,但总体上看与我国发展差距是明显的。三国中缅甸与云南省接壤最多,也是女性嫁入云南省边境地区最多的国家,而缅甸直到现在都被联合国列为最不发达的国家之一,虽然从 2010 年缅甸开始了民主化的进程,诞生了第一个民选政府并相继实施了一系列改革措施,但其发展仍举步维艰,贫困的改变不可能一蹴而就。加之缅甸历史上一直存在着中央政府与周边地区少数民族武装割据的局面,这一局面并没有因新政权的诞生而消失,局部地区局势还出现恶化,导致发生武装冲突,这一问题的解决仍将是一个长期的历史过程,贫困和沿边地区控制与反控制的斗争将在相当长的历史时期内制约缅甸的发展。因此,稳定而美好的生活成为缅甸边境广大妇女追求和向往的目标,缅甸的妇女甚至把能嫁到中国看成是一种"福气",通过婚姻迁移改变现状就成为她们必然的理性选择。

与云南省文山、红河两地接壤的越南沿边地区少数民族贫困是不争的事实。越南 1989 年开始了"革新开放"的过程,并于 2001 年确定建立"社会主义定向的经济体制"。25 年来越南的经济总体上保持平均 7% 以上的增长率,经济总量不断扩大,2010年国内生产总值(GDP)达到1035美元,人均GDP接近1200美元,但越南经济发展不平衡十分突出,南北发展差异较大,加之历史因素的作用,越南北部仍然存在对当地苗族的歧视政策,因此越南与中国接壤的北部山区,仍然非常贫困,温饱问题仍然是生存的主要问题。相关调查显示,在这些地区,民众每年的粮食产量仅能满足7—8个月的需求,基本生活保障十分薄弱。对于这些地区的越南妇女来说,外嫁中国成为改变命运的重要选择。有关部门调查310名嫁到中国的越南妇女,她们无一例外地说:"中国社会稳定,经济条件好,妇女地位高。"[①] 发展的差异,形成巨大的差异动力机制,促使云南边境地区境外人口呈现向中国一侧流动的总趋势。然而针对这种人口流动趋势中的以女性为主、以婚迁为主的态势,有必要进一步探讨边疆民族社会较深层次的人口学因素。边疆跨境民族地区跨境婚姻中的人口学因素主要表现在男女青年性别比例失调以及"婚姻挤压"。改革开放以来,我国国内人口流动迅猛增加,大量的农村人口流动到发达地区,形成我国人类学史上少有的人口流动大潮,改变着我国的人口构成结构。相对国内的人口流动形势,作为边疆地区的人口流动显得相对滞后,直到20世纪八九十年代,随着改革开放的深入发展,以及地方政府的积极倡导,广大边疆民族地区人口流动呈现加速的势头。沿边境地区的各族群众,也开始走出世代生存的村寨小社会,汇入持续增长的流动大潮中。这其中少数民族人口70%流向东南沿海和中部经济发达的大中城市,也有一部分流动到国外,从事务工和其他服务工作。这些流动的少数民族女性都是带着改变命运、改变贫困的强烈愿望而走出自己的家乡,城市的多彩生活以及在就业选择中相对于男性所具有的优势,相当一部分女性在异地生存适应中多数选择留下并通过婚姻改变自己的命运。这种持续不断的人口流动中,女性人口的流失最终造成了迁出地性别比的严重失调。有关统计表明,云南少数民族人口流动性别比为96.1(即每流出96.1名男性,就有100名女性流出)。[②] 一些典型的边境州(市)及乡镇,女性的外流形势更加严峻,例如2004—2006年西双版纳州有外流人员5407人,其中女性3461人,

---

① 文山州扶贫办调研报告,2011年。
② 云南省妇女儿童工作委员会办公室:《云南促进边境地区妇女儿童发展研究决策咨询报告》,2011年。

占总数的 64%,而所流出的女性婚姻迁移是主要形式。该州勐腊县的巴达乡,外出打工(包括国外的泰国、缅甸)共 1822 人,其中女性 906 人。该地区另一村寨 25 岁以上未婚男性 39 人,而未婚女性仅 2 人,男女性别比高达 19.5∶1。① 适婚年龄的男女性别比例失调导致男性处在"婚姻挤压"状态。临沧市的沧源自治县勐董镇龙龙乃村女青年外出 60 多人,而该村目前 30—50 岁的未婚单身男子多达 100 多人。② 保山市龙陵县一边境村寨共 414 户 1712 人,男性 950 人,女性 772 人,其中缅甸嫁入妇女 100 人,还有 50—60 位"剩男"。③

造成边疆民族地区性别比失调的另一重大因素,是我国国内人口性别比失调,出现"婚姻挤压"向边疆贫困地区传递的结果。相关人口学专家指出,我国 1990 年人口普查数据中的 0—4 岁组中不平衡性别比会在 20 年后(即 2010 年)带来严重的"婚姻挤压"问题。在一些内陆人口大省相对发展滞后的贫困地区,适婚青年未能在当地寻求到合适伴侣的农村未婚男子,越来越多通过直接或者间接的方式从边境地区寻找结婚对象。这种婚姻迁移构成边境地区妇女外流的另一主要原因。怒江州福贡县 2000—2005 年外嫁妇女为 292 人,而 2006—2008 年两年间猛增为近 400 人。据不完全统计,仅瑞丽市嫁到两广、两湖、福建五省的傣族姑娘超过千人,有数千人嫁给当地国营农场的内地复员转业人员。瑞丽市贺赛行政村主任如是说:"每年春节前后,不少来自河南、山东、安徽的汉族到我们这里,找人介绍想娶我们傣族姑娘回去做老婆,甚至有的还到缅甸去讨老婆的。"

云南省与周边国家边境地区跨境婚姻形成与发展的第三大动力机制是在这些边境地区形成的社会、文化、历史传统,亦即这里存在的跨越国家疆界传统小社会。云南省与周边三国接壤的地区生活着 16 个跨境而居的少数民族。这些少数民族,有的主体在国内向外延伸,有的主体在国外,不论其主体在国内还是在国外,彼此之间存在着较高的历史记忆和族群认同,客观上形成了一个跨越国家疆界的传统小社会。民族文化的认同使生

---

① 农工党云南省委:《切实重视云南少数民族地区农村妇女外流产生的社会问题》,省政协十届一次会议交流材料。

② 《临沧市人大常委会调研与毗邻国边民婚姻情况》,全国人大网,2010 年 8 月 13 日。

③ 农工党云南省委:《切实重视云南少数民族地区农村妇女外流产生的社会问题》,省政协十届一次会议交流材料。

活边界两侧的族群形成了较强的彼此联结的团结感,而这种"团结感"促进了跨境民族之间连绵的、持续不断的婚姻关系纽带。

边境地区跨境婚姻新态势的形成,是改革开放以来,国际与国内、周边与内地诸多因素交互作用而产生的一种社会现象,有其合理的因素和正向的作用,但不可否认,大量事实婚姻的存在与持续增长,也给边疆民族地区带来了一系列显性和隐性的社会问题,不仅极大地增加边境社会基层政府管理的难度和管理成本,而且给边疆民族社会安全环境带来诸多潜在的风险和不稳定因素,这是一个需要在国家安全视野中,从理论与实践相结合的高度认真研究的社会问题。此问题后文将做专题讨论。

四 宗教渗透问题

云南是一个多民族、多宗教的边疆省份,宗教在云南的传播有着悠久的历史,境内各种宗教并存,宗教类型最多、分布广泛是宗教信仰最具特色的省份,几乎囊括了世界几大宗教的主要类型(佛教、道教、伊斯兰教、基督教、天主教)。其中,佛教三大部派(汉传佛教、南传佛教及藏传佛教)集于一省乃云南所独有。此外还有形态多样的少数民族原生性宗教和民间信仰。

云南的信教群众人数、教职人员、宗教活动场所、宗教团体以及宗教院校数量均位于全国各省区市前列。全省信教群众约有425.57万人,其中佛教282.46万人、道教16.31万人、伊斯兰教64.00万人,基督教58.52万人、天主教4.28万人。信教群众总数约占全省总人口的1/10,而各少数民族信仰的本民族的原生宗教人数当以百万计。少数民族是宗教信仰的主体,占全省信教群众的80%,有的少数民族几乎全部信仰宗教。信教群众的绝对数在全国各省区市中处于前列。全省现有宗教教职人员14659人,其中佛教5222人、道教239人、伊斯兰教3729人、基督教5303人、天主教166人。正式登记的宗教活动场所有5789处,其中佛教2511处、道教136处、伊斯兰教844处、基督教2230处、天主教68处。有5个全省性、39个州市级和148个县级宗教团体。有3所全省性宗教团体举办的宗教院校。[1]

---

[1] 《云南宗教的主要特点》,云南网,http://yn.yunnan.cn/html/2011-05/19/content_1620741.htm。

（一）基督教、天主教的宗教渗透问题

宗教作为一种意识形态，具有较强的渗透力。从社会学的角度来看，宗教渗透是将一个社会的意识形态弥散、扩充到另一个异质文化社会中并将其社会化的过程，并力图消融、同化和控制异质社会的意识形态，以达到自身意识形态传播的目的。① 长期以来，西方敌对势力总是试图以宗教为手段开展遏制和颠覆社会主义中国的活动，他们以宣扬西方宗教所谓的"普世价值"，插手我国宗教内部事务，冲击我国的意识形态体系，以达到用"软手段"改变我国社会主义性质的目的。云南作为一个多元宗教并存的边疆民族地区，边界的开放性以及宗教的多元性使得云南特别是跨境民族地区成为境外敌对势力和宗教组织开展渗透的突破口和重要据点，也是云南省宗教渗透与反渗透、分裂与反分裂的前沿阵地和主战场。宗教问题也就构成边疆民族社会稳定、社会和谐和维护国家安全带有全局性的重大问题。当前境外各类敌对势力，对我边境民族地区进行渗透的基本情况是：其一，通过境外各种组织有目的、有计划地对边疆民族地区进行宗教渗透。其中具有美国和西方敌对势力为背景的境外敌对势力及分裂组织是对我国渗透危害最大的力量，如"扎谍老佛祖组织"、"全世界文蚌民族同盟会"。其中基督教渗透中影响较大的有"印缅'爱与行动'"、"缅甸'浸信会'总会"以及"哈尼2000撒种计划"，对我国边疆社会稳定构成较大的潜在威胁和隐患。其二，宗教势力和教会组织的渗透力量，如基督教浸会组织、缅甸基督教傈僳会、缅甸傈僳族神召会、缅甸傈僳族基督会、缅甸密支那华人基督教协会、仰光华人基督教会和缅甸天主教会。这些宗教势力和教会组织通过布道、讲经，组建和发展云南跨境民族地区的宗教组织和教徒，宣传西方的价值观念和生活方式，不断进行政治蛊惑性宣传和政治渗透。其三，早期传教士的后代及其教团，如在中央情报局操纵下的"恩保洋"集团和在怒江地区的美国莫尔斯家族。最后，一些具有宗教背景的NGO组织以慈善事业、经济合作等为诱饵进行渗透。

天主教、基督教历史上作为帝国主义列强对我国进行侵略的工具，服务于帝国主义列强对我国的殖民战略和侵略行动。中华人民共和国成立后，在全国范围内实施宗教革新运动，天主教、基督教彻底摆脱了外国势

---

① 张桥贵主编：《云南跨境民族宗教社会问题研究（之一）》，中国社会科学出版社2008年版，第5页。

力的控制。改革开放以来,党的宗教政策进一步得到落实与完善,在云南省广大民族地区,随着民族文化的"复兴",宗教活动也逐渐恢复和重新活跃起来。到2006年,天主教正式登记的教堂有55所,神职人员91人,信徒约5万人,其信徒在边境地区主要分布在中越边界沿线的红河、文山两州和中缅边界的怒江、德宏、临沧等边境州市[①]。基督教分布在云南省大部分地区,尤其是边境地区的普洱市、怒江州、德宏州、临沧州等。2006年正式登记的教堂2023座,活动点有867处,教牧人员4203人,信徒约55万人。近年来基督教发展更为迅猛,包括不少信仰佛教的少数民族都改教信基督教。与此同时,境外的敌对势力和宗教组织对云南省边疆民族地区的宗教渗透也日趋活跃,特别是在信奉基督教的景颇族、傈僳族、佤族和苗族等少数民族中,渗透活动更为猖獗,形势也日趋严峻。其渗透的手段和形式,也随之发生了变化,呈现出一些显著的新特点。下面根据一些学者的研究成果以及本课题组近年来重点对怒江傈僳族自治州以及其他边境州市的实证调查,对云南省跨境民族地区的宗教渗透的新特点作出如下归纳。

1. 充分利用传统渠道输入宗教资料

通过各种手段向我国境内大量非法输入宗教印刷品、音像制品,开展所谓的"文化布道"。一是利用设在云南边境地区宗教基地,非法向云南省偷运各种宗教宣传资料。其中较为典型的如印缅"爱与行动"组织所属中国宗教传播执行委员会。自20世纪90年代起,该委员会在中缅边界中段德宏州瑞丽境外的木姐、南坎等地建据点向我境内偷运散发经书和宗教宣传品,每年编辑、翻译、印刷30多种上百万册[②]。二是通过邮寄等手段输入宗教宣传品。如中越边境的文山州,境外宗教组织自2004年以来多次向云南境内邮寄宗教书刊 *NWS Nrog Ped Ngod* 和 *Tseb Nplel*。三是利用到境外参加非法培训或旅游的我方基督教徒,秘密夹带宗教宣传品入境。2004年澳大利亚布里斯班基督教徒三人在西畴县开往富宁县的客车上,公开散发基督教宣传品,被查获的宣传品近万份[③]。2008年怒江州福贡县11名、贡山县2名基督教徒到缅甸接受圣经培训后,非法偷带入境

[①] 云南省宗教局提供的数据,2008年。

[②] 鲁刚:《社会和谐与边疆稳定》,中国社会科学出版社2012年版,第130页。

[③] 《中越跨境民族宗教渗透问题与和谐边疆的建设——以文山州苗族地区为例》,云南民族大学硕士学位论文,2011年6月。

《女中强人》《在家庭中复兴的道路》《十全十美的心》《患难与受苦完全依靠上帝》《耶稣是神吗》等宗教宣传读物近 5000 册。

2. 利用当地本民族的信徒充当代理人进行非法传教

一是利用境外的宗教培训基地吸引我边民出境参加圣经培训，以培养信徒和代理人。其中以怒江州最为典型。怒江傈僳族自治州属于云南省乃至全国宗教工作的重点地区，长期处于宗教渗透与反渗透、颠覆与反颠覆、争夺与反争夺的敏感地区和前沿阵地，同时也是云南省乃至全国宗教渗透最为严重的地区，怒江州全州辖泸水县、福贡县、贡山独龙族自治县和兰坪白族普米族自治县，有 29 个乡镇（其中 3 个为民族乡）、260 个村委会，总人口 49.2 万人。居住着傈僳、怒、独龙、普米、白、藏、纳西、彝等 22 种少数民族，少数民族人口占全州总人口的 92.3%，居全国 30 个民族自治州之首。宗教信仰方面有基督教、天主教、佛教、原始宗教和"本主"崇拜等。基督教和原始宗教在全州范围内均有分布，其中以基督教、天主教和藏传佛教这三种宗教为主。目前，信仰这三种宗教的人数达 101708 人，占全州信教人口总数的 80%，其中，基督教 91628 人，占全州信教人口总数的 72.1%；天主教 2750 人，占全州信教人口总数的 2.2%；藏传佛教 7330 人（包括贡山县 2985 人、兰坪县 4345 人），占全州信教人口总数的 5.7%。全州已批准登记的宗教活动场所有 736 个和 7 个活动点，其中，基督教有教堂 719 个；天主教有讲堂 11 个和 4 个活动点；佛教有寺院 5 个和 3 个活动点；道教有道观 1 个。全州有 10 个爱国宗教团体，宗教教牧人员和管理人员 2159 人。[①] 境外教会与怒江州基督教存在很深的历史渊源。

中华人民共和国成立后，原在怒江州传教的外籍人员，从未放松对怒江州及相关州市的宗教渗透。如怒江州出境的部分外籍牧师，在靠近我边界的境外边境地区创办了各种教会组织，进行传教活动。从贡山出境的莫尔斯，在缅北创办"木兰施底"培训中心，并在泰国清迈开办了神学院校，吸引境内傈僳族到境外进行培训。另外，福贡的马导民在缅甸密支那、莫谷有众多的从福贡出境的"神召会"信徒，并在缅甸密支那建"神召会"的神学院校。从泸水出境的杨思惠在缅甸各地建有"内地会"和该会分出去的"傈僳会"信徒，他们在密支那、瓦城（曼德勒）、腊戌

---

① 中共怒江州委关于抵御境外宗教渗透情况的汇报，2008 年 9 月 26 日。

等地均设有神学院校。目前仅中缅边境沿线"圣经学校"(面向我国境内招生)达数十所,其中,以少数民族语进行教学的,即面向我国境内招生的有10所。怒江州、泸水县、片马镇相连的大田坝、鱼洞拿地,也办有神学院。① 此外缅甸还有较大的"浸信会"教会组织,这些教会办教条件好,他们以教会组织的名义,以提供吃住行费用、发给津贴的方式吸引边境青年到境外接受宗教培训,一般施以三个月、一年至三年的培训,取得相应资格,让其返回境内活动。有些信徒在境外接受培训回境内后,自封传道人,擅自进行"开荒布道",从事非法传教活动。这些教会势力在境外控制着缅甸以北包括密支那、莫谷的广大地区,不仅对怒江地区的傈僳族进行渗透,其势力还延伸到其他边境州市,据边境各州市提供的数据,怒江州出境"学经"和参加培训的人员合计不少于300人。德宏州1992—2008年在境外神学院接受基督教培训的青年信徒506人,天主教徒90人。特别值得关注的是,近年来基督教的渗透已蔓延至少年儿童。2009年9月3日至8日,福贡县老姆登基督教堂,专门举办基督教儿童培训班,还有外国教徒参加。这次培训班共有110名儿童参加。经了解,类似的培训班每年举办一期,目前已办了10余期。② 此外,在文山州、红河州,在少数民族青年中培训代理人的情况也大量存在,最为典型的是以美国中央情报局高级间谍、法国天主教神甫恩保洋为代表的渗透集团。21世纪以来,该集团先后出资23万元,以给参加培训学员每人每月100美元津贴为诱饵,在文山州的文山、砚山、邱北、麻栗坡等多个乡镇借办苗语培训班为幌子进行天主教培训,先后举办斯穆莱苗语培训班23期,吸引苗族青年2102人,并从中发现和培养其代理人。该集团还扬言5—7年在中国苗族中普及斯穆莱苗语,影响恶劣。而当其公开培训被禁止后,还指使其爪牙在文山等地继续秘密开展以天主教教义为内容的斯穆莱苗文培训活动。此外,美国BBC教会每年都以各种形式和理由在境外举办1—2期培训班,其目的是引诱我国边境地区的极少数基督教信徒去参加境外培训。

二是在流出境外的少数民族信徒中,培养和寻找代理人。中华人民共和国成立初期,边境地区的少数民族群众由于对党的民族政策缺乏了解,受反

---

① 鲁刚:《社会和谐与边疆稳定》,中国社会科学出版社2012年版,第130页。
② 怒江州民宗局提供,2012年。

动土司头人以及反动势力的煽动和裹胁,向境外流出一批信教的少数民族群众。此后由于国内政治运动的冲击,我边境地区流出的各族群众达数万人,其中不少是西方宗教的教徒,目前此部分人还有一部分滞留在境外,境外敌对势力利用重金或者提供所需各种条件为诱饵,在其中物色代言人。

3. 以慈善事业、捐资助学、扶贫开发为平台,利用项目开展进行宗教渗透

当前,公开的宗教渗透方式不仅极易被识破而且受到抵制,因此在边疆民族地区以不带明显宗教目的的"慈善事业"、"捐资助学"、"扶贫开发"项目为平台,利用项目开展进行的具有较强欺骗性的宗教渗透,成为当前较为普遍的方式。1998—2005年,以彼得为代表的基督教团伙在文山州境内出资建校19所,面积达5278平方米,造价将近320万元人民币。其中麻栗坡县捐建学校14所,富民县捐建学校3所,马关县捐建学校2所。彼得等人出资捐建学校初期,并未提出附带条件。然而,项目开展以后,该团伙以检查工作进度、文化交流为由,往来于其援建地的县、乡、村和学校进行宗教渗透活动,散发宗教宣传品。采取如下手段:一是以向所援建的学校师生赠送学习用具和生活用品为由,散发汉语版和苗语版的基督教书刊、录音磁带等。当地政府部门收缴了《圣经》《新约》和《新约圣经》共计384本,《儿童医疗事工》66本,手镯颜色解说12本,录音磁带114盒,音像光碟2本。二是以演出慰问为由,在节目表演中进行宗教渗透。如曾在文山州、麻栗坡县六河乡某希望小学、中学和富宁县的几个中学,演出"耶稣给力量"、"破碎的心"、"失去的孩子"等节目。这些节目从内容到细节都宣扬耶稣的神秘力量,给学生造成的心理影响很大。三是播放宗教录像影片,更有甚者曾公开在一些小学教室中要求学生念"主"、"神"、"阿门"。此外,美国留学生永某、荣某(云南昆明某大学留学生)、长某(泰国人)经过朋友介绍,以私人关系到麻栗坡县八步乡安思寨、马街乡牛场坪两个边远贫困落后的苗族村寨投资建校。此后,永某、荣某、长某以学苗语为借口,避开政府部门,常在星期六私自到安思寨、牛场坪、下金厂仓房的苗族群众家中从事宣教活动。[①]

---

① 《中越跨境民族宗教渗透问题与和谐边疆构建——以文山州苗族地区为例》,云南民族大学硕士学位论文,2011年6月。

4. 以扶贫帮困的名义，通过无偿为我方信徒进行扶贫、资助等方式进行宗教渗透

以扶贫帮困名义进行的渗透活动具有很强的欺骗性，这些帮困活动虽说无偿，实际上要拿到相应的资助，当地民众就必须参加这些宗教势力组织的宗教活动。课题组在版纳调研时，有当地少数民族群众反映，"在周边国家尤其是缅甸分布着大量的天主教、基督教教堂，要当地人拜完佛再拜上帝。如果不拜，就没有补助和电费等。佛寺与教堂只有一墙之隔，不进教堂就得不到好处"。这些宗教团伙还通过隐秘手段，大量捐钱资助，在跨境民族地区修建教堂，推行"占据一座庙堂，争取一片群众"的渗透政策。"占据一座庙堂，争取一片群众"是近年来境外各种宗教势力对我边境地区渗透的一种更隐秘、更长期、更具潜在威胁的策略，其目的是"积蓄力量，长期准备，准备分裂国家"。① 近年来在云南边境沿线地区，新建教堂的情况较为普遍，基督教堂或天主教堂都大量增加，其中尤以基督教堂为甚，这类教堂建盖得富丽堂皇，一眼望去，教堂是当地村寨建盖得最好的建筑物。课题组在怒江实地调查的过程中了解到，怒江地区共有719座基督教堂和11座天主教堂，近年来所修建的教堂都是当地最豪华的建筑物，十分抢眼。据当地民宗局相关人员介绍，这些教堂的建筑经费来源十分隐秘，每当问及此事都说是教徒捐款或者是境外非政府组织赞助，但具体情况则又讳莫如深。民宗局相关人员还介绍说，不仅教堂建盖得好，而且教堂的活动经费也十分充裕。一般的教堂活动经费都在10万元左右，有的还更多（其活动经费远远超过当地村民委员会和村民小组的正常活动经费），从而使其得以开展少数民族教徒广泛参与的宗教活动，这也是近年来基督教发展过快的原因之一，对国家边境安全、对党在这些地区的执政基础构成较大挑战。以怒江州福贡县为例，该县57个村民委员会，506个自然村，有教堂339所，67%的自然村都建有教堂且还在不断增加。全县信教户数为15053户57526人，分别占全县总户数和总人口的62.44%和62.1%，受宗教洗礼的群众有36763人，占信教人数的63.9%，党员、团员、学生及退休干部信仰基督教的也不在少数。② 课题

---

① 任新丽：《正确理解和贯彻党的宗教政策，坚决抵制宗教对教育的渗透》，《新疆师范大学学报》2002年第4期。
② 中共福贡县委组织部编：《组织工作文件资料汇编》，2009年。

组在福贡县腊乌村的调查中了解到，该村共476户，就建有4座教堂，其中信教户数为432户，占全村总户数的90.8%，信教人数占全村的71.8%，除少数因喝酒、抽烟而未信教的年轻人和老年人外，其余都信基督教。当问及教堂的建盖经费时，都说来自教徒的自愿奉献，而该村是一个相当封闭的贫困山村，没有外力的帮助而自愿捐钱盖教堂，是万万不可能的。此外，在问卷调查中问及的46人（信教徒者）中，当问到"如遇到问题会找谁帮忙"时，绝大多数回答都是"找教会帮忙"，教会的影响可见一斑。

5. 利用现代传媒进行"空中传教"愈演愈烈

随着现代科技的快速发展，以互联网为代表的现代传媒工具被西方敌对势力和各种宗教组织所利用，在我国边境地区开展所谓的"空中传教"，推行所谓"跨文化繁殖工程"，狂称要用"基督教驯服中国龙"。"空中传教"已成为近年来"宗教渗透"的主要手段之一，这使得抵御境外宗教渗透的形势更加严峻。以美国为首的西方反动势力和国内民族分裂分子利用周边国家与中国民族地区的宗教联系、民族联系为突破口，对中国实行"围堵计划、和平演变"。其手段之一是利用广播、电视、互联网进行"空中文化布道"。美国之音、梵蒂冈宗教电台以及一些其他国家的卫星电视广播节目都有汉语和多个少数民族语言的传教节目，这些广播节目功力大、覆盖面广、影响大。相关研究显示，目前互联网中主要关于天主教、基督教的各类宗教网站多达7100余个，一些新兴宗教和邪教组织也都设立了自己的网站。① 欧美、东南亚一些国家的电台，如香港远东广播公司等，通过卫星，利用互联网，每天都用英、汉、景颇、佤、苗、傈僳、拉祜、藏等语言对我国南部边疆进行"空中传教"。自20世纪80年代以来，有14个境外广播电台用傈僳语等多种民族语言对怒江地区24小时广播，如美国基督教会的莫尔斯家族移居泰国后，继续指挥和操纵缅甸傈僳族基督教会对我国进行渗透，由其家族莫约色负责在菲律宾马尼拉组织傈僳族广播的福音台，每天晚8：15至8：30、10：00至10：30对中国台北和我国境内傈僳族地区用傈僳语进行传播圣经等。另外，BBC教会广播电台还经常针对怒江州生活在边境地区和高寒山区的信教徒群众宣传西方宗教思想。

---

① 刘金光：《国际互联网与宗教渗透》，《中国宗教观察思考》2003年第8期。

随着政府对其宗教渗透活动的干预，西方敌对势力进行的宗教渗透活动方式发生了相应的转移。其渗透活动转向以专门网站、论坛、博客、腾讯聊天工具（QQ）为重点进行。网站方面，在文山州，部分基督教徒还将在该州进行传教活动的视频现场录像"云南文山布道会"上传至网上，供人学习交流。2007年9月，有网民将"云南文山布道会"发在基督教徒网"福音影院"（该网站在浙江温州）。博客方面，如《紫心×个人空间》、《基督教××网》等个人博客经常宣传宗教信仰，拉拢苗族群众参与。论坛方面，如一些组织或机构通过"基督教神州网论坛"、"×××爱的论坛"等基督教网站，邀约文山州本地基督教徒一起过圣诞以及其他一些祷告活动，询问文山州宗教情况等，许多还留下联系方式。有人还在×××××论坛发表"要为云南省的城市和周围广大农村祷告求主赢得这个城市和它周围的广大农村"等内容。QQ方面，如313×××××、832×××××、374×××××等QQ号拥有者长期进行基督教信仰宣传。[①] 此外，以恩保洋为代表的西方宗教团伙，在泰国曼谷、越南河内、菲律宾马尼拉以及中国的云南、成都、贵阳、香港设置互通网络，用斯穆莱苗文统一上网，利用当地苗族习惯的风俗和语言进行宗教渗透。另外，境外敌对势力还在中缅边界广大地区的境外设有转播站，重点针对西双版纳、普洱、临沧等地跨境民族进行宗教宣传。[②]

6. 利用非政府组织进行宗教渗透

云南省是我国非政府组织最为活跃的省份，据有关资料显示，有超过200家国际非政府组织或机构在云南省的相关公共领域开展活动，其中有不少具有宗教背景的非政府组织在边疆从事扶贫、禁毒、防艾教育等项目，在这些项目的实施中或多或少掺杂着与项目本身不相符的活动。以怒江州为例，该州边境地区有宗教背景的非政府组织24个，主要受美国、韩国、泰、缅和港澳地区的宗教势力所控制。长期以来，这些非政府组织持续在我国边境跨境民族地区推行所谓的"松土工程"、"金字塔工程"、"福音西进计划"。又如在文山州苗族地区，澳门天主教利玛窦社会服务机构（以陆神甫为代表）在文山、马关、邱北等地投资建"麻风康复

---

① 《中越跨境民族宗教渗透问题与和谐边疆构建——以文山州苗族地区为例》，云南民族大学硕士学位论文，2011年6月。

② 参见张桥贵主持完成的国家社科基金项目《抵御境外敌对势力利用宗教进行渗透的对策研究》的最终成果，2007年1月。

院"。合作过程中该机构要求在康复院中设修女院，并由政府发函邀请修女来"麻风康复院"工作，要求每个康复院邀请4名修女，费用由该机构承担。这些修女名为从事护理麻风病康复人员服务工作，实际上她们在从事护理服务工作的同时，也对收养在康复院内的麻风康复人员及周围群众宣传天主教。另外，陆神甫在云南省楚雄州禄丰建了一个"儿童之家"，组织了文山邱北某镇周边麻风病人子女12人到楚雄州禄丰金山小学念书，食宿问题由"儿童之家"解决。据了解，组织到"儿童之家"里的小孩，白天在国民教育学校念书，早晚接受宗教教育。[①]

进入21世纪以来，境外非政府组织借改革开放之机，在边疆跨境民族地区以"项目开发"、"投资办厂"、"组建开发公司"等形式推行"以商传教"、"以开发促传教"的宗教渗透活动。这些开发活动时间长、涉及面广、影响大，还易得到政府部门的支持，具有极强的隐蔽性和欺骗性，其危害也更大。部分有"背景"的非政府组织，已把触角伸向较大的生产开发领域，开办诸如"公司＋农户"的一条龙集团化企业，往往一个公司便可控制成千上万的农户。如怒江州一家有宗教背景的外贸公司就提出，只有基督教徒或愿意洗礼的农户才能与该公司联营合作。[②] 再如香港粤声集团总裁郑君熙，在怒江州福贡县进行扶贫，为每户提供4只母羊，三年后收回成本，共扶贫122户，同时还在当地木尼玛建良种养殖中心进行长期发展。但该项目只在基督教信徒中进行，影响很大。此外20世纪以来，始居于泰国的鲍比、约金、腊尼三兄弟（原在贡山传教的美国牧师莫尔斯后代），以发展怒江旅游业、畜牧养殖为由与福贡县畜牧局签订长期投资协议，并注册成立投资金额为60.5万元人民币的云南跨连畜物有限公司，在福贡县上帕镇古泉村饲养独龙牛。之后，该公司通过其代理人普前金，将经营规模扩大至福贡其他地区，并在上帕镇甲木村建立新的基地和孤儿院等。同时又大规模种植"鸡血梨"，并借口考察木材通道，与缅方克钦独立军亚坪通道负责人取得联系，以送木材为名偷运3.8吨圣经入境，被我国警方破获。

7. 邪教组织威胁依然严峻

"实际神"、"观音法门"、"三班仆人派"、"主神派"、"呼喊派"、

[①] 《中越跨境民族宗教渗透问题与和谐边疆构建——以文山州苗族地区为例》，云南民族大学硕士学位论文，2011年6月。

[②] 鲁刚：《社会和谐与边疆稳定》，中国社会科学出版社2012年版。

"血水圣灵全备福音布道团"、"全范围教会"等邪教组织在云南边境地区均有分布。在怒江州，由于宗教问题的复杂性和特殊性，信教群众规模大，该州一直是境内外敌对势力干扰和渗透的重点地区。一些宗教方面的老问题至今悬而未决，易被西方敌对势力所利用。近年来，非正常宗教"恒尼"组织（已经定性为邪教）的活动持续不断。1990年，"恒尼"的宗教势力发展达到顶峰，参加活动人员发展到9个行政村，674户，3391人。怒江州宗教部门先后开展了多次专项治理和耐心细致的教育转化工作。在治理工作中采取"以疏导教育和化解矛盾为主、孤立打击个别犯罪为辅"的原则，致使"恒尼"组织得到了彻底瓦解。但是，顽固不化的部分零散狂热分子，有的逃亡境外，有的携儿带女躲藏到深山老林的沟寨中，过起原始般封闭式的生活。至2008年，怒江福贡县内还有恒尼派分子101人，他们活动的区域包括"架科底"、"子里甲"等七八个山区村寨，其思想影响一直还存在，到目前为止，仍有新的活动现象存在。[①]这给怒江州的统一战线工作带来很大难度。另外，一些邪教组织以参加法会和培训为名，非法组织当地民众赴境外参加活动。2009年4月中旬，自称是黄教师（黄平或黄剑凯）的云南省基督教地下教会"呼喊派"主要负责人，受香港基督教教会的委托，到怒江秘密物色参加"香港福音布道大会"的人员。在泸水县六库镇基督教信徒蔡嚓光和六库镇赖茂村下赖茂教堂执事阿南益的陪同下，物色了5名怒江州泸水县基督教信徒拟参加"香港福音布道大会"，他们计划于2009年5月5日前往香港参加"香港福音布道大会"。在香港期间准备参观一些基督教会发展情况和参加教会组织的宗教培训。每人往返香港的大约4000元路费由"香港福音布道大会"负责。在相关部门的宣传教育下，这些基督教教牧人员和信徒放弃了赴香港参加福音布道大会和培训计划，有效地防范和抵御了境内外非法宗教人员利用宗教进行的宗教渗透活动。

此外在怒江的邪教组织活动还有"门徒会"、"东方闪电"等。其中"门徒会"是1994年2月传入怒江州，先后在兰坪县八个乡镇和泸水县五个乡镇活动。2005年针对"门徒会"活动频繁的地区进行集中整顿治理，先后取缔组织21个，人员268人。之后，在兰坪县和泸水县的部分乡镇仍有极少数的"门徒会"隐秘活动存在。"东方闪电"邪教组织是

---

① 怒江州民宗局提供资料，2010年。

2003年9月传入怒江州贡山县，以信仰"基督教"为旗号进行活动。2006年怒江州相关部门联合对"东方闪电"活动猖獗地区贡山县鲁掌镇进行专门打击，取缔组织1个，180多人，对骨干分子依法惩处，排除非法活动场所10个。虽经多次治理，到2010年为止，贡山县仍有100多名少数民族群众秘密参加非法宗教活动，泸水县也有极少数群众参加。①

（二）藏传佛教的宗教渗透问题

藏传佛教主要分布在云南省滇西北迪庆藏族自治州和丽江市，共有僧侣约20万人。同时怒江州北部的贡山县一带以及该州内地的兰坪县，也分布着藏传佛教僧侣近1万人。②怒江州地处中缅、中印和我国西藏以及云南省迪庆藏区的接合部，其中贡山县有多条道路通往缅甸和我国西藏，是西藏问题波及地带。国外敌对势力和西藏民族分裂分子达赖集团、藏青会等相互勾结，以缅北藏区为阵地，打着保护劳工权益、了解宗教情况的幌子，以民间组织身份介入藏传佛教事务管理，插手藏区事务，进行宗教渗透。

一是拉拢境内寺庙高层，安排达赖接见影响广的出境僧人。2012年1月，四川甘孜亚青寺阿秋喇嘛派弟子携其致达赖信赴印。达赖两次单独接见阿秋弟子，并让其带回亲笔信，称"有些话不能写在信中，以免给阿秋带来不便"。据悉，达赖集团还拟定一系列重点渗透寺庙，云南松赞林寺就在其中。

二是插手转世灵童的认定。2009年达赖集团在境外非法认定云南东林寺三世佐力活佛的转世灵童。2010年2月，在印色拉寺为该灵童举行坐床仪式。灵童寻访小组负责人鲁茸尼玛为此多次电话邀东竹林寺僧人集资（已在境内募集6万元并分批汇往境外4.5万元），并出境参加灵童坐床仪式，还通过佐力活佛管家鲁某向云南德钦县托顶乡、霞若乡和香格里拉县等地信众散发灵童照片。

三是近年来达赖集团在境外频繁举办各种法会，引诱境内藏区群众出境听经朝佛，宣扬达赖思想。特别是2011年举办的第30次"同果旺钦"（即"时轮金刚灌顶法会"），境内有1万多名群众前去听经，云南怒江藏区有少数人参加，规模大大超过往年，其中大部分持合法护照出境，一些

---

① 怒江州民宗局提供资料，2010年。
② 怒江州民宗局：《怒江州宗教信仰调查》，2008年7月。

人回到境内后散布达赖旨意，产生不良影响。

四是互联网成为涉藏宣传的重要领域，成为我国与达赖集团开展舆论斗争的重要阵地。目前国内有大小涉藏网站200多家，总体上发挥了很好的作用，但也出现了一些不容忽视的问题。例如：个别网站存在严重的政治问题，如甘肃的"藏文化网"在藏族知识分子和文化圈中具有一定的知名度，以藏文化为包装，实际上大谈所谓"西藏问题"，在其"社区"、"博客"栏目不断刊登同情支持达赖集团的文章，转载境外西方反华势力和达赖集团网站的报道和言论，组织一些具有煽动性的讨论，纵容少数网民发表反动言论。还有一些网站地域概念模糊，随意以"藏族"命名，客观上为"大藏区"的思想推波助澜。

五是藏传佛教在内地从事非法传教。改革开放后特别是近年来，藏区与内地的联系日趋紧密，也出现了藏传佛教非法在内地传播的问题。其中怒江贡山有60位僧尼、兰坪有46位僧尼曾外出学经，也有一些藏传佛教教职人员未经内地宗教活动场所及佛教协会的邀请，未经所在地宗教事务管理部门同意，擅自前往内地从事讲经说法、开光灌顶、化缘收徒，甚至设立宗教活动场所等活动；一些不法分子冒充僧尼甚至活佛，打着藏传佛教旗号，招摇撞骗，敛财骗色，进行各种非法活动。这些非法传教活动有可能为达赖集团借机扩大在内地群众中的影响，危害党的群众基础，给社会稳定带来潜在威胁。也可能打破历史形成的藏传佛教与汉传佛教的分布格局，影响宗教内部和谐，带来多方面的消极影响。

（三）南传佛教的宗教渗透问题

南传佛教全称"南传上座部佛教"，亦称"小乘佛教"。云南是我国唯一拥有南传佛教的省份。公元约7世纪，南传佛教从缅甸传入西双版纳，13世纪晚期传入德宏，15世纪以后逐渐发展到临沧、思茅（普洱）、保山等，成为傣族近乎全族信仰的宗教，截至2008年信徒约105万[1]，主要集中在西双版纳州和德宏州。

南传佛教的宗教渗透主要集中反映在20世纪80年代以来出现的"有寺无僧"的问题，近几年这一现象更显突出，并由此引发一些社会问题。

历史上，云南边境沿线地区，几乎每个傣族村寨都有一所佛寺，每所佛寺都有僧人住持。改革开放以来，随着经济水平的提高，人口流动的频

---

[1] 据云南省宗教局提供的统计数据，2011年。

繁,以及正规学校教育的改善,大部分南传佛教地区年轻人一方面觉得做和尚待遇低,更愿意继续上学或从事其他职业(种橡胶等)以及外出打工赚钱,条件好的家庭更不愿让孩子去当和尚。另一方面他们觉得出家当和尚到升为住持时间漫长,一般8岁出家,到20岁才能升教职人员当住持,40岁才可能当佛爷。加之傣族一般只要一个小孩(政策允许生两个),家长更不愿意将小孩送往寺庙当和尚,直接影响寺庙的僧人来源。据云南省宗教局的统计,2002—2004年,云南南传佛教的佛寺数量略有增加,从1648所增加为1661所,但僧侣人数反而从1597人减少到1536人,平均每寺不足一名僧人,"有寺无僧、空壳寺院"的现象日益突出。老百姓需要宗教教职人员,就只有到临近的缅甸去请。据统计,2000年西双版纳州共有98个缅甸僧人住持寺院,2009年经过清理后,还有59人,之后随着境内僧人严重缺失,至2012年全州到缅甸请的佛爷又增加到150人,比例占该州所有南传佛教僧人的15%—20%。[①]

德宏州的情况更加突出,据当地民宗局人士透露,缅籍僧人比例可占僧尼总数的50%。该州有僧尼住持的寺院共计90所,而缅甸籍僧尼住持的寺院有40所,占总数的44.4%。具体的一些现实情况则更严重,瑞丽市共有11所沙弥尼管理的寺院,其中有10所由缅甸僧尼住持;芒市的12名沙弥尼也全部是缅甸人。此外目前德宏州不仅有境外僧侣到境内住持寺院教务,而且从缅甸到我境内住持寺院管理的"贺路"也不少,例如在瑞丽市114名"贺路"中,有70人为缅甸籍人员。

改革开放以来,西双版纳州和德宏两州"有寺无僧"现象普遍,境外僧人入境传教甚至住持寺院的情况日益严重。这一现象虽然对云南南传上座部佛教的正常活动未造成较大的不利影响,但从长远来看,大量缅籍僧人入境住持我境内寺庙,对边疆社会稳定和国家安全可能带来潜在影响。目前,入境的缅籍僧人中,有部分人暗中从事与其身份不符的违法活动,从而也凸显出这一问题对边疆社会的不利影响。

首先,有的僧人借机对当地群众行骗。2011年3月20日,西双版纳布朗山边防派出所民警在辖区曼捌村开展"大走访"、开门评警活动,据群众反映:有两名缅甸籍僧侣借所谓"法术高明",在给病人做"法事",为村民"治病",骗取村民钱财。走访民警迅速对此跟踪调查。据村民岩

---

① 西双版纳州民宗局提供,2012年。

温坎介绍，从缅甸来的"佛爷"名叫都象，带的徒弟名叫岩猛，是缅甸境内颇具名气的"佛爷"，对"看病"很拿手，在"治病"过程中，自称运用法术从上天那里能请菩萨帮忙治病，用红色木棍敲打病人疼痛处，不用吃药打针就可化解治愈疑难杂症，以不同收费标准为村民看病。经查，都象无行医资格，其"看病"的方式就是用一根木棍在患处敲打、诵经、吐口水，但是曼捌村村民对此深信不疑，虔诚地邀请"佛爷"到家看病。他们一共向村民收取的全部现金共计30660元。布朗山边防派出所处理了这起非法入境诈骗案，为群众挽回经济损失3万余元，并于22日将2人从打洛口遭返出境。另外，20世纪末以来，缅甸小勐拉的佛爷多次私自进入勐海县打洛镇传教，并要求当地傣族群众每隔15天派人定期到境外接受其"传法"。

其次，由于入境的僧人的增多，难免鱼目混珠，少数僧人借机从事违法活动。据课题组2012年3月在西双版纳州调查得知，有的缅甸佛爷利用出入境享有的特殊优待（僧人在缅甸、老挝地位很高，过境检查时，检查人员要给僧人下跪，因此来往很方便）携带毒品入境，进行毒品交易。虽说这些事件尚属个案，但其影响恶劣，也给我国境内相关部门的缉毒工作带来一定困难。

最后，境外僧人入境住持我佛寺，不仅与我国的相关宗教政策相抵触，从长远来说，这一问题还影响我国政府对边疆地区群众的思想道德教育和爱国主义教育，并有可能弱化边境地区群众的国家认同，其潜在的给国家安全所带来的风险令人担忧。

云南边疆民族地区多种民族、多种宗教并存，改革开放以来，在党的"宗教信仰自由"以及积极引导宗教与社会主义社会相适应的理念的指导下，多元宗教"和谐共融"，并在促进社会整合、维护社会稳定、繁育社会文化等方面发挥着重要作用。但是，也应该看到，边境地区宗教渗透活动仍然频繁，这给该地区的社会稳定和国家安全带来了潜在风险，主要表现在以下几方面。

其一，挑战马克思主义的主流意识，干扰和阻碍党和国家对边疆广大少数民族进行思想教育和爱国教育，其以宗教为核心的价值伦理对中华民族精神构成极大的挑战。

其二，弱化了边境地区少数民族群众的民族认同、国家认同以及社会主义认同。特别在广大的跨境民族地区，宗教问题与其他一些社会问题

(例如跨境婚姻问题、贫困问题、毒品问题、艾滋病问题等)相互交织带来的潜在国家安全风险尤为显著。

其三,动摇党和政府在边疆民族地区的执政基础。由于宗教组织能够得到境外资助和信徒捐款,经济来源渠道多,加上信徒群众多,边疆民族地区的教会拥有人、财、物三方面的资源优势,使得一些地方的宗教组织成为最具号召力的组织,甚至在局部地区出现了基层组织和基层政权的"空壳化"现象。[①] 当地宗教组织在配合两委工作方面作用积极,农村公共事务、公共服务的实施与推动都离不开宗教组织的配合与支持,基层政权组织对宗教组织的依赖性增强。这说明党的基层组织和基层政权出现一种结构性扭曲,这种扭曲又对边疆民族地区民族团结、社会和谐与稳定构成了威胁。[②] 在西双版纳调研时,当地基层干部反映:"我们这里有一个奇怪的现象,村干部嗓子喊哑了,没人理会;但是老佛爷一喊,大家保证按时到。僧人有文化,通过他们宣传,比直接宣传效果更好。基层组织红旗飘飘,旁边就是寺庙。"

其四,危害正常宗教秩序,削弱宗教与社会主义相适应的基础。据调查,当前基督教发展快、非正常宗教活动多的地区,往往也就是自封传道人或者境外培养的代理人以及私自入境非法传道较为严重的地区。20世纪末到21世纪初,文山地区的恩保洋集团,在美国中央情报局的操纵下,借虚拟的"王主"进行非法传教,不到10年时间就已在当地苗族群众中发展教徒数万人,这些宗教活动大多反对我国基督教独立自主自办教会和自给自养自传的"三自"方针,严重影响教会内部的团结,危害宗教信仰自由政策,削弱宗教与社会主义社会相适应的基础。

[①] 怒江州福贡县一项对本县的统计资料反映这方面的问题。一是基督教管理人员是基层政府管理人员4倍,二是基督教堂是行政村的7倍,三是受洗礼的教徒是共产党员的12倍,在一定程度上反映了基督教在边疆民族地区的发展势力。另据福贡县组织部门的统计,全县610个村民小组,党员空白小组有80个。全县57个村委会和1个社区,只有30个基层组织有党的组织活动场所;全县29个边境村委会,有14个村没有活动场所。党员的培训、活动经费都投入不足,他们总结了"七难"问题:"全县阵地建设难,农村发展党员难,党员活动开展难,党员培训进展难,党组织和党员作用发挥难,信教党员转化难,流动党员管理难。"需要指出的是,云南省相关部门对这一问题高度重视,明确提出要彻底解决一些村组党员"空白"的问题。

[②] 尚飒:《边疆民族地区宗教活动的新特征及其对农村基层党组织与基层政权建设的影响》,《科学与无神论》2011年第2期。

五 "彩票"赌博与跨境赌博问题

"彩票"赌博与跨境赌博问题是当前影响边境民族地区社会稳定的重大社会问题之一。如果说,以私彩、黑彩为重点的彩票赌博经历了由内地到边境地区的传播过程,那么跨境赌博表现出的则是由边境民族地区向内地蔓延的态势。边境民族地区的赌博问题不仅败坏了社会风气,给当地社会治安秩序和群众的生产生活带来严重危害,还影响了经济社会健康发展。

(一) 私彩赌博①

2009年下半年以来,一种假借合法彩票外衣的以数字竞猜为方式的赌博活动——"私彩"在西双版纳州勐海县部分乡镇出现。并迅速在州内乡镇农村渗透蔓延,涉及地域之广,涉案人数之多,参与人数之广,时间之长,构成边境民族地区影响最大的涉赌事件,其给当地群众生产生活和社会治安秩序带来严重危害,远甚于跨境赌博,成为近年来该州最突出的社会问题之一。

"私彩"以下注方便、玩法简单多样、赔付率高,对群众具有很强的诱惑吸引力,很快从边远山区乡镇向外扩散,并由农村向城镇渗透。参与群众达数十万人次。在侦办的一起案件中,民警查获犯罪嫌疑人仅仅一天就开据出30本、共计1500份"私彩"收据。在"私彩"泛滥的一段时期中,有的村民沉溺于"私彩"研究而不思农事;有的居民梦想一夜暴富,倾其所有购买"私彩"却一无所获;而举报"私彩"的干部群众却遭到报复,田地胶树等被人故意破坏,损失巨大。甚至有些单位职工和公务员都涉足其中。在打击"私彩"期间,查办的勐海县勐阿邮政储蓄银行职工盗取库存备用金购买"私彩"案和文化局文化稽查队长制贩"私彩"案件就是典型的案例。为遏制私彩活动蔓延,西双版纳州采用多种手段严厉打击私彩不法活动。通过打击整治,"私彩"活动在一定范围内得到有效控制,但从全州范围来看总体形势仍十分严峻,不容乐观。归纳起来,西双版纳州的"私彩"赌博主要有以下特点。

一是涉赌人数众多。截至2010年12月25日,全州共查破"私彩"案件235起,抓获处罚违法犯罪嫌疑人301人(其中以赌博罪立案侦查

---

① 私彩赌博的资料主要由西双版纳州公安局提供,2011年。

12 起，以非法经营罪立案侦查 4 起，共抓获犯罪嫌疑人 35 人；受理查处私彩赌博治安案件 219 起，处罚违法人员 266 人），查破数占全州查破赌博案件总数 361 起的 65.09%，抓获处罚数占全州抓获赌博违法犯罪嫌疑人总数 1085 人的 27.74%。共罚款人民币 8.91 万元；追缴、收缴赌资及违法所得 86.6 万元。2011 年 1 月至 6 月，全州打击治理"私彩"专项行动共投入执法人员 1590 人次，出动执法车辆 541 辆次，检查打字、复印、印刷店 247 家，受理和查处治安案件 61 起，处罚违法人员 136 人，立刑事案件 24 起，侦破刑事案件 23 起，抓获犯罪嫌疑人 71 人，收缴罚没涉案资金 53 万元。抓获的人员中大多数为"私彩"销售或"跑单"人员，还有少部分人员已不满足销售或"跑单"获取的利益，而是筹集资金人脉另立山头，自己做"老板"，出现了"下线变庄家"的情况。

二是参赌地域分布广。参加私彩赌博的人员在西双版纳州各县市、乡镇均有分布，其中景洪市嘎洒镇，勐海县勐遮镇、勐海镇、勐往乡、勐宋乡、勐混镇等乡镇是私彩赌博较为严重的地区。

表 3 - 3   私彩赌博较为严重的乡镇

发案地	查处案件数（起）	占总数比重（%）
景洪市 S 镇	38	16.17
勐海县 Z 镇	29	12.34
勐海县 H 镇	28	11.91
勐海县 G 乡	28	11.91
勐海县 W 乡	25	10.63
勐海县 F 镇	21	8.93
景洪工业园区	18	7.65
勐海县 L 乡	16	6.81
合计	203	86.38

以上查破的案件基本都发生在各乡镇城郊接合部或较偏远山区的村寨、农场生产队。从管辖地来分，边防派出所辖区查处的案件较少，只有景哈、打洛、尚勇三个边防派出所查处了 6 起案件。

勐腊县勐捧镇的调查显示，该镇各村委会、村小组均分布着"私彩"售票点。分布情况如下。

表3-4　　　　　　　P镇"私彩"售票点排查统计表

村委会	村小组	共有售票点
勐润村委会	曼过龙	1
勐润村委会	曼坝伞	1
勐润村委会	老四分场	1
温泉村委会	跃进	2
温泉村委会	新寨	3
温泉村委会	温泉	2
温泉村委会	南泥	1
曼贺南	扎松坂老寨	1
曼贺南	扎松坂新寨	1
曼贺南	春光	1
曼贺南	曼贺南	2
曼贺南	曼回尖	1
曼贺南	小新寨	1
曼贺南	曼勒龙	1
曼贺南	曼勒囡	1
曼贺南	曼纳龙	1
曼贺南	新联	1
曼贺南	捌零	1
曼回庄	国防小组	1
曼种	新平	1
曼种	墨江	2
曼种	哥里囡	1
合计		28

三是参赌人群巨大。"私彩"出现以来，迅速遍及西双版纳的全州。其一，"私彩"制贩网络广泛，在村寨家门口就能买到，甚至通过电话或网络也可以投注，购买下注十分方便。其二，"私彩"玩法简单多样，奖金赔率高，对群众有极强的诱惑吸引力。经过发展演绎，"私彩"的竞猜方式从传统的"3D"发展为"1D"、"5码"、"定位"等，玩法不断翻新，中奖面较之福利彩票有所提高，奖金赔率也比福利彩票高出许多。其三，涉赌者的恶意宣传。一些群众在"搏一搏，单车变摩托"、"用零钱赌大奖"等蛊惑宣传的煽动下，幻想靠"私彩"一夜暴富。其四，投注

金额随意。"私彩"下注金额随意而不设上限，低的二元、十元就可以下一注，高的一注可以下到几千元甚至上万元，很多群众受到诱惑都有过购买"私彩"的经历。在一些村寨，十之八九的村民都买过"私彩"。城市的居民和职工甚至公务员参与的也不在少数。粗略估计从"私彩"出售到高潮时期参与的群众竟达到数十万人次，对当地社会稳定产生了十分恶劣的影响。课题组在调查中了解到，有的人因搏"私彩"输掉几十万元，弄得倾家荡产。当地还流传这样一句话"搏一搏，老婆变鸡婆"，形象而深刻地反映了赌博的巨大危害。其五，"私彩"赌博手段越来越隐秘，打击难度越来越大。在我公安机关的严厉打击下，"私彩"制贩的手段也在不断变化。一是"私彩"活动由公开转为隐蔽，购买、投注、兑奖的方式和场所不断发生变化。下注购买场所由公开的"摊点式"销售转到居民家中或随机指定，或通过电话网络下注，兑奖付款地点也由"庄家"临时指定，开具的单据也都在开奖后立即销毁。二是制贩"私彩"的"庄家"更加刻意隐蔽自身，基本上不和购买"私彩"的赌客直接接触，同"销售"、"跑单"人员大多也是通过电话等方式单线联系，有的"庄家"还向"销售"、"跑单"人员许诺：被公安机关抓获后只要不供述更多情况，帮助"庄家"逃避打击，除代交罚款外，被审查、拘留一天还给100元的补偿。通过不断变换作案手段和方式，制贩"私彩"的"庄家"难以被抓获打击，全州查办的233起"私彩"案件总共抓获处罚301人，抓获"庄家"刑事打击的只有16起35人，分别占6.87%和11.62%。抓获和打击"私彩"赌博的难度越来越大。

"私彩"在西双版纳地区出现并迅速蔓延全州，虽然与"私彩"本身的特点以及参赌人员企图"暴富"的心理高度相关，但也与这一地区社会管理不到位不无关系。课题组在调查中了解到，基层组织建设不力，是"私彩"出现初期的主要因素。基层干部和群众对"私彩"不敢管、不愿管，纵容了"私彩"的蔓延。虽然群众对"私彩"深恶痛绝，但受"事不关己"等不良风气的影响，或是害怕受到打击报复，普通群众都不愿意举报揭发"私彩"活动，有些村干部也对此刻意回避，不敢大胆管理，号召和组织群众抵御"私彩"的侵蚀毒害。其次宣传教育工作流于形式，惩戒劝慰效果不理想。据统计，全州相关部门2010年共开展"私彩"整治宣传41场次，发放宣传单、手机短信15000余条，粘贴标语、横幅等430条，宣传工作做了不少，但宣传内容和教育事例的惩戒劝慰的效果不理想，没有引起群众的共鸣，人人参与、团结协作的打击、整治以及自觉抵御"私彩"侵蚀的舆论氛围的形成还有待时日。

目前，公开的、大规模的"私彩"赌博虽然受到了有效的控制，但"私彩"赌博的现象仍然较为严重，潜在威胁仍然存在，随时有死灰复燃的可能。特别是由于"私彩"赌博作案手段的转变，不排除向其他州市扩展的可能，因此其潜在的风险也随之增加。

(二) 跨境赌博

跨境赌博的出现和发展被认为是"当今中国边境管理的三大难题"之一。边境游起步于20世纪90年代初。就在以"云南模式"而闻名的边境游日趋火爆的同时，跨境赌博悄然兴起。有关资料显示，跨境赌博最早出现在普洱市孟连县的外围地区、西双版纳勐海县境外以及缅北地方武装控制区小勐拉一带。此后逐步蔓延到整个中缅边境沿线和中越、中老部分边境沿线。就全国而言，跨境赌博甚至遍布中朝边境、中俄边境和西北地区的中哈（哈萨克斯坦）边境等陆地边境沿线。可以说，几乎整个陆地边境线都或多或少存在跨境赌博现象，其中有着4061公里边境线的云南是跨境赌博最严重的地区，从而也成为中国禁赌的最前线。

从20世纪90年代中期以来，云南省周边的缅甸北部、老挝北部和越南北部的博彩业和色情业开始涌现并很快发展成为一种新兴产业。有的地区还被冠以"毒品替代产业"的美名。缅甸北部特别是一些民族地方武装控制区的博彩业迅速发展成为一种最为醒目的"无烟产业"。位于云南省西双版纳州境外的掸东同盟军耗资上亿元人民币在其首府小勐腊兴建了博彩中心和新东方赌城等博彩场所。博彩大楼建有各类不同的赌场，有大厅、贵宾厅和豪华厅及其他配套设施。雇佣训练有素的从业人员和服务人员数以千计，还专门请银行工作人员入驻办理赌资汇兑业务。为吸引赌徒特别是大亨赌徒，博彩中心建有豪华宾馆、娱乐厅、按摩厅、歌舞厅和酒吧等，还设有专门的剧院，从泰国"进口"人妖进行表演。掸东同盟军还在其首府的近郊开辟了"金四角旅游度假区"，并兴建了集博彩、休闲、娱乐和旅游度假为一体的综合服务设施。在短短的5年时间里，这里就实现2亿元人民币的飞跃，其中博彩业的收入占到70%，小勐腊也由一个小山村成为名声显赫的所谓的"亚洲未来第二赌城"。位于云南思茅市和临沧境外的佤邦联合军，仿效掸东同盟军的做法，在其首府邦康城中心耗资4000多万元人民币兴建了豪华的博彩大楼。2000年克钦组织宣布，博彩业为合法行业。随后，投资者蜂拥而至，赌资也源源不断。至 2005 年，小城的人口已由数千增至四万有余，迈扎央也就成为中缅边境上的三大赌场①之一。至 20 世纪 90 年代末中期以来，云南边境沿线西双版纳、德宏州、临沧市、保山市、怒江州、普洱市等沿边州（市）以及老挝、越南的北部地区，迅速建起了大大小小的赌场计 82 家，工作人员 90% 以上为中国公民。赌场高峰时期每天上万人出境赌博，仅德宏州境外参赌人员就有 2000 余人。② 参赌人员多来自广东、浙江、福建等东部沿海发达地区，约占赌客总人数的 75%，其中国家公职人员、领导干部、企事业单位负责人参赌问题严重。鉴于境外赌博的严峻场面，云南省警方分别于 2003 年 6 月和 2005 年底开展了多次大规模的禁赌专项斗争，全力清剿边境一线的赌博犯罪，包括在边境封堵出境赌客，外方政府也应中国方面要求关闭当地赌场。从 2004 年 12 月 1 日至 2005 年 2 月 28 日，相关部门共查处设赌案件 2808 起，抓获赌场经营老板和投资人 97 人，取缔境外赌场在我境内设立的地下接待站、联络点 18 个，16441 人受到处罚。2005 年 1 月至 11 月，全省公安机关查处赌博案件 8374 起，3.66 万人，查获赌博团伙 1261 个共 8844 人，没收赌资近 1605.38 万元。同年省公安机关在 8 个边境州市开展打击赌博违法犯罪活动，共查处涉赌案件 7056 起，打击处理违法犯罪人员 3.2 万人，查处赌博团伙 1006 个，取缔涉赌娱乐场所 317 个，整顿涉赌娱乐场所 784 家，赌博窝点 813 个，取缔境外赌场在中方境内设立的接待、连接点 32 个，没收赌具 1.55 万台（件、套），没收赌资 2533 万元，冻结赌资 365.8 万元，扣押交通工具汽车 91 辆，摩托车 36 辆，迫使境外 82 家赌场关闭。③ 境外赌场打工的中国公民大多被劝返回国。

中国和周边国家合作，加大了禁赌力度，广泛持续开展跨国打击赌博违法犯罪活动，取得了显著成效，赌博现象在中国边境沿线得到有效控制。2012 年初课题组先后两次前往西双版纳的打洛口岸和怒江州的片马口岸实地调研时发现，在片马口岸外几百米处一座三层楼的赌场已人去楼空、无人问津。据海关人员介绍，距离打洛口岸几公里处的小勐腊赌场，

---

① 三大赌城即迈扎央、勐拉、果敢。
② 鲁刚：《社会和谐与边疆稳定》，中国社会科学出版社 2012 年版，第 289 页。
③ 《云南年鉴（2006）》，云南年鉴社，2006 年，第 110 页。

自2003年"利剑行动"以来,因边境游而被关闭,从中国出境的人员受到严控,经口岸出入的人员,主要是贸易经商的人员。据相关部门统计,2011年出境人员为40.8万人,比10年前高峰时期减少75%。① 边境口岸昔日喧闹鼎沸、车水马龙的"繁荣景象"已经烟消云散。然而由于境外各国的具体国情不同,加之各地赌场老板招引赌客的策略和手段不断变化,虽然境内赌博现象日益萎缩,但在缅甸、老挝等国境内,赌博现象仍然猖獗,并出现了一些新动向。现根据跨境赌博的相关资料和实地调查,作如下归纳。

一是新型赌场不断出现,跨境赌博引发的犯罪问题日趋严重。近年来在老挝北部和越南北部出现了由该国政府批准的外商投资兴建的具有现代化水平和科技含量较高的新型赌场。在老挝较为有名的是近几年在老中边境地区老挝磨丁经济开发区内的黄金城,参赌人员以中国赌徒为主。总部位于日本的"外交学者"网站,2011年元旦发文称,继北部的磨丁黄金城经济特区开设赌场后,老挝另一个经济特区博胶省金三角特区也开设了赌场,并把目标对准中国和泰国游客。经济特区的赌场是座金色建筑,已于2010年12月建成,主要由中国香港企业投资。现在,博胶已经被冠上"湄公河畔的澳门"的称号。金三角特区现在服务于赌博业的从业人员有几千人,其中很多是中国人,有中国安保人员维持治安,甚至使用的货币也是人民币,时常可以见到未挂牌照的中国汽车驶来驶去。按照当地的发展计划,金三角经济特区未来将成为可容纳20万人的大城市,赌场、豪华酒店、高尔夫球场、卡拉OK酒吧等高档娱乐设施将成为该地区的重要利润增长点。其中,赌场主要吸引来自中国和泰国的赌客。金三角特区整体设施预计2020年能完成,总耗资超过22.5亿美元。届时,横贯金三角地区的高速公路将从中国云南经过老挝,直达泰国边界。此外,越南北部的桃山赌场是越南的一个外资赌场,由澳门赌场老板投资兴建。

边境赌场采用各种手段诱骗中国公民偷越国境参赌。赌场从组织客源到收取汇款等一系列环节均有专门人员负责,分工明确。许多境外赌场为了经济利益,与经纪人、外联相互勾结,大量引诱国内赌客偷越国境赌博,随后经纪人、外联又以签单、放水公司(高利贷公司)放高利贷等形式引诱赌客继续参赌,无论赌客输赢,经纪人、外联都有利益,赌客签

---

① 《云南信息报》2011-12-30(A16版)。

单输了钱，经纪人就会找来打手对赌客进行非法拘押看管和殴打，逼迫赌客叫家人汇钱偿还赌债，如果赌客家人没汇钱过来，就叫赌客电话联系，将国内的亲朋好友骗来。以境外"赌博游"为借口，把境外赌场说得冠冕堂皇，引诱的手段是"来往机票免费，开支报销，食宿全免"、"先提供筹码，赢了可以兑现，输了可以签单"，"不要出入境证件，也不要带一分钱"。许多受害人没有办法只好采取你骗我、我骗他的办法将亲朋好友骗来，这样一来，便形成了一个完整的传销赌博链条，参赌人员的一切活动和自由，全由经纪人、外联掌控（见图3-5①）。

图3-5 跨境赌博犯罪流程

2011年12月29日，公安机关在西双版纳州景洪市公审的"黄金城"赌场一案很具代表性。"黄金城"位于西双版纳磨憨口岸老挝一侧约5公里的磨丁城皇京景伦大酒店1层，共有11个赌厅，是该地最豪华的赌场之一。2010年上半年，重庆铜梁县汪昌明、汪昌兵兄弟及张新福、高正兵、何朝伟37人共出资860余万元租下酒店场地开设"恒大"赌厅，此外还招录37名无业和闲散人员组成以股东为核心的管理层，设立外联、内保、财务、码房等部门的一条龙管理层级，利用经纪人、网络等方式，大量引诱国内人员赴磨丁参赌。为吸引赌客，一是免费提供赌客至西双版纳的机票，并安排专车接往磨憨，再组织偷渡至磨丁。二是参赌赌客不支付现金，参赌即所谓"签单赌博"，暂时不想付现金或输光后想回本的赌客还可继续以签单方式赌博。截至2010年12月15日，该赌场盈利达

---

① 云南网，http://www.yunnan.cn/，2009-02-27。

1400多万元。据统计，赌场在半年多开赌期间共限制数十名还不上钱的"签单赌客"的人身自由，甚至带到"逼单房"酷刑逼债。诸如罚站、下跪、不让睡觉、火烧、刀扎、吃小米辣椒等手段无奇不有。2010年9月15日，一名赌客被逼死，该案件是黄金域赌城系列案中影响大、时间跨度长、涉案人员多，所涉罪名复杂，其中部分案件还正在审理过程当中。[①] 上述案例说明云南边境禁赌斗争进入了长期艰苦的持久战阶段。

二是网络赌博的快速兴起。2005年以来中国的禁赌风暴，迫使境外近百家赌场关闭。与此同时，国际赌博公司通过互联网再度将触角伸入中国。并不是所有的境外赌博网站一开始就将中国作为一个潜在的市场。然而当部分赌客及其组织向中国渗透并获取巨额利润后，境外赌博网站纷纷把目光转向中国。一些境外赌场的老板在中国警方禁赌的高压态势下，将网络赌博作为吸引国内赌客的新手段，雇佣精于互联网技术的人员，实现了"有线传输变无线传输，无线传输变卫星传输"的转变，并通过网络系统对参与赌博人员进行监控，一旦发现可疑人员进入赌博网站，立即加以屏蔽。网络赌博是一种全新的赌博犯罪，新型的网络赌博让禁赌工作的难度加大，任务更艰巨。在打击处理由货币转为筹码，再转为电子交易的网赌方式时，无论是经验、技术还是能力方面，公安部门都面临巨大困难。一方面，网赌的空间及流动性大，易于销毁犯罪证据——犯罪分子可以通过删除电脑记录、银行账户等方式使证据缺失，警方只能掌握查处时看到的证据，很难查清他们全部的犯罪金额和非法牟利总额，只能根据最后一次现场缴获的赌资进行定罪。另一方面，互联网无国界，警方只能关闭在内地租用的服务器，而现在往往源头在境外，形成取证难、根除难的局面。

三是流动人口参赌与流动赌场日趋严重。在云南边境沿线地区，尤其是中缅沿线境内口岸、集镇和部分农贸集镇，赌博现象随处可见。摆赌者大部分为外地人员，形式多样，有台球、扑克、麻将、棋类等一二十种。特点是小赌公开化，大赌隐蔽化、流动化。目前小赌场所已由田边地头、农民家中、职工宿舍等发展到旅社、茶馆、酒店、农贸市场、车站等公共场所。大赌则隐蔽于深山密林、废弃厂房、偏远山村等，其摆赌的特点一是"专业化"程度高，摆赌专家多为老的参赌人员转为摆赌者，有的还

---

① 景洪市公安局提供。

自带有保镖、打手为其护驾。二是摆赌手段高明。他们不断引进新赌具、新赌法以便弄虚作假,骗取更多人上当。三是流动性大,有的是打一枪换一个地方,有的昼夜交替,白天在境外,夜晚在境内,危害性极大。

跨境赌博一直是云南边境地区社会安全与社会稳定的重大影响因素。[①] 其一,跨境赌博直接威胁中国的国家安全。中缅边境的赌场基本分布于缅方被民族地方武装组织所控制的地区。民族地区武装的经济来源主要依靠博彩业、毒品维持,加上这些民地武装内部以及与缅甸政府不断争权夺利,甚至爆发战争冲突,对我国边境安全造成严重威胁,诱发一系列非传统安全问题。其二,跨境赌博诱发的违法犯罪活动以及境内的"私彩"等群体性的赌博严重影响边疆民族地区的社会稳定。境外赌场形成了一个庞大的赌博犯罪集团,为了达到赚钱的目的,他们不择手段,非法拘禁、绑架、强奸、伤害、杀人。有媒体报道,2008年以来,浙江省桐庐县70余人在赌博集团的引诱、组织下,先后非法偷越国(边)境至缅甸果敢境内的福利来大酒店赌厅进行赌博活动,造成数十名桐庐籍人员被非法拘禁、暴力殴打。2008年以来,德宏州公安局接受家属报案、上级督办通知共96件,从境外赌场解救被扣押、拘禁人员共110人。另仅2010年临沧市就成功解救被境外赌场非法扣押、绑架的中国公民53名,查处涉赌案75起。[②] 由跨境赌博引发了一系列的跨境犯罪,对云南边境治安和边疆稳定造成严重威胁。其三,跨境赌博导致大量人民币的无序外流,直接影响国家对人民币的监管,严重影响国家的金融安全。

---

① 参见王晓平《云南边境地区跨境赌博违法犯罪的治理对策》,《云南警官学院学报》2005年第4期;郑晓均《跨境赌博的防控思路》,《思想战线》2007年第4期。

② 临沧市公安局提供,2011年。

第四章

云南跨境民族地区主要社会安全问题（下）
——突发群体性事件

第一节 突发性群体事件

一 近年来云南突发群体性事件的总体态势

"群体性事件"概念有着深刻的内涵和丰富的外延。西方学者一般用"Riot"（骚乱），"Collective Resistance"（集体抗争），"Crowd Behavior"（集群行为）等词汇来表述类似"群体性事件"。我国台湾地区的学者将类似的社会现象称为"群众事件"、"聚众活动"、"群体事件"等。不同名称下的内涵又有所差别。在中国的特定语境下，国内一般在三个层次上理解和使用"群体性事件"这一概念：第一层意义类似于西方学术体系中的"集体行为"，也就是群体性事件的字面意义；第二层是中国语境下所使用的广义的群体事件，即聚众实施的违反国家法律法规的对社会造成一定影响的事件，类似于公安部制定的《公安机关处置群体性事件规定》中对群体性治安事件的规定，强调三个条件，即群体性、事件性和体制外性；第三层是中国语境下所使用的狭义的群体性事件，也是记者和部分学者所使用的群体性事件，主要是指由人民内部矛盾而引发，有部分公众参与并形成有一定组织和目的的集体上访、集会、阻塞交通、围堵党政机关、静坐请愿、聚众抗争等群体行为，并对社会造成较大的影响。① 在这里，我们主要综合第二个和第三个层次的界定来探讨边疆民族地区的群体

---

① 李世杰：《转型期边疆民族地区群体性事件研究》，中国人民大学博士学位论文，2009年5月。

性事件。

(一) 发展态势

在云南边疆跨境民族地区，由于独特的文化和区位特征，边疆民族地区群体性事件具有"转型期"时代共性的同时，也展现出"边疆民族地区"的地区特征，不仅要面临我国改革由"普遍受益期"向"利益调整期"的过渡所带来的普遍性问题，还要面临由于区域国际合作、沿边地区的开放、西部大开发以及桥头堡建设所带来的特殊问题。同时，这些矛盾与纠纷往往又与民族、宗教和区域国际环境等因素交织在一起，使其成为影响跨境民族地区乃至整个国家社会政治稳定的重要因素。

近年来云南群体性事件总体趋势呈快速上升趋势。其中，2002年云南共发生群体性事件617起，2003年为760起，2004年为1231起，2005年为1365起，2008年为1506起，2010年为1100件。2004年群体性事件突破1000件之后，2009—2011年全省群体性事件发生次数和参与人数呈下降趋势，但仍维持在1000件以上高位运行。2007年之后，云南发生的在全国影响较大的群体性事件有：2008年的"孟连事件"、"个旧事件"、"丽江事件"，2009年的"陆良事件"以及昆明"螺蛳湾事件"，2010年11月18日"泸西爆炸案"以及2011年10月5日震惊中外的"湄公河中国船员被枪杀事件"。在最近的2012年，突发群体性事件也是陆续出现："5·10"巧家爆炸案、绥江"3·25"事件、永胜"4·18"群体性事件。值得一提的是，2012年云南省边防辖区内，由于建立健全边疆维稳机制的有效实施，未发生大规模的群体性事件和重大跨境犯罪事件。①

(二) 特征

云南群体性事件的特征主要表现为五个方面：一是数量大。2005年至2010年六年，云南省共发生群体性事件7793起。二是参与人数众多，2005年至2010年，群体性事件中参与人数已达404463人，参与人员中农民占50%以上。三是诉求呈多元化趋势。涉及群众社会生活的方方面面，经济利益则是主要的方面，此外还包括民族宗教、非法组织以及国际性关系的一些因素。四是诉求方式对抗性强。主要有非法集会、聚众围堵、滋事骚扰以及发生械斗，造成伤亡。五是一些事件有明显的境外势力渗入。为进一步说明问题，拟对2005—2010年六年间云南发生的群体性

---

① 《云南信息报》2013-02-26。

事件，简略作分类比较。

其一，政治性群体性事件。主要由国家的某些政策、腐败现象、官僚主义以及民族、宗教、非法组织等相关问题而引发。2005—2010年全省共发生该类群体性类事件625起，占所有群体性突发事件的8%。

其二，经济性、利益性群体性事件。该类群体性事件数量较多且增长幅度大。六年来共发生1457起，占所有群体性突发事件的18.7%。工资福利待遇以及体制改革带来的利益冲突是这类事件发生的最主要原因。

其三，社会性事件。社会性事件是群体性事件中比例最大的一类，其表现形式最为激烈，参与人数最多，规模最大。引发的主要原因有征地搬迁、企业改组改制、兼并破产、民间纠纷、执法问题、环境污染等。2005年至2010年该类群体性事件共发生4037起，占全部群体性突发事件的51.8%。

其四，其他群体性突发事件。该类事件包括闹丧、高校学生闹事、刑事案件等引发的群体性事件。2005年至2010年此类群体性事件共发生1675起，占全部群体性突发事件的21.5%。

跨境民族地区也进入群体性事件的高发期，其中以西双版纳州和德宏州发生的群体性事件较多，2009年前，年均在20起以上，参与人数达数千人。普洱市2011年上半年发生了315起群体性事件，参与人数1467人，其中群体性上访事件8起，参与人数1045人。临沧市2010年发生群体性事件6起。[①] 而就所发生的群体性事件的类型而言，总体上可划分为三类：一是因利益纠纷而引发的冲突，涉及农场改制、林地改革、土地征用等领域；二是因宗教信仰、风俗习惯、传统观念等矛盾而引发的群体性事件；三是境外因素引发的跨国或者境外、境内连锁式的群体性事件。

二 民族宗教领域的群体性事件

在边疆民族地区，群体性事件往往与民族文化、风俗习惯、宗教信仰问题交织在一起，或者说上述问题构成了边疆跨境民族地区该类群体性事件发生的主要原因之一。首先，云南省边疆民族地区历史形成的多民族杂

---

① 该资料主要由莫关耀主持的云南省社科基金《云南边疆少数民族地区群体性突发事件的原因及应对措施研究》研究报告以及课题组实地调查收集的资料整理而成。

居的居住环境,改革开放以来的人口流动使民族杂居的情况更加普遍。虽然总体上边疆地区各民族之间是和谐相处的局面,但由于民族间文化传统、风俗习惯、宗教信仰和社会心理等方面的多样性、差异性而引发的矛盾和纠纷时有发生,若处理不好,极易引发群体性事件。

一是在处理涉及本民族的具体事件中不尊重当地少数民族宗教信仰和风俗习惯,引起少数民族群众的不满。二是一些企业,特别是一些旅游景点或景区,在宣传、演绎少数民族风俗习惯时,为吸引游客,有意或无意放大民族传统文化中的负面的或是已经消失的因子,歪曲当地少数民族传统文化的真实内涵,损害了民族形象,伤害了民族感情,从而影响了民族团结与稳定。这类事件具有高度的敏感性和广泛的民众基础,处理不当会引起大范围的民族冲突和械斗。

2010年3月在德宏州盈江县盏西镇弄帽村发生的"色蛮事件"① 是比较典型的因民族风俗不同而引发的群体性突发事件。2010年3月与弄帽村毗邻的汉族村寨何家一位103岁的老人逝世,丧葬的时候强硬闯过了傣族村寨的"色蛮门",引发了汉傣两个村寨族际之间的冲突。事发前,两村曾有过对话,弄帽村要求灵车不能从村寨中"色蛮"门通过,只能从村寨外绕道而行。汉族村寨认为,傣族村寨的人死了可以抬着棺木穿过汉族的村寨,从汉族群众的家门前经过,为什么傣族可以这样做而汉族就不可以呢?要绕过"色蛮"门只能走田埂路,而田埂路狭窄不可能通车,最后汉族村寨还是强硬闯过。傣族村寨召集村民出来阻挡,冲突事件发生了。此事不但涉及两个村村民,还波及小学、中学,孩子们都因为两寨的冲突停学。这一事件也惊动了乡镇府、县政府,最后由边防武警出面控制,没有造成人员死亡。

课题组成员通过走访两村村民、傣族村干部、汉族村干部、乡镇府相关人员了解到,此事件在政府组织下经过了三轮谈判。最后,汉族村庄、

---

① 注:"色蛮"是傣族村寨的寨神所在之地,是本寨最为神圣的地方。它是一间6平方米左右的小屋,位于村寨与后山之间空旷的田间主道旁。弄帽村寨的"色蛮"是傣族建寨子第一家人所设,是寨子的守护神,神圣不可侵犯,保护着整个寨子所有生命的平安,农事的丰收。"色蛮"只有男人才能进去,妇女不能进去。每年年末,全村男人都要在"色蛮"里举行重大的除旧迎新活动,6—7月,栽种完毕以后也要来这里祈求一年的丰收和平安。每一家有红白事情都要来"色蛮"祭拜。人"回"了(死了),不允许直冲"色蛮",只能绕道而行。即便是本寨人也不能直接冲过"色蛮"。

傣族村寨在当地政府协调下达成两点意见：一是两个村寨各出 500 元，用于为傣族寨"洗寨"和汉寨修车，合计 1000 元费用实际由镇政府埋单；二是本着民族团结和维护社会稳定的目的，傣族村寨由寨老和村干部共同协商决定，对"色蛮"的风俗进行一些修改，即在"色蛮"外墙打起围栏，进行祷告神灵，此后丧事的灵车可从围栏外的道路通行。该事件最终得到圆满解决。

在跨境民族地区，因宗教信仰不同而引发的群体性事件主要反映在改革开放以来，随着党的宗教政策的落实，在一些少数民族地区，因基督教过快发展造成改信基督教的民众与坚持信仰本土宗教的民众之间的冲突而引发了较多的群体性事件。以红河州为例，红河州是哈尼族集中生活的地域，哈尼族是万物有灵多神教的信奉者，每年有各种祭祀活动。随着历史发展，大部分信仰和崇拜活动基本上都已习俗化为民族的节日活动，基督教传入后，信仰基督教的民众开始抵制这类民俗活动。由于哈尼族的这些宗教活动又与他们的生产、生活紧密相关，因此这种抵制往往会造成利益上的矛盾，从而引发冲突，并在红河州一些基督教发展较快的村寨引发了多次群体性事件。此外，受境外敌对势力影响的少数民族分裂主义分子、宗教极端主义分子打着宗教自由的旗号，炒作民族宗教热点问题，煽动民族情绪，挑拨民族关系，蛊惑不明真相少数民族和信教群众参与对抗政府的事件。幕后挑起、操纵、炒作民族宗教地区群体性事件成为境外敌对势力分化民族宗教地区的重要手段。[①] 在云南跨境民族地区，一些民族分裂势力和极端宗教组织也会利用宗教制造民族分裂事件，其中表现较为突出的是红河州和文山州涉及数万民众的"信王主"活动，至今还有残余势力存在。

"王主事件"是 20 世纪末 21 世纪初在西南边疆苗族地区发生的一场重大的以宗教形式煽动民族分裂的事件，是一起利用民族、宗教相结合而进行的严重宗教渗透活动。"信王主"活动从 20 世纪末由越南人李咪神（幕后操纵者为美国中央情报局高级情报员法国神甫恩保洋）从越南黄树皮等县传入文山麻栗坡、马关、富宁等县，到 21 世纪初，信徒迅速发展到数万人，涉及整个文山州和红河州的部分地区。当这种非法宗教活动受到打击、清理后，以恩保洋为代表的渗透集团并未就此消停，继续通过多

---

① 霍锐勋：《民族宗教地区群体性事件的特征、成因及对策思考》，《福建省社会主义学院学报》2011 年第 1 期。

种形式采用多种手段在这一地区进行非法宗教渗透。

三 利益纠纷引发的群体性事件

课题组在调研中切实感觉到,由于改革进入深水区,一些大的体制改革涉及面广且与广大群众利益息息相关,加之这一类体制改革又与历史因素紧密相连,导致问题多、矛盾多、难解决,成为群体性事件的高发领域。边疆跨境民族地区体制改革过程中出现的群体性事件主要是由于农场改制、林地改革、土地征用等原因导致的利益矛盾所引起的。

(一)农场改革过程中出现的纠纷和群体事件

农场改革引发群体性事件,在全省跨境民族地区普遍存在。云南省农垦制度始建于1951年,垦区覆盖西双版纳、红河、临沧、普洱、德宏、保山、文山7个边境州市28个县(市、区),约32万人,39个农场和18个橡胶分公司;企事业单位共70个、在岗职工9.4万人;经营国有土地346.2万亩,其中橡胶209万亩、茶园6.8万亩、果园近10万亩。云南农垦系统自成立半个世纪以来,广大干部职工及其家属屯垦戍边,为稳定和繁荣西南边疆和建设我国第二个橡胶基地作出了重大贡献。改革开放以来,由于社会结构变迁、体制转轨、制度转型等多方面的原因,垦区发展滞后,农场由过去的地方经济社会发展的推动力量转变成为边疆发展中的滞后者,为此国家实施了农场体制改革。

农垦系统体制改革涉及复杂的利益分配问题,各种矛盾交织积累,历史问题与现实问题相叠加,各个利益群体诉求多元而强烈,因此农垦系统是跨境民族地区群体性事件的高发领域。根据相关资料以及课题组实地调研,西双版纳州的农垦系统(西双版纳农垦局共有10个农场65个分场896个生产队)体制改革问题,在全省的农垦改制中具有代表性和典型性。现简要叙述如下。

20世纪60年代末,西双版纳农场接收了52491名来自京、沪、昆、渝的知识青年(全省其他地区的农场也接收了数额不等的知识青年)。这批知青占当时农场职工的56%,成为农场发展的中坚力量。1979年,根据中央精神,大批的知识青年返城,西双版纳农场有4.16万人返回城市,导致农垦区职工总数下降了47.2%,[①] 使农场生产遭遇巨大困难。为补充

---

① 《西双版纳农垦志》,云新出(198),准印字532号:19。

职工队伍的巨大空缺，农场党委提出"并寨入场，当地招工"的方案，并经西双版纳州党委扩大会议审议通过，先后有勐棒农场、橄榄坝农场、勐醒农场，并入13个爱尼族村寨，当时仅勐棒农场就并入土地达8.27万亩。值得一提的是，当时农场职工的收入比当地农村的收入高且稳定，还有相应的社会保障，退休后有退休工资，因此当地少数民族对这上述举措是持支持态度的。[①]

改革开放以来，特别是近年来，橡胶价格攀升，加上政府的积极引导，种植橡胶成为当地少数民族致富的主要途径，土地的重要性日益凸显，土地成为当地少数民族群众致富的主要资本。因此，农场改制过程中，因土地分配产生了一系列的社会矛盾甚至引发群体性事件，主要表现在三个方面：一是在改制前已退休的职工，在农场改制中不能分配到土地，而这批退休职工的退休工资都较低，包括退休干部的：工资也仅为1000元左右，收入比较差异导致部分退休职工产生不满情绪。二是由于农场改制中土地是按职工人数平均分配，而当年带着土地进农场的职工分到的土地比当年带进的要少，而土地就意味着财富，因此他们要求按当年带入的土地数量分配土地，由于涉及问题十分复杂，无法妥善解决，导致这部分少数民族群众也极其不满。三是农场改制后交给地方管理，但是原来企业上缴的用于职工福利的统筹资金，并没有划拨当地政府，还有的农场没有购买职工的"五金"，有的买了也不全，这些矛盾都转嫁给当地政府，解决此类问题需要几亿元资金，而地方政府的财力又无法负担，历史遗留问题严重。上述因素成为农场改制后群体性事件频繁发生的主要诱因。由于事件都发生在少数民族地区，使这些事件都带有浓厚的民族因素。尤其是2009年的"1·20事件"[②] 以及其他大大小小的矛盾纠纷事件，说明因农场改制引发的矛盾已经突破了一定的临界点，建立针对此类矛盾的社会疏导、防控机制已经刻不容缓。

课题组在调研中还了解到两个典型的由农场改制引发的群体性事件，即关累镇事件和"3·26"农场职工群体性堵路事件。关累镇事件是由历

[①] 《西双版纳农垦志》，云新出（198），准印字532号：369。

[②] 2009年，西双版纳垦景洪农场415名解除劳动合同人员，在非法组织"退休人员维权会"的策划下，为解决养老保险、医疗保障和独生子女费等问题，酿成的集体上访事件，事件一度蔓延至西双版纳垦区，后在地方政府的及时、有效处理下得以平息。

史因素而引发的。20世纪60年代以前，关累镇9个村寨的1930余名哈尼族群众连人带土地并入勐棒农场，由农民变成农场职工。现在这些职工一部分被企业下岗分流，另一部分虽然仍在岗，但因为工资低、子女就业难、计划生育只能生一胎（而农村少数民族可以生二胎）、退休金低等问题，再加上看到当初未并入农场的哈尼族同胞现在因种植橡胶、发展生产普遍致了富，建起了小洋楼、购买了轿车，还可以生育二胎，因而产生了心理的不平衡。当地职工组织了群众多次上访，对当地社会稳定造成极大威胁，而且由于此问题是历史遗留问题，解决难度大，因此潜在的隐患很大。

"3·26"农场职工群体性堵路事件同样是发生在勐棒农场的突发群体性事件。国营勐棒农场始建于1959年，至今已发展50余年，为西双版纳十大农场之一，也是全国第一大橡胶农场，拥有橡胶面积24万亩。由于长期的计划经济模式下的管理机制带来诸多弊端，在农场改制过程中橡胶林划分存在一些问题，引发部分职工的不满，经多次协商未果，2012年3月22日，四分场一队退休女工李某以死抗争，于3月22日服毒自杀，经过两天的抢救无效，于24日死亡，最终酿成"3·26"勐棒农场职工群体堵路事件。参与堵路的人员有勐棒农场各分场职工，还有部分勐满、勐润农场职工，人数过千。① 农场改制在我国边疆省份是一个普遍性问题。从目前课题组对西双版纳州调研的情况来看，农场体制从农垦管理体制划归地方政府管理的过程中存在一些实际的问题，再加之在林地的分配中又渗入了较多的历史遗留问题，因此在部分群体中积累了较多的不满情绪，极易受到煽动和蛊惑而形成群体性事件，这一问题在民族地区这一特定场域内尤为凸显。因此在做好疏导和化解工作的同时，应进行统筹考虑，主动稳妥地解决群众的合理诉求，才能从根本上消除此类事件的隐患。

（二）林地改革引发的纠纷或群体性事件

由林地权属之争引发的村与村之间、民族与民族之间的纠纷或群体性事件是边疆跨境民族地区近年来较为突出的社会问题。课题组在实地调查期间了解到，此类纠纷或群体性事件在西双版纳州表现得最为明显，主要表现为当地少数民族与农垦农场之间的林地权属之争。经过几十年的发

---

① 戴振华：《勐棒农场一退休女工服毒身亡》，《春城晚报》2012-03-28。

展，西双版纳农垦区已形成与当地少数民族村寨山连地接的交错复杂局面，全垦区10个农场65个分场896个生产队与西双版纳3县25个乡镇115个行政村796个村寨相邻。在发展过程中，垦区曾出现过占用、借用周围村寨大量土地的现象。改革开放以来，随着土地利用和增值效益的攀升，土地归属之争成为影响场群关系和当地社会稳定的热点问题（此情况在有农垦区的边疆其他七个州市都普遍存在）。20世纪80年代，西双版纳农垦区在维持现状的基础上，对过去占用过、借用过的村寨土地进行过一次处理（采用归还、调换、补偿等方式进行），共协商归还村寨土地2万余亩，使场群关系得到一定程度的缓和，但这一问题并没有得到彻底的解决。近20多年来，西双版纳州各族群众对种植橡胶、茶叶一直保持着较高热情，橡胶产业发展迅速。2000年，全州橡胶、茶叶总面积分别是209万亩和29万亩，到2009年，分别增至366万亩和68万亩。随着橡胶、茶叶种植面积的迅速扩大，适宜种植的林地越来越少。在利益的驱使下，人们仍然以各种方式继续开发各种林地，互相侵占土地的现象频繁出现，旧的土地权属问题尚未解决，新的又出现，使得林地权属问题成为当地亟待解决的社会热点问题之一，甚至导致局部地区民族关系紧张并引发一些群体性事件。

课题组实地调查的勐腊县勐满镇地方村寨与农场的土地权属之争比较突出。2009年，勐满镇农户与农场之间的土地争议共26起，涉及面积约2054亩。其中，双方权证重复的有5起，涉及4个村民小组，面积约1441亩。农场占用地方土地的有8起，涉及3个村委会7个村民小组，面积约为435亩。地方占用农场土地的有13起，涉及3个村民委员会17个村民小组，面积约103亩。其他原因遗留争议1起，面积约为40亩。此外，还有部分争执因原定口头协议无相关证明材料而引起，如原哥山府水库征占用地问题，涉及哥山府与农场之间面积50余亩的土地权属之争。这些土地权属之争多数是历史遗留问题，其中产权证重复的土地纠纷问题，更是不易解决，成为该镇群体性上访事件的主要诱因。

（三）土地使用过程中引发的纠纷或群体事件

随着城市化进程的加快，交通、电力等基础设施建设力度的加强以及旅游景区的修建等，因移民搬迁或征地拆迁引发的一系列涉及民族因素的群体性事件也接连出现。这类事件有如下特点：一是参与人数一般规模较大，少则成百数，多则成千上万。二是矛盾纠纷或冲突的当事人，一方或多方为少数民族，另一方则为不特定的企事业单位，有的还牵扯到政府部门。课题组调研了解到，景洪市允景洪街道办事处的13个自然村1905户6949人，由于城市扩展而由村民整体转化为市民，土地被全部征用。在"失地"之后，由村民变成了城市"居民"。宅基地的房屋租赁成为大部分居民的主要收入来源，少部分从事餐饮、宾馆等服务业，总体生活还算稳定。但仍有279户759人因欠缺谋生技能仅依靠民政部门每月发放的最低生活保障金来勉强维持生计，这一群体到州市政府静坐请愿等事件偶有发生。在西双版纳全州范围内，在城市建设、基础设施建设过程中因征地补偿问题引发的群体性事件也时有发生。2005年至2010年，该州每年因征地引发的群体性事件均在5起以上，涉及人员均为少数民族。

再如，因承包土地从事办厂等生产经营活动引发的群体事件也屡见不鲜，下面是在西双版纳调研中了解到的两个典型案例。

一起是勐哈村委会勐哈小组村民与外来租地办厂人员因经营权纠纷引发的群体性事件。当地有27户外村村民租用勐棒镇勐哈村委会勐哈小组土地办场经营，后因经营权问题，双方发生纠纷，协商未果。2009年4月6日下午16：20—16：50，勐棒镇勐哈村委会勐哈村小组90余名男性村民，骑摩托车到村小组办场的27户村民驻地，双方因矛盾发生冲突，造成办场人员受伤和财产损失。其中打伤办场村民7人，共损坏摩托车7辆、皮卡车1辆、10户的太阳能设备、13户的屋顶以及仓库8间，以及其他一些物件，初步统计损失人民币数万元。事件发生后，镇党委政府及时启动《勐哈小组与小组办场纠纷事件应急预案》，党政主要领导带领镇司法所、派出所等相关人员共30余人及时赶赴现场维持秩序，保护办场人员人身安全，并劝解制止打砸人员，及时把受伤人员送往镇卫生院进行救治，主动地做好伤者家属、亲友及村民抚慰和劝解工作。此事件共出动民兵应急分队78人，其中到达现场22人，56人待命；医疗救助人员5人；后勤保障人员7人。2009年4月6日晚9时，县长、县委政法委书记及镇领导在勐哈村委会紧急召开勐哈村民小组干部会议，明确指出做好双方的稳控工作是当前的中心工作，防止再次发生群体性事件，要妥善解决矛盾纠纷。经过大量工作，基本控制事态的发展。

另一起是曼回庄村委会国防村民小组 51 农户与香蕉地承包商地租纠纷引发的群体性事件。2010 年 12 月 17 日，曼回庄村委会国防村民小组 51 农户因对已签合同理解不同，①要求承包方增加地租。因与承包方协商未果，部分农户采取堵路、阻止工人装香蕉等方式，强烈要求承包方按照合同约定增长地租，酿成群体性事件。此事件引起了镇党委、政府的高度重视，18 日上午，镇党委书记率镇人大主席、镇纪委书记、副镇长等人前往曼回庄村委会与国防村民小组新老干部、农户代表、承包方召开调处工作会议，但未达成统一意见。20 日上午，事件有所升温，农户不听村小组干部的劝阻，继续到地里阻止承包商装蕉，情绪较为激动。镇党委书记等人再次前往曼回庄村委会召开调处工作会议。会议决定，21 日上午，由曼回庄村委会、国防村民小组新老干部、部分农户代表在勐润边防派出所继续与承包商进行协商。同时做好农户解释工作，要教育引导好农户在纠纷未解决之前，不得再到地里阻止工人工作，防止矛盾进一步激化。21 日上午，经协商，双方虽各自作出相应的让步，但仍未达成共识。因协商未果，农户情绪非常激动，部分农户又再次到香蕉地中，阻止承包方工人工作。为了控制事态的进一步恶化，防止群体性事件引发冲突，23 日上午，由县、政法委组相关单位在做好教育引导的同时对重点人员进行掌控，最后以司法调处形式最终解决问题，平息事态。

四 境外因素引发的群体性事件

改革开放以来，中国政府以"和谐世界"理念和互信、互利、平等、合作的新安全观为指导，发展我国与周边国家的友好关系，营造了一个以和平、发展、稳定为主旋律的区域性国际环境，为云南边疆民族地区的社会稳定、改革发展提供了前所未有的良好外部环境。然而作为一个问题的两面，现阶段云南周边邻国也存在着诸多不稳定因素和社会问题，有些社会问题还较为严重且与其他问题相互交织，错综复杂，并从局部范围内引发了跨境恶性群体性事件，给边境地区的社会稳定带来严重威胁。归纳起

---

① 2005 年，国防村民小组 51 户与承包商罗某签订《土地承包合同书》，后罗未履行合同导致 2007 年合同终止，随后曼回庄村委会受农民委托与承包商陈某签订新合同，在履行新合同过程中，因村民对合同的主要条款内容产生异议，而引发持续数日的群体性事件。该资料由勐棒镇综治办提供。

来有如下几个方面。

其一,与云南省接壤边界线最长的缅北民族地方武装与缅甸中央政权武装冲突不断。缅北民族地方武装组织数量之多,武装割据时间之长,组织情况之复杂,实属罕见。这些组织及其武装力量大部分分布在云南边境的境外一线,少数分布在缅泰、缅印、缅孟和缅老边境地区。资料显示,缅甸现在有公开的25支民族武装和10多支不常露面的民族武装,其中影响力较大的如文蚌同盟、民族联合阵线、克伦民族联盟、掸邦民族军、掸邦联合革命军、佤邦联合党与佤邦联合军(MNSA)、克钦独立军、新孟邦党(NMSP)、克钦新民主军(NDA)、掸东同盟军(NDAA)、果敢同盟军(MDNA)、罗兴伽穆斯林团结阵线、克钦独立军、坤沙余部和其他较小的民族武装组织。上述武装组织与中央政权武装冲突不断,一旦武装冲突发生,将给云南边境稳定带来巨大压力。同时,这些武装组织因自身扩充兵力,或参与枪支走私、贩毒,都可能引发对我国边疆民族社会造成影响的突发事件,给我国的边疆社会稳定、国防安全、国际贸易带来巨大隐患,是当前云南边疆跨境民族地区最不可掌控的突出社会问题之一。

目前,周边国家分裂组织和缅甸民族武装制造的不利影响主要是引发偷渡外逃和边民外迁,扰乱我国边境社会秩序。佤联军、果敢同盟军近年来每年都从我方佤族、傣族等民族中秘密招募数十到上百名新兵补充兵力。如1999年10月和2000年3月,缅甸掸邦第二特区(佤邦)先后将10多万北部靠中缅边境缅方一侧的居民,迁往南部土地肥沃的缅泰接壤地区。南迁后,缅甸佤邦北部地区人口减少,造成控制该地的地方武装统治基础薄弱,为补充兵力,佤邦随即以免费教育、发放粮食和安置费、解决住房、小孩免费入学、提供必要的生产生活条件等一系列优惠政策,煽动一批云南佤族边民流入缅北佤邦。保守估计中国边民流失量达5000人左右,这些人成了具有双重国籍的人。据不完全统计,仅在果敢地区就有来自我国十几个省市的移民和流动人口5万人,其中一部分是负案在逃人员。缅北地区已成为国内一些违法犯罪分子逃避我司法机关打击的重要藏身之地。近十年来云南边疆地区出现的外迁边民,也与云南周边跨界民族组织的煽动有一定的关系。

表 4-1 云南周边国家地方武装概况①

武装组织	概况
文蚌同盟	亦称"泛克钦组织"。该组织是由旅居美、日、韩、泰等国和中国港台地区的"文蚌民族"宗教人士、学者、富商和其他知名人物,于1994年6月在泰国清迈集会宣布成立的。它是一个所谓的"文蚌民族"的分裂主义组织。"文蚌民族"泛指缅甸、印度、孟加拉国和中国毗邻的地区克钦族、景颇族、傈僳族、浪族、弱旺族和怒族等,"文蚌同盟"宣称这些民族是跨境而居的同源民族或同一民族,统称"文蚌民族"。该组织有着明显的西方背景和明确的纲领与宗旨,主要活动在泰国的清迈、缅甸的克钦邦和掸邦及中缅边境地区。他们的组织机构带有明显的国家性质,具有国家行政机构的雏形。他们还在美、泰等国大量印发建立"文蚌独立国"的宣传材料,有的还附有计划建立"文蚌独立国"的地图,其中将缅甸克钦部、掸邦和实皆省一的部分,印度东部的科希马、英帕尔和法兰等地区,中国云南省的怒江州、保山地区、德宏州以及西藏自治区的一部分,划入了"文蚌独立国"的版图。该组织是一个企图分裂缅甸、印度、中国的极端民族主义组织。
民族联合阵线	民族联合阵线是美国扶持和装备的老挝原"特种部队"(即王宝军事集团)在新形势下的翻版。主要成员是苗族领袖王宝的部属和亲信,以及苗族的一些首领和知名人物。与"文蚌同盟"一样,该组织也具有明显的西方背景,得到西方敌对势力特别是美国的支持,主要针对老、越、中等国进行和平演变和分裂的活动,并在老、越、中3国毗邻地区,特别是苗族聚居地区进行大量串联和组织活动。
克伦民族联盟	克伦民族联盟主要是由缅甸克伦族为主体所组成的反政府武装组织。克伦民族联盟目前主要活动在缅甸东南部的缅泰边境地区,控制区约1.3万平方公里(不含游击区),控制区人口有13万人。总兵力一万余人,总部设在缅泰边境的马沙若达。克伦民族联盟以实现民族独立为目标,与缅甸政府和缅族之间的矛盾根深蒂固,一直坚持与政府武装对抗。
掸邦民族军	成立于1964年5月。1985年加入坤沙的蒙泰军。1995年初其主席赛雷被坤沙暗害,同年5月掸族头人甘约率部脱离坤沙的蒙泰军另立山头,重新组建"掸邦民族军"。现主要活动于缅甸东枝以北的南兰、板法、孟盖和赖卡等地区。控制区面积510平方公里(不含游击区),控制区人口4.5万人,总兵力3200余人,总部设在孟盖,该部曾先后10多次与缅政府进行了谈判,但均未能达成和解协议。
掸邦联合革命军	成立于1960年,莫亨任首领。以掸族为主体,是一支制贩毒品民族地方武装组织。1985年,该部与坤沙的蒙泰军合并。1996年初,原莫亨旧部团长约色率2000余人,脱离坤沙自立门户,重新组成"掸邦联合革命军",坚持反政府的武装斗争。该部现主要活动在景栋以南、邦弄以东地区,以及孟乃、兰科、孟班、赛芒滚、万达果、刀辛和孟裴等地。总兵力约5000余人,编成756、757、758和759四个旅,总部设在景康(景统)。该部现仍继续坚持反政府武装斗争,并一直从事制贩毒活动,其基本方针是以军制毒、以军贩毒和以毒养军。

---

① 参见方铁《云南境外民族地方武装的活动与存在隐患及其应对建议》,http://www.3-hmong.com/Zonghe/ShowArticle.asp?ArticleID=857;鲁刚《社会和谐与边疆稳定》,中国社会科学出版社2011年版;《金三角的地方民族武装》,http://military.china.com/zh_cn/important/11052771/20080221/14684386.html。

续表

武装组织	概况
佤邦联合党与佤邦联合军	是1989年4月从缅共中部军兵变后分离出来的,原名缅甸民族民主联合党。1989年11月改名为佤邦联合党。该党领导的武装称"佤邦联合军",简称"佤联军"。佤联军控制区分南、北两部分。北部与中国接壤,面积1.7万—1.8万平方公里,人口40余万。南部与泰国和老挝相邻,面积1.8万—1.9万平方公里,人口22万。佤联军现已发展到3.5万人,是缅甸最大的民族地方武装。总部设在帮康(原名邦桑)。南部指挥机关"行政事务管理部"设在莱三哨。
克钦独立军	组建于1961年2月5日,当时,缅军中的一支以"早丹"等三兄弟为首的少数民族军来到缅北克钦地区,宣布成立了"克钦独立军",并且成立了独立的"克钦政府组织"和"克钦政党"。克钦独立军是缅甸国内老牌的反政府少数民族武装,当地人多称其为"山兵",部队主要沿用英国军队的管理体制和教练方法。
新孟邦党	成立于1962年,由奈瑞景任主席,1980年党内出现矛盾发生内讧,分成两派。1987年两派经过协商又重新统一。1993—1995年该党与缅政府举行过4次和解谈判。1995年6月双方签订了政治和解协定。1998年以来,由于缅政府在孟族聚居区推行同化政策,新孟邦党声称要中止与缅政府和平协定。现该党总兵力7800余人,总部设在耶羌帕。
克钦新民主军	是1989年10月由缅甸共产党101军脱离缅共另立门户的武装组织。现控制区6000平方公里,分为片马、昔董、拖角和落空4个区,人口7万余人。武装力量有军队500余人,民兵1000余人。总部设在板瓦。
掸东同盟军	是1989年4月由缅甸共产党815军区另立门户的武装组织。现控制区面积4950余平方公里,分为小勐拉、南板和萨洛三个行政区。人口7.4万人,总兵力3300人,总部设在小勐腊。
果敢同盟军	是1989年3月由缅甸共产党东北军区兵变另立山头的武装组织。1992年该部发生内讧,结果杨茂良驱出了彭家声,任主席兼司令。1995年彭家声又打回去,重任主席,其弟彭家富任司令,魏超仁任参谋长。现控制区面积2700平方公里,人口22万,武装力量2700余人。其中军队500余人,总部设在老街。
罗兴伽穆斯林团结阵线	是缅甸若开邦的穆斯林反政府武装组织,成立于1978年,同时建立了"罗兴伽穆斯林游击队",并在该邦的貌夺和布帝洞等地区建立根据地。1991年,缅甸政府对其根据地进行了大规模清剿,该部武装和穆斯林难民大批逃往孟加拉国。外逃的穆斯林团结阵线仍继续在孟加拉国坚持反缅甸政府的斗争,并向伊斯兰国家请求援助,现该阵线由昭鲍任主席,努尔、伊沙林任副主席,肖丁任总书记,武装力量约有3000人,总部设在孟加拉国境内。
坤沙余部	坤沙余部包括甘约的掸邦民族军、约色的掸邦联合革命军、张维纲的自卫队、麻哈三的佤民族解放军、赵苏来部队和明少本部、戴康部等。总兵力近2万人,主要从事制贩毒活动,依赖制造和贩卖毒品以求生存和发展。

续表

武装组织	概况
其他较小的反政府组织	克钦保卫军（KDA），领导人木吐诺，兵力2000余人，总部岗卡；勃欧民族组织（PNO），领导人昂坎迪，兵力1400余人，总部椒得龙；崩龙邦解放军（PSLA），领导人吴埃孟，兵力1400余人，总部楠玛都；克洋民族保卫军（KNG），领导人格巴耶邦，兵力80人，总部孟别；克伦尼民族解放阵线（KNLF），领导人美桑达、吴吞觉，兵力1600余人，总部霍雅；新克洋邦党（KPP），领导人吴瑞埃、吴丹梭奔，兵力150人，总部彬泷；掸帮各民族人民解放组织（SSNPLO），领导人吴达格雷，兵力3100人，总部瑙都；克伦尼民族进步党（KNPP），领导人昂丹雷、吴库贴布佩，兵力7800人，总部多达玛基；若开共产党（CPB），领导人沙吞吴，兵力300人，总部布帝洞。

其二，缅甸国内中央政府与民族武装的冲突引发难民事件。近年来，冲突持续不断，每年都有较大规模的冲突发生，具体如下：（1）2009年果敢事件。2009年8月，缅甸果敢发生一场军事冲突，交战一方为忠于果敢彭氏政权的缅甸民族民主同盟军，另一方为缅甸联邦政府军。8月8日开始的军事对峙而引发难民潮，被称为"八八事件"。两周后战争爆发，最终在缅甸军政府的优势军力之下，瓦解了果敢特区的反抗军队。自8月8日以后，缅甸果敢地区大量边民涌入我国境内。随着事态不断恶化，27日以后，最终导致3万余名边民涌入云南境内，同时形成难民滞留国内。在冲突中，缅方3发炮弹射入我境内，造成我边民1死2伤。同时，另外有14名中国边民在境外躲避战火中伤亡（其中1死13伤）。[①]（2）2011年克钦邦与政府军冲突。克钦独立军1994年2月24日与缅甸中央政府双方达成停火协议，缅政府承认其为"克钦邦东部第一特区"。但缅甸政府一直企图削弱或消灭其武装。2011年6月9日缅甸政府军在与中国交界的桑岗村太平江水电站附近，与克钦独立军（Kachin Independence Army，KIA）爆发冲突，这是缅甸军队与少数民族武装将近二十年来最严重的一次冲突。事件发生后，共有1.5万名缅甸难民涌入中国境内。（3）2012年克钦邦与政府军持续冲突。2012年以来，缅甸政府与克伦族叛军达成了里程碑式的初步停火协议，与掸族、钦族等其他民族的反叛团体也达成了类似协议。但是，与克钦独立军的谈判尝试，一再被持续的交战打断，导致双方冲突再次升级，造成约2.5万名难民进入中国。2012

---

① 《云南通报缅甸果敢地区边民涌入中国境内事件》，人民网2009-08-30。

年末至 2013 年初，克钦邦与政府军之间的战事波及我国云南省盈江县那邦镇，2012 年 12 月 30 日有 3 发炮弹落入那邦镇，迫使当地部分边民向盈江县城转移，该事件还造成一万多缅甸难民逃亡至云南省中缅边境地区。① （4）2013 年以来军事冲突。2012 年末的爆发的缅甸克钦独立军与政府军的武装冲突持续到 2013 年 2 月。除此之外，2013 年 5 月 9 日，缅甸掸邦军与政府军在中缅边境瑞丽市弄岛附近发生冲突，战火一直持续到当日下午，造成 4 发炮弹落入中国境内，所幸未造成人员伤亡，同时还导致部分缅甸难民进入中国境内。② 时至今日，缅甸政府军与民族地方武装的冲突仍持续不断，严重影响中缅边境稳定。

上述事件表明，缅甸的中央政府收编特区武装是其既定的国策，而缅甸特区的各武装力量也将极力维护自身利益，因此双方的博弈将是一个长期复杂的过程，由此因武装冲突引发的难民涌入突发事件将很难避免，这将是云南边境跨境民族地区面临的重大考验之一。

其三，位于云南境外缅甸、老挝、泰国三国接合部的"金三角"是世界三大毒源地之一，同时又是针对中国及周边国家制造突发恶性事件的频发地区，有数百个武装集团盘踞于此。这些武装集团除制贩毒品外，还从事袭击、劫持、绑架的罪恶勾当，手段残忍，成为恐怖性群体事件的高发地区。有些事件虽发生在境外，却在云南省境内引发持续性影响，极大危害着边疆社会的稳定与安全。2011 年发生的震惊中外的"湄公河惨案"就是近些年影响最为恶劣的社会安全事件，并在境内引发相关联的群体性事件，被列为 2011 年十大国际案件之首。

2011 年 10 月 5 日，两艘中国商贸船只在湄公河"金三角"地区水域遭到劫持，13 名中国籍船员在湄公河泰国水域被枪杀。经查明，长期盘踞湄公河流域"金三角"地区的武装贩毒集团首犯糯康及其骨干成员与泰国个别不法军人勾结策划、分工实施了"10·5"案件（湄公河惨案）。中老缅泰四国执法部门开展了大量侦查工作和围捕行动，先后抓获了伞康、依莱等一批糯康武装贩毒集团及"10·5"案件主犯，收集掌握了该集团的大量犯罪证据。2012 年 4 月 25 日，在中老警方合作下，该集团首

---

① 《缅甸北部战事升级 3 发炮弹落入我境内》，新华网 2013 - 01 - 05。
② 《云南信息报》2013 - 05 - 11。

犯糯康被成功抓获。① 值得特别关注的是，"湄公河惨案"发生后，还引发境内另一起群体性事件。其事件的起因是因湄公河航运暂停致使60多艘船的工人失去工作，进而影响其家庭的生活。2012年春节前数百名职工及家属到政府静坐请愿要求解决生活问题。

　　再如盘踞在湄公河流域的贩毒集团，也曾经制造了大量的突发性安全事件。如横行缅甸和湄公河流域的"诺坎集团"。诺坎原属缅甸大毒枭坤沙集团成员，1995年投降缅甸政府军，被整编为民兵团，"他们回村寨是老百姓，在湄公河一上船就是盗匪"。诺坎通过贿赂缅甸政府军高层、勾结拉祜族民兵团，在泰国、老挝、缅甸三国交界的"金三角"地带长期横行，进行武装贩毒，组织水匪打劫船只，绑架船员。直至2009年，诺坎仍然拥有被缅甸政府承认的"合法身份"，即大其力北部一个小镇的民兵团领导人，手下拥有400名武装成员。该集团制造了数起与中国有关的暴力事件。2009年到2010年间，该集团对运行在湄公河航道的中国船只进行袭击，甚至悍然击沉中国船只。2011年3月，佤邦领导人的外甥遭到了诺坎的绑架，支付190万美元赎金后才获释。2011年4月，他又绑架了13名在金三角经济开发区赌场的中国人，在拿到830万美元赎金后放人。据统计仅西双版纳关累港，在湄公河航运船只有60多艘，70%的船只被劫持过，仅2011年遭遇劫持的船只就达50起。②

　　盘踞于湄公河流域的武装贩毒集团犯罪活动频繁、手段残暴，对湄公河沿线正常的贸易往来构成了严重威胁，也是云南边境地区社会安全与稳定的重大威胁。因而，需要联合周边国家，开展湄公河流域执法合作，切实采取措施维护航道安全，为中国与周边国家广泛的交流与合作创造良好的地区环境。

　　其四，境外西方敌对势力以及其操纵的大批非政府组织，利用国际上对我国和平崛起心怀疑意的国家和组织，肆意插手我国国内事务，并在周边国家制造事端。这方面典型事例是近几年闹得沸沸扬扬、涉及5万多少数民族群众和部分企事业单位搬迁，并引起国家高层关注的怒江梯级电站修建问题。中国云南省境内的澜沧江水电资源较为丰富，具有良好的开发条件，在澜沧江进行水电开发具有十分显著的综合利用效益。但许多国际

---

① 《"金三角"特大武装贩毒集团首犯糯康被依法移交中国警方》，新华网2012-05-10。
② 《云南信息报》2011-12-10。

NGO 打着保护河流生态环境、保护库区移民或下游居民的生存权利等口号，对云南省在澜沧江进行水电开发横加指责，他们还利用下游国家某些民众不明实情的恐慌心理，加大在各种媒体上宣传造势，试图将抗议活动扩大化，以引起国际社会的关注，希望借助国际力量进行干预，给中国政府施加压力。例如，NGO 组织生态恢复和区域联盟（Towards Ecological Recovery & Regional Alliance）一直在游说，反对在湄公河上建造大坝。有数十个 NGO 通过联合签名反对中国怒江水电开发，最终以项目暂停实施而告终。2011 年 7 月课题组在怒江福贡、泸水两县走访调查时，该电站修建仍是当地人们议论的主要议题。当地少数民族群众主要关心的是修建电站搬迁中的利益问题，无论是群众还是官员普遍关心的还是电站修建对怒江发展的问题。

国际 NGO 组织介入干预怒江梯级电站的开发，其目的不仅仅是保护怒江生态环境那样单纯，对中国和平崛起心怀恶意以及挑拨 GMS 国家与中国友好关系，才是其更深层次的目的。

缅甸密松大坝停建也是西方国家敌对势力及其代言人的非政府组织挑起事端、百般阻挠的结果。事实上，起初提出反对修建密松大坝的组织为一个聚集在缅甸反对派领袖昂山素季羽下的以支持克钦发展为名义的所谓民间组织，该组织以人道主义援助为名长期在克钦邦从事各种与其身份并不相符的活动，无论是组织克钦邦各武装政治派别到荷兰秘密开会，还是到泰国密商组建反政府联盟，都可以看到该组织的身影。而该组织的活动资金又来自于"美国××卫生援助组织"，该组织于 2004 年由联合国××署引进到缅北地区活动，表面上是一家非政府的民间人道主义援助机构，实际上却是一家由美国中央情报局直接出资经营的地下情报组织，它在中缅边境一线的几乎所有特区都设有分支机构，专门从事暗中收集中缅边境一线缅甸各武装组织以及中国的各类政治、经济以及军事情报，并暗中出资资助缅甸有政治背景的民间组织从事反华活动。2007 年 7 月，该组织曾一度被中国安全部门与缅甸民族地方武装组织联手破获并驱逐出境，但该组织的活动并未绝迹，至今仍然活跃在中缅边境一线的某些民族武装也正是在该组织的资助下，打着克钦名义的民间组织向缅政府发出了停止建设密松大坝的要求。① 在各方压力和出于政权稳定的考虑，2011 年 9 月 30

---

① 《缅甸政府停建密松大坝的内情探究》，http://www.sohu.com，2012-02-27。

日缅甸突然单方面宣布暂时停止建设密松大坝工程。

此外，2007年中国水电建设集团公司中标老挝一座造价20亿美元的水电大项工程，也曾受到环保组织的恶意攻击，说什么"大坝毁掉中国境内澜沧江上游地区，现在又要毁其下游"，同时污蔑中国方面意在支持其境内的武装政权。2010年中国西南地区以及老挝、柬埔寨、越南、泰国遭受严重旱情，致使湄公河水位下降，在国外一些组织和机构的唆使下，通过媒体炒作是中国在澜沧江修建水库导致旱情加重，甚至时任泰国总理阿披实也出面希望中国解决湄公河水位过低问题，他们制作的所谓"大坝威胁论"、"旱情责任论"实质上是近年来所谓"中国威胁论"的翻版，一方面严重地破坏中国国际形象与和平发展所需求的国际舆论环境，另一方面也进一步扩大了美、日等国家在亚太地区的影响力，对此应予以高度的警惕和应对。

第二节 云南跨境民族乡村社会安全问题的特征

云南边境民族地区主要社会安全问题的产生及蔓延有着极其深厚的国际背景和国内渊源。由于其特殊的区域环境、人文环境和社会环境，云南边疆民族地区的社会安全问题具有一般社会安全问题的共性特征，又突出地表现出跨境性、民族性、关联性、长期性等个性特征。

一 跨境性

跨境性是边疆社会安全问题的典型特征之一。所谓跨境性，指的是云南边疆民族地区的社会安全问题已经成为超越国家边界的国际性非传统安全问题的一部分。特殊的区域环境、特殊的人文环境、特殊的社会环境构成了云南跨境民族地区主要社会问题的跨境性特征。

首先，云南与缅甸、老挝和越南三国接壤，与泰国、柬埔寨、印度、孟加拉国毗邻。与接壤国国境线长、口岸通道多且田畴相连，更有数以百计的小道可通，形成特殊的"一境连三国"、"一寨两国"、"一家两国"的地域特征。在这里边境线更多的是国家意义上的符号，少数民族边民出入境就像上街赶集一样方便，边民的交流频繁，造成边界两侧的交互性和事物的传递性很强且具有隐蔽性。

其次，在云南边境地区居住着16个跨境少数民族，这些少数民族与境外的30多个民族同族或同源，随着长期历史变迁而逐渐形成了现在的居住格局。这些民族之间在语言、文字、服饰、建筑、风俗习惯、宗教节庆方面存在着较高的相通性，且历史上交往不断，即使在国家关系变动时期（中越边境战争），下层边民的交往仍在继续，改革开放以来边民之间的友好交往更显频繁，这种密切的互动与交往深化了边境两侧的地区关系。这种交往的人文关系尤以宗教和宗教文化的交往更为突出。而云南省境外的泰国、缅甸、老挝、柬埔寨等国是传统的佛教国家，与我国境内佛教有着极深的历史渊源，宗教交流一直未曾中断，宗教文化、民族文化、民俗生活交融很深，影响极大。此外，基督教、天主教是越南的主要宗教，并在缅甸北部地区有着较强的势力。中华人民共和国成立后，外国的传教势力虽然撤出中国，但基本上盘踞在云南周边地区。这种特殊的宗教人文环境与地域环境的结合，为境外宗教的渗透提供了社会基础，从而造成云南跨境民族地区社会问题具有明显的跨境特征。

最后，特殊的地理区位使得云南跨境民族地区的社会环境复杂多变且十分险恶。一是两大毒源地"金三角"、"金新月"长期的存在与发展，使这一地区形成较为深厚的毒品经济与毒品亚文化。二是与云南毗邻的泰国虽是佛教文化国家，但其发达的性产业及性文化，不仅毒害着这一地区的社会空气，而且构成人类三大公害之一的艾滋病传播源之一。三是与我国边境接壤最长的缅甸。长期形成的中央政权与民族地方武装对峙与冲突的局面，沿边境地区民族地方武装为筹集资金，"以毒养军"，进一步催化了我国边境地区贩毒势力的嚣张。同时其武装冲突更是构成我国边疆地区难民问题长期存在的根本原因。

上述三方面的因素交互作用，形成云南边境地区社会问题具有特殊的跨境性特征。

二 民族性

云南边疆社会安全问题的民族性特征，与边疆地区的人口结构（民族构成）和民族分布直接相关。而今天的民族分布是由于种种自然的、社会的、政治的、军事的原因引起民族迁徙和不断交融的结果，形成了在我国绝大部分边疆地区，少数民族不仅人口众多、所占比重大，而且多呈跨国界分布的格局（56个民族中有30个民族跨境而居）。云南是这种民族分布最典型的地区，形成"四多一边"的特点："四多"：一是民族种类多，全国56种民族，云南省均有分布；二是最多人口在5000人以上世居少数民族25种；三是跨境民族最多，全省跨境而居的民族达16种；四是独有民族最多，全省有15个独有民族，还有一些尚未识别的族群。"一边"是少数民族基本分布在沿边地带。居住在边境沿线的少数民族人口约350万人，约占当地人口的60%，其中跨境民族约占98%。

正是由于云南边疆地区的民族构成和人口分布的特征，使边疆少数民族跨境地区的主要社会安全问题具有鲜明的民族性，主要表现为：其一，云南边境民族地区社会安全问题首先波及少数民族，同时少数民族地区也是受害最严重的地区。以艾滋病为例，我国最早检测集中发现的146例艾滋病感染者大规模受害群体就发生在云南边境的跨境民族地区。2001年一份自愿匿名检测HIV抗体的结果表明，在参与自愿检测的人中HIV/AIDS人口比重占检测的少数民族人口的36%以上，尤其是傣族和景颇族更为显著，傣族（人口114.21万人，占总人口的2.7%）感染者比重高达9.0%（见表4-2）；景颇族（人口13.02万，占总人口的0.31%），感染者比重为6.0%（2001年）。①

表4-2　　　　云南省部分年份HIV/AIDS感染人数民族构成

单位:%

年份	汉族	少数民族	傣族	景颇族	其他
1990	17.5	81.3			
1995	50.4	49.6	26.5	15	1.2
1999	61.4	38.6	18.6	7.5	
2001	64	36	9	6	

资料来源：根据张光彩等《云南省2000年自愿匿名检测HIV抗体结果分析》；李徽等《2001年云南省自愿匿名HIV检测结果分析》，经整理而成。

课题组在一项有关德宏等地艾滋病传播与社会控制的实证研究中也得出相同的结论。课题组收回的541份艾滋病感染者有效问卷总共涉及跨境民族12个，占跨境民族的75%，接近云南省25个少数民族的一半。在这些民族中各种感染方式均有分布，但分布不平衡，汉族感染者主要分布在经济较发达的红河州，共102人，占被调查感染人数的20.28%。相对

---

① 《云南艾滋病流行对人口安全的影响》，《社会医学》2005年第4期，第80页。

而言，傣族是感染的主要群体，共有 201 人，占被调查感染者的 37.2%；其次为景颇族 122 人，占被调查感染者的 22.6%；佤族 42 人，傈僳族 10 人，德昂族 5 人，在其他民族回、瑶、彝、壮、布朗、京、哈尼、苗族中也略有分布。

其二，少数民族地区所发生的社会安全问题，与这一地区少数民族文化传统和社会生活习俗有着相应的关联。毒品问题是边境地区最严重、危害最深的社会安全问题，然而毒品问题之所以在边境地区蔓延却与这一地区少数民族文化传统中的一些陋习和生活习惯有关联。自从英殖民主义者在缅甸引入鸦片以来，吸食鸦片成为缅甸王室的一种时尚消遣行为，按照西方学者埃利亚斯的文明化理论，王室的品位必然会引领民间风尚，与缅甸各民族同源的云南省跨境民族也深受影响。新中国成立前，这一带的民族上层多吸食鸦片，并在一般少数民族民众中传播开来。中华人民共和国成立前，云南省的历届政府烟税是其重要的财政来源，更进一步催生边疆地区鸦片的种植以及吸食，鸦片泛滥已成不变的事实。改革开放后，随着毒品的死灰复燃，这一地区的少数民族中，部分人也曾把吸食毒品作为显富的象征。二是由于鸦片具有一定的药用效果，历史上边疆地区缺医少药，当地少数民族就有把鸦片当作止痛剂、镇静剂等万能药给人治病的习惯，也是毒品在边疆民族地区长期存在的另一诱因。中华人民共和国成立后，党和政府开展了禁鸦片的斗争，在全国范围内彻底铲除了鸦片毒害。但在边疆沿线地区，仍有极个别的少数民族群众在吸食鸦片（在当前边疆民族地开展的禁毒工作中，就发现有的鸦片吸食者已有 60 多年的烟龄），从而也为 20 世纪 80 年代的毒品泛滥，提供了滋生和蔓延的土壤。其次，艾滋病经性渠道传播是其主要的方式，从性传播角度分析，与少数民族的性观念也存在一定的关系。边境地区的少数民族性观念相对开放，婚前性行为相对自由，为 AIDS 感染提供了渠道。[①]

其三，宗教渗透问题，云南省边疆民族地区的宗教渗透问题，主要是西方天主教、基督教的渗透以及佛教中缅甸佛爷入境住持佛寺问题。前文已论述过边疆跨境民族地区宗教环境与宗教氛围十分浓厚而少数民族群体对宗教的依赖心理深，极易为西方宗教的渗透所侵蚀，而近年来云南省所发生的宗教渗透并产生较恶劣影响的事件都发生在少数民族聚居地区，就

---

① 高发元主编：《云南民族村寨调查》丛书，云南大学出版社 2001 年版。

是最好的例证。

三 关联性

边疆民族地区社会安全问题所具有的高度关联性构成边疆民族地区社会安全问题的另一显著特点，主要表现为历史问题与现实问题高度关联；传统问题与非传统问题高度相关；现代社会安全问题相互之间高度相关；境内外群体性事件高度关联几个方面。

边疆地区十分严峻的毒品问题与边疆地区曾存在的边患问题有着较强的关联性，这一问题既是历史安全问题又是现实社会安全问题。中华人民共和国成立初期，云南边境地区存在的严重边患问题在人民解放军清剿下，最终得到铲除，然而退逃在境外的国民党残军一部最后进入了"金三角"地区并与盘踞于此的贩毒势力结合，开创了毒武结合贩毒的道路。同时极大刺激了"金三角"地区毒品经济发展，并在较短时间内完成"白色化"进程，催生祸害世界的"海洛因"毒品王国的出现。又深化了缅北地区"以毒养军"，民族武装地方政权林立的局面，造成这一地区长期动荡，严重危害周边地区稳定。

其次，云南边境地区危害最烈的毒品与艾滋病问题更是存在着高度的关联性。血液传播是艾滋病传播的主要渠道之一。云南1989年首次检测到146例艾滋病群体，全都是静脉注射吸毒，经血液渠道感染的艾滋病。且以后历年的检测中，从1989年至2008年静脉注射吸毒一直是云南边境地区艾滋病传染的主要渠道。2009年以后，虽然经性渠道感染艾滋病超过了静脉注射吸毒，但静脉注射吸毒仍是主要渠道之一，这一情况表明毒品与艾滋病两大社会问题的高度关联性，也警醒我们在防治艾滋病的同时决不能放松对毒品问题的治理。

最后，随着云南省沿边地区的全面开放以及"走出去"、"桥头堡"战略的实施，云南省与周边地区的经贸交往日益频繁，加上云南周边地区特殊的社会环境，因此境外针对我国公民有关群体性事件时有发生，而有的事件又会引发境内的群体性事件。这成为边疆地区突发性群体事件的一个鲜明的特征。最典型事件是2011年10月5日发生在泰、缅领域的湄公河事件，由"金三角"地区特大贩毒集团首脑糯康等策划并实施的抢、窃并残酷杀害13名中国船员的湄公河事件发生后，湄公河航运暂停。据统计在该航道营运的中国船只登记在册的有74艘，船员500余名，由于航运的暂停，使靠此维持生计的船员失去了生活的来源。而湄公河航运的恢复又无法确定，其中部分生计困难的员工就不断到海事局讨要停航津贴并逐渐形成群体行动，2012年春节前，这部分人集聚了100—200名船员和家属集体到政府门前静坐示威，要求解决生活问题。该事件表明境内外群体性事件的高度关联。这类发生在境外的群体事件具有爆发的突然性，可预见性低，极易在境内引起连锁式的群体事件，且解决难度大。

四 长期性

跨境民族地区社会安全问题所具有的国际性（跨境性）、民族性和高度关联性直接导致了社会安全问题存在的长期性。当前边境跨境民族地区主要的社会安全问题诸如毒品、艾滋病问题、赌博问题、宗教渗透问题和难民问题，其源头都是来自境外。这就决定了解决边疆民族地区的重大社会安全问题不仅需要国内多部门合作，加大打击和治理力度，而且还需要开展与周边国家广泛而长期的合作。由于周边国家具体的国情不同，这种协作的难度很大，从而决定了边疆社会问题解决的长期性。随着我国对外开放的深化和云南省"桥头堡"战略的实施，与周边国家的合作将更加紧密，其关联性进一步加大，增加了边境地区社会安全问题的解决的复杂性，同时产生了一些新的社会问题，如跨境婚姻问题，从根本上决定了解决边疆地区社会问题的长期性。

其一，从持续最久危害最深的毒品问题来看。首先，缅甸北部地区存在的多支民族地方武装为维护自己的生存，以求与中央政权长期分庭抗礼，其财政收入大部分来源于毒品，因而也就决定了他们不可能从根本上铲除毒品。其次，作为毒品主要输出国的缅甸中央政权，一段时期内还不具备用武力来结束武装割据的能力，而旷日持久的和平谈判又收效甚微，因此国际社会依靠与缅中央政权合作铲除毒源的目的也将困难重重。再次，在"金三角"地区还盘踞着数百个大大小小贩毒集团，也是一批不容小觑的毒品经济力量，其影响不仅在国外，也蔓延至云南境内及我国内地很多地区。最后，对于毒品种植的贫困农户而言，如果替代种植的收入不能长期保持超过种植毒品的收入，毒品种植就不可能绝迹，复种罂粟随时会发生，近几年毒品种植的反弹就是最好的例证。最后，当前"金三角"的毒品正经历着由"白色化"向新型毒品的转型过程。新型毒品因其具有原料来源广泛、加工简易、市场需求大、抗打击力强的特点，近年来上升势头很快并显现出取代海洛因的态势，从而也决定了毒品生产与贩卖的生存顽强性和长期性。从上述分析可以看出，在"金三角"地区围绕着毒品经济的各种力量博弈，将在相当长的历史时期内处于一种胶着状态。再加上阿富汗地区更大毒品源南下的趋势，进一步凸显了反毒品斗争的长期性和艰巨性。

其二，在缅、老、越北部地区存在较强的天主教、基督教势力。由于所在国的宗教政策与我国相异（我国执行自办教会的政策）而长期存在的现状，决定了对我边境地区抵御宗教渗透的长期性。

其三，就艾滋病而言，随着云南省"桥头堡"战略的实施，与周边国家交往更加频繁，人口流动日益频繁，加之周边国家对艾滋病及其危害的认识差异较大，以及具体国情等因素，从而不同程度制约着国家层面对艾滋病防控的合作。与此同时，由于近年来由国家间发展差距所引发的跨境婚姻迅速增加（前面已有论述），也不同程度加大了边境地区艾滋病扩散的潜在危险，决定了不可能从根本上杜绝艾滋病从境外传入的渠道。

从国内来看，我国改革进入了深化期，同时又是矛盾的显现期，各利益群体多元化，使这一时期群体性事件也进入一个快速发展时期，维护社会稳定的任务也任重道远。

综合上述因素，我们认为，目前边疆民族地区应对社会安全问题将是一个长期的历史过程。

第五章

云南跨境民族地区乡村社会维稳方式转变的基本经验

边疆跨境民族地区是国际风险引发的安全问题进入我国的屏障和承接带，是国家应对和抵御国际安全问题的前沿阵地和减震带，是国家和云南省实施"走出去"和大通道战略的"桥头堡"，在国家安全战略和维护社会稳定大局中具有极其重要的地位。党和国家历来高度关注边疆跨境民族地区的稳定与发展。进入21世纪以来，在党中央和国务院的指导和关怀下，在云南省委和省政府的直接领导下，在边疆各族群众的积极参与下，边疆跨境民族地区在应对和治理社会安全问题、维护社会稳定的过程中，逐步实现维稳方式的转变，并创造了一系列鲜活宝贵的经验。课题组在长期跟踪调查基础上，综合相关研究资料，把这些经验提炼为"一个转变、两个前移、三个构建"。一个转变，即维稳思维的转变；两个前移，即维稳重心前移至乡村基层社会，维稳主体前移至乡村少数民族大众；三个构建，一是构建边境地区区域安全合作机制，实现跨境民族地区的和谐；二是构建边疆地区各民族和谐共赢、协同发展的民族关系；三是构建边疆跨境民族地区和谐的宗教关系，营造良好的社会环境。

第一节 云南跨境民族地区社会维稳管理体制变迁简要回顾

一 中华人民共和国成立前期的维稳体制与风险应对

中华人民共和国成立前，云南边疆民族社会管理体制是一种在中央政府节制下的以土司为主的社会管控制度。土司制度形成于元朝封建社会时期，是"以夷制夷"制度的延续。清朝时期，清政府为加强中央集权，实施大规模的"改土归流",但由于西南边疆地区的特殊情况,土司制度得以保留。到民国时期,对西南边疆地区仍实行"设流而不改土"的管理体制,即"原土司头目称号仍保留,但须受流官节制指挥"①,而边疆地区的实际控制权仍掌握在土司手中。各地土司依靠军队、土司律令、族权、习惯法、宗教(神判)、社会禁忌等构建起一套严格的地方性等级管理制度,承担维护地方秩序、守土戍边、保境安民的职责。

总体来看,从清末到民国时期,由于政府的腐败无能、帝国主义的侵略瓜分以及封建统治阶级的残酷剥削,边疆社会是一个极度贫困、瘟疫蔓延、危机严重、内忧外患、动荡不安的社会,其突出社会问题主要表现在以下几方面。

其一,传染性疾病高度流行。中华人民共和国成立前,云南边疆地区医疗卫生保障极度匮乏。以德宏州为例,到 1939 年潞西县遮放镇才由美国罗氏基金会建立该州第一个卫生机构——抗疟疾研究所。1940 年相继在梁河、盈江、莲山、瑞丽设置卫生院,共有医务人员 15 人,简易病床 103 张。新中国成立前夕只剩下 3 个卫生院,医务人员 9 人,简易病床 63 张,全州每千人只有医务人员 0.03 人。②卫生保障的严重缺失以及缺医少药致使一些传染性疾病,如鼠疫、疟疾、霍乱、天花、伤寒等迅速蔓延并长期在边疆地区滋生,其中尤以鼠疫、疟疾最为严重。据景洪县志记载,1935 年南京中央卫生署姚永政、刘经帮、林成梁教授到疟疾严重的车里(景洪)调查,查证车里"瘴气"是恶性疟疾,属超高疟区。③

据记载,1944 年至 1948 年德宏地区梁河、盈江一带鼠疫爆发,死亡极为严重,盈江南村 64 岁的邵应庭回忆,"当时我们寨子有 27 户,149 余人患鼠疫,死亡 50 多人,不少人家死得仅剩一人,人们无法,只好驱鬼。"另一村寨贺蚌寨有 300 多人,死了仅剩 40 余人。据《腾冲县志》记载,李根源先生面对此疫情吟诗哀叹"鼠疫蔓南方,死人亦不少,惨矣梁盈间,最烈是九保,来如黄河水,抢救望大挤,人力感未尽,又溃到河西……肃清之何日,吾欲问苍昊"④。另一边境州市西双版纳州亦是如此,疟疾、鼠疫等连绵流行 50 余年,加之天花肆虐,到处是人死寨空的

---

① 《民国政府年鉴(行政)》,1943-07-10。
② 《德宏傣族新社会五十年》,云南人民出版社 2003 年版,第 205 页。
③ 《景洪县志》,云南人民出版社 2000 年版,第 495 页。
④ 《德宏傣族新社会五十年》,云南民族出版社 2007 年版,第 207 页。

悲惨景象。清乾隆五十七年，景洪疟疾大流行，致清政府驻军因疟死亡率高达50%以上，以致清廷决定停止在该边境地区驻军，改为每年巡查一次。民国时期（1919—1923年）景洪地区的勐旺、普腾坝子疟疾流行，致使一万多人的坝子只剩下四千多人，情况极为恐怖。① 当地少数民族群众求医无门，只得求神拜佛，打卦献牲，不但无济于事，反而弄得家破人亡。德宏地区的潞西县西山乡弄丙村新中国成立前一年曾因祭祀鬼神杀牛47头、猪500余头，弄得全村人财两空，这样的现象在边疆地区极为普遍。② 边疆地区的疟疾、鼠疫猖獗情况一直延续到中华人民共和国成立初期。传染性疾病的严重流行，使边疆少数民族地区成为恐怖的"瘴疾地区"（瘴即瘴气，意指疟疾；疾主要指鼠疫），在当地流行着"要到夷方坝，先把老婆嫁"、"清明过后雨浇流，汉人搬家鬼发愁"、"谷子黄，病上床，闷头摆子似虎狼"的民谣，正是边疆少数民族地区疾病大流行的真实写照。

其二，鸦片毒害十分严重。自从鸦片种植传入云南后，由于水土和自然气候等因素，云南产的大烟无论色香味还是内部成分均与印度、伊朗、土耳其的不相上下，优于国内的川土和黔土，且价格只是外国的一半，甚至更低。云土在国内迅速畅销，需求量也越来越大，极大刺激了云南毒品经济的发展，全省种植罂粟迅速增加。新中国成立前，云南全省种植的罂粟600多万亩，占总耕地面积的1/3，年产鸦片3000万—5000万两，素有"云土"之称。当时只有1595万人口的云南，吸毒人数就达200万以上，占总人口15.33%。③《云南近代史》也指出，云南年产烟土在5000万两到8000万两之间，本省自吸食约1/3到1/2，外销2000万—4000万两。④ 当时的地方政府虽口喊禁烟，但因罂粟种植是其财政的主要来源，所以罂粟种植不仅屡禁不止，而且越禁越多。在龙云统治时期，云南烟税的收入占其财政的40%以上。⑤

其三，边患危机严重。19世纪末，在英法帝国主义在瓜分势力范围的高潮中，也加紧对我国西南边疆地区的侵略与瓜分，不断挑起事端，并

---

① 《景洪县志》，云南人民出版社1997年版，第799页。
② 《德宏傣族新社会五十年》，云南民族出版社2003年版，第208页。
③ 《云南省志》，云南人民出版社2000年版，第409页。
④ 《云南近代史》，云南人民出版社1993年版，第193页。
⑤ 《云南近代史》，云南人民出版社1993年版，第195页。

公然派兵侵略和占领我边境地区，所到之处烧杀抢掠、无恶不作，激起广大边疆少数民族的抗击斗争。在边疆地区爱国土司的带领下，为捍卫祖国领土，保卫社会安宁，边疆民族群众与英法帝国主义展开了不屈不挠的斗争。其中有代表性的斗争事件如德宏的七土司联合率领汉、回、傣、景颇等各民族人民抗击英法入侵，追杀马嘉里，击败柏郎部率领的"第二次远征军"。

在中老边境的乌老等地，土司与当地傣族人民一道，积极开展抗击英法帝国主义的斗争。1898年，干崖土司刀安仁率领傣族、汉族等群众抗击英国侵略者侵占边疆领土，在今盈江县西南坚持战斗八年之久。在今临沧地区，勒显夺拔领导傈僳族人民与汉、傣、佤、拉祜、彝、布朗等各族群众组成西南边防民众义勇军，在班洪联合进行抗英斗争。

抗日战争时期，日本帝国主义发动对我国西南边疆的侵略战争，一方面切断西南边疆的战略物资供应线，另一方面妄图形成两面夹攻之势，以达其迅速灭亡中国的野心。云南滇西成为抗击日本侵略的前沿阵地，滇西各族人民和爱国土司积极支持和参与这场捍卫民族独立、保家卫国的伟大斗争。一是参与滇缅、中印两大战略公路建设，其中滇缅公路西线工程全长500多公里，在短短八个月就顺利筑成。美国驻华大使奉命考察滇缅路后，盛赞滇缅路"纯人力开辟，全赖沿途人民的艰苦耐劳精神，这种精神是全世界任何民族所不及的"[①]。二是开展抗击日寇的武装斗争。1942年5月至1945年1月，日军占领怒江西岸时期，爱国土司组织多支武装游击队伍，骚扰、袭击日军，其中主要有陇川土官组织抗日武装1200多人，南甸土官龚绶自卫军，辖尚自贵龚统政两个大队；干崖土司刀京版组织自卫军辖三个支队；原遮放司署驻畹町办事处主任杨思敬组织的潞西抗日团，坚持在滇西开展抗日斗争。此后在国军滇西远征军反攻时，这些抗日武装又密切配合远征军，参与了把日军赶出滇西的战斗。同时边疆土司还组织民众筹集粮食，大力支援滇西抗战，为保卫国家领土、抗击日本帝国主义做出重要贡献。[②]

---

① 转引自谢自桂《抗日时期的西南国际公路交通线》，《昆明文史资料选集》第6期，第4—5页。

② 《德宏傣族新社会五十年》，云南人民出版社2003年版，第60页。

二 中华人民共和国成立后至改革开放前的维稳管理体制变革

中华人民共和国成立初期,边疆少数民族地区面临着十分复杂的局面,国际上美国在签订《美泰军事援助协定》《美菲共同防御条约》《东南亚集体防范条约》的基础上构建起一个针对中华人民共和国的反华军事同盟,对我国进行军事封锁。同时,逃窜至中缅、中越边境的国民党残军不断在边境沿线进行军事扰袭。在蒋介石所谓的"复国战略部署"的策划下,云南全省出现妄图推翻新生人民政府的土匪暴乱。相关资料表明,全省暴乱土匪达13.4万人,在沿边境地区暴乱的匪患与境外的国民党残军相互勾结,活动尤为猖獗。

另外,由于边境地区是在与当地土司协商基础上实现和平解放的,土司制度得以保留,因此土司对边疆少数民族社会仍有较强的影响力。加之国民党对边境长期的反动宣传,造成边疆广大少数民族对新生的人民政权产生怀疑和畏惧,进而产生隔阂,这给边疆地区基层人民政权的建立和社会稳定带来一定影响。

鉴于上述边疆地区特殊局势和民族特点,国家从保证边疆地区国防安全与社会稳定,促进边疆少数民族发展生产、改善生存状况出发,按照"慎重稳进"的方针,在边疆地区构建起相对完备的社会管理制度。

首先,在乡镇一级建立了人民政权。边疆地区和平解放后,党和政府从两方面开展了边疆民族社会管理制度的构建工作。一方面积极稳妥地做好民族上层人士的团结、教育工作,充分利用其影响力维护边疆社会的稳定。另一方面组建了大批民族工作队和医疗队,广泛深入边疆地区的少数民族村寨,真心实意帮助各少数民族解决生产、生活以及传染病防治等方面的突出问题,同时深入细致地宣传党的民族政策,做好民族发动工作。党的民族政策的巨大感染力和工作队卓有成效的工作,赢得广大边疆少数民族群众的衷心拥护,为基层人民政权的建立打下了最稳固的政治基础。在条件相对成熟后,适时以"和平协商土地改革"和"直接过渡"两种方式进行民主改革,对土司本人及其家属实行政治安排和"赎买"政策,最终在边疆地区废除存在几百年的土司制度,并在广大民族地区建立了以少数民族为骨干的乡级人民政权和乡级党的基层组织。国家权力成功进入边疆民族社会,对边疆民族社会的稳定提供了制度保障。

其次,重构了边疆地区的管理制度。边疆地区乡镇人民政权的建立与内地基本同步，国家在边疆民族地区构建了一个以户籍控制为中心的具有边疆特点的相对封闭的刚性边疆社会管理体系。政治上，强化乡镇一级的人民政权，实行一元化的管控；军事上，构建以边防军为主体，组建以当地少数民族为骨干的武装基层民兵连，协同党的其他群众组织（民兵组织、妇联等）组成严密的军事联防。组织上，严格控制人口流动，原则上只允许沿边境地区的少数民族跨界流动，内地民众向边境地区流动受到严格控制，须持有公安机关经过严格审查所签发的有目的地、有时效的边境通行证，沿途还须经过多道关口检查，同时边民也不能随意流动到内地。经济上，严格控制边境贸易，一是将边境贸易严格掌控在国营贸易公司手中；二是跨境贸易与物资交流只允许当地边民开展，且贸易额也有严格限制；三是边贸区域也有严格限制，只能在指定地点（沿边地区 20 公里以内）和时间进行。

边疆地区封闭的刚性管理制度和强有力的社会管控，对保证边疆社会稳定，保障边疆地区各民族生产、生活秩序和经济活动的正常开展，有效抵御境外破坏因素的干扰，维护国家开展的一系列全国性重大运动（如控制鸦片的进入，对中华人民共和国有效开展禁烟运动起到巨大的作用）和国防安全等起到不可替代的作用。

最后，国家在边境地区开展了维护社会稳定的斗争。这一时期党和国家在边疆地区进行的维护社会稳定的斗争突出表现在以下三个方面。

其一，全面开展针对边疆地区肆虐数十年的流行性疾病的控制、防疫斗争。云南省政府在财力有限的情况下，投入巨大的财力、人力、物力，组建多批医疗队，长期深入边疆少数民族村寨开展防病、治病工作，在较短时期内有效控制了传染病的流行。在边疆严重流行的鼠疫基本被消灭，疟疾发病率大幅下降。同时加大边疆地区卫生防疫体系的建立，经过数年的努力，基本形成比较健全的县、区、乡三级卫生防疫网络。针对历史上严重流行、对边疆少数民族健康危害严重的传染病、地方病，相关部门在边疆地区设立了省第二疟疾防治所，又在各县设立鼠防站、痢防科等专防部门。此外中央、西南局、云南省还定期派出卫生防疫队，到边疆一线对传染病进行巡回医治。

其二，在全省范围内开展大规模的剿匪斗争。针对匪患严重的形势，1950 年经中央和西南军政委员会的批准，成立云南省剿匪委员会。将全省划分为滇南、滇西、滇东北三大剿匪区，剿匪斗争从 1950 年持续到

1955 年。这一时期的剿匪斗争分三个阶段，第一阶段集中兵力围剿匪特最集中、最猖獗、最顽固的腹心地区；第二阶段针对第一阶段未受惩治的小股土匪和其他散匪，以政治攻势为主，军事围剿为辅，重点打击残存土匪；第三阶段重点清剿沿边境地区的土匪，彻底肃清其他残余，为保卫边疆、巩固国防扫清障碍。五年的剿匪斗争中，人民解放军剿匪部队头三年共进行大小战斗 3762 次，共计歼灭武装土匪 12.45 万人，其中包括部分从境外入境的国民党军队残部。① 同时，将剿匪与打击境外国民党残余武装的窜扰和特务的破坏行动结合起来。当时在中越边境有国民党残部 8000 余人，中缅边境有国民党第八军、二十六军残部及其裹胁的群众万余人。此外，国民党特务机关先后在云南境外建立了几十个特务组、站、台，并于 1951 年成立"云南反共救国军总指挥部"（后改称"云南反共救国军游击队总部"）。"救国军"与外逃的地霸武装相勾结，采取陆地战、空中降和"区内发展"等各种手段煽动暴乱，并于 1951 年在台湾"国防部"和美国中情局支持下，对云南沧源、耿马、双江、镇康、西盟、澜沧、孟连等边境县区发动两次大规模武装窜扰，一度攻占沧源、孟连县城，我驻边境部队在当地群众的支持配合下，先后作战 602 次，歼灭敌人 6.2 万多人，保障了基层人民政权的建立和巩固，保卫了边疆的安定。由于境外残敌的长期存在，人民解放军与境外残敌的窜扰斗争一直持续到 20 世纪 70 年代末期。

其三，新中国成立初期的禁毒斗争。1950 年后，省委、省政府根据中央人民政府国务院和西南军政委员会关于禁毒的通令和指示，结合云南实际，按照先城市后农村、先内地后边疆的步骤在全省范围内开展声势浩大的禁烟禁毒运动。1950—1952 年，禁毒工作主要在内地城乡进行，至 1952 年底，内地城镇和农村贩毒已被彻底摧毁，烟民也基本戒除吸毒恶习。边疆民族地区因情况复杂，禁毒工作开展较晚，其禁毒工作按照"慎重稳进"的总方针，采取"正面代替，逐步削弱"的方法，因势利导，在帮助少数民族认识毒品危害的基础上，组织引种粮食和经济作物，替代罂粟种植，到 1954 年才逐步禁种罂粟。20 世纪 50 年代末，除边境地区仍有零星种植罂粟外，全省基本无种、无吸，毒品危害被基本消除。

由于边疆地区烟毒很深，而且境外边民历来以种植罂粟为主，鸦片不

---

① 《云南省志》，云南人民出版社 2000 年版，第 372—382 页。

断流入境内,所以云南特别是边疆地区的禁毒斗争从未停止过。20 世纪 60 年代,由于"文化大革命"对边境管理制度造成冲击,走私鸦片和吸毒有所增加,但也及时受到控制。这一时期的禁烟斗争是在一个相对封闭的国内环境中进行,禁烟斗争之后,仅有个别历史上毒品较为猖獗的偏远山区存在零星贩毒和吸毒问题,禁烟斗争取得巨大成就。

总之,中华人民共和国成立后至改革开放前,国家在边疆民族地区构建起一个对内、对外相对封闭的硬控制社会,并形成了一整套刚性的维稳体系。在相当长一段时期内,这一体制有效保证了国家的国防安全,维护了边疆民族地区的社会稳定,保证了边疆民族地区人民群众的生产、生活秩序,保障了边疆社会的健康发展。

三 改革开放以来维稳体制面临的问题

1978 年党的十一届三中全会以后,封闭了 20 多年的云南边疆地区进入了开放的历程,至 20 世纪 90 年代初,云南实施以边境贸易、边境技术合作为龙头的沿边全面开放战略,全面开展"大湄公河次区域经济合作"(GMS),"中国—东盟自由贸易区"(CAPTA)、"孟中印缅地区经济合作"(BCIM)、中越两廊一圈"构架"、"国际大通道"建设,尤其是云南省近两年大力推进的"桥头堡"建设等一系列对外开放区域合作战略,使得处于国家地理末梢的云南边疆民族地区成为我国西南地区大开放前沿。云南边疆民族地区 30 多年的开放,一系列区域国际合作项目的持续推进,尽管还存在着诸多有待解决的问题,却营造了一个以和平、发展、稳定为主旋律的地缘环境,在推动云南边疆民族地区与相邻国家经济发展,推进更广泛、更深入的国际合作与国家能源战略开发等方面发挥着越来越重要的作用。作为问题的另一面,不可否认,云南周边国家业已存在的诸多不稳定因素和社会问题所引发的一系列诸如毒品、艾滋病、难民、宗教渗透等非传统安全问题,趁我国开放之机向云南省边疆民族地区渗透,在对边疆民族地区造成巨大危害的同时,也对我国的国家安全和边疆社会稳定构成新的威胁与挑战。与此同时,边疆社会的转型同全国一样进入发展的重要战略机遇期、社会矛盾凸显期,致使社会群体性事件一段时期以来呈高发态势。边疆民族地区传统的以封闭为特征的刚性维稳模式,以及相应的静态维稳思维,已经严重不适应深刻变化着的边疆民族社会发展的需要,主要表现在如下几个方面。

其一，对新形势下非传统安全问题缺乏危机意识。由于对已经出现的社会问题的苗头缺乏敏锐的判断力，某些社会问题的严重性逐步显现并演变成重大隐患。这一问题在边疆民族地区最为典型的表现莫过于对毒品与艾滋病两大社会问题的初期处置。云南边疆地区全面开放时期，正是国际毒品走私开拓新的贩运通道的时期，云南因其特殊地理区位而成为毒品陆路走私、贩卖的主要通道。20 世纪 90 年代，德宏州潞西市某个边境乡镇，流传着"吃饭靠种田，赚钱靠缅甸"的谚语，说的就是到缅甸做毒品生意。① 而当毒品与艾滋病问题被逐渐揭露之后，又习惯使用传统解决问题的手段，缺乏对边疆全面开放以来已发生根本性变化的形势的科学分析。一方面严密封锁消息，另一方面不恰当地提出所谓将毒品、艾滋病拒于"国门之外"，严防死守，致使这两大问题演变成云南省主要社会问题，并对全国产生重大影响。

其二，对一些已发生的社会矛盾冲突形势判断有误，有时甚至夸大发生社会动荡的可能性，仍习惯于传统的对立思维，把目标定位于静态、刚性的维稳上。在"维稳压倒一切"的观念指导下，呈现出简单化、绝对化的社会控制方式。2008 年发生在云南省普洱市孟连县的"7·19"特大群体性事件最具代表性。勐连县"7·19"案件，其性质是一起因当地佤族、傣族少数民族胶农与孟马橡胶公司之间因经济纠纷而引发的群体性事件。其中最核心的因素是群众的利益诉求问题长期得不到解决，致使矛盾日趋激化，而当地政府对此处置不当，最终造成警群严重对立并导致流血事件发生。

其三，面对不断增加的社会矛盾，特别是一些涉及利益冲突的事件，更多地使用经济方式来解决问题。其中的常用模式就是单纯依靠发放维稳资金来达到维稳目的，也就是通常所说的"花钱买平安"、"人民内部矛盾用人民币解决"。一些地方片面理解"稳定压倒一切"，认为平安就是"不出事"，对群体性事件应对失当，要么乱扣帽子，加剧冲突；要么丧失原则，一味妥协。这种错误思维和模式对民众造成了一种误导，即凡事"大闹大解决，小闹小解决"。② 这种逻辑下的维稳，不是权利维稳，而是

---

① 张金鹏：《边疆民族社会艾滋病流行现状、发展趋势与社会控制研究》，中国社会科学出版社 2012 年版，第 161 页。

② 徐行：《中国维稳误区：异化与挑战》，人民网人民论坛 2010 - 09 - 21。

权力维稳；不是动态维稳，而是静态维稳；不是和谐维稳，而是强制维稳。①

第二节 经验：一个转变、两个前移、三个构建

一 一个转变

一个转变，即从传统维稳思维向科学维稳思维的转变。近年来边疆民族地区经历了痛苦的斗争实践，并付出重大代价，在"以人为本"构建和谐社会的全新理念指导下，总结经验、吸取教训，逐步实现了从传统刚性维稳向柔性维稳，从静态维稳向动态弹性维稳的战略性转变，这一维稳思维的转变主要体现在以下三个方面。

（一）破除静态维稳观念，努力实现在动态平衡中求稳定

静态维稳观念的转变是边疆民族地区从传统维稳观向科学维稳观转变的最显著特征，这一转变体现在如下几方面。一是实现从传统静态的"堵、压、控"向"服务、协调、引导、化解"的方式转变。近年来，在"爱民固边"实践活动中，边疆民族地区深入开展"群众观点、群众路线、群众利益、群众工作"的"四群"教育活动，逐渐树立了"群众利益无小事"的观点；坚持"深入基层、深入群众、深入实际"的"三深入"活动，并在"三深入"的活动中理顺群众关系，维护好群众最关心、最现实、最直接的切身利益，争取群众的理解和支持，使以往"无事看不见群众，有事又往往把群众推到对立面"的局面得到了显著的改观。最具代表性、典型性的案例是2008年普洱市孟连县"7·19"事件。事件发生后，省委、省政府采取了一系列过硬措施，孟连新班子痛定思痛、思痛防痛，认认真真抓好群众工作这个根本，并创造了综治维稳的"孟连经验"，不仅得到了省、中央的充分肯定，时任中央领导为此作出了批示："孟连的实践让我们明白，只要我们坚持执政为民、真心真意为人民服务，就一定能得到人民的信赖，就没有克服不了的困难。"二是边疆民族地区各级党委和政府通过认真学习孟连经验，变被动维稳为主动维稳，

---

① 中共广东省委副书记、政法委书记朱明国日前在全省政法系统领导干部大会上的讲话。参见《莫让"权利维稳"变成"权力维稳"》，《人民日报》2012-07-18。

把主要精力用于社会矛盾化解和创新社会管理上，着力解决影响社会安全与稳定的源头性、根本性、基础性问题，改变了过去忙于应付的工作局面，使全省特别是边疆跨境民族地区各类群体性事件无论从人数和次数都出现显著下降趋势，群众的社会安全感满意率呈现上升态势（群众满意率2007年为87.6%，2008年为90.88%，2009年为90.93%，2012年为91.98%[①]）。

（二）用发展的眼光看待稳定问题，把稳定与发展有机结合起来

当代边疆民族地区一些突出的社会问题，特别是因经济问题引发的利益矛盾、利益冲突、利益博弈是社会转型过程一种正常现象，只能在发展过程中逐步解决。因此社会稳定只能是一种动态发展中的稳定，而且随着社会的发展，一种稳定的局面形成之后，又可能出现新的不稳定因素，不可能出现一劳永逸、静态的稳定，只有通过发展来解决社会问题和消除不稳定因素，寓稳定于发展，在发展中求稳定。

怒江州的发展与稳定问题是云南跨境民族乡村社会发展与稳定问题的一个缩影。怒江州是全国唯一的傈僳族自治州，位于云南省西北部，西接缅甸，北连西藏，东邻迪庆与大理，南毗保山，是中缅滇藏的接合部。国境线长449.5公里，国土面积14703平方公里。辖泸水县、福贡县、贡山独龙族怒族自治县和兰坪白族普米族自治县，总人口53万人。全州少数民族人口比例占总人口的92.2%，其中傈僳族占总人口的52%，白族占28%，怒族占6%，普米族占3%，独龙族占1%，其他民族占10%，独龙、怒族属于怒江州独有少数民族。该州还是全国民族族别成分最多和人口较少民族种类最多的自治州。就目前而言，怒江州经济社会发展与其他州市相比，总体上依然滞后。因此该州最突出的问题就是贫困问题，特别是居住在高寒山区的少数民族，由于交通不便、信息闭塞、教育落后等客观因素制约，他们的生产生活条件十分恶劣，贫困面大，贫困程度深，返贫率高。其次是宗教问题，怒江州属于全省乃至全国宗教工作的重点地区之一，长期处于渗透与反渗透、颠覆与反颠覆、争夺与反争夺的敏感地区和前沿阵地，其宗教问题主要表现为基督教的渗透突出、藏传佛教的渗透形势严峻、基督教发展过快、邪教活动猖獗等。在怒江州，以宗教名义进行渗透情况逐年呈复杂态势，一些宗教领域的老问题至今悬而未决，新

---

① 《云南综治情况》2010年第111期。

问题层出不穷,教会特别是基督教教会在相对落后的农村有一定内聚力,给党的基层组织建设带来严峻挑战,弱化着怒江州基层政权组织的社会动员与管理能力,形成集民族、边疆、山区、贫困、宗教于一体的影响怒江州稳定的社会问题。怒江州委和州政府在中央和省委强有力的支持下,提出了"怒江发展问题",并认为解决好"怒江发展问题",将有利于加大扶贫攻坚力度,加快怒江各族人民脱贫致富的步伐;有利于充分发挥怒江州的比较优势,加快发展步伐,促进区域协调发展;同时也有助于从源头上解决宗教问题,巩固民族团结,维护边疆稳定和国家安全。以科学发展观为指导,以发展为核心,千方百计使各少数民族脱贫致富,在发展中争取民心,增强边疆民族群众抵御境外各种敌对势力渗透的能力,在发展中求得稳定。当然,怒江的发展问题不可能一蹴而就,是一个长期持续的过程。

(三)破除全能政府的执政理念,切实转变政府职能,实现政府与社会协作中求稳定

相当长的时期以来,我国政府是一个全能型的政府,掌控着全部的社会资源。中华人民共和国成立初期,边疆民族地区面临严峻形势,只有政府统揽一切,才能有效打击反动势力的侵扰,才能保证边疆社会的安全与稳定。改革开放以来,我国社会进入转型期,而国际风险引发的非传统安全问题又向边疆民族地区传递与蔓延,各类社会矛盾与不稳定因素不可避免地凸显出来,社会安全与稳定的形势发生了根本变化,安全与稳定的压力也越来越大。而在"稳定压倒一切"的惯性思维以及自上而下层层加码的"稳定"考核硬性指标压力下,维稳在某种程度上已成为悬在基层政府头上的达摩克利斯之剑,基层政府成为维护社会安全的中心,被逼到维稳的第一线。基层政府维稳职能的强化,恰恰弱化了其作为规则和程序制定者以及调处仲裁者的角色。面对边疆跨境民族乡村社会利益分化与需求多元化的社会发展新形势,面对日益增多的突出性社会问题和群体性事件,全能政府的执政理念在问题应对中出现了"失灵",客观上呼唤一种新的管理机制的出现,社会力量尤其是社会组织参与边疆社会治理正是以弥补政府失灵和市场缺失的新机制姿态出现的。近年来边疆地区"政府全能"的角色理念逐渐得到了调整,在以人为本思想的指导下,政府主导、社会协同、群众主动参与的治理理念已成为边疆民族地区应对社会不稳定因素和突出社会问题中最鲜明的特色和亮点。在边疆民族地区,乡村

草根社会组织、非政府组织等社会力量在广泛动员群众参与维护社区稳定方面的作用尤为明显。

1. 传统正式组织社会功能的扩展

一些传统正式组织的社会功能得到强化与拓展，最为突出的是基层民兵组织。边疆地区的基层民兵组织曾积极配合边防军，在捍卫国家领土、保卫边疆人民的生命与财产安全、打击敌对势力的侵扰与破坏、维护边疆民族地区社会稳定方面发挥过重要的作用。随着边疆地区的全面开放以及市场经济的发展，边疆民族地区的民兵组织传统职能一度受到削弱，现今在应对非传统安全问题的人民战争中，边疆民族地区乡村民兵组织的职能通过新的整合，在新的形势下得到拓展和强化。民兵组织在打击贩毒吸毒、维护社会治安斗争中重新焕发生机，成为边疆乡村社会应对非传统安全问题的一支骨干力量。其次是宗教组织。鉴于边疆民族社会与宗教的密切关系，少数民族的精神食粮在相当程度上来源于宗教。在应对非传统安全问题的斗争中，广大宗教界爱国人士在政府的支持和引导下，积极发挥宗教的正功能，投入应对毒品和艾滋病等社会问题的斗争中。如西双版纳的"佛光之家"、保山地区的"基督教佛音戒毒模式"、德宏州佛教协会组织的"慈爱团"以及"关爱青少年禁毒防艾构建和谐社会"宣传团等，使宗教在实际的参与中实现了为社会主义服务的功能。①

2. 本土民间草根组织迅速崛起

在边疆民族地区，为适应村落社区事务管理与服务的需要，在应对非传统安全问题的斗争中，发挥创新精神，创立了一系列多元化的社会组织，以此类组织为平台所构建的经济关系、文化关系和互助关系以及乡村社会治理等成为联系农村群众的纽带和桥梁。由于特殊的乡土情缘，少数民族社区的民间草根组织在社区内部村民中的认同度高，在化解群体矛盾、干群关系、参与村民自治等方面，成功弥合政府与社群之间的"断裂"，是实现少数民族社区农民自我治理的"新型社会空间"。目前，尤其以边疆一些深受毒品和艾滋病侵袭的少数民族社区的护村队和各类妇女民间草根组织的作用最为突出。护村队是在应对非传统安全问题斗争中出现的民间草根组织，由村干部、党员、团员、民兵等骨干分子自愿组成，

---

① 详细内容可参考张金鹏《边疆民族社会艾滋病流行现状、发展趋势与社会控制研究》，中国社会科学出版社 2012 年版。

并制定了相应的制度和工作职责。在德宏州全州的乡村总共有这样的护村队 3617 支，活跃在应对非传统安全问题的第一线。妇女组织是以村寨中的家庭妇女为主的自愿组织，主要有妇女之家、攻心队、帮教队、文艺队等，全州共有这样的组织 1294 个（全省有类似的妇女组织 6000 个左右）。据统计，这些妇女组织开展活动影响的人口达 80 多万人，占全州人口的 70% 以上，它们在边疆地区应对非传统安全社会问题的过程中发挥着不可或缺的作用。值得一提的是，边疆地区民间组织在处理跨境地区、境外民间贸易关系的矛盾和纠纷中也作出了有益的创新性的尝试。

改革开放以来，边民以及内地人到境外经商日益频繁，难免会引起一些矛盾和纠纷。由于中缅双方司法协作还未开展，加之两国的国情与社情差异。这些矛盾与纠纷如果通过政府解决，往往成本高、历时久，而且效果也不明显。西双版纳州景洪市一些民间人士成立了一个"西双版纳心理法律咨询援助中心"，对边疆地区从事贸易及边民交往中面临的经济问题、安全问题、法律问题提供援助。该组织聘请在境内外都有一定影响的人士为顾问，利用他们长期积累的人脉关系开展了几方面的工作：一是为出境边民提供安全保障服务。主要是通过与泰国的布朗族协会沟通，共同为我方出境到泰国边民提供安全保障；二是从民间的角度参与防止拐卖妇女儿童的救助工作，该中心曾成功解救了一个被拐卖到泰国的女性，还多次为公安机关提供被拐卖到境外的妇女信息等；三是为在边境外经商而被骗的群众提供力所能及的帮助，中心曾经为一个来此做生意的河南人追回被骗的资金。该中心后因主要顾问年纪大退出而终止，却为民间组织扩大社会服务提供了借鉴。①

3. 国际非政府组织的参与

在应对日益严峻的突出社会问题的斗争中，在云南省委、省政府的指导和支持下，边疆民族地区的各级政府采取更加开放、务实的态度与国际 NGO 组织开展合作，使云南成为我国少数民族地区社会组织最发达、最活跃的省份。据有关资料显示，在云南开展活动的境内外非政府组织累计 338 家，有超过 200 家国际 NGO 组织与数以千计的中国本土 NGO 和乡村草根组织在这里开展活动，从事着禁毒、防艾、救灾、保护环境、扶贫、教育、妇女儿童权利保护工作，被业内人士称为"中国 NGO 的摇篮"。

---

① 西双版纳州政协原主席提供的资料，2012 年。

国际非政府组织开展的一系列项目对云南边疆民族地区社会发展与稳定做出了积极贡献，主要表现为：一是为云南省特别是边疆地区抵御非传统安全问题提供了有力支持和补充。二是锻炼和培养了基层组织科学管理、协调和组织的能力。三是促进了国际经验与本土知识的结合，提升了危机管理的能力。四是培养了基层干部开放、合作以及自我服务的意识，从过去"你的项目，我帮你做"发展到"我的工作，大家帮我一起做"。据不完全统计，目前全省累计有100多家非政府组织参与到艾滋病预防和控制工作中。[1]

怒江州是国际非政府组织活动极为频繁的地区。据不完全统计，自20世纪90年代初，美国、日本、巴西、秘鲁、泰国、瑞士、韩国、缅甸等国家和我国香港地区的非政府组织开始进入怒江州活动，活动范围涉及教育、文化、卫生、环保、扶贫、救灾、畜牧、宗教等领域。国际NGO进入怒江州主要通过四个渠道：一是省级部门介绍推荐，通过部门系统进入。如爱德基金会、日本—云南华侨联谊会、巴西和平统一促进会、香港慈善基金会等。二是各部门自己联系，通过项目合作而进入。如香港嘉道理慈善基金会、香港乐施会、美国大自然保护协会、全球环境基金会等。三是自行组织进入。如云南跨连畜牧发展有限公司、香港澳声集团等。四是通过民间联系而进入（主要是通过基督教"两会"联系）。如国际爱心扶贫组织、云南生物多样性与传统知识研究会等。在怒江州活动的国际非政府组织大多能遵守我国的法律法规，对怒江地区的社会发展起到了一定的促进作用。但是，也应看到，有的境外非政府组织尤其是有宗教背景的非政府组织，以开展组织活动为幌子，暗地进行非法活动。因而，在支持国际社会组织为边疆社会发展与稳定服务的同时，须时刻提高警惕，加强对社会组织的监管工作。

二 两个前移

两个前移，即维稳重心前移至乡村基层社会，维稳主体前移至乡村少数民族群众。

边疆民族地区在应对突出社会问题和群体性事件斗争的初期，对乡村

---

[1] 张金鹏：《边疆民族社会艾滋病流行现状、发展趋势与社会控制研究》，中国社会科学出版社2012年版。

民族社区是应对非传统安全问题的主战场，以及少数民族大众是应对非传统安全问题和维护社会稳定的主力军的理念认识不足，对边疆民众维稳主体地位的特点认识不深，有时甚至把群众推到对立面，在处理事件中仍习惯于为民做主的心态，不恰当地让政府充当了社会的主宰者，承担着无限的责任，大包大揽。近年来，边疆民族地区在"以人为本"、建设服务性政府思想的指导下，对维稳实践经验进行了深入总结，逐步实现维稳重心和主体分别前移至乡村民族社区和广大少数民族群众。

德宏傣族景颇族自治州是云南省乃至我国毒品和艾滋病的重灾区，也是我国首批大规模发现艾滋病的地区。在长期的工作实践中，2005年该州针对艾滋病病毒携带者和艾滋病病人70%以上分布在广大农村的实际情况，调整了防治思路，尝试以村寨社区为基础，把防治艾滋病的工作重点移至农村，开展综合关怀服务、防治结合的工作试点，探索由村医负责，集检测、告知、流动调查、随访、干预、治疗、管理为一体的艾滋病防治工作模式。在两年试点的基础上，总结形成了以村寨、家庭为重点，以乡镇卫生院为依托，以州县医疗卫生机构为技术支撑，以村医和非政府组织为骨干的艾滋病感染者和艾滋病病人规范服务管理机制，并在全州推广。通过这一防治模式的推广，德宏州的艾滋病防治工作取得显著成绩，一是深化了艾滋病感染者的发现与管理；二是有效提升基层卫生网络的服务功能与服务质量；三是卫生资源得到充分整合与利用，创造了得到专家高度认可的"德宏防艾模式"，有力推动了边疆地区的艾滋病防治工作。[①]红河彝族哈尼族自治州是云南省另一个毒品和艾滋病蔓延的重灾区，禁毒和防艾的斗争一直十分严峻。该州在多年的禁毒斗争中，将禁毒与防艾的主战场前移至乡村和社区，创建了全国先进戒毒模范社区。众所周知，禁毒斗争，一是禁毒，二是戒毒。禁毒以打击为主，而戒毒则是漫长而艰苦的转化过程，因为戒毒十分痛苦，复吸率高，戒毒人员回归社会困难，是至今世界各国都在致力解决的难题。红河州的开远市和个旧市长期坚持在乡村基层社会致力于破解这一难题，经过多年实践的总结，探索出"生理脱毒、身心健康、融入社会为一体"的雨露社区禁毒、戒毒模式，实现了戒毒问题解决在基层第一线。

---

① 张金鹏：《边疆民族社会艾滋病流行现状、发展趋势与社会控制研究》，中国社会科学出版社2012年版。

临沧市是云南省西部边境市，与缅甸接壤，也是云南省毒品、艾滋病的重灾区，同时也是群体性事件的高发区。近年来，临沧市在"主动服务为第一要务"理念的指导下，以新农村建设为中心，积极推进"固边富民"及新家园建设，突出"两个前移"，把强化基层综治维稳建设作为一项战略性、根本性任务来抓，进一步整合基层综治维稳力量，抓好治保会、人民调解委员会和民选综治员队伍建设。加强新农村建设理事会、民选村级综治委员会等基层自治组织建设，创建了基层维稳的"454"模式。一是建立健全"四项机制"，联合化解社会矛盾。四项机制是矛盾纠纷联调机制、社会治安联防机制、突出问题联治机制、强化培训机制。二是建立"五级网络"，确保各项维稳工作有效开展。五级网络指的是以预防、监督为主，建立全市排查网络；以协调、管理为主，健全县（区）排查调处网络；以调处、化解为主，健全乡镇一级排查调处网络；以排查、疏导为主，健全村一级排查调处网络[①]；以内部单位管理为主，健全机关团体、企事业单位和住宅小区的治保会和调委会建设网络。规范"四项制度"，建立长效机制。四项制度是定期排查制度（乡、村每周排查一次矛盾纠纷）、工作例会制度、警示制度责任查究制度。为保证"454"制度的落实，还在全市基层创建了两项保障机制。一是建立完善村级民选综治员机制。综治员由全村民主推举产生，承担村的维稳信息员、治安员、调解员、交通协管员、消防监督员等综合职能。岗前进行专业培训，保障基础工资200元—300元+奖励。二是建立完善边防派出所警官担任村官工作机制，推广"1+3"（责任区民警+治保组织+调解组织+妇女组织），矛盾纠纷调处工作法。目前临沧11个边防派出所有61个警官按法律和任命程序任当地村官。临沧市维稳实践的实质在于将基层社区作为维稳的第一线，将基层少数民族群众作为维稳主力军，实现了维稳重心和主体的合理定位。

边疆跨境民族地区应对社会突出的问题"两个前移"的实施，在很大程度上改变了边疆维稳的被动局面，且取得显著成效。2010年临沧地

---

① 在村（社区）成立治保会和调委会，村民小组设治保员和调解员，做到小问题及时处理，大问题及时疏导。目前该市927村（社区）均成立综合维稳领导小组及办公室，有成员6105人；成立治保会1140个，成员7885人；成立调委会1041个，成员11432人；另群众组建群防群治队伍1312支，成员9142人；治安巡防队249支，成员1792人；897人的村寨（组）志愿义务巡防队；另有综治维稳志愿者队伍183支，1676人。

区各级基层调解组织共调解民间纠纷21248件，调解成功率达96.27%。防止因民间纠纷引发的自杀事件两起，防治民间纠纷转化为刑事案件27起347人，排查出各类可能引发影响社会稳定的矛盾纠纷15起，已成功调解14起，共发生群体性事件7起并已全部得到有效化解。[①] 基层维稳成果也极大推进了一系列平安创建力度，实现平安建设和新农村建设的有机结合，以及维护乡村社会稳定与平安村寨创建的有机结合。目前临沧全市已创平安先进县（区）3个，平安县5个，市级平安乡镇77个，县区级平安村（社区）925个，平安家庭480070户。

三 三个构建

三个构建，即构建边境地区区域安全合作机制，实现跨境民族地区的和谐；构建边疆跨境民族地区和谐共赢、协同发展的民族关系；构建边疆跨境民族地区和谐的宗教关系。

（一）构建边境地区区域安全合作机制，实现跨境民族地区的和谐

跨境民族地区的社会稳定必须建立在稳定的周边地缘环境之上。因此构建区域各国之间，特别是还存在着非传统安全社会问题的云南边境地区各国的安全合作机制是维护这一地区社会稳定的重要前提。云南现阶段所处的次区域环境，总体趋势是区域各国形势趋于稳定，相邻各国和睦相处，友好往来，区域合作不断加强，互利共赢，共同发展是主流。但也存在一系列不稳定的因素，对周边各国，特别是我国的国家安全、边疆稳定以及地缘安全构成威胁。首先，大湄公河次区域地区的经济合作虽已在较广泛的领域开展，但是次区域地缘政治领域至今尚未形成健全的次区域安全合作机制。由于次区域六国的国家意识形态不同，发展差异大，各国在安全问题上基于各自国家利益而形成不同理念和政策，一旦出现矛盾和冲突，次区域各国会依据本国利益进行考量，在国家利益和区域利益之间做出不同的选择，必将影响次区域的地缘关系与和谐稳定。如缅甸中央政权与边境地区民族武装问题、中国与越南历史上遗留的难民问题以及在南沙群岛存在的领土争端问题等都可能构成次区域社会稳定的潜在隐患。其次，这一地区长期存在的一些突出社会问题（如毒品、艾滋病）是次区域各国共同面对的严重影响社会稳定和国家安全的重大问题。再次，西南

[①]《2010年度临沧市社会治安综合治理工作总结及2011年工作计划》，2010年12月30日。

边疆跨境民族地区的境外一线，历来是西方敌对势力盘踞的主要区域之一，他们打着"民族"、"宗教"和"人权"的幌子，对我国境内进行渗透和分裂活动，一直是这一地区社会稳定和国家安全的重要影响因素。此外，周边国家与区域外大国的军事合作，对中国形成遏制态势，特别是2009年以来美国高调重返东南亚，在这一地区全面出击，在多点上对我国制造麻烦，诸如南海问题、菲律宾问题等。总之，在非传统安全领域，西方势力的介入影响中国与大湄公河次区域经济合作各国在非传统安全领域的合作，构成显著的安全隐患。

面对上述东南亚地区面临的新形势，中国政府果断应对，全方位、多渠道加强与GMS区域国家的合作，构建次区域安全合作机制。边疆地区的安全合作机制主要在国家和地方政府两个层次展开。国家方面主要是在大湄公河次区域经济合作（GMS），中国—东盟自由贸易区（CAPTA），以及孟、中、印、缅经济合作（BMS）的框架中进行。该层次的安全合作机制以应对该地区突出的、带有全球性的社会问题为突破口，逐步拓宽跨境安全合作的领域。首先，针对大湄公河次区域禁毒斗争面临的复杂形势，中国政府与联合国相关机构和相关国家开展双边和多边合作，采取一系列政策措施建立关于禁毒的高级别的次区域协调会议制度。2000年以来，中国与东盟签订了应对非传统安全备忘录，建立了相应的机制。除合作侦破贩毒案件外，跨境安全合作还涉及打击跨国犯罪等领域，如合作解救被骗至境外因欠赌债而被非法扣留的人员、跨国侦办拐卖妇女儿童等刑事案件。2002年5月，中国在东盟地区论坛上提交了《关于加强非传统安全领域合作的中方立场文件》[①]，表述了我国在打击跨国犯罪、禁毒、防治艾滋病、环境保护、打击恐怖主义等非传统安全领域合作的意愿和立场，此后与东盟共同发表了《关于非传统安全领域合作联合宣言》，签署了《中华人民共和国和东南亚国家联盟成员国非传统安全领域合作谅解备忘录》。[②] 同时与缅甸、泰国、越南、柬埔寨、老挝和联合国禁毒署共同建立了六国七方禁毒合作机制，与东盟签署了《东盟和中国禁毒合作行动计划》，与缅甸、老挝、泰国三国建立了禁毒合作部长会议制度。2007年，中国政府与联合国毒品和犯罪问题办公室在北京联合举办了第

---

① 《中国—东盟自由贸易区的内容框架》，www.chinaasean.org，2005 – 01 – 02。

② 《中国—东盟经贸合作报告》，中国铁道出版社2008年10月版。

七届东亚次区域禁毒谅解备忘录（MOU），在签约国部长级会议上通过了《2007年MOU北京宣言》。其次，加强各国在艾滋病领域的合作。在应对艾滋病的合作中，中国较早与联合国开展了合作，中国是联合国艾滋病规划最早的成员国之一，[①] 也是第一个向该组织捐款的发展中国家。1996年联合国艾滋病规划署在北京设立了办公室，并在其协调下成立了"联合国艾滋病防治工作组"，通过这一机制，我国政府相关部门和组织的艾滋病防治工作取得了长足发展，各省也根据自身实际制定了艾滋病防治战略规划。在此基础上，中国与东南亚国家的合作逐步展开，2007年8月在昆明召开的"中、缅、老、越边境地区艾滋病防控项目"会议，确定云南省德宏州瑞丽市、西双版纳州勐腊县和广西壮族自治区凭祥市作为中缅老越边境地区艾滋病防控合作项目的三个试点地区，分别对应缅甸、老挝、越南边境一侧项目单位开展合作。项目以地方为主，中央提供经费和技术支持。2008年的GMS第三次领导人会议上，中国与GMS区域各国的合作进一步拓展和深化，中国提出，双边下一阶段合作的目的在于促成GMS国家间更加稳定、可持续的长效卫生合作机制，推动形成包括对艾滋病、禽流感等传染病控制合作在内的卫生合作战略，进一步深化中缅老越的边境防艾合作机制。此后，在中国政府相关部门的组织、协调和支持下，云南省分别与周边国家签订并实施了多项合作防治艾滋病的项目。此外，2005年9月召开了"中国—东盟法律合作与发展高层论坛"，论坛签署了《南宁宣言》，此后中国与东盟召开多次论坛，就法律合作展开有益的讨论和接触。2007年第一届中国—东盟质检部长会议在南宁举行，会议通过了《南宁联合声明》，随后签署了《中华人民共和国政府与东南亚国家联盟关于加强卫生与植物卫生合作的详解备忘录》[②]，标志着中国—东盟在这一领域的安全合作走上机制化、制度化的道路。

在国家层面应对非传统安全突出问题合作机制已初步建立的基础上，云南省政府和边境沿线地方政府与次区域地区周边国家的合作关系不断深化，相关领域的合作稳步推进，先后建立了"云南—泰北工作组"、"滇越五省市经济协商会"、"云南老北工作组"、"滇缅合作商务论坛"等多

[①] 联合国艾滋病规划署由联合国儿童基金会（UNICEF）、联合国开发技术署（UNPP）、联合国人口基金会（UNFPA）、联合国教科文组织（UNESCO）、世界卫生组织（WHO）和世界银行（WPRLD BANK）于1996年成立。

[②] 《中国—东盟经贸合作报告》，中国铁路出版社2008年版。

方合作机制,禁毒工作是该合作机制涉及的主要内容。在国家的支持与指导下,该合作机制在打击毒品走私、缉毒警员培训、境外替代种植、情报交流等方面开展了广泛合作。同时建立了相应的联络机构,协调双边的联合禁毒事宜。以西双版纳州为例,2008年至2010年与邻国警方共举行禁毒会谈、会晤76次,联合扫毒14次,联合破案11起。全州参与境外替代种植项目的企业48家,总投资12488多万美元,累计发展替代农作物种植面积146.44万亩。① 临沧市2010年加强与缅甸地方性、区域性禁毒会谈、会晤,商讨联合禁毒、替代发展等方面的合作,其中与缅甸第一、第二特区掸邦的禁毒部门和政府沟通,先后开展会晤会谈11次,开展联合行动5次。② 目前,云南与越南、老挝、缅甸等国在禁毒合作方面成果显著。2011年以来,与缅、老、越北部边境地区禁毒部门开展联合行动41次(仅2013年1—3月就有7次)、联合办案11次,抓获涉毒违法犯罪嫌疑人31名,吸毒人员76名,缴获各类毒品462.593千克,缴获易制毒化学品10675千克,联合铲除罂粟950亩。2014年云南边防公安总队对外联合执法达47次③。除了联合侦查办案外,边境禁毒执法合作的形式最常见的还有联合扫毒和铲毒。联合扫毒行动,主要针对流动吸毒人员和零星贩毒人员,一般由两国同时出动警力,对两国边境地区的流动人口聚集地、娱乐场所进行稽查。联合铲毒行动,就是通过卫星遥感监测等方式,我方将发现的罂粟种植地域通报对方,在对方邀请下派员出境,共同到罂粟种植地进行铲除。一般来说行动还是以对方为主,云南方面出动少量警力,以观察员身份参加。到2011年底,云南省共破获毒品案件1.6万起,抓获犯罪嫌疑人1.7万人,缴获毒品13.54吨。同时,为进一步加强与缅、老、越双边禁毒国际合作,进一步搭建平台、拓宽渠道、完善机制,云南省德宏、保山、临沧、版纳、文山、红河州(市)公安局分别在瑞丽、腾冲、南伞(缅甸)、磨憨(老挝)、麻栗坡、河口(越南)等边境城市建立边境禁毒联络官办公室。2011年12月25日,这6个联络官办公室开始先期运行,2012年6月这些机构与缅、老、越三国边境禁毒部门开展会晤7次,联合执法2次,抓获吸毒人员2名,核查犯罪嫌疑人

---

① 西双版纳禁毒办提供,2011年。
② 临沧禁毒办提供,2011年。
③ 《云南信息报》2015 – 02 – 04。

4人，开展边境联合铲毒行动2次，铲除罂粟70余亩。① 2012年8月，在公安部的组织协调下，云南省公安机关与缅甸警方联手侦破一起特大毒品案件，在缅甸老街成功捣毁1个毒品加工厂，抓获境内外毒品犯罪嫌疑人11名，缴获晶体冰毒340余千克。这是中老缅泰湄公河流域执法安全合作取得的又一重要成果，也是中国与美国、日本、缅甸等23国2012年7月启动"合力——2012"打击跨国毒品犯罪联合行动以来，中外警方合作破获的第一起特大毒品案件。② 2013年以来，为应对境外"金三角"地区罂粟种植的上升势头，云南省在努力将本省开展的境外罂粟替代种植发展的地方行为上升为国家行为的同时，先后与缅甸、老挝、泰国、越南等邻国建立起联合禁毒的长效机制，并与这四个邻国在边境上对应建立了多个国际禁毒联络官办公室，加强国际禁毒合作。从4月20日至6月20日四国警方开展中老缅泰湄公河"平安航道"联合扫毒行动。为使边境一线、交通沿线、出省口子三道防线24小时"无空当"，力克大货车藏毒查缉难的顽症，实行全省统一公开查缉轮值安排，并以实战大比武方式，集中优势兵力，对大货车、快递车藏毒等查缉难点打攻坚战，2013年1月至3月，全省通过该情报系统已破获毒品案件388起。通过"边境狩猎"公开缉查，共破获毒品案件238起，抓获犯罪嫌疑人285名，缴获毒品487千克；全省网络警察积极协同作战，加大网上巡查力度，加强网上涉毒情报挖掘落地侦查，共协查案件12起，查获海洛因6329克、冰毒2685克，抓获毒品犯罪嫌疑人23名；各州市公安禁毒及相关部门，实行24小时轮流上卡，通过公开查缉破获百克以上毒品案件807起，抓获犯罪嫌疑人985名，缴获各类毒品2022千克。③

2011年，我国与次区域地区国家在开展联合执法、联合打击跨国犯罪方面也取得突破性进展。起因是2011年10月5日发生的震惊中外的湄公河惨案（亦称"10·5惨案"）。"10·5惨案"发生后，中、老、缅、泰执法部门联合开展了侦破工作。由中方倡议，10月31日中老缅泰四国在北京联合召开湄公河流域执法安全合作会议，决定正式建立中老缅泰湄公河流域安全执法合作机制，开展巡逻执法，联合打击跨国犯罪，共同应

---

① 《后糯康时代禁毒边境合作升温》，云南网2012-06-26。
② 搜狐新闻网2012-08-15。
③ 云南网，http://www.yunnan.cn，2013-05-17。

对突发事件。2011年11月25日至26日，中老缅泰联合巡逻执法部长会议在北京召开，决定成立中老缅泰湄公河联合巡逻指挥部，在中国设立指挥部，在老挝、缅甸、泰国设立联络机构，湄公河联合执法取得实质进展。截至2013年上半年，中老缅泰四国已成功开展4次联合巡逻执法行动，四国共派出执法人员536人次、执法船艇27艘次，总航程1526公里，护送商船88艘次，救助搁浅商船14艘，目前联合巡逻执法已进入常态。一度冷清的湄公河水运重新繁荣起来。湄公河联合执法的建立与实施是中国构建边境地区安全以及次区域地区安全机制的开创性工作，具有非常重要的意义。目前四国已提出将在湄公河流域开展更广泛的执法合作，把该地域的贩毒、跨境非法活动、拐卖妇女儿童犯罪活动纳入联合巡逻执法的范围。以此为契机，云南省未来将与周边国家深入推进湄公河执法安全合作机制，推动建立总队和水上支队与老挝波乔、南塔两省军区会谈会晤机制，力争建立与泰国、缅甸警方联系机制，适时开放双边、多边考察交流。同时，以旱泉滩警务站和老挝孟莫、班相果联络点为依托，加大巡逻密度，将联合巡逻执法工作向联合整治突出治安问题、联合打击跨国犯罪、共同应对突发事件等方面拓展，全面维护湄公河流域的安全稳定。

此外，云南省还加快与周边国家建立其他安全合作机制。马关县国境线长达138公里，与越南老街、河江两省的箐门、新马街、黄树皮、猛康4县接壤。长期以来，违法犯罪分子沿中越两国边境线从事各种跨境违法犯罪。针对两国五县边境地区突出的社会治安问题，马关县公安局相继与越南黄树皮、箐门、新马街、猛康县公安局签订了《共同预防和打击中越边境地区各种违法犯罪行为合作工作机制》，互通电话、传真，并建立了汉语、越语、壮语和苗语四种语言联络机制，逐步加强了双边警务合作，共同编织预防和打击各种跨国违法犯罪网络，有效预防和打击了两国五县边境地区各种违法犯罪行为，截至2010年10月1日，双方公安机关协同破获各类案件123起。在双方边境地区联合开展"携手合作，共筑和谐平安边境"法律法规宣传活动9场次，双方边民受教育10万人次。[①]跨境合作打击犯罪有效地维护了边境地区的社会治安秩序，促进了边境地区社会经济的繁荣发展。

在地区间联合防治艾滋病方面，云南省分别与缅甸、老挝、越南开展

[①] 《创新社会管理机制　营造边境治安环境》，《法制日报》2010 - 11 - 02。

了项目合作。中越方面,云南河口县和越南老街市开展了预防控制性病、艾滋病跨境合作项目,该项目与联合国儿童基金会防治艾滋病项目、中英性病/艾滋病防治项目、联合国发展计划署项目联合,通过跨境合作研讨会,进行性病与艾滋病流行情况、工作信息和防治经验交流。在双方交流的基础上,达成以下共识:(1)成立双边工作联络组。由双边卫生局局长出任组长,卫生、交通、建设、安全等部门参加组成,并定期每季度联络一次;(2)建立河口县、老街市艾滋病防治早期预警快捷反应系统,制订了中国河口县、越南老街市艾滋病早期预警快速反应双边行动计划;(3)双方在口岸设立艾滋病公益宣传牌和中越文化宣传册、宣传卡片;(4)每年的"艾滋病日"双方共同开展活动,互派代表参加对方的宣传活动,推动了双边艾滋病防治合作。中缅方面,一是2005年我国卫生部、缅甸联邦卫生部在云南省瑞丽市联合召开了"中缅边境地区防治艾滋病战略规划与合作研讨会",制定了中国瑞丽市和缅甸联邦木姐市跨境地区防治艾滋病合作规划。商定每年组织一次跨境地区艾滋病合作会谈,制定在跨境地区合作开展防治艾滋病的行为干预措施,鼓励和引进国际组织及其他非政府组织在跨境民族地区开展艾滋病防治行动。[①] 二是推进艾滋病防治项目的持续开展。2007年在德宏市盈江县召开由该县卫生局与英国无国界卫生组织滇西项目组织联合召开的"中缅边境部分地区艾滋病跨境控制项目研讨会",会议对协调发展措施和今后的活动设计达成共识,并就继续开展中缅边境地区艾滋病跨境控制项目达成新的合作意向。[②] 中老方面,2007年9月18日,中老跨境流动人口艾滋病防治项目在老挝磨憨边境贸易区启动,双方就项目的实施具体内容达成协议。

云南跨境民族地区应对非传统安全问题机制的主要框架已基本形成,并在相关领域开展了卓有成效的联合行动,在联合执法方面取得了突破。然而,在取得成绩的同时,也应该看到,双方在全方位领域达成共识并构建完善的行动机制方面还有待继续努力。

(二)构建边疆跨境民族地区和谐共赢、协同发展的民族关系

民族关系是社会关系中的一种重要类型,民族问题是一定时空范围内不同民族之间相互接触、交往过程中形成的包含政治、经济、文化等诸多

---

① 李白开:《中缅合作边境"防艾"》,《春城晚报》2005-06-15。
② 《德宏州防治艾滋病工作简报》,2007年第3期。

方面内容的整体性问题。中国的民族关系的本质核心是由国家赋予法律地位的群体间的社会关系，有关民族问题的一系列制度安排和政策措施及目标、理念契合了中国国情和各民族的根本利益，也契合了当前国际社会倡导的文化多元主义取向。[①] 在多民族国家内部，民族关系是最主要的社会关系之一，对于社会的稳定与发展以及国家的兴衰治乱具有举足轻重的影响。

云南是我国少数民族人口与族别最多的地区，民族关系历史上占有特殊的重要地位。现阶段云南的民族关系经历60多年的曲折发展，已进入历史上最好的发展时期。在新时期党的民族政策的指引下，在中央和地方大力支持下，广大边疆民族地区社会繁荣进步，民族关系稳定和谐。但与此同时，也存在着因发展差距过大造成的局部地区贫困仍较突出的问题，加之非传统问题在某些层面对新形势下民族关系和社会稳定造成较突出的负面影响，并且从深层次上构成潜在隐患，因此解决新时期的民族关系问题仍是当前边疆民族地区构建和谐社会不可忽视的问题。云南边境一线是少数民族分布最多的地区，有16个民族跨境而居，而绝大部分人口分布在边境沿线的有傣族、佤族、景颇族、阿昌族、怒族、基诺族、独龙族、布依族等，大部分人口分布在边境沿线及毗邻地带的有傈僳族、哈尼族、壮族、布朗族、德昂族等。从某种意义上讲，云南26个世居少数民族除水族外，都在边境一线有一定的分布。

中华人民共和国成立以来，边疆地区的民族关系也经历了曲折的发展。成立初期，在中央的指导下，云南省委、省政府根据马克思主义的民族理论和民族政策，在边疆推行一系列有利于边疆民族和谐发展的重大创新举措：一是团结爱国的民族上层人士，最大限度地化解和孤立敌对势力；二是派遣慰问团和民族工作队，深入广大边疆民族地区，宣传党的民族政策，送去党和政府的关怀，从底层做好少数民族的发动工作；三是下大力气，真心诚意帮助少数民族恢复和发展生产，着力改善边疆缺医少药的卫生环境，防治严重祸害边疆的传染性疾病；四是坚决打击边疆沿线国民党残军、土匪和敌对势力的窜扰和破坏，维护人民的生命财产安全；五是针对边疆地区经济水平发展的差异，以直接过渡的方式妥善进行民主改

---

① 马翀炜：《当前中国民族关系的特点与构建和谐民族关系的途径》，《学术探索》2009年第6期。

革；六是根据《中国人民政治协商会议共同纲领》和1952年《中华人民共和国区域自治实施纲要》的规定以及中央"切实认真普遍推行民族区域自治"的方针，陆续在边疆民族地区建立民族自治的地方基层管理机构。上述政策的实施，在边疆民族地区构建了良好的民族关系，有力促进了边疆社会的发展与稳定。

20世纪六七十年代，随着党内"左"倾错误思想抬头，在十年浩劫的"文化大革命"期间，党在边疆民族政策受到全面干扰破坏，边疆地区的民族关系处于紧张动荡的状态，成千上万的边民大批外流出境。"四人帮"被粉碎和党的十一届三中全会召开后，全党恢复了实事求是的思想路线，进入拨乱反正的历史时期，党在边疆的民族路线和政策重新得到落实，民族关系的发展也进入一个新的历史时期。1982年9月，中国共产党第十二次全国代表大会部分修改通过的《中国共产党章程》规定："中国共产党维护和发展国内各民族平等、团结、互助关系。"1982年12月4日，第五届全国人民代表大会第五次会议通过的《中华人民共和国宪法》明确规定："中华人民共和国是全国各族人民共同缔造的统一的多民族国家。平等、团结、互助的社会主义民族关系已经确立，并将继续加强。"这是中国共产党党章和我国宪法第一次对民族关系基本特征有了明确表述。2005年5月，《中共中央 国务院关于进一步加强民族工作 加快少数民族和民族地区经济社会发展的决定》提出，"平等、团结、互助、和谐是我国社会主义民族关系的本质特征"[1]。"平等、团结、互助、和谐"的社会主义民族关系的提出，是基于我国现实民族问题的特点和规律对我国民族关系认识的重要发展，充分体现了各民族在政治、经济、文化、社会生活、生态观念、意识形态、宗教信仰等方面发展中的内容和特点。[2] 其中，"和谐"意味着民族关系与社会稳定直接相关。和谐的民族关系不仅关乎云南边疆民族地区的经济社会发展和社会稳定，也关乎我国社会整体的和谐与稳定。

进入转型期的中国边疆民族社会，其转型的广度和深度都是前所未有，这必然引起各民族原有生产方式、生活方式、风俗习惯、价值观念和

---

[1] 国家民委网站，http://www.seac.gov.cn/gjmw/zt/2009-09-30/1254299247938310.htm，2009-09-30。

[2] 李若青：《60年来云南边境民族关系的和谐与稳定》，《云南民族大学学报》（哲学社会科学版）2009年第5期。

心理意识发生广泛而深刻的变化，民族文化与外来文化、传统文明与现代化的双向冲突与调适。处于边疆特殊的地缘情况与发展形势，云南边疆民族地区必然在社会转型与变迁的进程中不断衍生出新的问题和矛盾，如毒品问题、艾滋病问题、跨境婚姻问题、跨境赌博问题、突发群体性事件等，对边疆社会安全与社会稳定构成严重威胁。加上边疆民族地区长期存在的贫困问题、生态破坏问题、多元性社会问题交织在一起共同影响着边疆民族地区和谐民族关系构建。

在新时期新情况下，边疆民族社会从三方面构建边境地区内各民族和谐共赢、协同发展的民族关系。

首先，解决好边疆民族地区的发展问题，以发展推动和谐民族关系的构建。云南不仅少数民族众多，各民族社会发育程度也不同，彼此之间存在着较大的发展差距，已构成制约和谐民族关系的瓶颈。发展既是解决少数民族地区构建和谐民族关系的关键，也是边疆少数民族群众的共同愿望。云南省委省政府先后出台了两个针对边疆地区脱贫发展的文件，启动了两轮"兴边富民"工程，取得显著成效。2010年与2005年相比，全省贫困人口从737.8万人下降至325万人，有80个贫困县人均收入翻番。"十一五"期间，纳入扶持的少数民族总人口达240万。此外，实施涉及4.34万个贫困自然村的"整村推进"计划，帮助约240万农户发展生产、脱贫致富；对43.9万户实施了扶贫安居工程改造，创新性地开展了24个乡镇"整乡推进"以及约18个县的"整县推进"试点。在促进边境少数民族共同发展中尤为突出的是解决好7个人口不足10万的人口较少民族（怒、独龙、德昂、阿昌、基诺、拉祜和普米族）的脱贫问题。这7个民族总人口约23万人，他们大多居住在交通闭塞的偏远山区，经济社会发展普遍滞后，有的甚至是中华人民共和国成立以后被解放军从深山密林中寻找出来才为世人所知。云南省专门出台了扶持7个人口较少民族发展的特殊政策，加大资金投入。近年来，共投入7.75亿元，从基础设施、特色产业、社会事业等方面，对人口较少民族聚居的1407个自然村予以重点扶持，发展茶叶、橡胶、旅游等产业，使这些地区与内地的发展差距逐渐缩小。

西双版纳傣族自治州的基诺山是基诺族聚居区。基诺族是1979年我国最后确定的第56个民族，人口仅2.2万，在中华人民共和国成立之初，仍然过着刀耕火种、采集狩猎的生活；即使到了改革开放初期，基诺山乡农民的人均纯收入也仅 103 元。近年来，在省委省政府强有力扶贫开发政策的支持下，各级党委和政府对基诺山投入大量资金修建公路、兴修水利，扶持发展茶叶、橡胶、旅游等产业，农民的市场意识显著提高，较好实现了传统农耕文明与社会主义市场经济的对接。如今，基诺族已经实现整体脱贫，农民收入接近云南省平均水平。基诺山的沧桑巨变正是受益于云南扶持 7 个人口较少民族加快发展的政策。德昂族是另一个云南特有的人口较少民族，人口仅 1.78 万人，分布在云南德宏等地 22 个乡镇 80 个自然村，是从原始社会末期直接过渡到社会主义社会的"直过民族"。为了响应中央扶持人口较少民族发展的重大决策，2005 年底，上海将帮扶云南德昂族列为"十一五"沪滇合作的重要内容，通过对口帮扶，上海市共投入资金 2230 余万元，实施了 45 个自然村整村推进等 257 个项目，重点改善了德昂族地区的基础设施，帮助发展种植业和养殖业，为当地教师、医生和农民提供相应培训。上海对口帮扶德昂族，在全国开创了由发达城市对口帮扶人口较少民族的先河，通过合作还动员了上海各宗教团体、医院和一些企业开展援助活动，形成了社会各界共同关心德昂族发展的良好局面，对扶持人口较少民族发展具有重要启示意义。[①] 以发展促稳定，以发展促和谐，边疆民族地区社会事业的全面进步为构建和谐民族关系奠定了基础。

其次，以建设民族团结进步、边疆繁荣稳定的示范区为平台，构建平等团结的互助和谐的社会主义民族关系。2011 年 5 月 6 日，国务院批准并出台了《关于支持云南省加快建设面向西南开放重要桥头堡的意见》，把建设"民族团结进步、边疆繁荣稳定的示范区"作为桥头堡建设的核心内容提出并上升到国家战略的层面，为推进云南边疆民族地区的民族工作，构建边疆民族地区和谐民族关系提供了强大的政策支持。同时《意见》也要求云南在破解民族问题这一世界性难题、做好民族工作方面为全国提供示范和经验。2012 年 4 月 27 日，云南省委召开常委会议审议通过了《中共云南省委云南省人民政府关于建设民族团结进步、边疆繁荣稳定示范区的实施意见（送审稿）》。在全面总结云南民族工作经验的基础上，明确了"以共同发展促进民族团结，以边疆繁荣促进边疆稳定"的指导思想和坚持"全面统筹，重点突破；立足跨越，先行先试；政策

---

① 《云南民族团结启示录》，新华网 2009 - 03 - 03。

拉动，项目推进；群众至上，共建共享"4条基本原则，提出了"作出十大示范，实现三大跨越"的建设目标。① 上述民族工作政策的出台，为推进边疆民族地区民族团结、社会发展、社会稳定奠定了坚实基础。

最后，基于国际化的视角，采用跨区域协作的方法，下大力气解决边疆民族地区存在的与民族问题相交织的诸如毒品、艾滋病、跨境婚姻、跨境赌博与贫困、生态等问题，以及近些年频繁出现的突发群体性事件问题，建立起长效的社会问题解决机制和社会矛盾疏导机制，促进边疆民族地区的社会整合，维护边疆民族地区的社会团结与稳定。

（三）构建边疆跨境民族地区和谐的宗教关系

2006年，胡锦涛同志在第二十次全国统战工作会议上提出："宗教关系是我国政治领域和社会领域中涉及党和国家工作全局，需要正确认识和处理的五个重大关系之一。"这是"宗教关系"首次在国家领导人的讲话中提出，讲话把"宗教关系"列为涉及党和国家工作全局的五大关系之一。这一认识和提法，是党中央着眼于国际国内的新形势和我国宗教领域的新情况，对宗教工作提出的新观点与新要求，它超越了以往我们对待宗教的"问题意识"，是党中央新形势下对执政规律和宗教现象认识的深化。②

云南是一个多民族多宗教的边疆省份。多元宗教文化共生并存于一个区域内的独特现象，不仅在全国范围内绝无仅有，而且在全世界范围内也极为罕见③。因此，云南宗教关系是关乎到边疆稳定、国防安全、民族团结以及和谐构建的重大问题。云南宗教的显著性区域特征表现在如下几方面。

其一，宗教种类众多，宗教形态丰富。首先，世界上重要的宗教种类佛教、基督教、伊斯兰教及其众多的宗教流派在云南几乎都有流传。例如佛教中的汉传佛教（大乘佛教）、南传佛教（小乘佛教，又称南传上乘部佛教）、藏传佛教（喇嘛教）在云南都有分布，此外还形成红教、白教、黄教、花教等众多教派。伊斯兰教在云南传播有格底木瓜派、哲赫林耶派等。其次，中国本土宗教道教在云南也广为传播，其中尤以全真教及其相

---

① 《云南日报》2012-04-28。
② 王爱国：《如何正确看待和处理宗教关系》，《民族时报》2012-02-09。
③ 和少英：《逝者的庆典——云南民族丧葬》，云南教育出版社2000年版，第1—2页。

关教派如龙门派、王仙派、神霄派、随山派、真人派、混元派等十几个教派的发展最盛，这些教派在长期的流传过程中与云南本土民族文化融合演变成众多民间形态的宗教组织，如洞经会、青莲教、关帝会、长斋教、同善社、普缘社等。最后，边疆民族地区还存在大量独具特色、异彩纷呈的原始宗教和各少数民族悠久传承的本民族宗教，如白族的本主教、纳西族的东巴教，以及众多的民间信仰如彝族的火崇拜、傣族的水崇拜等。

其二，信仰人数众多，信仰程度深。具有三层含义：一是信教群众众多，尤以少数民族信众为最。在云南，信仰佛教、道教、伊斯兰教、天主教、基督教的群众达425.57万人（2011年），少数民族信仰宗教占90%以上，有的少数民族几乎全民信教。如南传佛教，不仅为傣族普遍信仰，而且为布朗族、德昂族、阿昌族等少数民族普遍信仰。藏族、回族、瑶族等少数民族则是全民信教。近代传入的基督教，更为傈僳族、怒族、拉祜族、佤族、苗族和汉族等民族广泛信奉。如怒江州福贡县，以傈僳族、怒族为主体的少数民族占总人口的98.3%，基督教信仰达5.6万多人，占农业人口的68%。① 少数民族固有的民间宗教和民间信仰基础更为广泛，上述提到的白族本主教几乎为全民信奉。二是宗教信仰的交错重叠现象特别明显。有几个民族共同信仰一个宗教的情况，如对佛教的信奉；也有一个民族信奉不同宗教和不同流派的情况，如佤族群众中分别信奉基督教、南传佛教和本民族传统宗教的信众都不在少数，其他民族类似情况也很多。甚至存在一个家庭内成员信仰不同宗教的情况。如在怒江州的丙中洛乡的傈僳族、怒族、藏族家庭中，存在家庭成员分别信奉两种及以上不同宗教（基督教、喇嘛教、天主教）的现象。② 另外，在云南个别民族中，同一家庭里基督教徒和原始宗教信徒并存的现象也极为常见。独龙族一名老巫师"文革"结束后就开始给人"驱鬼"、"治病"，名声极大，而他的妻子、儿女却是基督教徒。当老巫师在昏暗的火塘边给人做巫术"驱鬼"、"治病"的时候，妻子、儿女却在教堂里念《圣经》，唱赞美诗。还有一些家庭，父母是虔诚的基督教徒，儿媳经常与公婆一起到教堂祈祷唱赞美诗，怀孕时又都在公婆的告诫下小心翼翼地遵守着独龙族原始宗教对

---

① 福贡县侨务工作汇报提纲，2012年。
② 李萍：《边疆民族地区多宗教并存与共处现象的社会学研究》，中国人民大学博士学位论文，2007年，第75页。

于孕妇的禁忌和禁律。① 有研究者在丙中洛乡调查的 68 户家庭中，两种宗教并存的家庭有 12 户，占调查总户数的 18%。在这些家庭中，存在三种不同的宗教组合类型：基督教与喇嘛教并存，基督教与天主教并存、天主教与喇嘛教并存。② 同时，云南跨境民族地区多元宗教相互融合的现象也普遍存在。以丽江地区为例，佛教和道教、东巴教和藏传佛教、佛教和喇嘛教以及儒、释、道的合流交融现象很具有特点。③ 此外，还有同时信仰两种宗教的情况，如白族中有的信仰佛教，同时信仰本主教。三是信仰程度深。云南的少数民族不仅信仰人数众多，而且信仰程度深，这在沿边境地区表现更为突出。在边境少数民族中，宗教不仅是他们的精神食粮，而且宗教文化、礼仪与民族文化、民族习俗共融度很高，深刻影响他们的生产、生活方式、思想观念和伦理道德，这种高度的共融性也形成边疆民族地区宗教关系与民族关系高度关联的特点。边疆民族地区多元宗教和谐并存，有力地保障了边境民族地区的社会安全与稳定，为边疆经济社会发展奠定了良好基础。

其三，宗教跨境性突出，宗教交流日趋频繁。云南边境线长达数千公里，十多种民族跨境而居，与境外数十种民族属于同族或同源民族，宗教信仰活动历史以来就是彼此间交往的重要内容，是境内外族群认同的基础。改革开放以来，边境民族间的交往日渐频繁，民间信仰的节庆活动和重大的宗教庆典使得互相交往更为密切。与此同时，基督教、天主教等境外宗教在边境地区的传播也十分活跃，对境内的非正常交流和渗透也不断强化，这从另一个侧面凸显了云南宗教关系所具有的国际性、复杂性的特征。

云南省历来重视边疆民族地区的宗教工作以及和谐宗教关系的构建。进入 21 世纪以来，云南省委、省政府根据中央关于处理宗教关系的最新精神，下大力气研究掌握边疆宗教关系的新特点、新变化，加大工作力度，着力构建、营造边境地区和谐的宗教关系。

---

① 熊甜芳：《云南边疆少数民族传统宗教文化的多样性》，《德宏师范高等专科学校学报》2011 年第 2 期。

② 李萍：《边疆民族地区多宗教并存与共处现象的社会学研究》，中国人民大学博士学位论文，2007 年，第 88 页。

③ 熊甜芳：《云南边疆少数民族传统宗教文化的多样性》，《德宏师范高等专科学校学报》2011 年第 2 期。

其一，强化宗教工作体制机制建设。云南省始终把宗教工作作为影响改革、发展和稳定的头等大事，各级党委时刻注意加强提高各级领导干部对宗教工作的认识，不断加强对宗教工作的领导。首先，州、县党委都配有一名分管统战、宗教工作的副书记，在宗教工作任务重的乡（镇）建立起由乡（镇）一把手直接分管的统战、宗教办公室，并配备专职宗教干事，切实加强党对宗教工作的领导。其次，成立了州、县政府宗教事务局，村级设有由村民委员会主任任组长的"宗教事务管理小组"，形成州、县有宗教局、民宗委，乡（镇）有宗教办公室，村有宗教管理小组的层层宗教管理网络。最后，强化工作机制。一是各级党委常委会每年要专题听取至少一次关于统战、宗教工作的汇报会；二是各级党委每年至少召开一次宗教工作座谈会；三是各级统战、宗教、公安和民委等相关部门要形成一年内召开至少两次宗教工作联席会议的制度；四是各级财政每年需安排一定统战工作专项经费，宗教等部门每年培训宗教人士或宗教干部的培训经费纳入财政预算。五是每年由党委召集人大、政府、政协以及统战、宗教、民委等职能部门组成考核组检查落实宗教工作，为营造和谐宗教关系提供坚实的组织制度保证。

其二，全面贯彻党的宗教信仰自由政策。宗教信仰自由是中国共产党对待宗教的一贯主张，早在1931年中央苏区通过的《中华苏维埃宪法大纲》就提出了宗教信仰自由和政教分离的原则，1945年毛泽东同志在《论联合政府》一文中再次强调了宗教信仰自由的原则，并指出根据宗教信仰自由原则，解放区允许各派宗教存在。中华人民共和国成立后在《中华人民共和国政治协商会议共同纲领》和1954年中华人民共和国第一部宪法中，都明文规定在中国实行宗教信仰自由和政教分离的原则。中华人民共和国成立之初，在广大的边疆民族地区由于正确贯彻党的民族政策和宗教政策，对边疆地区和平稳定和民族和谐相处起到至关重要的作用。在十年"文化大革命"期间，受极"左"路线的影响，党的宗教政策被肆意践踏，中华人民共和国成立以来处理宗教关系的经验和成绩被全盘否定，各级宗教部门被撤销，各爱国宗教团体被迫停止活动，群众正常的信教活动也受到干扰，极大伤害了广大信教群众的宗教感情，云南全省的宗教工作遭受严重挫折，也对边疆地区社会稳定造成重大影响。改革开放以来，在总结中华人民共和国成立以来贯彻、执行党的宗教政策正反两方面经验教训的基础上，重新贯彻宗教信仰自由政策，从思想上进行拨乱反正，摒除了"文化大革命"中违背宗教发展客观规律的做法，认真审查了在宗教界中的冤假错案，逐步恢复和建立爱国宗教团体，支持其开展工作，发挥其在信教群众中的桥梁作用。通过一系列的工作，在边疆广大民族地区营造了一个多元、宽松、和谐的宗教环境。同时宗教信仰自由政策的恢复和实施又为边疆民族地区多宗教并存提供了政策层面的制度保障，使宗教信仰成为边疆少数民族群众个人私事，国家和任何组织或个人对公民的信教与否不再和"问题"挂钩，也为各宗教和教派之间互相尊重、平等相处提供制度保障。

其三，积极引导宗教与社会主义社会相适应，营造和谐的社会环境。引导宗教与社会主义相适应是中国共产党在新时期对马克思主义宗教观的创新与发展，而构建和谐的宗教关系其本质就是引导宗教与社会主义社会相适应。云南省委省政府根据跨境民族地区的实际情况，深入细致地做好宗教界人士、神职人员和僧侣的"引导"工作，发挥宗教有利于边疆民族地区和谐社会建设的正功能。宗教人士、神职人员和僧侣是各类宗教社会实体中最为活跃的群体，也是对广大信教群众，尤其是边疆民族地区信教群众影响最大的群体，又是党和政府联系广大信教群众的桥梁和纽带。发挥宗教团体、宗教界人士、神职人员和僧侣自身的能动作用，以上带下、以教引教是引导宗教与社会主义社会相适应的前提和保证。边疆地区的各级党委和政府按照政治上尊重、生活上关心、业务上支持的方针，具体开展了以下几方面的工作。一是定期召开宗教界人士、神职人员、僧侣等上层人士座谈会，及时通报党的方针、政策，做好宣传、教育工作。同时倾听宗教界人士看法以及提出的建议和需要解决的问题，积极解决存在的矛盾和工作中的不足，不断巩固与宗教爱国人士的统一战线。二是倡导并鼓励宗教教职人员与时俱进，对经典教义和教规作出有利于人民、有利于社会的解释，服务于边疆社会建设。课题组在德宏地区的调查中对此有深刻的体会。该州佛协在政府的支持、帮助和推动下，将佛教的五戒教义与该州的精神文明建设和禁毒防艾相结合，进行了六个方面的新阐释，第一是怎样做好一个新社会佛教徒；第二是遵佛训做守法公民；第三是庄严国土，正确实践"人间佛教"；第四是宗教维稳反渗透和民族团结；第五是正言正行，远离毒品、艾滋病；第六是爱国爱教，建设和谐家园。这些新阐释被用于对广大信教群众宣讲中，取得了良好的效果。这种做法在当地尚属首次，是宗教团体和教职人员围绕国家和地区中心工作，调动自身力量，积极投身边疆社会建设的新举措，更是宗教与社会主义社会相适应的有益探索。三是在政府支持下建立"慈爱园"、"佛光之家"、"基督教福音戒毒"等宗教民间组织，鼓励这些民间组织投身于边疆禁毒防艾人民战争，为艾滋病感染者和病人提供心理支持，对吸食毒品者的不良行为进行干预和矫正。如德宏州组织"关爱青少年暨禁毒防艾构建和谐社会"宣传团，深入村寨进行宣讲。由于佛教在群众中影响大，每次宣讲听众都在1000人以上，有时达到4000—5000人，周围一二十个寨子的村民都会来参加，影响很大，被当地老百姓称为"和尚也念防艾经"。四是加强宗教教职队伍建设。宗教是意识形态范畴，说到底宗教做的是人的工作，引导宗教与社会主义社会相适应就要全面提高宗教教职队伍的综合素质。宗教教职人员的状况如何，影响着宗教组织的面貌。因此，宗教神职人员应该具备一定的宗教学识，还要具备与社会主义社会相适应的政治素质和一定的社会知识和科学文化知识。以怒江州为例，怒江州宗教神职人员的宗教知识相对突出，但综合素质普遍偏低，甚至有的神职人员连最基本社会知识（如法律知识）也不具备，文化素质的缺乏更为突出。以基督教为例，怒江州共有基督教教职人员327人。其中牧师8人中，初中学历4人，其余4人仅能使用傈僳文，文盲率占牧师总数的50%。这些牧师大多数是群众举荐担任的，并未经历系统的神学知识训练。在该州109名传道员中，初中文化的有48人，仅占传道员总数的44%。为提高教牧队伍的综合素质，加强爱国宗教教职人员队伍建设，云南省各级政府每年都划拨专门经费开办各种类型和层次的教职人员进修班、培训班；建立和完善国内僧人培养和晋升机制，支持和帮助宗教团体有计划、有步骤地培养爱国守法、有较高宗教造诣的爱国年轻教职人员。加强宗教团体制度建设和组织建设工作，健全组织机构，完善管理模式，提高自我运行、自我监督、自我管理能力。五是对宗教神职人员生活上关心。近年来党和政府不断加大对宗教神职人员的关心力度，并已出台政策，把宗教界人士纳入医疗保险、低保、养老保险和发放一定生活补贴，上述支持全部纳入政府财政预算，使宗教神职人员深切感受到党和政府的关怀。

其四，加强宗教事务管理。加强管理是引导宗教与社会主义社会相适应的必然要求。宗教是一种复杂的社会现象，常常与经济、政治、文化、民族等因素交织在一起。鉴于宗教具有可以唤起信教群众情感、调动信教群众力量的特殊功能。西方政治势力一直把宗教当作一种重要手段，以宗教的名义推行政治意图和战略。省委省政府按照政教分离的原则，依照宪法和相关法律法规以及国家的方针政策和规范性文件对宗教事务进行管理，其要旨是"保护合法、制止非法、打击犯罪、抵御渗透"。具体措施包括以下几个方面。

一是制定政策法规。根据中央的精神并结合云南的实际颁布了《云南省宗教业务管理暂行规定》，对宗教团体、宗教教职人员、教徒、活动场所、宗教活动、院校及培训班、宗教捐赠、宗教外事等宗教事务管理作出明确的规定，使之有法可依。同时针对云南省藏区维稳的新标准、高要求，创新性地建立了藏传佛教寺院管理制度，出台全国首部寺院管理条例《云南省迪庆藏族自治州藏传佛教寺院管理条例》。

二是积极开展送法进村入寺活动。迪庆藏族自治州2010年组织开展"千名干部送法进村入寺促和谐"活动，派出200余个工作组深入2000多个村民小组和寺庙开展帮扶和矛盾疏导与化解工作，并在寺院成立派出所，推行亲情式服务，得到广大藏民的支持，使云南省藏区成为全国持续稳定发展最好的藏区。一些州（市）的基层党组织积极创新工作方法，开展各种关于"党的方针政策进宗教场所，民族宗教知识进党校课堂"等活动，推动和促进了基层组织各项工作的开展，引导和发挥宗教中的积极因素为经济社会建设服务。如怒江州积极开展法律知识进教堂、党的声音进教堂、农业科技进教堂的"三进教堂"活动，据近三年的初步统计，每年州县乡开展对宗教界的各种培训达2万人次，干部下乡村进教堂达上百人次，各级财政支出培训经费100万元。针对有的党员信教问题，各地党组织严格把握政策界限，区别不同情况妥善处理，绝不轻易把出于某种原因信教的党员推出去，而是通过耐心细致的教育引导，帮助他们从思想上和行动上与宗教保持适当距离。这些做法，较好地处理了边疆民族地区基层党组织建设的难点问题，既尊重少数民族群众的宗教信仰，又保持了党组织的先进性和凝聚力，既密切了党员干部与信教群众的联系，又发挥了基层党组织在边疆民族地区经济社会发展中的主导作用。

三是认真做好宗教团体、宗教活动场所的管理服务工作。认真调查研究摸清宗教工作的基础数据，掌握宗教发展基本情况、基本态势，具体而言，要动态性地掌握宗教教职人员、宗教信众、宗教团体、宗教活动场所、宗教圣迹（佛塔）等基本情况。云南省从2006年起，根据《宗教事务条例》的有关规定，按照国家宗教事务局《关于宗教活动场所申请组织机构代码问题的通知》，系统搜集整理了宗教活动场所的人员变更、资产情况等各种基础信息，建立健全了规章制度。通过对全省宗教活动场所统一登记和换发新的《宗教活动场所登记证》以及宗教团体组织机构代码证，有力地促进了宗教活动场所的规范化管理。

四是落实管理责任制。云南跨境民族地区的宗教管理突出了各级党委对宗教管理工作的领导责任，把宗教管理纳入党政干部实绩考核的重要内容，以此作为选拔任用领导干部的重要依据。把愿不愿意抓宗教管理工作作为考察干部素质的一般标准；把会不会抓宗教管理工作作为检验干部能力的价值标准。按照"谁主管谁负责"的原则，做到一级管一级，层层抓落实，全面落实领导责任制。通过群众反映、民主测评、组织检查和考核打分，重点对宗教管理运行机制和目标责任制落实情况进行考核。

五是妥善处理外籍僧人（主要是缅僧）入境住持佛事活动（该问题是近年来边疆地区宗教领域出现的新问题，已有专章论述）。近年来在云南省傣族的聚居区出现有寺无僧、空壳寺院的现象，给宗教管理带来较大压力。"西双版纳州全州到缅甸请的佛爷有150多人，比例占到15%—20%（德宏州比例更高）。"缅僧主持佛事活动往往有比较深厚的群众基础，处理必须慎重稳妥，防止激化广大信教群众的情绪。有关部门对缅僧的情况进行了认真的清理排查，对不合格僧人坚决清理出寺院，对于群众拥护、水平较高、素质较好的僧人则制定相应的管理办法，加强管理，并逐步减少缅籍僧人入境数量。同时把彻底解决缅籍僧人入境住持佛寺院的问题列为专题研究项目。

六是抵御宗教渗透，打击邪教组织活动，做好邪教组织一般成员的转化工作。有效打击宗教渗透，做好被邪教蒙蔽的群众的转化工作，是维护正常宗教活动的保障。边疆跨境民族地区党委政府对邪教组织坚持"以疏导教育和化解矛盾为主，孤立打击个别犯罪为辅"的方针，下大力气做被蒙骗的少数民族群众的转化工作。例如，怒江州针对非正常宗教"恒尼"邪教活动，在坚决打击极少数骨干分子的同时，坚持做好被蒙骗群众的转化工作。从2006年起坚持每年举办一期"恒尼"派群众转化培训班，每年组织1—2批被转化的"恒尼"骨干到社会主义新农村建设相对好的地区考察取经，以激发他们的自我发展能力，取得了很好效果。

相关部门在抵御宗教渗透的工作中，坚持走群众路线，特别是引导广大的信教群众参与到反渗透的工作中来。具体方法上，采取公开管理和隐蔽斗争两手抓的策略，消除安全隐患，压缩境外宗教组织在境内的活动空间。例如，近年来，怒江州泸水县查获了从内地私下传来的国外宗教宣传品 300 多册，依法遣返了 5 名境外教牧人员，妥善处理了 12 名缅甸籍教牧人员未经批准、计划到泸水县部分乡镇表演宗教节目的事件 1 起，严肃处理了我方教牧人员违规接受美籍、韩籍牧师资助建盖教堂的事件 1 起。2007 年 3 月，及时地处理了福贡县的 11 名基督教徒和贡山县 2 名基督教徒擅自出境到缅甸接受基督教圣经培训事件，并将他们从境外非法带入的 4689 册境外宗教书籍进行集中销毁处理。

总之，营造和谐的宗教关系，引导宗教与社会主义社会相适应，必须以保障宗教信仰自由为前提，坚持以人为本的发展观，全面提高宗教教职人员的整体综合素质，依法加强宗教事务的管理，积极开展反宗教渗透工作，把宗教活动纳入宪法、法律、法规和政策允许的范围之内。发扬教规教义中的积极因素，改革与社会主义不相适应的制度、教义习惯，摒弃有碍民族团结和社会稳定以及不利于生产生活及身心健康的消极因素，最终实现社会主义现代化建设和全面建成小康社会的发展目标。

第六章

云南跨境民族地区维稳机制的重构

遵照中央关于加强社会建设、创新社会治理的部署，边疆民族社会紧紧坚持以人为本的理念，在应对非传统安全问题和由人民矛盾引发的各种社会热点问题及群体性事件实践中，在实现维稳方式转变的同时，创造了以维护社会安全和秩序为宗旨，以法治化控制为取向，与民族地区传统控制机制相衔接的，包括社会动员机制、信息反馈机制、社会安全防控机制、矛盾疏导与化解机制四个机制联动的现代性社会维稳体制（见图6－1）以及重大社会问题（毒品与艾滋病）防控机制。上述机制既有内地社会维稳模式的普遍性特征，又有边疆民族地区的独特性和多元性特征，对维护跨境民族地区社会安全与社会稳定起到了至关重要的作用，标志着乡村民间集体维稳意识的初步形成，说明了国家维稳意志在边疆跨境民族地区得到较好地践行，成为边疆跨境民族地区社会良性运行和协调发展的重要保障。

第一节 政府主导、社会群众参与的边疆乡村社会维稳机制

一 社会动员机制

社会动员机制是边疆民族地区极为重要又独具特色的社会维稳机制的重要组成部分和基础。经典社会学家认为，社会动员能力是一个成功的集体行为的决定性因素之一。通过社会动员，将被动员者发动起来，形成相应的共同意识，指引集体行动。同时他们还指出，这种共同意识的形成需要长期的培育和内化，而共同意识一旦形成，将成为巨大的社会行动力量。中国共产党革命与建设的成功实践，正是得益于成功的社会动员。在

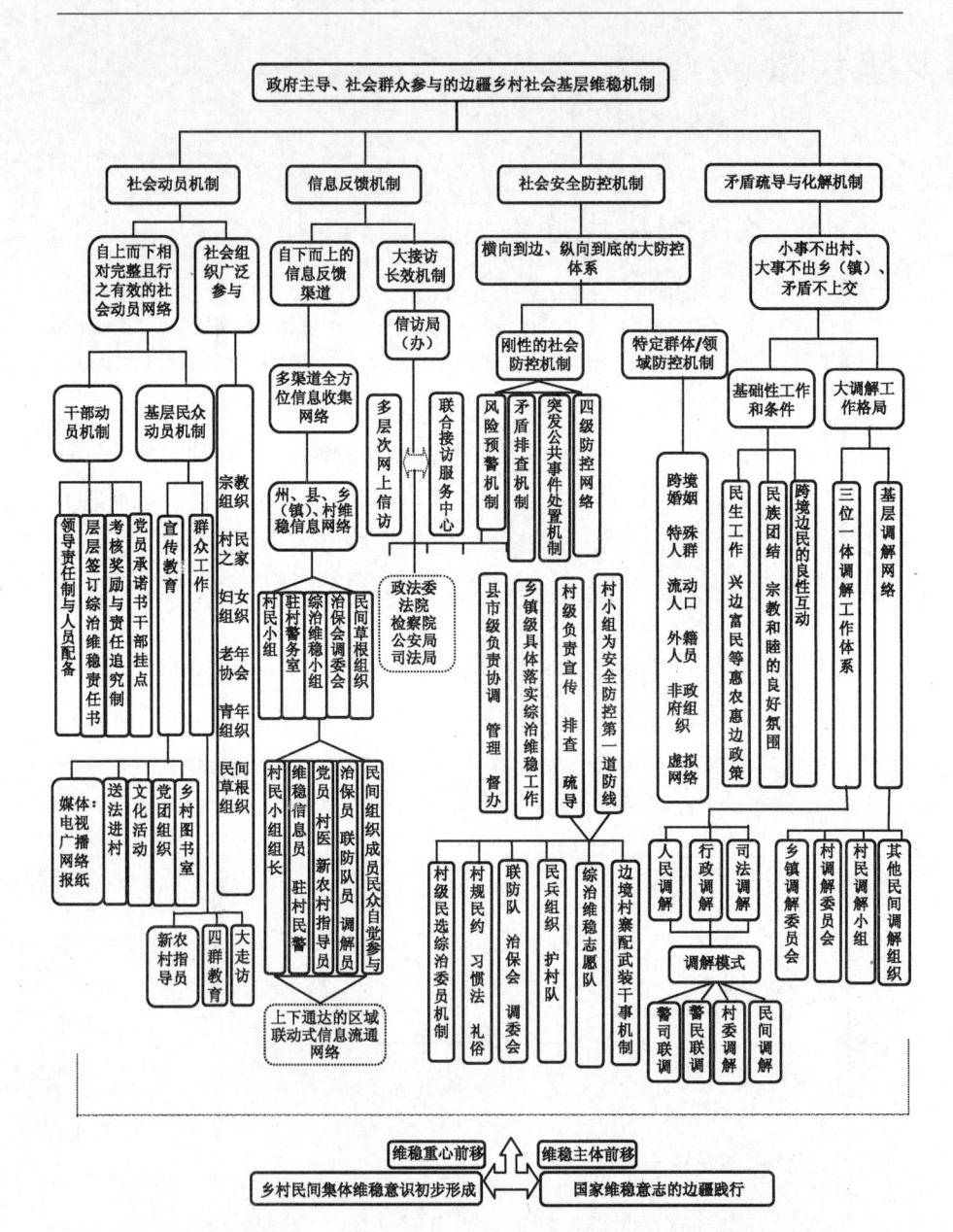

图 6-1 政府主导、社会群众参与的边疆乡村社会基层维稳机制运行图

我国，传统的动员模式基本上是一种"对社会的动员"，即国家主导的组织化动员，国家是社会动员的唯一主体，主要采用政治动员方式来动员、组织、集中全社会力量达成预期目标。然而，改革开放以来，随着社会转型的深化，我国政府的治理模式也发生了变革，从全能型政府向有限型政府过渡,从管理型政府向服务型政府过渡。国家不再是动员的绝对唯一主体,国家社会动员模式由"对社会动员"逐步转向"由社会动员",由"命令式动员"转向"参与式动员"。① 广大跨境民族乡村社会经历了全面开放、乡镇改革和农业税取消所带来的震荡,以及传统社会动员体制的弱化和重构,其基层组织不再是社会动员的唯一主体,而是和其他社会组织或社会力量构成共同动员主体。跨境民族乡村社会的基层动员与社会控制,不仅关乎跨境民族社区发展与稳定,而且关乎边疆民族地区乃至整个国家的安全与稳定。

边疆跨境民族地区的社会动员机制具有以下特点。

其一,政府的主导性与社会力量的参与性相结合。在政府主导性方面,各级地方政府积极践行科学发展观,在实现维稳观念重大转变的同时,正确处理改革、发展与稳定之间的关系,突出社会动员与社会稳定的政府责任,强调不能以牺牲稳定为代价换取经济的快速发展。在社会组织性方面,积极引导社会力量参与社会动员,发挥各类民间组织、宗教团体的社会动员功能,不断拓展社会动员的广度和宽度,筑牢社会动员的群众基础。

其二,干部动员机制与基层民众动员机制相耦合,形成自上而下的相对完善的社会动员网络。干部动员机制具有以下特点:一是广泛性。由党委、政府自上而下层层推进,一直延伸至最基层的乡村政权;二是责任性。突出一把手责任的同时,由第一责任人、责任书、党员承诺书、责任考核与追究制度等构成完整的层层负责、责任明确、上下联动的动员体系。从动员的具体形式来看,干部动员机制主要包括以下几方面。

一是实行领导责任制。各级党委、政府建立了部门主要负责人为第一责任人。将维护社会稳定纳入全县经济社会发展规划、纳入党政领导工作目标考核和政绩考核、纳入同级财政预算。在强化乡镇党委"一把手"维稳第一责任人的同时,从两方面加强基层维稳力量,一是配备一名副书记或副乡(镇)长,专抓综治维稳工作,截至2010年11月,云南全省1370个乡镇,有1287个乡镇配备了专抓综治维稳工作的副书记或副乡(镇)长,配备率达94%。

---

① 龙太江:《从"对社会动员"到"由社会动员"——危机管理中的动员问题》,《政治与法律》2005年第2期。

二是责任落实和追究制度。县、乡、村、社（村小组）四级相关部门层层签订综治维稳责任书，实行综治维稳考核奖励制和责任追究制。为维稳动员工作提供了政治和组织保障。课题组在调研中发现边疆跨境民族地区在具体实施责任制的过程中，根据当地实际情况，进行创新，将基层的责任制进行细化，确保维稳工作落到实处。如西双版纳州基诺族乡实行了工作目标管理责任制，制定工作目标考核量化评分表，组织各单位及基层部门签订了工作目标管理责任书，与社会稳定有关的考核内容涵盖禁毒防艾、社会治安综合治理、民族团结等各个方面。如该州的 M 镇组织 3 个村委会和辖区 39 个成员单位签订了《2011 年 M 镇社会治安综合治理维护稳定暨巩固"平安乡镇"目标管理责任书》（见图 6-2），同时要求各村委会与各村小组、村小组与农户、企业与车间签订责任书，将目标责任落实到实处，做到了任务明确，责任到人，措施到位和年初有安排，年中有检查，年底有总结。

三是普遍推行干部挂点制度。建立干部挂点（联系群众）制度是近年来边疆民族地区转变政府职能，服务于基层、服务于群众，创新性地开展新时期群众工作一项重大举措。德宏州在建立领导干部分工排难联系基层制度的基础上，从 2005 年起，每年派出机关工作人员一千多人，组成 359 个工作队入住村寨，每个工作队人员不少于 3 人，驻村工作队每年进住村寨的时间不少于 200 天，工作队员深入各家各户。把禁毒、防艾、扶贫有机结合，服务群众见实效。几年来，驻村工作队成员有变化，但工作队工作任务一直坚持下来。曾因"孟连事件"而轰动全国的云南省孟连县推行"三五"群众工作法；江城哈尼族彝族自治县推行共建共享群众工作新方法；绿春县以"三大体系、四项机制、五个重点"实践群众工作。实践证明，这一制度在动员群众、组织群众、服务基层、爱民固边等方面展现了生机，是新时期社会治理创新的重要组成部分，是做好边疆民族地区社会动员的基础性工作。

自上而下的干部动员及干部挂点制度，实现了对边疆乡村民族社会的直接服务与组织动员，而作为一鸟之两翼、一车之两轮，广泛深入而又契合跨境民族地区社会软环境的舆论动员，在应对非传统安全问题的过程中，起到凝聚民心、汇集民意的作用，是维护社会稳定与和谐不可或缺的重要机制。

云南省在边疆乡村民族社会软环境的建设主要通过两个层次、四个方

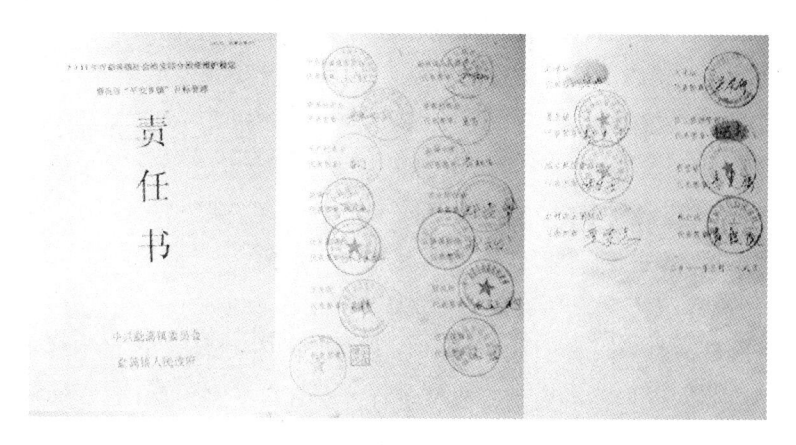

图 6-2　M 镇社会治安综合治理维护稳定暨巩固
"平安乡镇"目标管理责任书

面来展开。两个层次,即省委省政府以及各级职能部门开展的以文化建设为中心的舆论宣传活动;四个方面,即制度保障、加大投入、搭建平台、充分发挥各职能部门的作用。首先,云南省出台了《云南民族文化大省建设纲要》,以及相继出台一系列关于发展民族文化的建设的文件和法规。在此基础上,各州市也相应出台了结合本地实际的政策法规,为繁荣民族文化提供了制度保障。其次,加大对繁荣民族文化的投入,着立改善少数民族文化建设的基础设施。近年来云南省各地党委和政府采取了一系列措施,加大投资力度,先后实施了两轮《千里边疆文化长廊建设工程》,两期共建设 437 个项目,累计投入资金达 8 亿元。此外在"整村(乡)推进项目"、"民族团结示范村建设项目"、"民族发展支持项目"中加大经费投入,其主要内容之一也是支持繁荣民族文化。省妇联 2010 年共筹集资金 300 万元支持边疆用于综治维稳宣传。各州市在上述专项经费的支持下,也加大了这方面的投入,特别值得一提的是,各驻村工作队的主要任务之一也是筹集资金,帮扶村寨发展文化事业,从而使边疆乡村社会的民族文化活动基础设施得到极大改善。以德宏州为例,该州在建设好乡、镇文化站和文化活动中心的同时,村级文化室也有根本性改观,到目前为止,各村寨基本上都建立了文化活动室。最后,利用各种形式搭建文化活动平台,促进民族文化的继承与创新,促进精神家园的重构。边疆各级组织和机构利用各种相关的活动和节日开展多种形式、内容丰富的宣传教育活动。如利用国际禁毒日、世界艾滋病日、国际献血日、法制宣传日、综治维稳宣传日、平安家庭建设等活动进行宣传。省妇联把平安家庭创建活动作为组织边疆广大少数民族妇女参加治安综合治理的有效载体，积极组织广大边疆少数民族妇女投身到这一活动中来。大体做法是：由省妇联党委书记、主席与16个州市妇联签订《云南省"平安家庭"创建活动 2010 年考核责任书》，并下发了《云南省关于开展"平安家庭"示范县（市、区）、平安家庭示范社区（村）、平安家庭示范户等活动的通知》，划拨专项资金，落实具体指标，组织专人开展活动。在"6·26"国际禁毒日，由云南省妇联牵头举办了"云南省万名大学生志愿者暑期禁毒宣传'六进'活动暨禁毒志愿者宣传车赴全省宣传活动"，促成中国妇联在德宏、保山等地开展"中国温暖'12·4'爱心基金—中国移动关爱行动项目"，项目的主要内容之一就是对艾滋病致孤儿童进行全复查。"12·4"全国法制宣传日期间组织了相关的法律法规宣传，开展进村入户宣传活动和"家庭教育大讲座"活动。全省各级妇联共举办家庭教育讲座 52306 场次，取得良好效果。

各边境州市也充分利用这些平台开展健康公益主题宣传教育活动。临沧市 2011 年积极开展综治维稳宣传月活动，全市在乡村民族地区共设宣传点 1080 个，进行巡回流动宣传 60251 场/次，开展内部宣传 5254 场/次，入户宣传 91730 户，解答群众法律询问 18769 人/次，乡村、社区户外宣传 11323 次/期，新闻宣传 290 篇，发放宣传资料 385710 份。西双版纳州 2008—2010 年三年开展以维稳、禁毒为内容的宣传 710 场/次，刊播相关新闻广告和条目一万多次，发放宣传资料 20 余万份。农村居民对禁毒维稳知晓率达 91.4%，使维稳禁毒的根基进一步夯实。德宏州在利用节日和相关平台进行宣教活动的同时，针对本州的具体情况还充分利用各少数民族的传统节日、宗教活动如泼水节、目瑙纵歌节等时机，把维稳、禁毒、防艾的内容有机纳入其中，使宣传效果更加深入人心，不仅提升了民族地区凝聚力，也深化了少数民族的维稳意识。同时充分发挥各级职能部门的作用，组织州、县文化馆、图书馆、电影队、歌舞团开展经常性的"四送"活动，即送书、送电影、送戏、送法律。科技辅导进村入户使乡村民族社会文化活动经常性、持久性开展下去，这样把专题专项宣传与经常性宣传有机结合起来，既促进基层民众对非传统安全问题的认识，又对"精神家园"的重构提供了支持。

近年来，群众工作的广泛开展也成为边疆民族地区社会动员的重要机制。群众工作曾是中国共产党在革命战争年代的"生命线",在建设时期,也发挥了至关重要的作用。① 社会转型期,社会呈现出利益多元化、价值多元化趋势,使得党群关系、干群关系面临新的挑战。习近平同志在2011年的省部级主要领导干部专题研讨班结业式上强调,群众工作是社会管理基础性、经常性、根本性工作。加强和创新社会管理,要同做好群众工作紧密结合起来,把群众工作贯穿到社会管理的各个方面、各个环节,以群众利益为前提开展各项工作,才是维护社会稳定的最根本手段。② 云南边疆民族地区的群众工作主要从以下几方面加以开展:一是构建群众工作组织网络,在全省边疆民族地区建立起了以县(市)委群众工作部门为龙头、以乡镇(街道)群众工作站为纽带、以村(社区)群众工作室为基础、以村组群众工作联络员为前哨,横向到边、纵向到底、全面覆盖的群众工作网络。如盈江县全县15个乡镇共建有群众工作站15个,群众工作室103个,群众工作联络员118个,覆盖所有的村民小组。二是通过领导干部联系基层,开展四群教育、委派新农村建设指导员、大走访、干部挂点等制度,做好、做深、做细群众工作,深化最广泛的群众动员。如西双版纳全州县处级以上领导干部建立联系点370个,规定领导干部每年到联系点不少于2次,吃透实情,掌握民意,每年帮助结对创建示范点解决1—2个热点、难点问题。2010年州、县(市)党委、政府、人大、政协领导干部下基层时间全部超过规定时间,县以上党政领导干部下基层蹲点调研全部超过两次。三是制定下发了《关于建立健全领导干部大接访大走访群众工作日制度的意见》,进一步密切党同人民群众的血肉联系。规定州县乡三级党政领导坚持在每月15日联动开展接访活动,亲自批阅处理重特大信访案件,带头深入矛盾集中、问题突出的地方为群众解决问题。州委、州政府连续三年组织开展"千名干部大走访"等活动。2010年共有州、县市、社区及乡镇的2317名党员领导干部参加了大走访活动,分别走访了全州所有32个乡镇(街道)、222个村民委员会、1969个村民小组和26034户农民家庭。③ 通过"千名干部大走访"等活动,走村入户,深入企业和重点工程现场,倾听群众呼声,掌握群众思想

---

① 《群众工作三题》,求是理论网2012-01-19。
② 《习近平在省部级主要领导干部专题研讨班结业式上的讲话》,《党建》2011年第3期。
③ 《西双版纳州社会管理创新工作总结》2010-12-30。

动态，了解企业诉求，帮助解决实际困难；重点排查化解拆迁安置、重点工程、劳资纠纷等领域的苗头性、倾向性问题，对群众反映集中的热点难点问题，逐件落实化解责任，实现了将矛盾化解在当地、将问题解决在萌芽状态的目的；大走访的同时积极向边境沿线村寨群众宣传法律法规、民族宗教、禁毒防艾和综合治理等知识，积极维护民族团结、边疆安宁、社会和谐的社会政治环境。2010年，全州未发生有较大影响的群体性事件。

  民间社会组织的兴起和积极参与既是新时期边疆乡村民族社会动员机制的创新性成果，又是边疆民族地区社会管理的创新。在社会组织的参与下，乡村民族社会形成了纵横交错的社会动员网络，不仅有效填补了社会转型期乡村民族社会社区动员功能相对缺失的状况，而且提升了乡村民族社会社区的发展水平。目前乡村民族社会的民间组织有寨老组织、宗教组织、民间草根组织（妇女禁毒联防队、女子护村队、维稳志愿者协会等）等。草根民间组织数量多，普遍活跃在广大边疆少数民族村寨，其中尤以草根妇女组织更为突出。据统计，全省草根妇女组织有六千多个，她们活跃在禁毒防艾、关怀救助、生产自救、维护社会治安与打击犯罪等多个领域，在跨境民族地区社会动员中发挥着极其重要的作用。例如德宏州有上述草根民间组织2300多个，她们开展的禁毒防艾工作影响人口达80多万，占全州人口的70%以上。著名的如瑞丽市卡南村女子护村队，卡南村是一个边境景颇族村寨，是一个深受毒品、艾滋病侵蚀的村寨。2002年该村已连续5年人口出现负增长。在驻村民警的帮助下，这些深受毒害的景颇族妇女，在排南相带领、组织下，以维护村寨治安、帮助吸毒村民戒毒为主开展禁毒防艾斗争，总结了"劝诫法"、"四位一体"等行之有效的经验。同时组织村民自编自演与禁毒、防艾有关的文艺节目，编唱禁毒山歌、印发禁毒漫画，在卡南村形成了人人参与禁毒防艾的良好氛围。在此基础上积极组织因毒致贫的村民开展生产自救。几年来她们还协助公安机关破获各类案件40多起，抓获罪犯40多人，提供破案线索50余条。通过她们的不懈努力，卡南村实现了从毒品艾滋病的重点村到"无毒村"、从一个脏乱贫困村到富裕文明村的嬗变。德宏州的草根民间组织与驻村工作队密切合作，经过多年艰苦的工作，该州应对突出社会问题取得显著的成效。2004年全州共有25000多名吸毒人员，看守所里关押的人员80%都是涉毒嫌疑犯。2012年全州吸毒人数下降至13000多人。自2009年以来，全州缉查的超过30千克毒品大案明显下降。2011年全年缴获毒品达 1 吨左右，2012 年艾滋病的发展势头已得到控制，艾滋病的死亡人数低于全省水平。这些成就的取得与草根民间组织在乡村社区第一线的工作是分不开的。①

此外，近年来在边疆民族地区出现的维稳志愿者协会在乡村民族社区维护社会稳定的过程中也发挥着重要作用。临沧市成立了综治维稳志愿者队伍 183 支 1676 人，活跃在各村各寨，有的村寨还创造了新的群防群治工作机制，如茂山镇彬松营村创建了"户户联防、轮户轮值"的群防群治机制。轮户轮值是在护村队的基础上建立起来的，实行"一户一值，一周一轮"模式，该方法能够发动和组织村民集思广益，调动全村群众都参与群防群治，具体做法是在自愿基础上将全村 150 户分成 10 个组，每 15 户为一组，一组设值班长一名，负责本组的轮值安排，并将防治职责内容和纪律写在值班牌上。轮值轮户的实施既没有增加村民的负担，又使村民们改变了原来各户各自为政的局面，把集体利益与每户的个体利益充分融合，既保护小家又保护大家，形成邻里团结、互帮互教、文明礼貌的良好村风。

在边疆民族地区还有另一类在基层社会动员中发挥着重要作用的民间组织。这类民间组织是在改革开放以来民族文化"复兴"过程中出现的，主要是以主持宗教和民间祭祀活动而"复兴"的村寨组织。我国部分少数民族全民信仰宗教，与少数民族宗教活动、生产生活相关联的民俗祭祀活动极为丰富，具有广泛的参与性。边疆少数民族地区借助宗教和民俗祭祀活动，在相当程度上重构了曾一度消亡的村寨组织结构，这类组织一般都是由村中有影响的老人或寨老组成，负责传统文化事务，同时参与村中管理事务，村中遇到大事都会请他们参与咨询、商量，在村中有着较大的影响力。红河州哈尼族社区村寨组织与传统民间组织共同构建的二元权力结构，是推动社区运行与发展的核心力量。②

边疆跨境民族地区一直面临毒品、艾滋病、宗教渗透等社会安全问题的威胁，通过长期有效的社会动员，不仅强化了社会管理者社会安全与维稳观念，而且促使乡村民间集体维稳意识的初步形成，有效地保障了国家

---

① 《云南信息报》，2012 年 6 月 26 日（A08）。
② 相关内容参见张金鹏《边疆民族社会艾滋病流行现状、发展趋势与社会控制研究》，中国社会科学出版社 2012 年版。

维稳意志的边疆践行。

二 信息反馈机制

信息反馈机制是边疆乡村社会维稳机制运行的重要前提。在社会控制理论中有一种观点称为"前馈控制",该观点认为前馈控制的最大特点是防患于未然,主动将问题解决在萌芽状态。而前馈控制得以实现的关键是信息的获得,一是信息的获得量,二是信息的前置性、真实性、及时性,三是信息的研判。从信息论的角度看,信息流通过程中的双向导通是保证信息真实、有效传递的前提。在边疆跨境民族地区,维稳信息的真实传递离不开双向导通的信息流通网络,一方面,形成了自上而下相对完整且行之有效的社会动员机制,保证国家维稳意志传达到基层和信息的获得;另一方面,构建了一个自下而上、多渠道、多层次、全方位的信息通道。形成自上而下的社会动员与自下而上的信息反馈渠道相结合,构成一个纵向的上下通达与横向的区域联动式信息流通网络,信息收集"网底"一直延伸到村小组。

边疆民族社会的信息反馈机制纵向分四级,即以预防、督办为主的州(市)级信息排查网络,由州市综治维稳和维稳办联合组成;以协调、管理为主的县(区)信息排查调处网络;以调处化解为主的乡镇信息排查调处网络;以排查、疏导为主的村级信息排查调处网络。该信息网络的最前沿、最基层是乡村民族社会,设有村委会、村民小组、驻村警务室、综治维稳小组、治安会、调委会、乡村民间组织等。负责收集反馈信息的有新农村指导员、村民小组组长、驻村民警、维稳信息员、治保员、调解员、村里党员、村医、民间草根组织的成员以及少数民族群众的自觉参与。上述人员既是维稳信息的收集员,又是当地村民社会的一员,人熟、地熟,社会关系密切。因此当地发生的每一件事,出现什么苗头或者外面有什么情况出现,他们都能在第一时间掌握,使信息收集工作伸向社会各个角落、各个阶层,有助于对重点人口、社会全面控制,提高信息情报收集的广度和深度,形成上下联动、全面覆盖、反应灵敏、处置及时、预防有效的维稳情报信息工作格局。这一基层信息网络的构建保障了安全维稳机制信息反馈的准确性、时效性,为上级部门研判、正确决策提供了坚实基础。

边疆民族社会为保障各类信息的及时、准确和渠道畅通,着重从两方面进一步完善信息反馈机制。一是加大力度调整、充实各级（尤其是基层）信息队伍。例如临沧市在构建信息反馈机制过程中加强充实了四级网络成员，在市一级维稳办调整、充实人员编制6人，市综治办调整充实5人，市委政法委书记任指挥长；在县一级调整、充实维稳办编制21人，综治办29人；乡镇一级在全市77个乡镇、街道全部配备一名副书记专抓综治维稳；在村一级，全市927个村、社区均成立综治维稳领导小组办公室，有成员6105人，有治保会1140个，成员7885人，有调委会1041个，成员11432人，有群防群治队伍1313支，9142人，有治安巡防队249支，1729人，组建4支乡镇政府专职消防队和村寨897支志愿消防队，有综治维稳志愿者队伍183支，1676人。做到层层人员职责明确、事事有人抓的大信息收集网络格局。二是充分调动乡村基层"九大员"的能动性，做好信息的收集研判工作。乡村基层"九大员"指的是新农村指导员、村民小组组长、驻村民警、维稳信息员、治保员、调解员、村里党员、村医、民间草根组织信息员，收集整理维稳信息是他们的重要职责之一。"九大员"还是基层社会应对边疆主要社会问题的第一道力量和第一道防线。他们要对收集的信息进行分析、鉴别，对小事小矛盾及时在基层化解处理，对一些"急、大、难"的事或者苗头及时上报反馈。同时，针对农村社会治安综合治理中涉及禁毒、防艾、征地拆迁、山林纠纷、土地承包、社会保障等群众普遍关注、反应强烈、涉及面广的热点难点问题，配合查明情况，深入细致地做好思想政治工作，做好群众释疑解困和矛盾化解工作，对有可能引发群体性事件的情况，迅速、如实地向当地党委、政府报告，并全力以赴协助处置，及时把各种影响稳定和发展的不利因素、矛盾和纠纷化解在当地、在基层，把不稳定因素消除在萌芽状态，维护农村社会稳定。临沧市2010年全市共收集情报信息1.39万条，平均每天41条。综合分析，研判上报2200条，被省公安厅采用153条，被市委市政府采用213条，被省委省政府采用27条。同时还查处"法轮功"案件64件，收缴"法轮功"宣传品269份，确保了临沧市大局稳定。全市应对社会安全满意和基本满意率达96.8%，同比上升0.1个百分点。

维稳信息收集的另一种机制是大信访长效机制的建立。云南省2009年以来先后出台了《云南省领导干部定期接待群众来访工作机制》《云南省党政领导干部定期下访制度》《云南省信访工作目标管理考核办法》

《云南省州市党政领导班子和领导干部综合考核评价实施办法》四个文件，对各地各部门党政主要领导和班子成员的接访、下访时间、工作方法、考核监督等作出了明确规定，在此基础上构建了大信访机制。大信访机制由三个系统组成，一是由政法委、法院、检察院、公安局、司法局联合组成"一站式"接访、"全程式"督办的联合接访服务中心；二是加强主要领导接访和下访制度的建设，着力推行领导接访日和不定期下访制度；三是推广网上信访，进一步扩大网上信访覆盖面。

从云南全省的情况看，2012年全省有50万名干部直接联系农村群众364万户（约占全省农村家庭户的36%），共召开民情恳谈会19.2万次，收集意见建议25.7万条，解决问题12.6万多个。领导干部接访下访制度还形成信、访、网、电四位一体的诉求渠道，2012年，全省各级领导干部接访下访接待群众16.4万批、57.1万人次，推动11万余个信访事项解决。全省16个州市、129个县（市、区）党委、政府和2886个单位开通了网上信访，日均点击量达到13万余次，日均收件100余件。2013年，全省各级领导干部通过接访、下访，接待群众13万批47.6万人次，推动了9万余个信访事项解决。①

从边疆州市的情况看，临沧市在推行大信访制以来，共受理群众来信来访14609件33915人，其中来信5617件15743人，来访8992批18172人，办理结案17983件，结案率为95%。全市共有72个市级单位8个县区开展网上信访，并在网上信访信息系统前设置收件邮箱81个，成为自下而上信息反馈渠道的有力补充。针对边境地区的特点，结合公安、武警、国安等部门先进的信息收集手段，多渠道、全方位搜集境内外各种深层次、内幕性、预警性情报信息，加强边境情报信息收集，及时掌握境外动态，掌握工作的主动权，确保国家安全和全市社会政治稳定。临沧市的调研显示，2010年全市公安机关共获取有效情报信息334条，发现危害社会稳定信息9722条，直接破案3起，协破案件33起，直接破案处理违法人员24人。在8县区全部开通了12338妇女维权服务热线；加强对虚拟人和虚拟社区管理，有效控制网上重点阵地，共发现和处置本地舆情24起，发现处置各类有害信息5819条。② 同时针对缅北局势及该市边境

---

① 《云南信息报》2014-05-13。
② 《临沧市2010年维护社会稳定工作总结及2011年工作要点》2010-12-30。

状况，高度重视网络舆论引导工作，加强网上舆情收集研判，将网上巡控向QQ群、微博客等管理薄弱空间延伸，实现重点人员网上网下的联动控制。

三 社会安全防控机制

社会安全防控机制是边疆民族社会稳定得以实现的保障。在具体实践中，边疆跨境民族社会把以社会管控为特征的刚性防控机制和以社会服务为特征的柔性防控机制结合起来，兼顾了社会防控的强制性和灵活性。

（一）刚性社会防控机制

1. 建立社会风险评估、预警机制

在社会风险评估、预警机制方面，明确在与群众利益密切相关的项目建设、征地拆迁、林地改革、政策调整等事项出台或审批前，对可能出现的稳定风险实行先期预测、先期研判、先期介入，根据评估结果，确定风险等级，提出决策建议，防止在决策、审批环节产生社会矛盾，防止在具体操作过程中侵犯群众的合法权益。对于涉及稳定的重大隐患和苗头性、倾向性问题，坚持抓早、抓小、抓苗头，从源头预防社会矛盾，加强苗头隐患的稳控与化解。如孟连县制定实施《重大事项社会稳定风险评估实施细则》，对涉及土地、山林、矿产等重要资源，征地拆迁、移民安置、社会保障、市政建设管理、重点工程建设、企业改制和事业单位改革以及涉及群体性利益的重大决策，出台重大改革措施，实施重大建设项目等，要及时开展经济效益评估、社会稳定风险评估，从源头上预防社会矛盾纠纷产生。涉及群体性利益的重大决策、重大项目和重大活动，坚持"五个不出台"，即：违反法律法规政策的不出台，损害人民群众利益的不出台，违反市场经济规律的不出台，影响干群关系和谐的不出台，多数群众不满意的不出台。临沧市《重大事项社会稳定风险评估指导意见》明确了重大事项评估内容、范围及程序。在企业改制、征地拆迁、劳动争议、教育医疗、环境保护、安全生产、食品药品安全、交通事故、车辆营运管理、涉法涉诉信访、移民安置、重点工程建设、拖欠工程款和民工工资、军转干部与退役士兵安置、高校毕业生就业等重点领域开展重大事项社会稳定风险评估工作。2010年全市教育、国土、劳保、水利、环保、城建、交通、卫生、发改、国资等敏感或容易引发热点问题的部门开展重大事项社会稳定风险评估23次，及时从源头上预防了矛盾激化和重大群体性上访和群体性事件。在社会稳定预警工作方面，对排查出来的矛盾纠纷，对已经发生或可能发生的影响社会稳定的重大矛盾纠纷和不稳定因素进行预警。2010 年共计发出预警通知书 199 次，及时对可能引发群体性上访进行了预警，促使有关部门做好防范和提前化解工作，避免了影响社会稳定的事件发生，做到对影响社会稳定的问题和隐患发现得早、控制得住、处置得好、化解得了，确保维护社会稳定工作主动、及时。

2. 突发公共事件应急处置机制

云南省早在 2004 年 11 月就制定出台《云南省人民政府突发公共事件总体应急预案》，2005 年 1 月 1 日起实施，2006 年 9 月修订并编制了简本。截至 2007 年 1 月，云南省共编制各级各类预案 25934 件，基本覆盖了全省突发公共事件的主要方面。① 各州市、县、乡根据本地区社会安全的实际情况，有针对性地编制地方性的突发公共事件、重大社会安全事件应急预案，建立了覆盖面广、操作性强的应急预案体系。如西双版纳州建立了针对农垦维稳、涉外事件、民族宗教事件、集体冲监事件、中特大刑事犯罪案件等方面的应急预案。临沧市制定《重大社会安全事件应急处置预案》，并对发生的较大规模的群体性上访和群体性事件，如凤庆县大寺乡小湾电站部分移民群体性上访、耿马孟定农场部分场员群体性上访、沧源县勐省镇芒阳村群体性械斗、耿马县勐撒镇小湾电站部分移民群体性上访、耿马县孟定农场"2·22"堵塞交通要道、沧源勐省芒阳"2·7"堵塞南化纸厂、双江"7·11"事件、永德芒果节"7·7"聚众斗殴事件等，及时赶赴现场，准确判断局势，果断决策部署，积极稳妥处置，使事态得到迅速控制，矛盾纠纷得到缓解化解，没有造成超出本市范围的社会影响。

3. 建立四级安全防控与矛盾排查网络

横向到边、纵向到底的四级安全防控与矛盾排查网络至关重要，它是维护边疆民族地区社会稳定的重要机制。通过几年的探索和实践，云南边疆跨境民族地区建立了县（市）、乡（镇）、村（社区）、村（居）民小组四级防范与矛盾排查网络，形成了一级抓一级，层层抓落实的治安防范工作机制，保证了各级防范网络的协调运转。同时充分发挥治保会、调解

---

① 《云南完善突发事件"横向到边，纵向到底"应急管理体系》，《光明日报》2007 – 04 – 10。

会、治安联防队等群防群治组织的作用，开展多种形式的治安巡逻、轮户联防和邻里守望活动，切实提高基层治安防范能力。

首先，各县成立综治维稳办公室，负责协调、管理和督办，统筹协调全县（市）的维稳工作，形成一套规范的运行机制，为维稳工作提供了组织领导保障。建立自上而下、组织严密的矛盾纠纷排查网络，包括：（1）以预防、督办为主的州市级排查网络，由州市综治维稳委和维稳办公室负责指导全州市矛盾纠纷排查调处工作；（2）以协调、管理为主的县（区）排查调处网络；（3）以调处化解为主的乡镇一级排查调处网络；（4）以排查、疏导为主的村一级排查调处网络，在村（社区）成立治保会和调委会，治保会主任由村（社区）党支部书记担任，调委会主任由村（社区）委会主任担任，各村民小组长为治保员和调解员，治保会和调委会的具体业务由村文书办理。具体做到：①定期排查制度。州市级每月，县（区）每半月，乡（镇、街道、单位）和村（居）每周排查一次矛盾纠纷，并逐级上报。"急、大、难"矛盾纠纷随时报告；重大活动、重要节假日，集中力量开展重点排查、滚动式排查。②工作例会制度。州市级每月，县、乡（镇、街道）综治维稳委每半月召开一次矛盾纠纷排查调处工作会议，按照"分级负责、归口办理"原则，将调处责任层层分解，逐一落实到相关部门和单位。③警示制度，对重大矛盾纠纷，按照属地管理和归口调处原则，由州市综治维稳委或公安机关直接下发预警通知，责成有关责任单位限期整改。④责任查究制度，建立健全《矛盾纠纷排查调处责任查究办法》，对矛盾纠纷排查调处不力、引发或激化矛盾，发生群体性事件或重大案（事）件的县、乡和市直单位视情予以"限期整改"、"黄牌警告"或"一票否决"，并追究相关地方和单位责任。

其次，乡（镇）负责具体落实全乡综治维稳工作，逐步建立起覆盖全乡（镇）的多层次、无死角的大防控体系。其一，建立乡镇综治维稳协调机制，在乡（镇）设立综治维稳中心和群众工作站，实行一套班子、两块牌子，整合乡（镇）派出所、司法所、信访办、武装部等力量。一是加强对村（社区）治保会、调解会的督促指导，努力构建社会矛盾联调、治安问题联治、邪教活动联防、社会管理联抓、便民实事联办的综治维稳工作机制，筑牢维护社会稳定的第一道防线。二是研究开发政法综治维稳社会管理综合信息系统，针对一些重大矛盾纠纷隐患，实施对比分析、预警提示、跟踪服务、督促落实和有效管控,确保各种潜在的社会矛盾始终处于可控制、能化解之中。三是协助做好法制宣传教育、法律援助、安全生产、交通管理、消防管理等工作,全面掌控辖区治安动态。其二,建立人力、经费、后勤保障机制。2010年以来,云南省在强化乡镇党委"一把手"维稳第一责任人的同时,配备一名副书记或副乡(镇)长,专抓综治维稳工作,下大力气为省、州、县三级综治部门一次性增编400余人,配备乡镇综治维稳办专干2950人,平均每乡镇(街道)2.2人;全省为基层政法综治选招1050名少数民族考生,定向培养、定向就业。在解决基层综治工作"无钱办事"的难题上,从2010年起,提高州市、县两级财政人均综治工作经费标准,分别不低于1元与2元标准,总经费达到1.47亿元,在原有基础上提高一倍,为历史最高水平,进一步保障了基层工作条件和水平。① 此外2010年省政府还调剂预警外资金1000多万元,为州县两级配备业务用车。通过实行分单位排难,联系基层工作制度,各成员单位直接支持维稳经费达2000万元,间接支持经费5000万元。② 德宏州结合基层实际,创新性提出强化综治维稳基层基础的"六个一"措施(一个机制、一个场所、一支队伍、一个信息化网络、一笔工作经费、一辆工作用车)。"一个机制",领导和组织基层开展综治维稳工作的工作机制,确保基层工作部署、工作推进、检查考核、责任追究有章可循,落实有力;"一个场所",有专门的办公地点,努力改善办公条件,切实解决基层办公条件难的问题;"一支队伍",建立以乡镇党委书记为综治维稳中心主任、乡镇长和专抓政法综治维稳的副书记为综治维稳中心副主任的工作机构,配齐配强专兼职工作人员,整合派出所、司法所等力量,确保基层有人干事;"一个信息化网络",建设一个便捷、高效、迅速的州、县、乡(镇、街道)三级政法综治维稳专线网络,努力提高信息上报和上传下达的能力;"一笔工作经费",州、县两级每年各承担1万元共同保障基层工作经费,确保基层有钱办事;"一辆工作用车",县(市)承担两万元,不足部分由州级承担,为全州51乡(镇、街道)综治维稳中心各解决一部工作用车,切实解决基层干部出行难的

---

① 齐康、强国才:《云南社会治安综合治理工作创新一瞥》,云南政法网2010-11-30。
② 《云南综治情况》2010年第111期。

问题。①

再次,村级负责宣传、排查、疏导。加强维稳工作,基层是基础,是根基,乡村稳则整个民族社会的大局稳。边疆跨境民族地区在长期摸索实践中逐渐实现了维稳方式的创新,一方面是维稳主体的变化,即最广大的人民群众是当前维稳工作的主体,最强大的维稳力量蕴含在群众之中。另一方面是维稳重心的前移,逐步将维稳重心前移至最基层的村庄或社区,把维稳工作建立在最广大最坚实的群众基础之上,实现维稳工作的可持续性。近年来,边疆地区各级政府从两方面强化了乡村的维稳力量:一是加强村级维稳工作机构建设,将村的各相应机制进行整合成立村委会综治室,从组织上保障各项维稳工作的正常有序推行。如瑞丽市勐卯镇团结村委会成立的村委会综治室囊括了警务工作室、治保工作室、调解工作室、禁防工作室、防邪工作室、禁赌工作室、流动人口管理室、矛盾纠纷调解中心等维稳工作分支机构,维稳机构建设既解决了人员分散、人力不足的问题,又为有序开展本村综治维稳工作奠定了基础(见图6-5)。二是依据各地的实际,充分发挥活跃在乡村的民间组织,以此为骨干着力构建乡村的维稳防控体系,将维稳重心前移落到实处。如德宏州针对毒品、艾滋病较为严重的现实特点,在全州探索建立746个以抓禁毒防艾为切入点的村民理事会,带领村民抓禁毒防艾、产业发展、新农村建设以及其他社会公益事业,真正形成"人民禁防人民抓"、"人民战争人民打"的良好态势,全州禁毒防艾工作取得了"三更加、四下降、一转变",即党群干群关系更加密切、群众防范和参与禁毒防艾的意识更强、基层社会更加和谐稳定;境外罂粟种植面积明显下降、现有吸毒人员持续下降、新滋生吸毒人员明显下降、社会面上的漏管失控吸毒人员大量下降,实现了从艾滋病重灾区向防治艾滋病示范区的重大转变。

再从治安稳定工作曾被省里亮过"黄牌"的文山州西畴县来看,该县下决心进行整改,狠抓乡村基层维稳防控工作,95%的民警下基层进驻到村,依托村委会办公场所建立警务室,融入治安一线和基层群众中去。在充分动员的基础上,全县组建4161支2.8万人的群防群治组织。构建"两会一队"(治保、调解、巡防)组织网络,使无穷的民力与有限的警力实现了有机结合,使群众性治安防范组织遍布每一个自然村。防范义务

---

① 《德宏州加强和创新社会管理》,云南政法网2012-01-21。

落实到家庭和个人，形成户户参与大联防格局。广泛开展"人人为我站岗、我为人人放哨"联防活动，使每一个家庭、个人自觉参与其中。由于防控网络的"网底"一直建到村小组，有效地把公安机关、群众性组织及企业、群众等各方面力量和资源集零为整、共同融入，实现了对每一个防范单元的有效控制。此外该县在实体联防体系构建的基础上还依托现有群众性治安防范组织和通信工具，以自然村为基本防范单元，建立"大联防"机制。具体做法是：将全镇所有村、组群众性治安防范组织人员电话号码制作成"联系卡"，发放到村委会、村小组联防队长手中，除方便群众在生产生活中联络外，一旦发现流窜作案或灾情、险情等紧急情况，群众可根据实际需要通知邻近群防群治人员参与围堵或处置，按照地形地貌和平时紧急事件处置演练要求，在几分钟内就能启动联防机制。联防机制的建立，使各防范单元形成一个有机整体，增强了防范行动的及时性、快捷性、有效性。

图6-3 瑞丽市勐卯镇团结村委会综治室

最后，强化村民自防工作，把村小组作为社会安全防控的第一道防线。首先是提升村民自治功能。边疆民族地区的乡村民族社会在应对非传统安全社会问题维护社会稳定的斗争中，通过制度建设实现村民自治功能的创新。依据国家关于村民自治的法律、法规和方针、政策，紧密结合本地实际，在广泛深入动员的基础上，通过全体村民讨论制定出村民治理章程或村规民约，把村民的权利和义务、村各个组织间的关系、职责工作程序以及经营范围、村社治安、村风民俗、计划生育等措施写进村规民约中，不仅村委会村官明白，全体村民也心知肚明。在此基础上出台《村规民约》也就成了全村最权威、最全面的规章，被村民形象地称为"小宪法"。同时还建立了一套落实村规民约的相应制度，使之可操作化，实现村民自治功能的创新，村民真正成为自治的主体和维护乡村社会稳定的主力军。另一方面，通过习惯法、乡村礼俗等隐性且内化了的社会规范，潜移默化地进一步规范村民的行为。习惯法潜移默化的传统力量代代相传，能做到家喻户晓、深入人心，特别是那些与国家法一致或相近的习惯法，对提高人们的法律意识、自觉遵守社会公德和维护社会秩序意义重大。村规民约和习惯法这两个显性和隐性的规约相辅相成，支持乡村民间社会化维稳制度的建设。总之，习惯法、村规民约和乡村礼俗构成乡村社会良性运行的社会道德基础，有效制约越轨行为的产生，维护边疆民族地区的社会秩序。

4. 强化村级矛盾、纠纷排查功能

矛盾纠纷排查是综治维稳工作中的核心任务，排查工作的好坏决定了矛盾纠纷爆发的可能性及其基本走向，通过有效排查，才能真正将矛盾纠纷化解在当地、化解在基层、化解在萌芽状态。文山州结合我国正处于社会矛盾凸显期、各类矛盾纠纷和不稳定因素增加的实际情况，针对当前维稳任务的复杂性、多发性、长期性的特点，加强矛盾纠纷排查化解防控网络建设。一是根据人员变动情况，对派出所矛盾纠纷排查化解领导小组进行全面调整，健全所领导为组长、社区民警和村民委调解员为调解主体的调解班子；二是合理利用公安业务经费，对原有调解室进行了全面规范，配置了必要的设施和装备，制定了《调解室工作规定》《调解员工作职责》等工作制度，从地方有关职能部门工作人员和村干部队伍中聘请了兼职调解员和基层调解员共42人，配齐配强了调解员队伍；三是积极协调镇政府、司法所及辖区11个村委会、243个村小组、13所中小学校，组成了矛盾纠纷化解调处理委员会，实现了调解组织触角延伸的最大化；四是通过联席会议、信息共享等制度，加强了与各综治成员单位的协调配合，形成了横向到边、纵向到底、纵横交织、联动互通的社会矛盾纠纷调解、防控网络体系。2011年1月11日,共派出民警219组814人次,走访了辖区群众9858户40500余人次,排查调解各类矛盾纠纷47起,解决群众求助35起,组织召开基层调解会议3次,向田蓬镇党委政府反映救助信息14条。①

(二) 特定群体/领域安全防控机制

边疆民族社会针对新时期社会管理中出现的新情况,以及大量无先例、无借鉴、无经验的新问题,在深入探索和实践中,创新社会管理,寓服务于管理之中,针对特定群体/领域的安全防控机制有了新的突破、新的发展,在协调社会关系、规范社会行为、化解社会矛盾、应对社会风险、解决社会问题、保持社会稳定等方面,发挥了重要作用,巩固了边疆地区的稳定与和谐。

1. 跨境婚姻管理创新

无法律手续的跨境婚姻近年来在云南边疆跨境民族地区呈快速上升趋势,并由边境向内地辐射。由于立法滞后、缺乏有针对性的管理规定等原因,入境通婚并长期居住的外籍人员,其居住、通行、就业等权益不明确,跨境婚姻家庭的户口管理、社会保障、子女就业等方面问题也随之凸显,并给边疆民族社会带来显性和隐性的社会安全隐患,并涉及国家人口安全问题。针对这一突出问题,边疆地区的社会管理者从实际出发,进行了大胆创新,并取得一定的成效。

跨境婚姻数量较多的德宏州在长期的探索实践中实现了跨境婚姻人员管理创新。在德宏州,本着"尊重历史,正视现实,摸清底数,创新管理"的原则,公安、外事、民政、计生、疾控、统计等有关部门密切协作,组织调研,探索新的管理方式,以规范入境通婚行为,维护社会正常秩序。在全省范围内率先出台了一套新的管理机制。主要有以下几个方面:(1) 加强对缅籍入境通婚边民的管理。其一,对缅籍入境通婚边民实行备案登记,全面纳入人口信息管理。调研排查登记边民入境通婚情况,派出所在整顿户口工作的基础上,对照境外人员登记表上的缅甸籍人一家一户进行进一步调查核实,切实做到"底数清、情况明"。公安、民

---

① 文山州深化爱民固边战略暨创建平安边境活动信息网, http://www.wszgabf.ynws.gov.cn/index.asp, 2011-11-26。

政部门对已与中国边民领取结婚证①或者未领取结婚证但以夫妻名义同居生活，并居住在德宏州行政区域内的缅籍边民，督促其及时办理《边民入境通婚备案登记证》，逾期未申办，也未办理其他合法居留手续的，按照非法居留处理。对边民通婚子女落户问题，按照《中华人民共和国国籍法》及相关程序规定办理。②其二，做好法制宣传。依据《中华人民共和国婚姻法》《婚姻登记条例》《中国与毗邻国边民婚姻登记管理试行办法》及《德宏州边民入境通婚备案登记证管理规定（试行）》，强化婚姻家庭法律法规宣传，使基层民众了解办理通婚备案登记的重要性，提高通婚边民的婚姻关系权利意识、责任意识和"办证"意识，积极引导涉外通婚人员办理结婚登记。其三，创新工作方法，方便群众，提高了工作效

---

① 领取结婚证的条件及手续：德宏州从2005年10月《婚姻登记条例》实施以来，将原涉外婚姻须到地、州以上民政部门办理变为县、市办理。并将国境线60公里以内中缅边民纳入正常婚姻登记范围；但须持以下证件：一是本国护照或代替护照使用的经双方通过外交途径确认的边境地区出入境证件；二是本国有效居民身份证件（缅甸称"马棒丁"）与户口册（中方边民须提交身份证和户口簿原件及复印件）；三是本国边境县（市、区）政府机关出具的经公证机关公证的婚姻状况证明和同意与中国边民结婚的证明。四是双方合影照各3张。缅方出具的证明须有中文翻译。

② 德宏州公安局与德宏州民政局于2010年9月9日联合发布的《缅籍边民入境通婚备案登记证管理规定（试行）》指出：（1）与德宏州常住户籍人口按照中国法律办理了结婚登记，或者以夫妻名义同居生活，并居住在德宏州行政区域内的缅籍边民，应当办理《边民入境通婚备案登记证》；（2）以夫妻名义同居生活指男女双方以组成家庭为目的而同居，彼此以夫妻对待，对外明示为夫妻关系，且该关系为周围群众所知晓的状态。在备案登记过程中，要注意掌握界限，将"以服务名义同居生活"的关系与相互配偶身份不明确的恋爱关系，以及不互为家庭成员的姘居关系，或者违法的重婚关系区别开来；（3）办理《边民入境通婚备案登记证》应由夫妻双方共同提出书面申请，并提交《结婚证》或具有中国国籍一方常住户口所在地村（居）民委员会出具的以夫妻名义同居生活证明，该证明应载明以夫妻名义同居生活的双方姓名、居住地详细地址，以夫妻名义同居生活起始时间，是否生育子女等；（4）受理《边民入境通婚备案登记证》申办的籍贯是中国籍申办人常住人口所在地的公安派出所。公安派出所受理申办后，应到申办人居住地进行实地调查核实。经核实申办人的婚姻关系或以夫妻名义同居生活的情况属实，且不违反法律强制性规定的，于受理之日起五个工作日内发给《边民入境通婚备案登记证》；（5）持《边民入境通婚备案登记证》可以在德宏州行政区域内居住、经商、务工、通行，并享有中国法律规定以及德宏州地方政府给予境外边民的各项权益；（6）缅籍边民与德宏州常住户籍人口以夫妻名义同居生活所生育的子女，出生在中国的，随具有中国国籍的父亲或母亲落户。出生在缅甸的，按照《中华人民共和国国籍法》和有关规定提交具有中国国籍的证明后，随具有中国国籍的父亲或母亲落户。

率和办证质量。如：对缅籍申请人进行指纹扫描备案登记；为避免群众因证件材料不全而发生"多跑、白跑"现象，派出所将所需材料列成清单，并制作申请书及证明的范本，发放到村委会，让村委会干部对照范本开具证明并指导群众填写申请书。(2) 强化边境管理。其一，通过法制宣传提高群众遵守我国出入境法律法规的自觉性，增强群众主动接受管理的意识。其二，加强对口岸、通道和便道的管理，严格执法，严厉打击非法入境人员。其三，依靠基层组织加强对缅籍人员的管理。对乡镇、村（居）委会等基层组织工作人员进行培训，要求他们在日常工作中注意发现"三非"人员，报告并协助有关部门开展清理遣送。

2. 特殊人群服务管理创新

特殊人群是指那些存在心理偏差和行为偏差的社会成员组成的社会群体，这一群体是社会稳定的潜在威胁。抓好这一群体的服务管控和疏导工作，不仅有利于个体的健康成长及其家庭的完整，还将减少这一群体对社会可能造成的危害。多年来，边疆跨境民族地区突出抓好行为偏差人群的"回归"工作，逐步完善安置帮教、公益劳动、戒毒康复、涉罪外来人员管控教育等政策措施，健全和完善政法综治部门、社会和家庭三位一体的帮教机制，采取一帮一、多帮一方式，切实加强对刑释解教人员、社区矫正对象、吸毒人员、社会闲散青少年等特殊人群的帮教转化管控工作，促使特殊人群顺利回归社会，进一步减少社会对抗，增加社会和谐因素。

其一，创新社区矫正工作。在社区矫正方面，云南省自2009年初开始在全省全面开展的社区矫正①工作，各地按照要求及时建立了矫正机构，充实了矫正队伍，在探索社区矫正对象人性化管理模式中创新了

---

① 社区矫正是我国司法体制和工作机制改革的重要内容，是把监外服刑的"五种罪犯"（即管制犯、缓刑犯、暂予监外执行犯、假释犯、剥夺政治权利犯）置于社区，由专门国家机关在相关社会团体、民间组织和社会志愿者的协助下，矫正其犯罪心理和行为恶习，促使其顺利回归社会的非监禁刑罚执行活动。党的十六届六中全会《关于构建社会主义和谐社会若干重大问题的决定》明确提出"实施宽严相济的刑事司法政策，积极推行社区矫正"。党的十七大做出深化司法体制的战略部署后，把推进社区矫正工作列入重要内容，并提出了明确要求。2009年10月，经中央政法委批准，最高人民法院、最高人民检察院、公安部、司法部联合下文，决定从2009年起在全国试行社区矫正工作。社区矫正在构建社会主义和谐社会中的价值和作用日益凸显，是政法机关务必看准认清、抓牢抓紧、着力创新加强的一项重要工作。参见中共云南政法委课题组《推进云南社区矫正工作研究》云南政法网2010-09-06。

工作机制，提出了"裁前评估，全员接受，分类管控，有效实施，解矫跟踪，全程监督"的工作制度，有序地开展社区矫正各项工作。通过接收矫正对象、建立档案、入矫教育、走访谈话、电话问询、公益劳动、落实低保和责任田、技能培训、指导就业和就学等基础性工作，矫正对象的对抗心理和行为有所改变，重新回归社会的信心和生存能力有所增强（见图6-4）。临沧市2010年以来累计接受矫正对象1819人，累计解除矫正606人，现在册矫正对象1213人，累计重新犯罪7人，重新

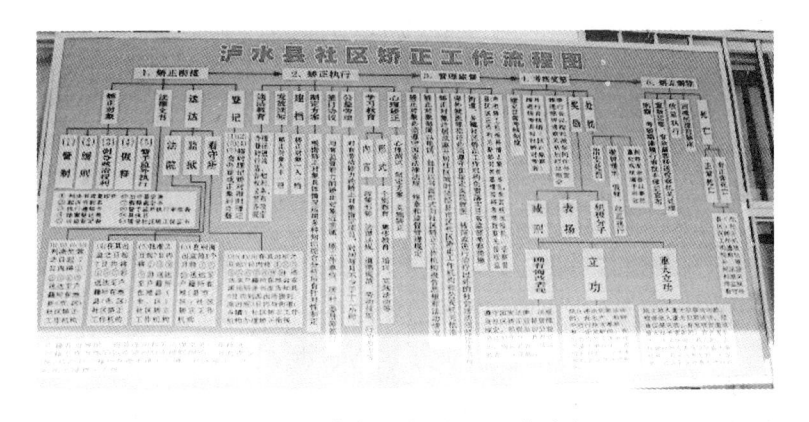

图6-4　泸水县社区矫正工作流程

犯罪率控制在1%以下，并逐一建立统一规范的矫正档案，有效预防脱管漏管现象。① 然而，由于社会经济条件悬殊，相比城市社区矫正，农村社区矫正存在不少问题和差距，表现在农村社区矫正中刑罚执行的严肃性不足；农村群众对社区矫正知之甚少，认同度不高；相关制度建设滞后，保障不足；矫正方法单一、措施不力，矫正效果不明显等。② 近年来在边疆民族地区从制度建设、资源整合、宣传教育等层面不断加强社区矫正工作，调配公益性岗位，配齐社区矫正辅导员，整合社会力量和资源，充实矫正工作队伍，同时充分挖掘农村基层组织作用，吸引专业人员到农村地区开展社区矫正工作，鼓励大学生村官从事社区矫正工作，吸引村委会、村组干部进社区矫正工作队伍，发挥其一线优势，创新乡村社区矫正工作机制并取得明显效果。如盈江县实施人性化的社区矫正工作，坚持"细列管、勤走访、实监控、重帮教"的原则，对列

---

① 《2010年临沧市社会治安综合治理工作总结及2011年工作计划》2010-12-30。
② 《加强农村社区矫正工作初探》，云南政法网2011-09-07。

管的重点人员逐个登记造册，做到来知底细、走知去向、心中有数。截至 2011 年底，全县累计接收矫正对象 481 人，其中 110 人刑满释放，5 人死亡，4 人重新犯罪（收监），全县当时有社区矫正对象 362 人，其中管制 13 人，缓刑 170 人，假释 88 人，暂予监外执行 90 人，剥夺政治权利 1 人。刑释解教人员得到了妥善安置，有效预防减少了重新犯罪。① 临沧市市、县、乡三级建立完善了社区矫正工作机制。截至 2010 年，累计接收矫正对象 1819 人，累计解除矫正 606 人，当时在册矫正对象 1213 人；累计重新犯罪 7 人，重新犯罪率控制在 1% 以下，并逐一建立统一规范的矫正档案，有效预防脱管漏管现象。②

其二，针对刑满释放人员，各地围绕"帮教社会化、就业市场化、管理信息化、工作职责制度化"的总体思路和目标，将刑释解教人员安置帮教工作作为"社会管理创新"重要内容，实行对刑事解教人员做到必接必送，并通过扶持个体经营，给予低保救济，落实责任田和宅基地等措施强化刑释人员就业和社会保障，不断扩宽安置渠道，促使刑释人员顺利回归社会，切实有效地预防和减少重新犯罪，全力维护社会稳定、促进社会和谐。2010 年，临沧市法院、检察院、公安、司法、监狱、劳教所等职能部门共联合开展了 4 次刑满释放和解除劳教人员摸底排查工作，将有重新违法犯罪可能的人员作为重点对象，实施重点监控管理；对到期和已经解决生活、就业困难的帮教对象，及时将其从管理花名册中清除，移至社区。2010 年，全市新接收刑释解教人员 211 人（其中：刑满释放 195 人，解除劳教 16 人）；安置 204 人、安置率 95% 以上；落实帮教 209 人，帮教率 95% 以上；重新犯罪率控制在 1% 以下，年内未发生一起因脱管、漏管导致重新违法犯罪，给社会稳定和人民群众生命财产造成严重损害、社会影响恶劣的案件。

其三，各地还认真做好闲散青少年、流浪未成年人、农村留守儿童、服刑在教人员未成年子女的教育、管理、服务工作。云南省出台了《云南省预防未成年人犯罪条例》，省财政每年安排 300 万元用于边疆民族地区此类人员救助，安排 200 万元用于预防未成年人违法犯罪示范项目建设，已覆盖边疆全部州市。2010 年以来，临沧市各级公安及司法行政部

---

① 《2011 年盈江县加强和创新社会管理工作总结材料》2011 - 11 - 25。
② 《2010 年度临沧市社会治安综合治理工作总结及 2011 年工作计划》2010 - 12 - 30。

门排查无稳定生活来源的社会闲散人员3071人,违法青少年715人,辍学705人,服刑在教人员未成年子女982人(其中既需要生活救助又需要接受教育的683人,只需要生活救助的271人,只需要接收教育的28人),农村留守儿童1777人。掌控危害国家安全人员1名,邪教骨干28人,特殊群体重点人员34名,老上访户及赴省进京上访重点人员39名,宗教重点人员13名,刑嫌人员301人,刑释解救人员1976人,可能铤而走险的治安危险分子57人,肇事肇祸精神病人47人,社区服刑人员291人,并针对不同情况进行帮助、教育和管控。①

3. 流动人口的服务管理创新

为适应流动人口发展的新趋势,边疆民族地区积极推进流动人口服务管理创新,针对出租房和流动人口管理一直是管理工作的难点。在边疆地区实施居住证管理制度,按照"以证管人、以房管人、以业管人"原则,创新了多种服务管理的新模式。德宏州盈江县以警综平台管理系统为依托,建立网上报批、网上办案等工作流程,推行网上政务、警务、服务等措施,以"服务"为先,积极推进流动人口和出租房的管理工作。截至2010年,盈江县共有登记并录入系统的出租房1085家,采集录入流动人口信息14492人。临沧市积极推进流动人口与计划生育工作"一盘棋"工作,制定了《临沧市流动人口计划生育工作"一盘棋"工作方案》,提出了"一盘棋""三年三步走"的工作规划,逐步形成操作规范、运行高效的长效工作机制。全市共录入常住人口数据230万条,重点人口数据5980条,暂住人口累计36874人,重点人口预警4939人,预警追逃3675人,对5980名重点人口实施管控,对有违法犯罪史及其他高危人员331人落实了管控措施;办理二代证1621837人,户口纠错业务4220人。② 西双版纳州坚持日常管理与专项整治有机结合,对流动暂住人口集中的出租房、建筑工地、旅店等场所进行经常性、滚动式的清理、排查,在重大节庆日和敏感时期不定期地对流动人口集中居住的区域进行整治。同时加强对旅客信息的采集、上传,强化流动暂住人口登记并纳入管理。建立流动人口管理工作检查考核和情况通报制度以及州、县(市)、派出所、社区民警四级倒查制度。以景洪市曼景兰社区出租房/暂住人口管理为试点,

---

① 《2010年度临沧市社会治安综合治理工作总结及2011年工作计划》2010-12-30。
② 同上。

积极探索新形势下"以证管人、以房管人、以业管人"的流动人口服务管理新模式,试行"五个一"工作方式,[①] 取得明显成效。曼景兰社区月报警数下降了 50% 以上,由于社会治安好转,社区居民对外出租房屋月租金平均上升 35%。[②]

近年来,随着我国开放程度的进一步加快以及边境地区经济社会发展带来的强大吸引力,大量外籍人员流入云南边境地区,边疆地区外籍人口已达数十万之多,给当地社会治安带来了严峻挑战。以德宏州瑞丽市为例,据统计,目前在瑞丽市经商、务工、就学、居住的外籍人员约 26000 余人。[③] 这些外籍人员大都能够遵守中国的法律法规,能够和中国公民和谐、友好相处。他们在带来了技术和资金的同时,还解决了瑞丽市企业发展中劳动力匮乏问题,为瑞丽的经济发展做出了积极的贡献。但其中也有少部分鱼目混珠的外籍"三非"人员从事零星贩毒、抢劫偷盗等违法犯罪,严重侵害了广大人民群众的生命财产安全。这部分人员中,无固定居住场所、无固定收入、无合法有效证件,往往通过非法途径进入我国。由于国内非法滞留人员不断增多、境外商人和务工人员出入频繁,"三非"

[①] "五个一"工作模式:第一,一套牌匾,变"我要群众管"为"群众自己管"。一是每户村民制作一块门牌;二是颁发"平安出租房"牌匾;三是在村口设置"平安出租房公示牌",动态公布"平安出租房"的房号。牌匾的使用实现了出租房有号、有序管理,变"扰民式查验登记"管理方式为"民警指导、村民自管"的新模式。第二,一个身份证查验终端,变"外来人口警察登记"为"村民登记"。为解决曼景兰村民警少、人口信息登记难的难题,市公安局组织培训 10 名村干部和治安积极分子,推广使用身份证查验终端。使用后,头一个月内就抓获了 3 名在逃人员。群众称身份查验终端是"坏人识别器",都争相安装,并学会在自家电脑上及时填写出租信息。第三,一套数码装备,变"手工警察"为"数字警察"。每名社区民警配备了一套数码设备,即人手一台笔记本电脑、身份证查验终端、数码照相机、警务通和移动硬盘。社区民警到村民家电脑上复制当天的租房信息,从原来每天手工登记四五户到现在可采集 30 多户,且当天就可整理上传采集的信息。第四,一张地图,变"模糊管理"为"精确管理"。社区民警根据房东录入的资料,及时将人口信息录入警用地理信息系统的地图,并上传至公安人口管理系统,便于对社区民警工作情况及时掌握、精确管理。第五,一个电话,变人口管理"跑断腿"为"动动嘴"。派出所与每户村民约定,在首次录入结束后,只要租住人退租,村民就及时通过电话告知社区民警在人口管理系统上予以注销;有新人租住时,也及时告知租房人的姓名和身份证号,民警通过人口管理系统及时调取租房人基本情况,登记在地理信息地图上。参见《曼景兰村探索"五个一"工作方式》,2011 年 9 月。

[②] 《西双版纳州社会管理创新工作总结》,2010 年。

[③] 《德宏州社会管理创新工作总结》2010 - 12 - 30。

问题也日益显现，除了带来管理上的难题外，还埋下了诸多刑事犯罪隐患。据统计，2010年在瑞丽市破获的刑事犯罪案中，涉及外籍"三非"人员作案的比例高达39.1%。该市勐卯镇团结村委会上弄安村民小组位于勐卯派出所辖区，因村寨位于城中，房屋出租成为大多数家庭的主要收入来源。该村常住人口130户393人，现有出租房屋925间，外籍人员数是当地居民人口数的3倍。① 这些租房者多为在瑞丽打零工的缅籍人员。这部分人员流动性大，居住情况复杂，呈现出"四多一高两复杂"的特点，即：行业场所多，暂住、流动人员多，"三非"人员多，吸贩毒人员多；刑事、治安案件发案率高；社会治安复杂，人群结构复杂。

"三非"人员构成有三种情况。一是很多有"马棒丁"（缅甸身份证）的境外人员不按规定程序入境，直接通过边境便道非法入境务工；二是虽然有"马棒丁"，但故意不出示，万一发生违法犯罪即潜逃出境，导致无据可查；三是一部分在缅甸就没有办理过"马棒丁"，他们入境务工出于生活所迫。针对这一特殊群体，当地政府改变过去以"堵、抓、关"为主的治理模式，从以人为本的角度采取了以疏导为主的"先纳入，后管理；先管理，后规范；先规范，后完善"的工作方式。② 一是成立了境外流动人口劳务管理中心，建立了境外流动人口档案管理；二是规定境内外务工人员的集中场所，并由社区劳动服务中心统一配发务工证，统一管理；三是与公安、边防、武警等相关部门紧密协作，开展了一系列专项整治行动，净化社区环境。当地基层官员介绍说，按管理规定，持有效身份证件（"马棒丁"）和入境手续的外籍流动人员，必须到外事部门翻译后才可申请办理"外籍流动人员临时居住证"，然后才能办理务工证明，但我们根据实际情况进一步放宽办理务工证条件。虽然他们不能出示有效证件，但只要用工企业愿意担保（通常指外资企业），或者由三名持有合法手续的外籍人员共同担保一名"三非"人员，就可以拿到务工证明。"这样做的目的，能够将这些人员纳入视线范围，采集到身份信息，知道他来自哪个县，哪个乡，哪个村，村长叫什么？既为他们提供了合法务工的身份，解决生活问题，而一旦出了问题我们找得到人。"事实证明，这

---

① 《瑞丽市开展创新社会管理走出一条特色之路》，http：//www.doc88.com/p-508543406743.html，2011-11-01。

② 杨子庄：《瑞丽变堵为疏　创新外籍流动人员管理模式》，《云南法制报》2012-06-29。

样的管理方式效果十分明显。此外，为了适应桥头堡黄金口岸及国家重点开发开放试验区建设的需要，针对瑞丽市外籍人员临时居留证办理数急剧增长的情况。瑞丽市还实现了两项管理创新，一是预先发放排序编号的排号办证制度和"特约办证"制度；二是引入外籍人员参与管理的机制，针对瑞丽市外国人密集的上弄安村、姐告社区、瑞丽珠宝街，建立了3个外籍人员管理服务站，通过外国人共同参与管理，向外籍流动人员介绍中国的一些法律法规和外国人应该注意的一些事项，及时帮助他们解决务工、子女就学等方面遇到的问题。通过这些举措，在促进相互了解沟通的同时，有效促进了社会治安持续好转，抢劫、入室偷盗、破坏公共设施的现象杜绝，其他刑事案件也大幅下降。与2011年同期相比，瑞丽市治安刑事案件下降9.17%。①

在外籍人员入境之后的管理方面，瑞丽市结合自身实际，大力开展外籍流动人员的服务和管理，在管理上变"堵"为"疏"，寓管理于服务之中，推行"一馆二站三中心"建设，搭建外籍流动人员"梯次式"社会管理创新平台。②"一馆"，即实行"一套监控、两个统一、三个管理系统、四项制度"的"家庭旅馆服务管理模式"。"一套监控"：在"家庭旅馆"重要部位安装与公安110指挥系统连接的监控探头；"两个统一"：统一家庭旅馆外观标识。对1680户出租房统一制定了规范的"业主姓名+家庭旅馆"标识；统一档案管理。健全完善家庭旅馆的管理台账（一张家庭旅馆信息登记表、一张家庭旅馆平面图、一张家庭旅馆外观照、一份家庭旅馆治安责任书、一份家庭旅馆产权证复印件，一次全面细致的信息采集工作），变原来的粗放型管理为精细化管理，切实解决社区民警下片入户采集信息难的问题；"三个系统管理"：家庭旅馆新入住人员信息采集系统、居住证或居留证录入管理系统、外籍人员信息管理系统；"四项制度"：严格执行《云南省流动人口管理制度》《警务室工作人员职责制度》《办理国内流动人口暂住证和缅籍人员临时居留证的工作流程制度》《警区治安状况通报制度》，为家庭旅馆的服务和管理提供制度保障。"二站"，即推行"外籍流动人员管理服务站"和"外籍三非人员

---

① 杨子庄：《瑞丽变堵为疏 创新外籍流动人员管理模式》，《云南法制报》2012-06-29。
② 《瑞丽市推行"一馆二站三中心"建设 搭建外籍流动人员"梯次式"社会管理创新平台》，瑞丽市侨联提供，2012-09-07。

管理中转站"两站建设,聘请村组干部、外籍精干人员和干警着力在外籍流动人员户籍登记、治安防控、禁毒防艾、安全生产法制宣传、矛盾纠纷化解、劳动就业、外籍流动人员子女就医就学等方面开展服务和管理。加强对"携带传染性疾病、有犯罪前科、吸毒人员、形迹可疑人员"等外籍"三非"人员的治理,集中收治后进行中转,并适时开展对外籍乞讨人员的临时性救助和集中遣送。自服务站建立以来,为外籍流动人员提供就业咨询服务 3216 次,提供办证服务 2876 人次,帮助联系租住房屋 953 人次,解决 1298 名境外人员子女就学问题,化解各类纠纷 18 件次。"三中心",即建设"跨境婚姻登记备案管理中心"、"涉外矛盾纠纷调处中心"和"外籍流动人员劳动就业服务中心"三个中心,保障外籍流动人员合法权益。

4. 境外非政府组织管理创新

随着改革开放的不断深入,境外非政府组织在跨境民族地区的活动日益增多,为促进当地对外交流和经济社会发展发挥了积极的作用。境外非政府组织大多能遵守我国的法律法规,投入的资金一定程度上弥补了一些贫困地区和某些领域的资金不足,在医疗、卫生、扶贫、教育、畜牧、水利设施、宗教、救灾救助等方面为困难群众办了一些实事和好事,缓解了社会矛盾。但是,有的境外非政府组织特别是一些有宗教背景的组织,以开展活动为幌子,暗地进行非法活动,恶意炒作"热点问题",造成了恶劣影响。一是扰乱教会正常工作,严重影响民族团结。二是制造信教群众和不信教群众之间的矛盾。三是与党争夺群众基础,削弱党的威信,动摇党的执政地位。针对境外非政府组织活动监管的新课题,云南省于 2010 年创新建立非政府组织管理制度,出台全国首部《云南省规范境外非政府组织活动暂行规定》,建立了境外来滇非政府组织准入制度、项目合作备案制度、日常管理和检查制度。截至 2011 年 1 月 27 日,云南省相关部门为 25 个境外非政府组织在滇代表机构办理了备案手续,发放了备案批准文件及《备案通知书》。[①] 该制度实施有利于对境外非政府组织进行依法、有序管理,消除因境外敌对势力利用非政府组织插手而形成的各种不利于安定团结的因素,确保社会政治稳定,巩固经济发展、社会进步、民族团结和边疆安定的大好局面。

---

① 中华人民共和国民政部网站,2011 - 02 - 12。

5. "网络虚拟社会"管理创新

边疆跨境民族地区针对网络社会对社会管理带来的冲击,积极构建以巡查处置、侦查打击、管理控制、舆论引导为重点的"虚拟社会"动态管理机制,强化研办和应对处置措施。建立网上打击违法犯罪联合协作机制、完善涉网情报线索通报、涉网案件协作办理、涉网基础信息全警采集制度;加强网络舆论引导队伍建设,建立了网上舆情会商研判、分级预警、导控指挥处置工作体系和责任体系,提高网上舆论引导能力;加强虚拟人和虚拟社区管理,有效控制网上重点阵地,将网上巡控向QQ群、微(博)客等管理薄弱空间延伸,实现重点人员网上网下的联动控制,进一步提高了基层政府应对网络舆论的能力和水平。目前云南省备案网站总数已达38000个,2010年共处置各类网络有害信息80271条。2010年,中央领导同志在云南考察时对云南边疆民族地区创新建立的互联网管理新模式给予充分肯定,并决定在全国进行推广。

四 矛盾疏导和化解机制

矛盾疏导和化解机制是边疆民族社会基层维稳机制得以实现的关键,也是维稳机制有效运行的必然结果。

2010年的全国政法工作会议上,中央根据当前形势的深刻变化,把社会矛盾化解、社会管理创新和公正廉洁执法作为政法工作的"三项重点"工作。其中,社会矛盾化解作为首要的重点工作,表明国家把化解社会矛盾纠纷提到维护社会稳定的战略高度加以重视。多年来,边疆跨境民族地区针对社会矛盾的多元化、复杂化等新特点、新趋势,在处理和化解人民内部矛盾的实践中,逐步形成了集调解、仲裁和诉讼等多形式、多层次、多渠道的矛盾纠纷化解机制,围绕"小事不出村、大事不出乡(镇)、矛盾不上交"的要求,不断完善和深化人民调解、行政调解、司法调解相互衔接配合的"三位一体"的大调解工作体系,推行"警司调解"、"警民调解"、"村(居)委调解"、"民间调解"等多种调解模式,充分发挥专业型调解组织和社会团体的作用,形成依靠基层党政组织、行业管理组织、群众自治组织共同化解社会矛盾的机制,有力地推动"大调解"工作格局的形成。

(一)基础性工作和条件

边疆跨境民族地区矛盾疏导机制的大调解工作格局的形成,既与上述三个机制联动耦合、相辅相成、互为支撑，又得益于这些地区多年来在社会发展与社会建设方面基础性工作取得的突出成绩。主要表现在以下几个方面。

1. 民生工作

改革开放 30 多年，我们国家已发生翻天覆地的变化，人民生活富裕程度极大提高，正在向全面小康迈进。边疆地区虽然与东部地区仍存在着发展的差距，但是在中央"西部大开发"、"兴边富民"工程、"桥头堡"战略和社会主义新农村建设等重大战略举措的支持下，我国西南边疆广大的民族地区，也呈现快速发展的态势。云南省围绕加快少数民族和民族地区经济社会发展要务，结合民族地区实际，研究提出了一系列加快少数民族和民族地区社会发展的政策措施，从 2005 年至 2010 年先后实施了两轮兴边富民工程，累计投入资金 425 亿元，[①] 把实施贫困自然村整村推进和全面抓好 7 个人口较少民族和少数民族中深度贫困群体的重点帮扶等工作，进一步加大对景颇、拉祜、佤、傈僳 4 个特困民族的扶持力度，将着力改善生产生活条件摆在工作突出位置。2010 年全年共实施整村推进自然村 421 个；全年争取到国家投入兴边富民行动重点县建设资金 1.1 亿元，共实施了 201 个兴边富民示范村建设；2010 年落实的民族专项资金总额达 37886 万元。2012 年国家又启动了滇西边境地区区域发展与扶贫攻坚计划，项目覆盖 10 州市 1751 万人，其中贫困人口 424 万，将与全国基本同步实现小康。此外云南省又启动边疆民族地区农村危房改造工程。到 2012 年 10 月底，22 万户农村危房改造已动工，其中 4 万户危房改造已竣工。全省贫困人口从 2012 年的 804 万人，下降到 2013 年底的 661 万人，全年共减少 143 万。[②] 云南边疆地区在基础设施建设、温饱安居、产业培育、素质提高、社会保障、社会稳定、生态保护与建设等方面得到明显的改善和提升。

以西双版纳州为例，该州坚持发展为人民、发展依靠人民、发展成果由人民共享，通过改善民生、丰富群众物质精神生活，使群众实实在在地感受到改革与发展带来的好处，达到凝聚民心、促进稳定的目的。"十一五"期间，全州财政一般预算中用于教育、文化、卫生和社会保障等民

---

① 《云南信息报》2011 - 11 - 04。
② 《李纪恒同志在全省扶贫工作会议上的讲话》2013 - 04 - 30。

生领域的支出为95亿元,约占70%。全面落实就业再就业政策,保持零就业家庭动态清零。建立农民工工资支付保障机制和涉诉困难群众执行救助机制。加快推进教育改革,"两免一补"政策得到全面落实,城乡免费义务教育全面实现。健全公共卫生和医疗服务体系建设,新型农村合作医疗基本实现全覆盖,参合率达到97.9%。对城镇职工基本医疗保险、城镇居民基本医疗保险、城乡医疗救助提标扩面,城镇基本医疗保险参保率87%,城乡低保基本实现了应保尽保,切实有效保障了城乡困难群众的基本生活。加大对较少民族和少数民族贫困地区发展的扶持力度,基诺族实现整体脱贫,布朗族克木人整体达到当地中等以上生活水平。保障性安居工程全面推进,完成垦区危旧房改造、农村地震安全工程。累计解决20万农村群众的饮水困难和饮水安全问题,解决2.3万农村贫困人口的温饱问题。2010年,全州城镇居民人均和支配收入13350元,农民人均纯收入4354元,城乡居民储蓄存款余额150亿元,年均分别增长11.1%、14.9%和18.8%。①

在迪庆州,中央和省共投入建设资金4.68亿元、支农资金3.3亿元、文教卫生和社会保障等民生支出5.68亿元、生态补偿0.77亿元,实施了一批廉租住房、通乡油路和农村饮水工程、无电地区电网建设、中低产田改造和游牧民定居、农村民居地震安全工程、农村危旧房改造等项目。全州实现了新农保政策全覆盖,广播电视"村村通"直播卫星电视实现自然村(20户以上)全覆盖,在全省率先实现"农家书屋"行政村全覆盖,支出城乡低保资金1.28亿元(其中农村低保9425万元)。2011年迪庆州实现地区生产总值95.2亿元,同比增长18.1%;完成全社会固定资产投资167.6亿元,同比增长25.1%;地方财政一般预算收入达8.6亿元,同比增长44.1%;社会消费品零售总额实现25.3亿元,同比增长20.5%;城镇居民人均可支配收入达到17900元,增长12%;农民人均纯收入达到4016元,同比增长24%,增长指标在全省州市名列前茅。②

2. 民族团结和睦的良好氛围

云南作为我国世居少数民族最多,特有民族最多,跨边境民族最多,民族自治地方最多,少小民族最多且发展差异大的边疆省份,各民族之间

---

① 《西双版纳州社会管理创新工作总结》2010-12-30。
② 仇和在省委藏区工作领导小组第十二次(全体)会议上的讲话,2012年1月9日。

的团结与和睦相处，不仅关系边疆跨境民族地区的稳定与和谐，也关系到中国友好睦邻政策的实现。中华人民共和国成立后，边疆民族社会积极贯彻党的民族政策，各民族实现了政治上一律平等，并构建了友爱、互助、团结的新型民族关系。进入21世纪以来，中央领导同志在2005年中央民族工作会议上指出："共同团结奋斗，共同繁荣发展，这就是我们新世纪新阶段民族工作的主题"，两个共同的提出丰富发展了中国共产党民族问题的理论。发展是民族共同繁荣、社会昌盛的保证，是实现新时期民族团结的基础。

云南省以及边疆民族地区的各级党委、政府始终高举民族团结、民族发展的旗帜，把维护民族团结、促进边疆发展与稳定放在工作的第一位，出台了一系列旨在促进民族团结和各民族共同发展的政策措施，如：在国家连片扶贫和整村推进的扶贫开发前提下，针对民族地区自然条件的差异，推广"一族一策"、"一山一策"、"一族几策"、"一村一策"的发展经验，促进各民族共同发展和进步；坚持制度建设和法治建设，以此保障各民族的合法权益，促进民族平等；以"团结、教育、疏导、化解"的方针为指导，区分和处理好不同性质的矛盾，化解民族矛盾，协调民族关系；大力培养、选拔和任用德才兼备的少数民族干部，打造一支素质高、能力强的少数民族干部队伍，在此基础上各地区还大力推进民族团结进步创建活动，加快推进经济社会全面协调发展，以发展带动民族团结，构建和谐边疆。如怒江州在开展民族团结进步创建活动工作中，把开展"民族团结示范村"创建工作作为重要内容来抓，并以点带面，不断推进全州民族团结进步创建工作的顺利开展。在开展"民族团结示范村"创建工作以来，该州始终坚持紧紧围绕"共同团结奋斗，共同繁荣发展"的民族工作主题，以"民族关系好、经济发展好、社会治安好、村容村貌好、教育科普好"等"五好"为目标，严格按照"生产发展、生活宽裕、乡风文明、村容整洁、管理民主、民族关系和谐"的总要求，结合当地实际情况，积极开展示范村建设。截至2010年，怒江州投资建设的"民族团结示范村"共7个，分布四县，其中州建设示范村1个，兰坪县2个，福贡县1个，泸水县3个，共投入资金达327万元，分别为：兰坪县兔峨乡果力村（州级）、兔峨乡小村、河西乡阿呼吉村；福贡县上帕镇腊竹底村；泸水县六库镇赖茂村、老窝乡老街子村、六库镇庄房村四组。经过几年的努力，民族团结示范村的主要经济指标增幅高于全省平均水平，民族文化事业得到前所未有的发展，巩固和发展了民族团结，维护了边疆稳定，形成了多民族和谐共居的良好格局。

3. 跨境边民的良性互动

在边疆跨境民族地区，区域各国和睦相处，友好往来，区域合作不断加强的大环境下，进一步促进了边疆民族地区边民良性互动的发展，边疆民间互动主要有以下几方面。

其一，民间集市的贸易互动。民间边民的贸易互动是边民互动的最主要方式。在云南边境沿线我方一侧，每逢一个月的某几天（即所谓逢三、逢五、逢七之类）都有大量的集市街存在，而在中越边境地区则是按生肖日（如虎日、猴日等），在固定的地点进行贸易，称为赶集、赶街，傣族称赶摆。在赶集的日子，都会聚集大量衣着各异的赶街人，熙熙攘攘，直到午后太阳偏西，人群才渐渐散去，一天的集市也就此结束。年复一年，从未中断，如今这样的街天赶集更是热闹。大量跨界交流的边民，互相问候，购买自己需要的日用品等，每个赶集天参加人员少则数百，多则数千人，以国界两侧的边民为主，来自对方的边民只要持有政府颁发的《边民出入境许可证》等有效证件即可自由出入。在中越边境一带因山区路途遥远难走，越南边民有的提前一天就赶到，住在中国境内的亲戚或朋友家，第二天再回去，这样的情况很普遍。据有关资料估计，每年可达百万人次。在一些固定的口岸（如中越边境的河口口岸），每年都有大量的境外边民进入购货，人数一年可达十几万。

其二，跨境务工。在边境地区随着我国改革开放的深入，境外边民入境务工的现象愈来愈普遍。在瑞丽市，不管是在货场、工地、餐馆还是大街小巷的各种商铺里，到处能见到那些皮肤黝黑、爱扎"笼基"、穿拖鞋的缅甸人，缅甸人已经成为瑞丽城市的一道独特"异域风景"。目前，约有两万多名缅甸人在瑞丽务工、经商。此外沿云南的边境线还有成百上千条"民间通道"。边境线上人口密集，村庄密布。在一些地区，边境线甚至"穿村而过"，形成"一寨两国"的奇特景象。有的傣族村寨，边境线从一户农舍穿过，令这座房子变成了"一屋两国"。当地人曾开玩笑说："晚上睡觉，都听得到对面（境外）的呼噜声。"很多缅甸边民来瑞丽，从来不走海关，随便走过农田、钻过树林就到了中国，"自由"得如同去邻家串门。跨境边民来往自由、便利，促进他们的相互理解和包容，为边疆稳定打下了坚实的群众基础。在中越边境沿线地区，越南边民到中国境内打工很普遍，主要是从事农业。据调查，2009年前后两三年的时间，中越边境的麻栗坡等边境村寨的农耕，基本上依靠越南边民来做。中缅边境的镇康县等地也不例外，每年甘蔗等经济作物收获的季节，大量缅甸人进入我国境内从事农业生产，大大缓解了当地劳动力短缺的问题。

其三，节庆的交往与跨境婚姻。云南跨境民族地区，跨境民族与境外各少数民族同族同源，不仅语言相同，而且风俗、节庆也基本相同，为两边边民的交往提供了良好的基础和平台。生活在德宏州与西双版纳州的傣族与境外缅甸、老挝的少数民族共同信仰南传佛教，每到重大宗教节日，边界两边的边民都要进行宗教互访活动。其中如泼水节，亦称浴佛节，要进行"采花"、"浴佛"、"泼水"以及诵经祈福等活动。其他的如"关门节"、"开门节"等也是重要节日。在节日期间还要举行庆祝活动，即盛大的赶摆活动。每逢这个时节都会看到中缅两国傣族和掸族村民乘坐摩托车、拖拉机、卡车等交通工具穿梭于中缅边界，场面十分壮观。此外随着人口流动增加，近年来在这些地区像元宵节、端午节、中秋节也逐渐成为边民互动的节日。据课题组成员在中越边境的调研了解，改革开放以来，边界频繁的互动交往已成为边民日常生活的重要内容。平常的走亲访友，每逢节日尤其是春节、三月三这样的节日更是两国边民探亲走访的最佳时期，亲友们会在赶集时托人捎信让亲朋到家做客。如果家里有面条或是杀了年猪都会捎带上一些给亲友。在苗族当中，当地村寨会组织各种活动来庆祝节日，邀请两边边民共同参加。每当这样的节日里，民族差别、国家认同都淡化在亲情、友情的海洋之中。

边境地区的跨境婚姻历来是边民互动、交往的重要内容。21世纪以来，这种跨境婚姻呈剧烈增长的态势，且主要是境外边民入嫁中国境内，人数已达数万人，而跨境婚姻涉及的人口达一二十万。跨境婚姻增加了边民交往的广度和深度，但因这类婚姻大多数是没有履行法律手续的事实婚姻，存在一系列显性和隐性的社会问题。上文已专门论述，这里不再赘述。总的看来，当前云南边境广大沿边地区，民族的交往和谐是基本趋势，有利于边境社会的稳定和发展。

(二) 大调解工作格局

我国的人民调解制度被西方称为法律制度的"东方经验"。从中华人民共和国几十年的历史实践来看，它对于及时、有效地解决民事、经济纠纷，维护安定团结的政治局面和良好的社会秩序，发挥了重要作用。以调

图6-5 "一寨两国"示意

图6-6 迭撒村边民通道：两国以河为界，拖拉机正载着到中国购物的缅甸边民回国，而图中的小轿车车主是一位在缅甸开矿的云南商人

解的方式解决纠纷，不仅在我国得以广泛推广，也逐渐为世界各国所借

鉴，成为当今各国司法改革的一种趋势。近年来，随着社会转型的加速，我国人民内部矛盾呈现出数量趋多、主体多元、原因复杂、处理难度加大等新特点，而一些涉及利益分配的矛盾纠纷，牵涉的部门多、行业多、人员多，单靠某一个部门或基层调解组织以现有的权限、方式、手段等已无法控制局面和达到化解矛盾的目的。同时，很多群体性事件，在处置过程中若稍有不慎，便可能在短时间内激化，转化为刑事案件。客观形势的变化要求解决问题的方法和手段作出相应调整，通过整合资源，协同作战，形成合力，调解化解矛盾纠纷，维护社会和谐稳定。边疆民族地区在突出抓好社会矛盾化解的过程中形成了矛盾疏导与化解机制的创新。一是实现两个改变，即改变了"就矛盾化解矛盾"的传统思维方式和坐等矛盾发生的工作习惯，把"工作关口前置"、"重心下沉"，加强矛盾纠纷化解的渠道疏通和引导，分流调处矛盾纠纷，加强基层一线调处工作力度。二是构建以人民调解、行政调解和司法调解为主体，信访、仲裁、法律服务等为补充的协作性"大调解"工作体系。打造全面覆盖的"大调解"工作新平台，建立衔接联动的"大调解"工作新机制。建立矛盾纠纷受理登记、分流指派、调处调度和督办指导的流程管理制度，真正做到及时发现掌握矛盾纠纷，快速解决；对排查出的问题及时交办、督办；在不断加强人民调解、司法调解基础上，着力抓好行政调解，将行政调解作为各级各部门的重要职责，建立了由政府负总责、政府法制部门牵头、各职能部门为主体的行政调解平台。

1. 人民调解的制度化和规范化

其一，健全调解组织网络。一是健全市、县（区）、乡（镇）、村（社区）、组（单位、团体、小区）5级排查调处网络。在各乡（镇）、村（居）、企事业单位、行业团体建立人民调解委员会，形成以乡（镇）调委会为主导，村（居）调委会为基础，村民调解小组、边境地区联合调解组织、行业性调解组织等为补充的调解组织网络。如临沧市在全市77个乡（镇、街道）927个村（社区）成立治保会和调委会，全市有治保会1140个，成员7885人；有调委会1041个，成员11432人。同时充分利用基层治保、调委会组织人熟、地熟、情况明的优势，建立矛盾纠纷排查第一渠道和防线。二是社区民警充分发挥入户走访、法律宣传入户、防范宣传入户的活动，建立矛盾纠纷排查第二渠道。三是派出所找准矛盾纠纷源头，把"眼睛"延伸到村委会、自然村、村民小组交界前沿等事端多发地段，作为矛盾排查的第三渠道和防线。

其二，加强制度建设。一是建立规范化人民调解室，大部分边境一带分县（市）、乡镇、村委会（社区）建立矛盾纠纷调处中心和群众工作站，设立了调解室和群众工作室，在小区、农村、市场、工业区、学校等实行常态化运行的调解窗口。二是健全完善学习、例会、排查、受理、调处、统计、重大纠纷反馈、回访等一系列工作制度并狠抓落实。三是采取措施提升调解员队伍素质。按照分级培训的原则，市级每年对县区、乡镇进行培训，县区对村（居）调委会进行培训，乡镇对调解员进行培训。四是切实提高调解员待遇。从2009年起全省"以案定补、以奖代补"全面推行，如临沧市双江县每年由县财政统一安排奖励资金，按照调解矛盾纠纷的难易程度，对全县（区）各村（社区）人民调解委员会调处矛盾纠纷给予适当奖励（其中，案情简单，纠纷当事人在10人以内或争议金额5万元以下的一般矛盾纠纷，调处成功的每件奖励30元；案情较为复杂，因各种因素引发的10人（含）以上或争议金额在5万元（含）以上的疑难矛盾纠纷，调处成功的每件奖励50元）。

2. 司法调解工作不断加强

各级法院以"和谐司法"为理念，认真贯彻执行最高人民法院《关于人民法院民事调解工作的若干问题的规定》，坚持"调解优先、调判结合"的原则，努力实现"服判息诉、案结事了"，妥善化解矛盾纠纷，促进经济发展、社会和谐、家庭和睦。积极探索民事案件调解工作的新机制，大力加强民事案件的调解工作，将诉讼调解工作贯穿于诉讼的全过程，一是加强法院对调解工作的组织领导，为司法调解奠定了坚实基础。二是加强调解能力建设。通过充分行使释明权，对当事人动之以情，晓之以理，明之以法，以达到双方协商和解的目的。三是加大诉前调解、诉中调解和执行和解力度，将调解工作贯穿于诉讼的全过程。四是加强与人民调解相互衔接。法院与司法行政部门建立了联席会议机制，定期通报矛盾纠纷信息，通报人民调解协议书审理情况，研究指导人民调解工作。

3. 行政调解作用凸显

行政调解是行政机关在法定职权范围内，为更好地行使行政职责，以法律、法规、规章和政策为依据，以当事人自愿为原则，通过对争议各方的说服和劝导，使各方当事人互谅互让、平等协商，达成协议，从而妥善解决争议的活动。边疆民族地区行政机关对行政调解工作进行了大胆地尝试，成立了乡镇综治、信访维稳中心，整合资源，集中力量化解矛盾纠纷。按照"属地管理、分级负责、归口办理"的原则，对发现的矛盾纠纷及时解决。

人民调解、司法调解、行政调解构成的"大调解"工作体系，有效地化解了社会矛盾纠纷，维护了社会秩序。从全省来看，2009年排查调处矛盾纠纷3.36万起，参与处置群体性事件1254起，同比增加25.5%。办结涉法涉诉进京上访案件135起，息诉102起；办结进京非正常上访案件9起。2010年，全省各级信访部门共排查梳理出矛盾纠纷10497起，化解率61.2%。① 全省人民调解组织共调解矛盾纠纷121万件，调处成功率达98%，法院一审调解结案26902件，占审结总数39.7%。② 再以临沧市为例，2010年，全市各级调解组织共调解民间纠纷21248件，调解成功20457件，调解成功率达96.27%，防止民间纠纷引起自杀2件，2人；防止民间纠纷转化为刑事案件27件，347人；排查出各类可能引发影响社会稳定的矛盾纠纷15件，已调解14件、正在调解1件；共发生群体性事件6起，已全部化解。各级行政部门共受理各类矛盾纠纷16640件，调解成功15273件，调解成功率达91.78%。各级司法调解组织共受理各类矛盾纠纷5269件，调解成功5031件，调解成功率达95.48%。各级仲裁委员会共调解各类矛盾纠纷28件，调解成功28件，调解成功率达100%。其他行业共受理各类纠纷147件，均已调解。③

边疆民族社会"大调解"工作体系构建，主要围绕以下几个方面开展：一是有效整合调解资源，形成调解合力，提高化解矛盾纠纷的针对性、有效性；二是充分发挥各种调解手段的积极作用，把调解工作纳入法制轨道，有效提高了矛盾纠纷调解的成功率。三是提高人们的法制观念和道德水平，培育社会成员的自律性。四是把依法调解和思想道德教育、法制宣传教育有机结合起来。"大调解"工作体系的构建极大地拓展了调解工作的空间、增强了调解工作的适应性，使得调解工作能够以更加多元化和开放性的方式，运用灵活多样的机制或程序，应对解决不同类型、特点的矛盾纠纷，确保边疆民族社会的和谐稳定。

---

① 《云南年鉴2011年》，2012年。
② 《云南综治情况》第111期，2010年12月24日。
③ 《2010年度临沧市社会治安综合治理工作总结及2011年工作计划》2010-12-30。

第二节 重大社会问题（毒品与艾滋病）防治运行机制

毒品和艾滋病问题是边疆跨境民族地区长期面临的重大社会安全问题。云南境外既是世界著名的三大毒源地之一"金三角"所在地，又是艾滋病的高发区，从而决定了云南禁毒防艾斗争的长期性、艰巨性与复杂性。迄今为止，云南边疆民族地区已连续开展了两轮禁毒防艾的人民战争（第一轮 2005—2007 年，第二轮 2008—2010 年），第三轮禁毒防艾人民战争已进入第四个年头（2011—2015），经过 20 多年特别是三轮禁毒防艾人民战争的实践，禁毒防艾成效显著，并探索出一套相对完整、行之有效的禁毒防艾运行机制。课题组根据前期对艾滋病防治的研究，结合本研究在多个州（市）实地调研的资料，现提炼出边疆民族地区毒品艾滋病防治综合运行机制，即政府主导、民间社会组织广泛参与的五个机制耦合联动的运行机制，具体为：以行政管理为中心的四级网络联动机制；以禁毒为中心的毒品禁种、禁制、禁贩以及禁吸戒毒机制；以行为干预为中心的艾滋病防控与治疗机制；以精神文明建设为中心的道德约束机制；以新农村建设为中心的民生改善机制（见图 6-7）。①

一 以行政管理为中心的四级网络联动机制

边疆民族社会在应对毒品、艾滋病的斗争实践中，在以人为本的理念的指导下，在实现"两个前移"的过程中，建立健全了"州、县、乡、村"四级禁毒防艾综合禁防机构和组织网络体系，实行"纵向到底、横向到边、齐抓共管"的目标责任制。纵向建立了州—县（市）—乡（镇）—村委会（社区）—村（居）民小组四级网络联动机制，形成各级党政领导负责的责任制度。横向建立了州（市）各级党政机关、企事业单位分别与同级党委、政府下属部门、下级单位构成的责任体系，并成立了专门的组织机构，构建了"三四五"网络监控制度，即三项制度

---

① 重庆社会问题防治运行机制，是笔者在《边疆民族社会艾滋病流行现状、发展趋势与社会控制研究》一书中总结的艾滋病防治机制的深化与扩展。

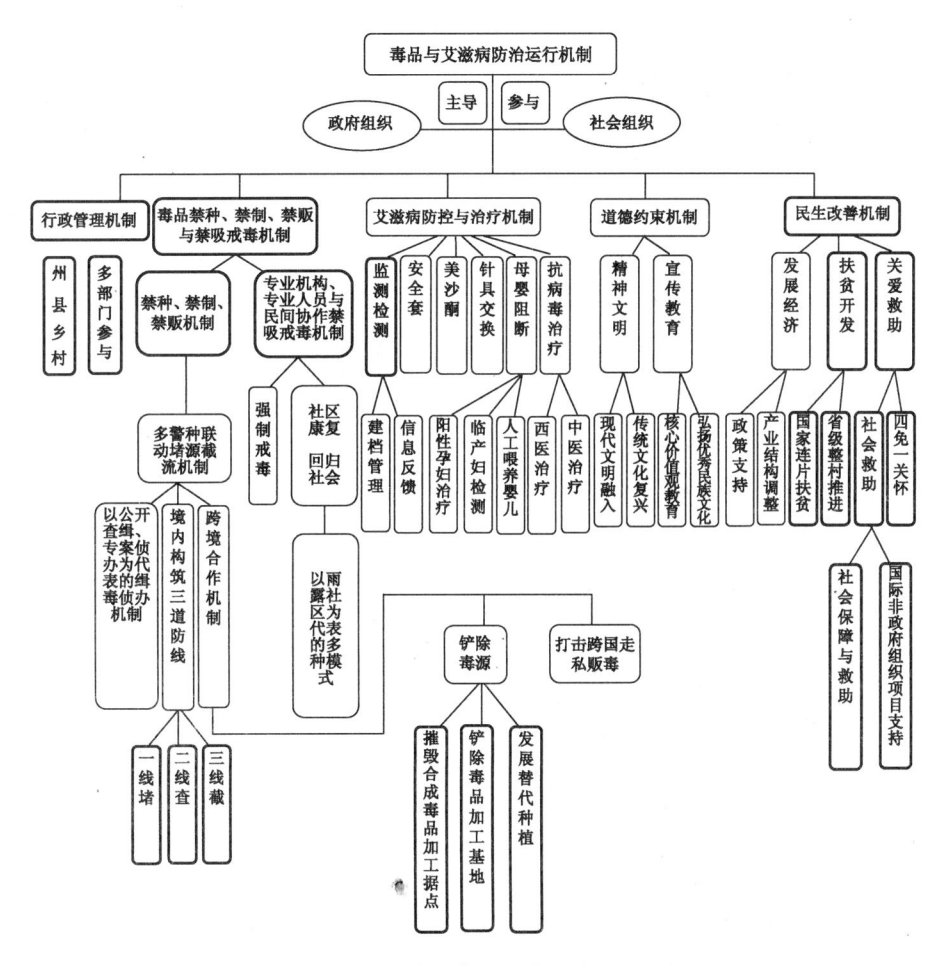

图 6-7 跨境民族地区毒品和艾滋病防治运行机制

(党政一把手负责制、责任追究制、州县领导联系制),四个机制(领导决策工作机制、部门协调配合机制、日常工作管理机制、经费保障机制),五支队伍建设(民间组织与志愿者参与的行政管理队伍建设、高危人群行为干预队伍建设、宣传骨干队伍建设、教师骨干队伍建设、卫生技术服务队伍建设)。三项制度和五支队伍建设贯穿于四个机制运行的全过程,是四个机制有效运行的前提与保障。

二 以禁毒为中心的毒品禁种、禁制、禁贩以及禁吸戒毒机制

近年来,境外传统毒品反弹较大,新型毒品发展迅猛,毒品对我国边境地区"多头入境、全线渗透",呈现陆路、水路、邮路、物流、航空并

进的新态势,以及毒品吸食者存在戒毒难、回归社会难的特点。针对禁毒三大战场面临的禁毒除源、堵源截流和禁吸戒毒三大任务,边境州市根据"巩固传统毒品的治理成果,遏制境外毒品内流,控制合成毒蔓延"的要求,构建了以禁毒为中心的毒品禁种、禁制、禁贩、禁吸戒毒新机制。

其一,多部门、多警种联动的堵源截流机制。该机制涉及境外和境内,境外主要是通过开展跨境禁毒合作铲除毒品种植基地与开展绿色禁毒的替代种植。经过多年的努力,"金三角"地区铲除毒源的斗争取得巨大成效。根据有关方面统计,2001年缅甸地区罂粟种植面积下降了83%,老挝地区罂粟种植面积下降了93%。① 毒品种植面积的大幅度下降从另一个角度也反映了我国在当地开展的绿色禁毒替代种植已产生了显著效果。替代种植从20世纪末开始推行,2006年国家为进一步推行替代种植出台了专门政策,鼓励国内企业赴境外开展替代种植,并从资金、出境往返等方面提供支持。2013年以来,云南省共组织135家企业到境外的缅甸、老挝北部等地开展替代种植,发展橡胶、甘蔗、柠檬、茶叶等替代产业,共实施替代种植项目213个,建立了12个省级示范项目,新增投资5.89亿元,完成罂粟替代种植101.2万亩。② 替代种植实施以来,相关企业在缅甸和老挝北部地区修建道路、桥梁、饮水工程等一批基础设施,使缅北和老北地区的公共基础设施得到明显改善,促进了当地经济发展和社会进步。③ 在铲除毒源和替代种植取得突出成绩的同时,也应看到,由于缅甸的时局动荡,特别是缅中央政府与其边境地区民族武装冲突持续不断,加之"金三角"地区缅甸民族社会的极度贫困,在很大程度上制约着铲除毒源以及替代种植的顺利开展。2007年以来,境外罂粟种植连续几年出现了反弹势头。同时,缅甸境内武装冲突导致封关随意性大,影响替代种植产品顺利通关,给企业造成极大损失。因此,有必要加大合作力度,加强监测,共同控制传统毒品的反弹势头,同时加强外交协调,以保障在境外特别是在缅开展替代种植企业不受损失。

其二,与周边国家警方协调合作,持续打击毒品走私和摧毁合成毒品加工点。目前,相关部门与境外警方开展联合打击走私贩毒的机制已经相

---

① 《云南日报》,2001年11月23日。
② 《云南日报》,2014年6月2日。
③ 国家社科基金项目研究报告《周边GMS国家形势与中国西南边疆的稳定和发展》,2011年4月。

对成熟。国家、云南以及边境州市层面都与周边国家和地区开展了广泛而卓有成效的合作。西双版纳州 2008 年至 2010 年与邻国警方举行禁毒会谈会晤 76 次，联合扫毒 14 次，联合破案 11 起。德宏州近三年来与缅甸军、政、警和地方特区政府开展禁毒会谈会晤 115 次，开展阶段性、局部性、区域性联合扫毒 54 次。2011 年以来，云南省分别在瑞丽、腾冲、南伞、磨憨、麻栗坡、河口建立了 6 个边境禁毒联络官办公室，深化边境禁毒的国际合作，共捣毁境外毒品加工厂 2 个，铲除罂粟 1445 亩，抓获各类嫌疑人 116 人、吸毒人员 401 人，缴获毒品 3160 千克、液体易制毒化学品 3274 升、固体易制毒化学品 24.7 吨。[1] 然而，鉴于合成毒品具有工艺简便、成本低、利润高、易隐蔽、需求大的特点，在境外开展联合摧毁合成毒加工点的行动是长期而艰巨的。

经过多年持续不断的努力，特别是连续两轮以及目前正在深入开展的第三轮禁毒人民战争，云南边疆沿线州市已实现"零制毒"。因此，在继续巩固"零制毒"成绩的基础上，边境地区将缉毒重点转向了"堵源截流"，具体措施是构筑三条防线：一线"堵"，以禁毒严打为突破口，加强与周边国家和地区合作，把"堵源"置于打击毒品犯罪的首位，坚决遏制毒品流通的源头；二线"查"，最大限度地把毒品查缉在边境沿线地区，减弱内地的毒品压力；三线"截"，对流入内地的毒品积极侦破，防止扩散。如西双版纳州 2008 年至 2010 年成功侦破了一批重特大毒品案件，沉重打击了境内外贩毒势力，全州共破获毒品案件 1327 起，缴获毒品 2632 千克，制毒配剂 1342 斤，抓获犯罪嫌疑人 1903 人，查获零星贩毒案件 494 起，缴获毒品 32 千克，抓获犯罪嫌疑人 585 名。另根据报道，2013 年 3 月份西双版纳州警方破获当年全国最大毒品走私案，查获毒品 2682 千克，缴获毒资 527 万元。同月，西双版纳州边防支队又破获 54 千克的特大冰毒走私案。[2]

其三，坚持"预防为主、防戒结合"的方针，建立禁吸与戒毒机制。首先，通过组织开展吸毒人员排查、收戒、管控专项行动，将发现的吸毒人员依法分别纳入强制隔离戒毒、自愿戒毒、社区戒毒、社区康复等环节，加强救治服务和动态管控。云南省先后对吸毒人员超千人的

---

[1] 《云南信息报》，2014 年 5 月 29 日。
[2] 《云南信息报》，2013 年 3 月 13 日/3 月 24 日。

16个县市区开展重点整治。2011—2013年,全省收戒吸毒人员11.54万人。2014年1—4月,新收戒吸毒人员1.98万人,同比上升62.4%。目前,全省累计登记管控吸毒人员17万人。其次,在强制戒毒的基础上,经过多年实践,边疆民族社会建立了一套以社区(乡镇)为基础,以村(居)民小组为主体的禁吸戒毒工作机制。在社区一级成立办公室,村(居)民小组成立戒毒工作小组,成员来自社区民警、社区卫生服务中心、劳动保障等部门;乡(居)戒毒小组则由居委会、警务室、综治办、小区党支部组成"四位一体"帮教小组。① 最后,通过整合资源,云南省已将强制隔离戒毒职能,从公安机关移交司法机关,并建立了强戒工作衔接机制。司法机关对公安机关投送的6.79万名吸毒人员实施强制隔离戒毒,推广开远"雨露社区"、昆明"和谐家园"等"以戒毒为根本,以就业为核心,以回归社会为目标"的社区戒毒和社区康复模式。其中红河州开远市的"雨露社区"是社区戒毒模式的典型。该模式通过实行特殊管理、完善社会功能、发展产业项目、加强文化建设四大举措,帮助戒毒人员从生理、心理两方面戒断毒瘾,进行康复。同时通过生产、生活两方面的适应性"训练"帮助吸毒人员做好顺利融入社会的准备。"雨露社区"的社区戒毒模式被国家禁毒委、公安部树立为禁吸戒毒新模式向全国进行推广。2011年以来,云南省129个县市区建立城市街道办事处、乡镇政府社区戒毒社区康复工作办公室1179个。2014年,全省正在执行社区戒毒1.92万人,社区康复1.69万人。截至2014年4月底,全省安置就业吸毒人员7.35万人,占应安置数9.95万人的73.8%。②

三 以行为干预为主的艾滋病防控与治疗机制

边疆民族地区在借鉴引进国外防治经验的基础上,紧密结合本土实际,积极探索艾滋病在边疆地区的传播渠道和规律,形成了相对成熟的艾滋病防治机制。一是把好监测检验关口,免费推广使用安全套,形成开展清洁针具交换、母婴阻断、抗病毒治疗、中医中药治疗等多层面协调配合的防治机制。二是调整艾滋病防治工作的战略思路,实施"关口

---

① 《云南信息报》,2014年5月29日。
② 云南网,2014年5月29日。

前移，重心下沉"，把防艾工作的重心前移至农村，即形成了"以家庭、社区为基础，以县、乡为依托，以州、县专业机构为技术支撑"的州—县—乡—村四级联动的艾滋病综合防治工作模式。"以家庭、社区为基础"就是将艾滋病防治知识宣传到社会的最基层，到户到人，开展新婚人群、孕产妇、吸毒人员、外出务工人员自愿咨询检测，为感染者家庭提供定期随访、母婴阻断、抗病毒治疗、关怀救助等。"以县、乡为依托"就是县乡两级人民政府加强对本行政区域内艾滋病防治工作的领导，制订艾滋病预防和控制计划，并纳入国民经济和社会发展规划，艾滋病所需经费列入财政预算，实行目标责任管理，协调统筹县、乡防艾成员单位，指导基层开展社区宣传教育、重点人群检测监测、高危人群行为干预、感染者随访治疗及关怀救助的个性化管理服务等工作。"州、县专业机构为技术支撑"就是指州市防艾办加大对各级防艾专业人员的业务技术培训，切实提高专业队伍能力，对口负责乡、村两级的业务指导工作，包括业务培训、技术支持、信息收集、工作监督等。该机制的实施和运作，使得卫生资源得到充分整合和利用，有效提升了基层卫生网络的服务功能和服务质量，感染者的随访、治疗、管理和高危人群干预覆盖面都大幅提高，经过几年的禁毒防艾人民战争，边疆民族地区艾滋病防治工作取得突破性进展。

其一，建立起覆盖基层的艾滋病防治网络。2012年全省免费完成各类监测70万人，进一步摸清了艾滋病的底数。以西双版纳州为例，到2010年底，全州已建成了4个艾滋病初筛实验室、1个确认实验室，设立了37个监测点、10个监测哨点，培养了119名检测技术人员。州及一市两县设立了4个抗病毒治疗机构和38个母婴阻断服务机构。2008年至2010年的三年时间里，共培训250名专业技术人员，4648名医务人员，1200名骨干教师，1450名公安干警，组建了800多名禁毒防艾志愿者队伍，完成了各类人群监测检测301476人份，报告艾滋病感染者和病人719人。其二，通过宣传，提高禁毒防艾工作的社会认知度。禁毒、防艾知识政策走进校园、课堂，走进机关、企业，走进社区、农村，走进工地、厂矿，广大人民群众成为参与这场艾滋病防治人民战争的主力军。艾滋病防治知识和关怀救助政策在城市居民、农村居民、学生、校外青少年、农民工的认知度大大提高，这五类人群的防艾知识知晓率分别达到了

96.7%、91.4%、100%、95.3%、87.3%。① 其三，在防艾方面，查处了组织、强迫、引诱、容留、介绍他人卖淫嫖娼的违法案件118起，抓获违法犯罪人员225人，取缔卖淫窝点10个。② 同时，积极推广科学安全防范措施，在娱乐场所女性高危人群中开展了艾滋病防治知识宣传教育培训、安全套推广使用、同伴教育、咨询检测等有效行为干预，在吸毒人群中开展清洁针具交换和美沙酮维持治疗，降低毒品和艾滋病的危害。其四，艾滋病疫情快速上升的势头得到有效遏制，基本实现了艾滋病新发感染人数减少、病人病死率降低、感染者和病人生存质量提高的"两降一升"防治目标。2010年新报告娱乐场所女性高危人群新发感染率为0，艾滋病母婴传播检出率为0，注射吸毒人群新发感染率从2.5%下降到0.91%，在治病人病死率从15%降至8.7%。累计抗病毒治疗人数达424人，对42名阳性孕产妇提供了母婴阻断服务，母婴阻断措施覆盖率达100%。"四免一关怀"政策得到有效落实，168名艾滋病感染者及其家属得到关怀救助，受艾滋病影响儿童入学"两免一补"率达100%，基本做到了应治尽治、应保尽保、应免尽免，艾滋病感染者和病人生存质量得到较大改善。③

四 以精神文明建设为中心的道德约束机制

边疆民族社会在毒品、艾滋病的侵袭下，民族道德约束机制一度缺失，民族精神弱化和价值观扭曲，毒品和危险性行为等亚文化滋生蔓延，构成了边疆民族地区毒品、艾滋病泛滥的社会文化环境。在禁毒、防艾的行动中，实现边疆民族地区健康民族道德体系的重构是禁毒、防艾工作持续性的精神基础。边疆民族地区在长期的禁毒防艾实践中，紧密结合新农村精神文明建设，构建了当代边疆民族社会的道德伦理约束机制，筑起一道禁毒、防艾的精神长城。

其一，创新民族文化运行机制，为精神家园重构提供制度保障。首先，党委、政府高度重视，为文化创新提供了制度保障。在《云南省民族文化大省建设纲要》以及省委、省政府关于民族文化发展的文件和法

---

① 西双版纳州州委副书记、州长刀林荫在全州第三轮禁毒防艾人民战争启动会议上的讲话，2011年6月。
② 同上。
③ 同上。

规指导下，边疆民族地区结合民族特点、地域特征，创新性地出台支持文化发展的政策文件，为改善文化建设提供了政策支持。其次，加大力度改善基础设施，为群众性民族文化活动提供良好平台。云南省先后实施了两期"千里边疆文化长廊"建设工程共428个项目。同时启动了农民书屋建设工程，到2010年底，边境地区的农家书屋已达到6606个，覆盖47%的行政村。[1] 与此同时，各边境州市也加大投资力度，在各乡镇设置了文化站，建成集文化活动、教室、篮球场于一体的文化活动中心，目前绝大部分村寨都建起了文化活动室。最后，利用多种形式搭建活动平台，既丰富了民间文艺生活，又提升了民众的道德素养和凝聚力。一是充分利用"国际献血日"、"世界艾滋病日"、"国际禁毒日"积极开展毒品和艾滋病宣传活动，在寓教于乐中，提升少数民族群众毒品和艾滋病的认知和应对能力。二是以宗教祭祀场所为平台，将健康有益的民族文化活动有机融入宗教祭祀当中。边疆民族地区由于少数民族的宗教祭祀与民俗生活关联度高，群众认同度高，参与人数众多，祭祀与欢乐共融，娱神与娱人共存，能够净化人们的心灵。三是充分发挥各级政府部门的作用，通过组织文化馆、图书馆，开展"四送"活动，即送书、送戏、送电影、送辅导，促进乡村文化活动积极开展。

其二，着力振兴和提升健康民族精神的内涵。首先，以社会主义的荣辱观引导思想道德建设，加强以社会公德、职业道德、家庭美德为主的道德教育。通过教育召唤人们的良知，知荣明耻，并让良知"看守"自己的言行，为社会道德约束机制提供强大的精神支柱。其次，促进民族文化振兴，挖掘优秀民族传统文化资源，为精神文明建设提供内在动力。少数民族传统文化中，蕴含着深刻的爱国主义、集体主义、团结进取的文化精神，吃苦耐劳、尊老爱幼、家庭和谐的传统美德，诚实守信、乐于助人、坦率真诚的人格精神，有难同当、有福同享、帮贫济困的古朴民风，是少数民族地区思想道德建设的良好传统文化基础和传统道德基础。[2] 大力弘扬边疆少数民族优秀的传统文化和伦理道德，推动形成"知荣辱、讲正气、促和谐、谋发展"的社会风尚，并以其强大的教化、培育和道德约

---

[1] 新华社快讯，2010年8月7日。

[2] 郑维川：《弘扬少数民族优秀传统文化，建设社会主义精神文明》，《思想路线》1997年第5期。

束功能构建强大的禁毒防艾道德约束机制。

五 以新农村建设为中心的民生改善机制①

总体来看，边疆民族社会仍是一个集边疆、民族、贫困为一体的经济欠发达地区，民生问题是边疆民族地区社会稳定的根本，是有效应对毒品、艾滋病等突出社会问题的基础和保障。扶贫开发是边疆民族地区发展生产、改善民生的中心环节。现阶段边疆民族地区社会发展形势依然严峻：一是贫困面大、贫困程度深和整体性贫困共存。二是贫困与毒品、艾滋病等突出社会问题交织。云南边境25个县有16个县属于国家级贫困县。截至2010年，云南省边疆民族贫困地区年人均纯收入785元以下深度贫困人口还有160.2万人。② 2009年25个边境县贫困人口达125.44万人，占边境农村人口的24.7%，其中绝对贫困人口47.3万人。③ 而一些世代生活在边境沿线的少数民族则出现整体性贫困现象，如怒江州的独龙族、怒族，德宏州的景颇族，临沧市的佤族、拉祜族等。云南各级党委、政府在治理边疆毒品与艾滋病的过程中，始终高度关注民生问题，并把扶贫开发作为一项重大的战略任务来抓。充分利用国家西部大开发、桥头堡建设、连片扶贫的政策机遇，实施"兴边富民"战略，并结合边境民族地区深度贫困的实际情况，先后制定实施了《云南省扶持特困民族发展规划》《云南省扶持散居民族发展规划》《云南省兴边富民行动重点县实施规划》《云南省民族特色村寨保护和发展规划》等政策。④ 依据上述政策文本，开展了以下几方面的民生工作：一是对7个人口较少民族实施综合扶贫，对4.34万个贫困自然村实施整村推进。积极争取将25个边境县全部列入国家民委"兴边富民重点县"，每年投入7500万元，在边境地区建设100个"兴边富民示范村"，在民族关系协调任务较重的散居民族

---

① 这里需要特别指出的是在边疆民族地区扶贫开发与发展民生是边疆民族社会在现今及以后相当长时期内发展与稳定、构建和谐社会最基础、最根本的保障。因此本课题在研究中多次涉及这一基本内容，只是论述的重点和角度有所不同，这里从整体性视角进行论述。

② 张茹：《云南"兴边富民"建设和谐边疆纪实》，《人民日报》，2010年。

③ 云南省人大常委会办公厅：《关于视察兴边富民工程中边疆民族地区扶贫工作情况的报告》2009-02-04。

④ 云南扶贫开发网：《云南省国民经济和社会发展第十一个五年规划纲要》，http://www.ynfp.cn。

地区兴建60个左右的"民族团结示范村"。① 二是创新扶贫思路，推动连片开发扶贫。在国家实施乌蒙山片区连片扶贫开发的同时，于2012年启动了滇西边境山区区域发展与扶贫攻坚项目，支持滇西地区发展特色龙头产业，实现脱贫致富。到2012年全省共投入2.74亿元资金，推动边疆贫困地区特色产业的发展。如绿春县扶持大黑山乡少数民族群众开发1500亩龙眼种植示范基地，扶持大水沟乡发展1.2万株紫胶树苗基地开发；在贡山县，扶持全县三乡一镇13个村委会，打造草果种植基地2.14万亩。三是在加大财政投入的同时广泛动员社会力量多渠道筹集扶贫资金。"十一五"期间，省级新增财政资金70%以上安排用于民生发展项目，"十二五"期间，计划投资800亿元加快少数民族和民族地区的发展。同时云南省动员社会资金参与项目扶贫，积极开展小额信贷扶贫，这些经验在全国引起一定反响。

边疆民族地区在应对毒品艾滋病的行动中，在发挥社会力量和民间草根组织作用的同时，高度重视开展国际交流与合作，以开放、务实的态度引进和实施国际项目。在省政府及相关部门积极支持和帮助下，1997年以来先后与中央艾滋病防治合作项目、全球基金项目、克林顿基金项目、英国无国界组织、海外志愿者服务社、美国艾伦戴蒙德艾滋病研究中心、联合国开发计划署、联合国教科文组织、联合国艾滋病规划署，以及英国、美国、澳大利亚等国家海外援助机构和国际非政府组织等100余家机构和组织开展合作，这些机构和组织投入的经费已达2亿多元。通过项目合作，双方经过磨合，理解和信任不断加深，合作的领域不断拓展，合作的层次不断提升。双方合作的领域包括：一是对毒品、艾滋病预防的大众宣传教育；二是进行艾滋病行为干预和关怀救助，开展母婴阻断服务，提供国际上先进的救助模式，完善服务网络；三是指导以临床治疗为中心的实验室的技术支撑；四是引进性健康需求评估、行为监测等先进手段；五是以社区为基础，开展降低毒品危害和艾滋病预防的教育。有的项目还延伸到为受害者家庭提供小额贷款和具体发展项目支持上，以改善贫困和提高他们的生活质量，同时还参与制定部分州市、县区禁毒防艾战略规划。这些国际非政府组织的活动在边疆民族地区禁毒和防艾工作中起到了积极

---

① 云南省人大常委会：《关于视察兴边富民工程中边境民族地区扶贫开发工作情况的报告》2009-02-04。

的推进作用,其作用应给予充分的肯定。

第三节 调查中发现应引起政府高度关注的几个新问题

一 跨境婚姻问题

跨境婚姻是20世纪90年代以来边疆民族地区新凸显的具有较大影响的社会问题。跨境婚姻本是边疆民族地区业已存在的常态社会现象,总的看来这种现象在边疆沿边境地区处于历史的动态平衡之中。但20世纪90年代以来,云南边疆地区跨境婚姻的动态平衡被打破,边疆跨境民族地区的跨境婚姻不仅急剧增长,而且呈现出"一边倒"的态势(缅甸、老挝、越南的妇女嫁到中国)。由于云南边境多为山区,少数民族居住分散,加之缺乏统一的管理,因此目前云南边境跨境婚姻的总人数缺乏统一的科学统计数字。据课题组收集的资料以及在边疆地区的实地调查,综合分析云南边境地区的跨境婚姻人数应在5万左右,其所涉及的人口群体在20万人左右(调查显示跨境婚姻家庭每户普遍育有两个子女,三个子女的也不在少数)。

现阶段云南边疆地区跨境婚姻态势的形成,既是改革开放以来广大边疆地区和平、安定、睦邻友好的反映,是党和国家惠农惠边政策以及兴边富民、西部大开发、新农村建设一系列政策实施带来巨大发展和变化的积极反映,同时也是人口流动以及我国人口近年来性别比失调造成的"婚姻挤压"的一种社会调适,其带来的诸多显性的社会问题以及对国家安全和边疆社会稳定潜在的社会风险却是一个不可回避的现实问题。主要表现在以下几方面。

首先,增加了边疆地区业已存在的突出社会问题的治理难度和成本。毒品和艾滋病是边疆民族社会当前乃至今后相当长历史时期面临的与境外地域环境高度关联的两大突出社会问题,鉴于跨境婚姻绝大多数是事实婚姻,为艾滋病通过这一渠道由境外传入提供了平台。云南省的一次调查数据证明了这一情况的严重性,在对2.5万人跨境婚姻人群的检测中,艾滋病病毒的感染率高达2.5%,一些具体的数据更加惊人。截至2009年底,瑞丽市累计报告艾滋病病毒感染者4907人,其中缅籍人员1145例(绝大部分是跨境婚姻）高达20%。这一问题不仅极大增加了治理成本，更为严重的是其通过婚姻渠道的传播因隐蔽性强而增加了监控难度，带来了不可预知的风险。

其次，引发一系列新的社会问题。一是性犯罪和拐卖妇女犯罪持续增加。课题组在边疆地区的实地调研中发现，在一些性别比严重失调的村寨，存在着性质恶劣的性犯罪。二是滋生和助长了以买卖婚姻为目的，包括拐卖女性、骗婚等多种形式的犯罪现象。这些犯罪现象不仅呈上升趋势，而且向组织化、集团化、区域化、网络化方向发展，其犯罪体系逐渐延伸到国内多个省区。这一类型的犯罪特别是跨国犯罪侦破难度大，运作成本高，影响极其恶劣，严重损害国家形象。三是跨境婚姻涉及几十万人的生存与发展问题，所带来的社会问题令人担忧。跨境婚姻中大量事实婚姻的存在，造成境外新娘包括其子女中国公民身份的缺失，形成一个庞大的游离在国家保障体系之外的边缘化群体，无法享受到国民待遇，特别是国家"兴边富民"以及连片扶贫战略中提供的各种惠农惠边政策也无法惠及这一群体，这将给边疆社会稳定与发展带来诸多潜在的社会风险。主要表现如下：一方面，边疆跨境婚姻相当集中的地区，往往是最贫困地区。云南省沿边境25个县市，全部是国家民委重点扶贫县市，其中16个又列入国家重点扶贫县市，这些地区的跨境婚姻家庭原本就处于贫困中，而国家不断加大的扶贫攻坚发展战略中又无法惠及这一边缘化群体，进一步加剧了发展中的差距，致使新的更为庞大的贫困群体的出现，使边境地区全面建成小康战略面临巨大挑战。另一方面，跨境婚姻现象将造成所涉群体下一代的人口素能下降。其入学问题、就业问题、社会保障问题，特别是公民身份问题（处理不好很可能出现一个庞大的无身份群体），对边疆社会造成持久影响，这些问题具有解决难度大、代价高的特点。

最后，深化了边疆地区国家安全的潜在风险。在跨境民族地区全面开放的大前提下，边疆民族的国家认同对国家安全有着特别重要的意义。现阶段境外敌对势力对我国边境地区渗透的一个新动向是以跨境民族为平台，以强化民族认同为手段，以发展优秀民族民间文化习俗为借口，进行民族分裂活动。对边疆地区的调查发现，当边民有充分的社会机会参与并同享国家设计的一系列优惠政策和社会保障制度时，边境民族对其主权归属的民族国家认同意识则会增强并持续性巩固。然而，边疆居民在近乎同质性的生活地域普遍存在利益分配机会不均等时，则会较大程度地弱化其民族国家认同意识,更有可能滋生逆反的主权国家归属感。跨境婚姻中大量事实婚姻家庭的存在,客观形成大量边境民众被排斥在国家一系列针对边疆地区的制度设计之外,贫困与发展的差距势必引起国家认同意识的弱化,特别在那些跨境婚姻比例较高的村寨,这种国家认同的弱化现象更为突出,从而为境外敌对势力进行民族分裂活动提供了一个有机可乘的社会环境,对国家的国防安全构成威胁,这种潜在的危险必须引起高度的警惕。

从更深层次和客观的视角来看,现阶段边疆地区跨境婚姻急剧增长的趋势是我国20世纪90年代以来出生人口性别比例失调所造成的"婚姻挤压"向相对贫困的边疆地区集中传递的一个客观社会事实,因此可以认为边疆地区"跨境婚姻"特殊形态的出现是对我国国家人口安全的一个警示,这是一个涉及国家长治久安的不可回避的现实问题。

跨境婚姻问题给我国的涉外婚姻和边疆地区的社会管理提出了严峻的挑战,各边疆地区政府一方面积极向国家和省政府进行反映,同时根据具体情况大胆进行社会管理创新。其中德宏州本着"尊重历史,正视现实,摸清底数,创新管理"的思路,组织公安、外交、民政、计生、疾控、统计等部门深入调研,通盘考量出台了云南省首个《缅籍边民入境通婚备案登记管理规定(试行)》以及相应的运行机制(相关内容参阅本书跨境婚姻管理创新部分的内容)。德宏的做法实现了几方面的创新:一是在摸清底数的情况下,对缅籍入境通婚边民实行备案管理登记制,初步规范了跨境婚姻管理;二是对进行婚姻备案登记外籍人员的条件根据实际情况作出宽松处理,以保证跨境婚姻备案制度得以实施;三是对已进行备案登记的人员保障其在州内有房住、有经商、务工活动的自由,在中国境内出生的子女,可以取得中国国籍,使得跨境婚姻人群由边缘和非法状态,公开进入了国家管理视野,并为其生存和发展提供了相应的合法平台。应该肯定的是,德宏州在解决庞大的跨境婚姻群体方面的做法,是一个有益的探索和尝试。

跨境婚姻问题是一个涉及面广、影响深远的社会问题,应站在国家安全的高度加以考量。目前的工作难度主要有以下三个方面:一是国家已有关于婚姻的两部专法,短时期针对局部地区再出台相关婚姻法规难度较大;二是现阶段边疆地区跨境婚姻的态势是对我国人口性别比失调引发的"婚姻挤压"的一种调适,具有客观的合理性;三是相对于目前边疆民族地区业已存在的并在持续增加的数量巨大的事实婚姻,不可能也不应该简单的以"三非人员"形式遣送出境的办法来解决。因此可以考虑由中央出台一个指导性意见,各地方政府再出台相应的政策或办法。根据课题组在边疆实地调研并与当地相关部门交流的情况,建议该指导意见应该包括以下内容:其一,摸清底细。由各地组织力量对跨境婚姻进行普查,并对发展趋势进行评估,为制定相关的政策提供决策依据。其二,以人为本,尊重历史。从跨境婚姻边民的客观现实出发,以"疏导为主、疏管结合"作为解决问题的基本原则。其三,对经过查实确认为跨境婚姻的家庭(德宏州的试行办法有相关说明可作参考),可以纳入国家提供的惠农惠边政策以及相关的社会保障享受范围。其四,对跨境婚姻人员的身份和户籍问题,在自愿申请的基础上,可以参照对"越南难民"的办法加以解决,在有条件的地方可以根据客观实际情况解决一定的土地和林地,以提供生存保障,没有条件的地方应提供就业培训,协助解决就业问题。其五,对存在大规模跨境婚姻的地区,国家省级政府还应提供相应的资金进行扶持。其次,各地政府出台相应的政策或办法,引导跨境婚姻走上规范、有序、健康的轨道。

二 宗教渗透新动向

云南边境民族地区来自境外的宗教渗透是现阶段以及今后相当长的历史时期内将要面对的另一个重大现实问题。在多种宗教渗透中以基督教的渗透最为复杂,渗透主体最多、波及面最广,对边疆稳定和国家安全威胁也最大,一直是我国反渗透的主要方面,也是改革开放以来边疆地区反分裂、反西化、反和平演变的主战场。进入21世纪,边疆民族地区防范和抵御宗教渗透工作的力度不断加大,境外宗教渗透活动方式也随之发生相应的变化,呈现出一些新的特点(前述已作详细介绍)。因此,对西方敌对势力煽动、策划、支持的形形色色的宗教渗透,我们的反渗透工作不仅要持续保持高压态势,而且要随时掌握新特点、新动向,做到警钟长鸣,长抓不懈。当前在宗教渗透中另一类在改革开放以来出现的新情况,即南传佛教中的渗透活动更应引起高度重视。

南传上座部佛教是早期佛教中的上座部由印度向南传播并与东南亚地区的民族文化相结合的产物,经过几个世纪传播,相继传入德宏、临沧、保山、普洱等地,几乎成为傣族全民信仰的宗教,并为与傣族交错杂居的德昂族、阿昌族、布朗族等民族共同信仰。目前有信众 105 万之多，寺庙 1671 座，傣族地区几乎每个村寨都建有佛寺。由于南传佛教与傣族的日常民俗生活高度融合，宗教活动不仅与重大节庆紧密相关，而且已经完全融入傣族群众的日常生活中。因此南传佛教发展中的变化与动向对边疆民族地区的社会稳定都有巨大的影响。

改革开放以来，随着现代化的深入以及边疆地区人口流动的日渐频繁，现代文明强势进入了传统的傣家地区，傣家人那种宗教的田园式的生活方式正发生不可逆转的变化。青年群体是现代文明的先行者，他们生产、生活方式已发生明显的改变。在青年群体中，有的早已走出家门到发达的地区去"闯天下"，留在家乡的人员有的经商，有的经营橡胶、香蕉等经济作物。课题组在西双版纳、德宏两地的乡村实地考察中发现，牛仔服、手机、摩托车对当地的青年人来说已是寻常，台球、上网、泡吧等成为他们休闲的重要内容，就算较偏僻的乡镇，每到夜晚歌厅都是灯光明亮、热闹非凡。

青年人在逐渐融入现代文明的同时，对传统宗教信仰的态度也在发生变化。他们不再崇拜身着袈裟、青灯古佛、诵经化缘的寺院生活，甚至有部分受过佛学教育的中年人也还俗而从事别的行业。由此带来的一个明显的后果是众多寺院的僧人后继无人，形成"有寺无僧"的现象。近年来这一现象更加突出，僧侣的数量持续减少，导致佛寺僧人严重匮乏。如德宏州有经过登记的南传佛教寺院 592 座，但只有 18% 的寺院有僧侣，其余寺院均无僧侣担任住持，平时只好请还俗后宗教管理人员来管理，只有在重大佛事活动才开门让群众去拜拜佛。

青年人追求现代的生活方式，享受改革开放带来的新生活，这本是一种历史的进步，但也给边疆地区傣族社会的宗教信仰活动带来较大冲击。由于僧侣来源的减少，导致寺庙无人住持，严重影响了傣族人民正常宗教生活，同时也为境外僧侣入境传教和住持境内寺院提供了机会。现阶段，境外僧人入境传教以及住持寺院尚未对云南上座部佛教的正常活动和未来发展以及对边疆地区社会安全造成较大不利影响，但一些问题已经显现，而且其潜在的风险更具危险性。一是大批的境外僧人入境住持寺院，给我国的宗教政策带来严峻挑战，使执行宗教法规陷入两难境地，即如果强制清理住持寺院的入境僧人，将使广大傣族群众的正常宗教生活受到影响，造成当地群众的不满。长此下去，势必影响社会稳定，还有可能滋生大规模群体性事件。而维持现状又违反我国的基本宗教政策,还可能带来更多的负面影响。二是由于大批入境僧侣素质良莠不齐,引发了一些显性的问题。如有的佛爷携带毒品入境,从事贩毒活动。有的僧侣在我国境内从事拐骗活动,扰乱当地社会治安。还有的强制境内信教群众定期出境接受"传法"。这些活动目前虽然只是个别或少数,但影响极坏。三是僧侣入境住持还带来了两方面的潜在影响。一方面,党和国家执行宗教信仰自由,积极引导宗教与社会主义社会相适应,倡导广大信教群众爱国、爱社会主义国家。然而大批境外僧侣入境住持寺院难免对广大信教群体的国家认同和爱国主义教育效果产生负面影响。另一方面,从目前的情况分析,虽然有大批的僧侣入境住持寺院缓解了当地群众的信教需求,但由于傣族地区佛爷对群众的影响极大,一旦被境外敌对势力利用或控制,其后果将十分严重。

南传佛教"有寺无僧"现象以及境外大批僧侣入境住持寺院活动,是改革开放以来边疆民族地区宗教信仰和宗教渗透中出现的新情况。南传佛教在边疆民族地区,特别在傣族主要聚居区的民族文化或民俗生活中具有不可替代的作用。尽管现在尚未造成较大的不良影响,但绝不能掉以轻心,应上升至边疆社会稳定和国家安全的高度,积极稳妥地加以解决。课题组在参阅有关专家的研究以及当地管理干部意见的基础上,提出以下建议:一是正视现实。对目前已在境内的缅甸僧人,采取限制和强化管理的原则妥善处理。即:不一律取缔,但应督促其进行登记,并规范其在中国期间的一切行为,对已违反我国法律的行为则坚决进行惩处。二是努力探索新形势下对南传佛教的管理创新,构建具有中国特色的南传佛教寺院管理模式:一方面在不恢复传统封建等级及特权制度的前提下,实行地区总佛寺或中心佛寺的培训和调配功能,利用其僧人相对集中、寺院规模较大的优势,为佛寺培养初级人才,并对当地的僧侣进行调配。另一方面建立和完善僧侣的培养晋升机制,解决僧侣数量不足和素质提升问题。三是加大监控力度,严密掌控入境僧侣的新动向,做到心中有数,并制定相应的监控措施。

三 "私彩"赌博的新情况

在相关部门的严厉打击下,云南边疆地区的跨境赌博有所萎缩,境外赌场扩张势头已得到有效遏制。但近两年部分地区的境外赌场死灰复燃,网络赌博以及以诱骗为主要手段的"传销式"赌博成为跨境赌博的新形式。针对边境赌博的新形势，云南省从三个方面深化了对跨境赌博的斗争，一是加大对境外赌场的打击力度；二是积极开展网络禁赌的侦破；三是从源头上着手治理，卡住赌博源头，以求从根本上抵制跨境赌博。

近年来边疆民族地区部分州市另一类影响面极广的赌博对社会稳定更具破坏作用，应引起高度重视。2009年下半年，西双版纳州勐海县部分乡镇陆续出现称之为"私彩"的彩票赌博形式，此后赌博迅速在州内农村乡镇渗透蔓延，波及全州所有乡镇，参赌人员从农村到城市，从农民到市民、工人、政府机关的公务员，以农民为主体，有的村寨几乎所有人都参与"私彩"赌博，涉及的人群达数十万。[①] 在西双版纳州委、州政府的直接领导下，多部门协同作战，经过近两年的打击，"私彩"蔓延势头已受到有效的遏制，但"私彩"赌博活动并未根除，而是由公开转为隐蔽，购买方式及兑现地点都隐蔽化、多样化，斗争形势依然严峻，已构成该地区突出的新滋生社会治安问题。

"私彩"是一种数字竞猜方式的赌博活动，其迅速蔓延具有两个方面的因素：其一，"私彩"具有巨大的诱惑力和欺骗性。一是欺骗性。"私彩"借用了国家批准的公开发行的合法公益彩票的外衣，即以国家发行的彩票的开奖时间和中奖数字作为私彩的兑换依据，对公众产生一种麻痹和欺骗的心理。二是购买方便。由于制贩成本低，因此私彩布点多、面广，乡村的民众购买十分方便。三是竞猜方式简单多样。私彩的竞猜数字可以是一个、两个或两个以上，购买金额少至两元，多至几十、上百、成千上万元，极大方便群众的多层次购买需求。四是私彩中奖率比正规彩票高，奖金赔付率高，诱惑力大，符合参赌群众的侥幸心理。其二，在广大边疆民族地区存在着滋生赌博的土壤和条件。表现在两方面：一是社会转型期存在着利益驱使引发的逐利冲动和贫富差距诱惑下产生的"暴富心理"；二是少数民族地区长期以来存在着多样的群众性博弈活动，形成一种潜在的博弈心理，极易被不法分子利用，如民间的斗鸡、斗牛活动等。最近媒体披露边疆某地破获的以"斗狗"为名进行的聚众赌博，吸引了

[①] 资料显示，民警在查获的一起案件中，嫌疑人仅一天就开出1500份私彩收据。以公安机关2010年查获的225个销售窝点计，一天购买私彩的人可达337500人。参见《"宣传、疏导、打击、整治"多举措施遏制私彩侵蚀蔓延》，西双版纳州公安局汇报材料，2011年11月23日。

大量群众参与，就是其中的典型案例。其三是执法部门在这类赌博出现的初期估计不足，缺乏警惕，以致失去最佳的处置时机。

"私彩"赌博对边疆民族社会造成严重负面影响，主要表现在三方面：其一，在政治层面，"私彩"赌博极大增加边疆州市各级政府行政运行成本，加重了维护社会稳定的潜在风险。2011年1至6月，西双版纳州打击治理"私彩"专项行动，共投入执法人员1590人次，出动执法车辆541辆次，这里还不包括乡镇投入的人力、物力。而目前"私彩"的制贩呈现出了隐蔽流动、点多面广、暗箱操作的特点，因此打击的难度大，成本高，收效低。而"私彩"购买者涉及面广（以边疆乡村社会最基层的少数民族群众为主体），"私彩"赌博影响程度深，必然加大社会治理成本，加重已经面临多重社会问题的边疆政府的责任。其次，由于边疆地区社会发育程度低且同质性高，在西双版纳州面临巨大打击压力的"私彩"极有可能向其他的边境州市渗透，这种潜在的风险将更大，影响更深。其二，在边疆少数民族群众层面，"私彩"赌博直接干扰甚至破坏边疆少数民族群众正常的生产、生活，并将制约国家对边境地区扶贫战略的实施。有关调研资料表明，"私彩"赌博导致少数民族家庭成员因竞猜"私彩"数字成瘾而不进行农耕，因"私彩"赌博而倾家荡产的家庭也不在少数。课题组在调研过程中了解到，有的参赌人员把家中准备用来盖新房的十几万元钱全部输光，有的把准备结婚用的钱全部输光。当地群众流行的顺口溜"搏一搏单车变摩托，再一搏老婆变鸡婆（妓女）"，深刻而形象地刻画出了"私彩"赌博的严重后果。可以说"私彩"对边疆少数民族家庭造成的恶果触目惊心。从另一角度来看，"私彩"的盛行，将影响国家的扶贫战略开发。其三，"私彩"赌博毒化了社会风气。一种良好社会风气的形成，是经过长期的努力和精心培育的结果。而一种不良风气所具有的破坏力，就如同一颗老鼠屎可以搅坏一锅汤。边疆民族地区这种群众性"私彩"赌博，其危害和不良后果更主要表现在对边疆民族地区社会软环境、社会风气所带来的冲击和影响上。"私彩"的盛行，不但打压了通过正当渠道劳动致富的良好社会风气，还极大助长了不劳而获、不思进取、侥幸致富的腐朽社会风气的滋长。一旦这种腐朽的不良风气形成气候，形成一种亚文化，所带来的社会恶果将不是一朝一夕可以改变的。因此我们必须站在构建边疆民族地区健康良好的社会软实力的高度来重视和解决"私彩"问题。

"私彩"赌博目前虽然只涉及个别边疆州市，但因边疆社会具有高度的同一性，存在滋生赌博的土壤和条件。因此，这种在边境地区出现的渗透力极强、影响广泛的赌博事件应引起高度重视。一是将"私彩"以及类似的赌博统一纳入目前边疆地区已构建的维稳防控体系，从边疆社会最基层细胞的村寨抓起，力争早发现早解决，发现一起打击一起，将"私彩"赖以生存的根基铲除。二是与当前新农村精神文明建设相结合，培育健康文明的社会风气，提升广大边疆民族地区少数民族自觉抑制赌博亚文化侵蚀的能力。三是抓住国家加大对边疆民族地区扶贫开发的时机，千方百计下大力气帮助边疆民族地区的少数民族，特别是那些仍处于深度贫困、边远山区的少数民族脱贫致富，以发展生产来抵御不良社会风气的影响。

参考文献

著作类：

[1] Hechter, M. &Horne, C., *Theories of Social Order*, A Reader. Stanford University Press, 2003.

[2] Fine, G. A., *Social Norms*, ed. by Michael Hechter and Karl-Dieter Opp, New York: Russell Sage Foundation, 2001.

[3] Charles Tilly, *From Mobilization to Revolution*, Reading, Massachusetts: Addison-Wesley, 1978.

[4] Gilbert & Margaret, *A Theory of Political Obligation: Membership, Commitment, and the Bonds of Society*, Oxford University Press, 2006.

[5] Veblen & Thorstein, *Is Economics Not An Evolutionary Science*, Reprinted in Veblen, T. 1961: *The Place of Science in Modern Civilization*, New York: Russell & Russell, 1989.

[6] Melford E. Spiro, *Culture and Human Nature*, Edited By Benjamin Kilborne and L. L. Langness, The University of Chicago Press, 1987.

[7] 戴维·赫尔德、[英]安东尼·麦克格鲁主编：《全球化理论：研究路径与理论论争》，王生才译，社会科学文献出版社2009年版。

[8] 弗里德曼：《直面全球化："凌志汽车"与"橄榄树"》，赵绍棣、黄其祥译，国际文化出版公司2003年版。

[9] 刘易斯·波利、威廉姆·科尔曼主编：《全球秩序：剧变世界中的机构、制度与自主性》，曹荣湘等译，社会科学文献出版社2009年版。

[10] 玛丽·弗朗索瓦·杜兰、菲利普·克平斯齐、伯努瓦·马丁、戴尔凡·普拉西迪：《全球化：认知当代世界空间》，许铁兵译，2011年中文第2版。

[11] 安东尼·吉登斯：《失控的世界》，江西人民出版社2001年版。

[12] 乌尔里希·贝克:《风险社会》,译林出版社2004年版。
[13] 安东尼·吉登斯:《现代性与自我认同》,上海三联书店1998年版。
[14] 安东尼·吉登斯:《现代性的后果》,译林出版社2000年版。
[15] 霍布斯:《利维坦》,黎思复、黎廷弼译,商务印书馆1987年版。
[16] 卡尔·多伊奇:《国家关系分析》,世界知识出版社1992年版。
[17] 罗伯特·基欧汉著,门洪华编:《跨国关系与世界政治》,北京大学出版社2004年版。
[18] E. A. 罗斯:《社会控制》,秦志勇、毛永政译,华夏出版社1989年版。
[19] 联合国发展项目:《人类发展报告》,牛津大学出版社1994年版。
[20] 皮埃尔·卡蓝默:《破碎的民主:试论治理的革命》,高凌瀚译,上海三联书店2005年版。
[21] 乔治·安德森:《联邦制导论》,中国法制出版社2009年版。
[22] 查尔斯·蒂利:《社会运动(1768—2004)》,上海人民出版社2009年版。
[23] 赵鼎新:《社会与政治运动讲义》,社会科学文献出版社2012年版。
[24] 郑杭生:《社会学概论新修》,中国人民大学出版社2002年第2版。
[25] 张琢、马福云:《发展社会学》,中国社会科学出版社2001年版。
[26] 童星:《现代性的途径——多重视角与多重透视》,北京师范大学出版社2007年版。
[27] 张金鹏:《边疆民族社会艾滋病流行现状、发展趋势与社会控制研究》,中国社会科学出版社2012年版。
[28] 国防部理论研究室编著:《中国的国防白皮书》,解放军出版社2004年版。
[29] 郑杭生主编:《中国社会发展研究报告2004——走向更加安全的社会》,中国人民大学出版社2004年版。
[30] 中国科学院中国现代化研究中心中国现代化战略研究课题组:《中国现代化报告(2006)》,社会科学文献出版社2006年版。
[31] 中国政策科学研究研究会、国家安全政策委员会:《中国的经济安全与发展》,时事出版社2004年版。
[32] 国家统计局:《2010年中国统计年鉴》,中国统计出版社2010年版。
[33] 江泽民:《论党的建设》,中央文献出版社2001年版。

硕博论文和报纸：

[105] 刘志国:《全球化背景下中国传统文化的现代转换》,山东大学博士学位论文,2007年。

[106] 李世杰:《转型期边疆民族地区群体性事件研究》,中国人民大学博士学位论文,2009年。

[107] 阮明阳:《中国城市居民个体安全研究》,中国人民大学博士论文,2015年5月。

[108] 谷禾:《跨境民族身份认同研究——以云南跨境民族为例》,中国人民大学博士学位论文,2008年5月。

[109] 李萍:《边疆民族地区多宗教并存与共处现象的社会学研究》,中国人民大学博士学位论文,2007年5月。

[110] 汪丹:《族群认同背景下傣族跨国婚姻研究——以瑞丽村小等喊寨为例》,云南民族大学硕士学位论文,2010年6月。

[111] 关凯:《社会学家怎样看待群体事件发生的原因——评斯梅尔塞的"价值累加理论"》,《中国民族报》2009-2-13。

[112] 建平:《分解公共安全和个体安全》,《人民日报》2002-12-18。

[113] 徐京跃、李亚杰、周英峰:《扎扎实实提高社会管理科学水平,建设中国特色社会主义社会管理体系》,《光明日报》2011-02-20。

[114] 杜海涛:《"空港入境"成毒品走私新趋势》,《人民日报》2009-06-25。

[115] 肖静芳:《云南勐腊跨国婚姻增多给边境管理添难题》,《中国民族报》2009-04-28。

[116] 王爱国:《如何正确看待和处理宗教关系》,《民族时报》2012-02-09。

[117] 张茹:《云南"兴边富民"建设和谐边疆纪实》,《人民日报》2010年。

后　记

　　作为边疆地区的社会学者，长期以来，边境地区社会安全与社会稳定问题始终为边疆地区社会学者所持续关注。近年来，本研究团队在国家社科基金、国家民委社科基金以及相关部门、社会组织基金资助的基础上，对发生在云南边疆地区、具有全国性影响的典型社会问题及应对经验和应对机制，进行了较为系统深入的专题研究，并形成和出版了若干研究报告与专著。

　　本书由以往研究，尤其是国家社科基金项目"云南跨境民族乡村社会安全问题和转变维稳方式研究（11BSH020）"修改拓展而来。调研和研究工作历时四年，其间于2012年3月至2013年2月近一年时间里，课题组分赴云南边境地区进行深入调研，涉及5个州（市）、14个县（市）、20多个乡（镇），收集了丰富的第一手资料，形成研究报告初稿。在征询相关专家、政府部门意见的基础上，经过再次调研、补充以及四次修改完善，形成最终研究成果。

　　该研究成果是集体智慧的结晶。一方面，在调研阶段，当地政府及相关部门、社会组织、基层干部与广大少数民族群众为研究提供了大力支持。以上各方的支持和帮助，为调研工作顺利开展提供了条件和保障，使研究成果更贴近边疆实际、更具针对性。另一方面，在研究过程中，云南民族大学李东明老师，云南社科院杨晶研究员，昆明学院阮明阳博士、李树燕博士以及云南民族大学硕士研究生王艺、吴志云和杨琛三位同学，以不同形式对研究做出了贡献、付出了劳动。他们有的参与了调研提纲的设计和制定工作，有的参与了实地调研和资料收集工作，有的参与了资料整理和数据分析工作，研究成果中也凝结着他们的心血，其中阮明阳博士参与了初稿的写作。另外，本研究借鉴了其他学者有关边疆社会问题的众多研究成果（具体引用情况已在文章中注明），从中深受启发。在此，对上述所有人员一并表示衷心感谢!

    特别要指出的是,我们在调研过程中接触的众多边疆民族地区基层干部和少数民族群众,他们是边疆民族地区社会安全问题的亲历者、见证人,也是边疆社会秩序的维护者。他们在维护边疆稳定过程中所表现出的奉献精神、无畏精神、坚守精神,深深地感动和激励着我们,是我们持续从事边疆社会问题研究的动力源泉。谨以此研究成果,向他们致以诚挚的感谢与敬意!

作者

2014 年 10 月